― 최갑종 교수 신학논문집(1992-1994) ―

성령과 율법

최 갑 종 著

기독교문서선교회

The Holy Spirit
&
the Law

by

Gab-Jong Choi

1994
Christian Literature Crusade
Seoul, Korea

부모님(최연석 목사, 김분악 사모)의
결혼 50주년을 기념하여

서문에 부쳐

　필자는 "신학은 철저히 하나님의 교회에 봉사하는 데 그 참된 목적이 있다"는 강한 확신을 가지고 있다. 그러므로 필자는 모든 신학인들은 항상 자기 시대의 교회들이 당면하고 있는 문제들을 직시하면서, 이러한 문제들에 관하여 자기 당대 교회에 성경적인 해명을 제시해야 할 사명을 띠고 있다고 본다.
　필자는 지난 1992년 초 귀국한 이래 지금까지 국내에서 신학도들을 가르치는 동안, 특별히 두 가지 신학 주제를 가지고 많은 시간을 보내면서, 필자 나름대로 한국 교회와 신학계에 해명할 필요성을 느꼈다. 하나는 성령론에 관한 것이었으며, 또 하나는 최근의 바울 신학에 있어서 가장 논란의 대상이 되고 있는 유대교와 율법에 관한 문제였다. 이 논문집에 수록된 대다수의 글들이 시사성을 가지고 있는 이유도, 바로 이와 같은 필자의 의식 및 관심사와 결코 무관하지는 않다.

　이 논문집에 실린 어떤 글은 이미 교계 신학잡지나 신문에 발표되었던 것이며, 또 어떤 글은 몇몇 신학대학의 초청 강연에서 소개되었던 것이기도 하다. 그러나 필자는 이 글들을 금번 논문집에 수록하기 위하여 수정하고 보완하였기 때문에, 여기에 수록한 글들이 종전의 발표된 글들과 정확하게 같지는 않다고 자신있게 말할 수 있다. 필자가 금번에 이 논문집을 서둘러 내게 된 주된 이유는 그 동안 필자의 신학 공부를 위해 물심 양면으로 지원을 아끼지 않았던 필자의 부모님(필자의 부친 최연석 목사님은 현재 고신교단의 울산노회 인보장로교회에서 시무하고 계신다)께서 금년에 맞이하게 되는 결혼 50주년을 기념하기 위해서이다.

이제 필자는 이 뜻깊은 논문집의 서문에 부쳐, 필자가 현재 몸담고 있는 기독신학교 총학생회에서 작년에 개최하였던 "바울 신학 세미나"에서[1] 개회사로 제시하였던 짧은 글을 여기에 다시 싣고자 한다. 필자가 이 글을 논문집의 서문으로 삼고자 하는 이유는 이 논문집의 상당한 부분이 바울 신학에 관련되어 있을 뿐만 아니라, 또한 우리의 신약 연구에 좋은 지침이 될 수 있다고 보기 때문이다.

오늘 우리가 왜 바울을 탐색해야만 하는가? 오늘 우리가 바울을 진지하게 탐색해야 할 이유는 오늘 우리 교회와 신학이 바울의 재발견을 절실히 요청하고 있기 때문이다. 우리가 교회사를 통해 알고 있듯이, 한 시대의 교회 갱신과 개혁 운동은 그 시대가 어떻게 바울을 재발견하느냐 하는 문제와 불가분의 관계를 맺어왔다. 따라서 21세기를 내다보는 한국 교회의 내일은 오늘 우리 교회와 신학이 어떻게 바울을 재발견하느냐에 달려있다고 볼 수 있지 않겠는가? 이뿐만 아니라 오늘 국내외의 신학계가 우리에게 학자들에 따라 너무나 상이한 바울을 제시하고 있기 때문에, 우리의 바울 연구는 더더욱 필요하게 되었다. 그렇다면 오늘 우리가 어떻게 바울을 발견할 수 있겠는가? 다음에 제시하는 몇 가지 사항들은, 바울을 진지하게 탐색하는 모든 사람들이 항상 유념하고 있어야 할 내용들일 것이다.

---

1) 이 "바울 신학 세미나"에서는 총신대학원의 신약학 교수인 이한수 교수가 "바울의 성령론"을, 그리고 전 개혁신학연구원 신약학 교수였으며, 현재 총신대에서 신약학을 가르치고 있는 오성종 교수가 "바울의 구원론"이란 논문을 각각 발표하였다.

첫째, 우리의 바울 연구의 출발점과 전과정은 철두철미 바울 자신의 글이어야 한다. 우리의 바울 연구에 있어서 사도행전이 중요한 비중을 차지하고 있는 것은 사실이지만, 그렇다고 해서 바울의 글을 사도행전에 예속시키거나 사도행전의 빛을 통해 바울의 글을 보아서는 안될 것이다. 바울의 글이 바울 자신의 글로서의 위치를 분명히 가지게 될 때, 우리의 바울 연구는 올바른 궤도에 들어설 것이라는 사실을 잊어서는 안된다.

둘째, 우리는 우리에게 남겨진 바울의 글이 바울 자신의 체계적인 자서전이나 그 자신의 신학체계를 일목요연하게 볼 수 있는 일종의 백과사전이나 조직신학 책이 아니라, 오히려 주후 1세기 중엽에 있었던 바울 그 자신의 선교와 목회의 산 현장에서 쓰여진 편지들이라는 점을 깊이 감안하지 않으면 안된다. 따라서 우리가 바울을 올바르게 이해하기 위해서는, 우리가 바울을 우리 시대로, 우리의 문화와 우리의 사회 가운데로 끌어들이기보다 오히려 그 반대로, 우리가 바울의 시대로, 바울 자신의 종교, 문화, 사회 현장 가운데로 되돌아가야 한다. 오늘 우리 시대의 바울 연구의 결정적인 문제점은, 학자들에 따라 상이한 바울이 범람하고 있는 근본 이유는, 너무나 많은 사람들이 그들 자신의 신학적, 철학적, 사회과학적, 문화적, 인종적 안경과 패러다임 등을 통해서 그들 자신의 바울을 만들고 있기 때문이다. 따라서 오늘 우리가 바울을 올바르게 발견하기 위해서는, 우리가 "바울을 바울되게"(Let Paul be Paul!) 하기 위해서는, 먼저 우리 자신의 전제나 패러다임에 대한 냉철한 자기 비판과 함께 그것들로부터 우리 자신의 바울을 만드는 위험으로부터 자유로워지도록 노력하지 않으면 안된다. 그러기 위해서는 우리는 항상 다음의 사실들을 염두에 두어야 할 것이다.

(1) 주후 1세기 바울 당대의 유대교에 대한 깊은 이해를 가지고 있어야 한다. 우리가 한 사람을 그 사람이 사는 시대와 삶의 정황을 떠나서 이해할 수 없는 것처럼, 바울 역시 그 점에서 예외가 아닐 것이다. 이미 우리가 잘 알다시피 바울은 본래 철저한 바리새파 유대인이었으며,

자기 시대 유대인 중에서 가장 뛰어난 유대교 신학자요, 유대 종교의 파수에 가장 열렬하게 노력했던 자였다(갈 1:13-14; 빌 3:5-6). 우리는 그가 다메섹 사건 이전에 기독교 박해에 누구보다도 앞장을 섰던 것과 그 자신의 유대교 헌신과는 서로 상관관계에 있다고 보아야 할 것이다. 이뿐만 아니라 그가 다메섹 사건을 통하여 가장 열렬한 기독교 복음의 옹호자요, 선교사요, 신학자가 된 이후에도 우리가 갈라디아서와 고린도전후서, 로마서, 에베소서 등을 통해서 볼 수 있듯이, 계속해서 그의 선교와 목회 현장에서 유대교와 씨름하고 유대인 크리스천들과 이방인 크리스천들과의 갈등 문제로 인해 고심하였다는 사실을 감안할 때, 우리가 바울 당대의 유대교에 대한 깊은 이해가 없이는 결코 바울서신의 생동성을 붙잡을 수 없을 것이다. 물론 바울 당대 유대교를 정확하게 재구성한다는 것은 결코 쉬운 일이 아니다. 우리가 가질 수 있는 바울 당대의 유대교 자료는 극히 제한되어 있고, 또 현존하고 있는 단편적인 유대교 자료가, 우리가 오늘날 생각하는 것보다 훨씬 더 다양성을 지니고 있다고 보아야 하는 바울 당대의 유대교의 모습을 올바르게 대변하고 있느냐 하는 것은 여전히 문제점으로 남아 있다. 그럼에도 불구하고 오늘 우리 시대는 많은 새로운 자료들의 발견과 학자들의 진지한 연구에 의해 지난 10년 이전보다 훨씬 더 믿을 수 있는 바울 시대의 유대교를 발견할 수 있게 되었다. 따라서 만일 우리가 오늘 접하는 새로운 유대교 자료를 지나치게 과신하지는 말고, 그들을 바울 자신의 글과 상호 보완 관계에 두고 진지하게 연구한다면, 우리는 지난 시대보다 훨씬 더 믿을 수 있는 바울 당대의 유대교를 재구성할 수 있을 것이다.

(2) 바울의 신앙과 활동과 그의 신학사상에 결정적인 전환점을 가져다 준 다메섹 사건과 그 의미에 대한 올바른 이해를 가지고 있어야 한다. 물론 우리가 바울 복음과 신학의 모든 산실을 다메섹 사건에 두어, 다메섹 사건을 지나치게 극대화하는 것도 문제가 될 수도 있다. 바울의 어제와 오늘과 내일이 다메섹 사건에서 한 순간에 다 이루어진 것은 아니기 때문이다. 하지만 우리는 바울의 어제와 오늘과 내일이 다메섹 사건에서 결정적인 전환과 영향을 받고 있다는 사실을 결코 간과해서는

안될 것이다. 바울은 다메섹 사건에서의 부활하신 예수와의 만남과 그를 통한 하나님의 계시와 소명을 통하여 자신이 지금까지 철저히 신봉해왔던 유대 종교에 대한 재검토를, 그리고 자신이 지금까지 철저히 거부해왔던 초대 기독교의 메시지가 근본적으로 옳았음을 깨닫게 된 것이다. 이뿐만 아니라 다메섹 사건을 계기로 그는 베드로와 여러 사도들을 통하여 초대교회의 전승을 받을 수 있게 되었으며, 십자가에 못박혔다가 부활하신 예수가 바로 이스라엘이 기다려왔던 메시야요, 하나님의 아들이라는 사실과 유대교의 율법이 아닌 바로 그 예수가 유대인을 포함하여 모든 이방인들의 유일한 구세주가 된다는 사실을 깨닫게 되었으며, 바로 이와 같은 새로운 기독론과 구원론의 빛을 통해 그는 구약성경을 새롭게 발견할 수 있었던 것이다.

셋째, 우리는 우리의 바울 연구의 근간이 되는 서신들이 바울 자신의 역사적 정황에서 쓰여진 상황적 편지(Contingency 문제)임에도 불구하고, 이 편지는 모든 시대를 위해 울려 퍼지는 하나님의 말씀임을 잊지 말아야 한다(Coherence 문제). 다시 말하면 바울의 서신들은 한편으로 특수한 시대에, 특수한 사람들에게 그들의 언어와 문화와 종교적 배경 아래 주어진 편지임에도 불구하고, 특수한 시대에만 매여있는 편지가 아니라, 오히려 그러한 제약을 가진 편지를 통하여 모든 시대의 사람들을 향한 복음의 진리가 울려 퍼지고 있다는 것이다. 만일 우리가 이 점을 감안하지 않는다면, 만일 이 점이 철저히 외면된다면, 우리의 바울 연구는, 마치 플라톤이나 아리스토텔레스 등의 경우처럼, 일종의 고전 연구밖에 되지 않을 것이다. 우리가 바울의 서신에서 바울을 통하여 울려 퍼지는 하나님의 메시지를 발견하기 위해서, 바울과 함께 신앙하고, 바울과 더불어 생각하고, 바울과 함께 살도록 해야 할 것이다. 만일 우리가 바울이 만나고 전파하고 더불어 사는 동일한 예수 그리스도를 신앙하고 동일한 예수와 함께 살고, 그를 위해 살지 못한다면, 바울 서신을 통해 울려 퍼지는 하나님의 말씀을 발견할 수 없을 것이다. 우리는 거듭, 바울은 서재나 연구실에 앉아 있었던 과학자나 이론가가 아니라 오히려 항상 복음전파의 현장에 있었던 행동의 사람이었으며,

그의 서신도 사실상 그의 삶과 행동의 부분이나 연장이었음을 잊지 말아야 할 것이다.

마지막 넷째, 이상의 모든 우리의 바울 연구를 통하여 우리가 발견한 바울의 목소리는, 그를 통해 울려 퍼지는 복음의 진리는, 오늘 우리 시대 사람들이 바로 들을 수 있도록 우리 시대의 언어로 재구성되지 않으면 안된다. 그렇지 않으면 오늘 우리 사람들이 어떻게 바울의 목소리를 들을 수 있겠는가? 바울 자신의 목소리를 가장한 우리 자신의 목소리가 아닌 순수한 바울의 목소리가 바르게 전달된다면, 사실상 그것보다 오늘 우리 시대를, 우리의 교회를 경성하게 하고, 새롭게 하고, 개혁하게 할 능력있는 메시지가 어디에 있겠는가? 우리는 우리의 모든 바울 연구가 바로 교회를 위한, 교회를 올바르게 섬기기 위한 것임을 항상 잊지 말아야 할 것이다.

최 갑 종 職

목 차

- 서문에 부쳐
- 약어표

제1부 성령

제1장 누가와 성령 2: 先重生, 後聖靈洗禮說에 대한 재평가 / 21
제2장 바울과 성령 2: 로마서를 중심으로 하여 / 55
제3장 요한과 성령 / 101
제4장 고별설교에 나타난 성령에 관한 약속, 그 기능 및 역할 / 131
제5장 한국 교회 성령세례 논쟁, 무엇이 문제인가? / 153

제2부 율법

제1장 바울과 베드로 그리고 안디옥 교회 2 / 187
제2장 홍인규 교수의 *The Law in Galatians* 에
       대한 요약과 평가 / 225
제3장 갈라디아서의 관점에서 본 종교다원주의 / 309
제4장 표준새번역 성경의 문제점: 로마서 3:25~27을 중심으로 / 331

부 록

제1장 계시록 해석과 천년왕국: 前千年說에 대한 재평가 / 343
제2장 불트만의 "성서의 실존적 이해»에 대한 비평 / 373

- 최근의 바울 연구(특히 갈라디아서, 유대교와 율법 문제 등)에
  관련된 중요한 참고 문헌

약어표

AB	Anchor Bible
AcOr	*Acta orientalia*
AGAJU	Arbeiten zur Geschichte des antiken Judentums und des Urchristentums
AHAWPH	*Abhandlungen der Heidelberger Akademie der Wissenschaften—Philosophisch-historische Klasse*
AJ	Josephus, *Antiquitates Judaicae*
AJS	Association for Jewish Studies Review
AKG	*Arbeiten zur Kirchengeschichte*
ALBO	Analecta lovaniensia biblica et orientalia
ANRW	Haase, W., and H. Temporini, eds., Aufstieg und Niedergang der romischen Welt. Berlin, New York, 1979-
AOAT	Alter Orient und Altes Testament
AOT	Altorientalische Texte zum Alten Testament
AP	Josephus, *Contra Apionem*
APAT	Kautzsch, E., ed. *Die Apokryphen und Pseudepigraphen des Alten Testaments*, 2 vols. Tübingen, 1900.
APOT	Charles R. H., ed. *The Apocrypha and Pseudepigrapha of the Old Testament in English*. 2 vols. Oxford, 1913.
ARW	*Archiv für Religionswissenschaft*
ATANT	Abhandlungen zur Theologie des Alten und Neuen Testaments

ATR	*Anglican Theological Review*
BAC	*Biblioteca de autores cristianos*
BAGD	Bauer, Arndt, Gingrich, Danker, eds., *A Greek-English Lexicon of the New Testament and Other Early Christian Literature*, 2nd ed., Chicago, 1979.
BASOR	*Bulletin of the American Schools of Oriental Research*
BDB	Brown, Driver, Briggs, eds. *A Hebrew and English Lexicon of the Old Testament*. Oxford, 1907.
BETL	Bibliotheca Ephemeridum Theologicarum Lovaniensium, Paris/Gembloux
Bib	*Biblica*
BJRL, BJRULM	*Bulletin of the John Rylands Library, Bulletin of the John Rylands University Library of Manchester*
BR	*Biblical Research*
BTS	*Bible et Terre Sainte*
BWANT	Beiträge zur Wissenschaft vom Alten und Neuen Testament
BZ	*Biblische Zeitschrift*
BZNW	Beihefte zur Zeitschrift für die neutestamentliche Wissenschaft und die Kunde der alteren Kirche
BZRG	Beihefte der Zeitschrift für Religions und Geistesgeschichte
CBQ	*Catholic Biblical Quarterly*
CBQ MS	*Catholic Biblical Quarterly* Monograph Series
CRINT	Compendia Rerum Iudaicarum ad Novum Testamentum
DACL	*Dictionnaire d'archéologie chrétienne et liturgie*
DJD	Discoveries in the Judaean Desert

EKK	Evangelisch-Katholischer Kommentar
EncBibl	Encyclopaedia Biblica, Jerusalam
EtB	*Études Bibliques*
ETL	*Ephemerides theologicae lovanienses*
EvT	*Evangelische Theologie*
ExpT	*Expository Times*
FRLANT	Forschungen zur Religion und Literatur des Alten und Neuen Testaments
GCS	Griechischen christlichen Schriftsteller derersten drei Jahrhunderte
HAT	Handbuch zum Alten Testament
HDR	Harvard Dissertations in Religion
Hist	*Historia* (Wiesbaden)
HNT	Handbuch zum Neuen Testament
HSCPh	Harvard Studies in Classical Philology
HSM	Harvard Semitic Monographs
HTR	*Harvard Theological Review*
HTS	Harvard Theological Studies
IDBS	Crim, K., et al., eds. *The Interpreter's Dictionary of the Bible, Supplementary Volume*. Nashvile, Tenn., 1976.
IEJ	*Israel Exploration Journal*
Int	*Interpretation*
JAAR	*Journal of the American Academy of Religion*
JB	Jerusalem Bible
JBL	*Journal of Biblical Literature*
JJS	*Journal of Jewish Studies*
JNES	*Journal of Near Eastern Studies*
JQR	*Jewish Quarterly Review*
JR	*Journal of Religion*
JSHRZ	Kümmel, W. G., Et al. *Jüdische Schriften aus hellenistischrömischer Zeit*. Gütersloh, 1973-

JSJ	*Journal for the Study of Judaism*
JSNT	*Journal for the Study of the New Testament*
JSS	*Journal of Semitic Studies*
JSSR	*Journal for the Scientific Study of Religion*
JThC	*Journal for Theology and the Chruch*
JTS	*Journal of Theological Studies*
KEH	Kurzgefasstes exegetisches Handbuch
KGK	Kritisch-exegetischer Kommentar über das Neue Testament
KuD	*Kerygma und Dogma*
LSJM	Liddell, H. G., and R. Scott. *A Greek-English Lexicon,* rev. by H. S. Jones and R. McKenzie, Oxford, 1940.
MBPF	Münchener Beiträge zur Papyrusforschung und antiken Rechtsgeschichte
MNTC	Moffatt New Testament Commentary
NHS	*Nag Hammadi Studies*
NovT	*Novum Testamentum*
NTA	Neutestamentliche Abhandlungen
NTF	Neutestamentliche Forschung
NTS	*New Testament Studies*
OTP	Charlesworth, J. H., ed. *The Old Testament Pseudepigrapha.* 2 vols. Garden City, N.Y., 1983, 1985.
OTS	Oudtestamentische Studiën.
PMAAR	Papers and Monographs of the American Academy in Rome
PW	Paul-wissowa, Real-Encyclopädie der classischen Alterthumswissenschaft
RAC	Reallexikon für Antike und Christentum
RB	*Revue biblique*
RMu	*Revue musicale*

RPh	*Revue de philologie de littérature et d'histoire anciennes*
RQ	*Revue de Qumran*
RSR	*Recherches de science religieuse*
SBLDS	Society of Biblical Literature Dissertation Series
SBLMS	Society of Biblical Literature Monograph Series
SBS	Stuttgarter Bibelstudien
SBT	Studies in Biblical Theology
SCS	Septuagint and Cognate Studies
SEA	Svensk exegetkisk Arsbok
SJLA	Studies in Judaism in Late Antiquity
SJT	*Scottish Journal of Theology*
SNT	Schriften des Neuen Testament
SNTS MS	*Studiorum Novi Testamenti Soietas* Monograph Series
ST	*Studia Theologica*
StNT	*Studien zum Neuen Testament*
SUNT	Studien zum Umwelt des Neuen Testaments, Gottingen
SVT	Supplements to Vetus Testamentum
SVTP	Studia in Veteris Testamenti Pseudepigrapha
TAPA	Transactions and Proceedings. American Philological ·Association
TDNT	Kitte G., ed. *Theological Dictionary of the New Testament.* 10 vols., trans. G. W. Bromiley. Grand Rapids, Mich., London, 1964~76.
Theoph	Theophaneia
ThRu	*Theologische Rundschau*
TLZ	*Theologische Literaturzeitung*
TRE	*Theologische Realenzyklopädie*
TSAAJR	*Texts and Studies: American Academy for Jewish Research*

TU	Texte und Untersuchungen
TWAT	Botterweck, G. J., and H. Ringgren, eds. *Theologisches Wörterbuch zum Alten Testament.* 5 vols. Stuttgart, 1973~86.
TWNT	Kittel, G., ed. *Theologisches Wörterbuch zum Neuen Testament.* 10 vols. Stuttgart, 1932~79.
TZ	*Theologische Zeitschrift*
USQR	*Union Seminary Quarterly Review*
VC	*Vigiliae christanae*
VT	*Vetus Testamentum*
WdF	Wege der Forschung
WMANT	Wissenschaftliche Monographien zum Alten und Neuen Testaments
WUNT	Wissenschaftliche Untersuchungen zum Neuen Testament
ZAW	*Zeitschrift für die alttestamentliche Wissenschaft*
ZKT	*Zeitschrift für Katholisches Theologie*
ZNW	*Zeitschrift für die neutestamentliche Wissenschaft*
ZTK	*Zeitschrift für Theologie und Kirche*

제1부

성 령

제1부

서 설

제1장

누가와 성령 2:
先重生, 後聖靈洗禮說에 대한 재평가[1]

우리는 누가가 전하는 사도행전에서 가장 초창기 기독교 선교역사에 있었던 중요한 다섯 가지 성령강림 사건들, 이른바 예루살렘의 성령강림 사건(2장), 사마리아의 성령강림 사건(8장), 바울의 성령강림 사건(9장), 고넬료 가정의 성령강림 사건(10, 11장) 그리고 에베소의 성령강림 사건(19장)을 만난다. 누가가 사도행전에서 이 다섯 가지 성령강림 사건들을 수록한 이유와 그 의미는 무엇이며, 이 사건들이 사도행전의 저술 목적, 주제 및 전체적인 구조 등의 문제와 어떤 관련성을 가지고 있는가?

사도행전에 나타나 있는 이 다섯 가지 성령강림 사건들은, 최근에 오순절교회 신학자들은 물론 국내의 몇몇 장로교회 신학자들까지도 이 사건들을 오순절교회의 핵심적인 교리 중의 하나인 "先중생, 後성령세례" 교리의 성경적 정당성의 근거로 활용하면서, 많은 신학자들의 관심의

---

[1] 이 글은 필자가 일찍이 발표하였던 "누가와 성령: 성령세례 문제와 관련하여," "목회와 신학," 36 (1992/4): 241-261; 『예수·교회·성령』(서울: 기독교문서선교회, 1992): 11-57의 후속편으로 준비한 것이다. 이 글의 초고는 1993년 5월 개혁신학연구원 초청강연회에서 주어졌으나, 본 논문집에 수록하기 위하여 수정, 보완하였다.

대상이 되고 있다.[2] 예를 들면, Robert Paul Menzies는 최근에 영국

---

2) 다음을 보라: F.F. Bruce, "The Holy Spirit in the Acts of the Apostles," *Int* 27 (1973), pp. 166-83; F.D. Bruner, *A Theology of the Holy Spirit: The Pentecostal Experience and the New Testament Witness* (Grand Rapids: Eerdmans, 1970) 한역, 『성령의 신학』 (나눔사, 1993); James D.G. Dunn, *Baptism in the Holy Spirit: A Re-examination of the New Testament Teaching on the Gift of the Spirit in Relation to Pentecostalism Today* (London: SCM Press, 1970); "Spirit-Baptism and Pentecostalism," *SJT* 23 (1970), pp. 397-407; Howard Ervin, *Conversion- Initiation and the Baptism in the Holy Spirit* (Peabody: Hendrikson, 1984); *Spirit-Baptism: A Biblical Investigation* (Peabody: Hendriksen, 1987); D. Ewert, *The Holy Spirit in the New Testament* (Kitchener: Herald Press, 1983); Michael Green, *I Believe in the Holy Spirit* (Grand Rapids: Eerdmans, 1975); Harold D. Hunter, *Spirit-Baptism: A Pentecostal Alternative* (Lanham: University Press of America, 1983); G.W.H. Lampe, "The Holy Spirit in the Writings of St. Luke," *Studies in the Gospels*, ed. D.E. Nineham: Black, 1957), pp. 159-200; I.H. Marshall, "The Significance of Pentecost," *SJT* 30 (1977), pp. 347-369; C.F.D. Moule, *The Holy Spirit* (London: Mowbrays, 1978); Edward Schweizer, *The Holy Spirit* (Philadelphia: Fortress Press, 1980); James Shelton, " 'Filled with the Holy Spirit' and 'Full of the Holy Spirit': Lucan Redactional Phrase," *Faces of Renewal: Studies in Honor of Stanley M. Horton*, ed. P. Elbert (Peabody: Hendriksen, 1988), pp. 80-107; Robert Paul Menzies, *The Development of Early Christian Pneumatology with Special Reference to Luke-Acts* (JSNT Suppl. Shefield: JSOT Press, 1991); 막스 터너, "사도행전에서의 성령 세례 문제," "영적 은사의 과거와 현재," 『그리스도인과 성령』, 이한수, 막스 터너 공저 (총신대학 출판부, 1991), pp. 53-133, 305-408; "The Spirit of Prophecy and Power of Authoritive Preaching in Luke-Acts: A Question of Origin," *NTS* 38 (1992), pp. 66-88; James B. Shelton, *Mighty in Word and Deed. The Role of the Holy Spirit in Luke-Acts* (Peabody: Hendriksen 1991); 이한수, "바울 서신에서 성령, 믿음, 그리고 성령 세례," 『그리스도인과 성령』, 이한수, 막스 터너 공저, pp. 134-158; 『신약의 성령론』 (총신대학 출판부, 1994); 고려신학대학원 교수회, 『성령론 연구보고서』 (대한예수교 장로회 고신총회, 1993. 9. 30); 성종현, "성령님은 어떤 분인가?" "목회

Aberdeen 대학교에 제출하였던 그의 박사학위 논문인 *The Development of Early Christian Pneumatology with Special Reference to Luke-Acts* 에서 누가가 전하는 성령은, 성령을 주로 개인에게 믿음과 구원을 가져오게 하여 하나님의 백성이 되게 하는 "구원의 영"으로 보는 바울과는 달리, 이미 예수를 믿고 구원받은 사람들로 하여금 특수한 사역을 감당할 수 있게 하기 위하여 주어지는 이차적인 은혜(donum superadditum)인 "예언의 영"임을 강하게 주장하였으며.[3] 총신대의 차영배 교수도 필자와 "기독교연합신문"을 통한 성령세례 논쟁에서, 그리고 최근 총신대학원에서 있었던 성령론 심포지엄에서, 성령세례는 중생과는 분명히 구별되는 "이차적인 은혜"임을 강하게 주장하였다.[4] 그러면 Menzies를 위시하여 오순절주의 신학자들과 차영배교수 등이 주장하고 있는 바와 같이, 누가가 말하고 있는 성령은, 이미 예수를 믿고 구원받은 신자에게 이차적으로 주어지는 "예언", "능력" 혹은 "영광"의 영[5]인가?

와 신학," 57 (1994/3): 40-48; 이재범, "오순절주의 성령세례 이해의 문제점," "목회와 신학," 57: 79-90; 김영재, "오순절 성령강림과 성령세례에 대한 이해의 새 지평," "목회와 신학," 57: 91-113; 김명혁, "한국교회와 성령론," "목회와 신학," 57: 266-285; 서철원, "개혁주의 성령론," "성령론 심포지엄 발표논문," (총신대학 신학대학원, 1994. 5).

3) Menzies, *The Development of Early Christian Pneumatology with Special Reference to Luke-Acts* (JSNT Suppl. Shefield: JSOT Press, 1991), pp. 278-279. Menzies는 이 점에서 누가의 성령을 존재론적 면으로보다 오히려 사역론적으로 이해하는 것 같다. 즉 예수님께서 세례 직후 성령을 받은 것은 예수님의 존재와 신분의 변화를 위한 것이라기보다 오히려 이미 메시야이신 예수님으로 하여금 메시야의 사역을 감당하도록 하기 위함인 것처럼, 오순절의 성령도 예수님의 제자들로 하여금 온전하게 구원받는 크리스천이 되게 하기 위한 것이라기보다 이미 구원받은 그들에게 복음증거자의 사명을 감당할 수 있게 하는 예언의 영이라는 것이다.

4) 최갑종, "성령세례논쟁, 무엇이 문제인가?" "기독교연합신문," (1993. 9. 13, 20, 27); 차영배, "기독론적 성령론," "기독교연합신문," (1993. 11. 1, 8, 15, 22); 서철원, 차영배, 김세윤, 이한수, 정훈태, 김정우, 박용규, "성령론 심포지엄 패널토의" (총신대학 신학대학원, 1994. 5. 11).

5) Howard Ervin, *Conversion-Initiation and the Baptism in the Holy*

이 글의 주된 목적은, 사도행전에 수록되어 있는 다섯 가지 중요한 초대교회의 성령강림 사건들이, 과연 최근의 여러 신학자들이 주장하는 것처럼 "선중생, 후성령세례"를 뒷받침해 주고 있느냐 하는 것을 주경학적으로 살펴보는 데 있다. 우리는 이 글에서, 사도행전에 나타난 다양한 성령강림 사건들로부터 "선중생, 후성령세례"의 교리를 확립하려고 하는 오순절주의 신학자들의 사도행전 접근은 물론, 그 반대로 "성령세례 = 중생"의 교리를 확립하려고 하는 신학자들도, 다 같이 바울의 구원론의 패러다임을 가지고 사도행전을 보는 것이며, 따라서 이들의 접근방법은, 이들 사건을 기록한 사도행전의 저자 누가의 본래 의도를 곡해하는 위험에 빠질 수 있다는 사실을 지적하게 될 것이다.

1. 오순절 성령강림 사건(2장)[6]

이미 잘 알려져 있는 바와 같이, 사도행전 2장에 나타나 있는 오순절 "성령강림" 혹은 "성령세례" 사건[7]은 사도행전에 나타나 있는 여러 성

Spirit (Peabody: Hendriksen, 1984); Spirit-Baptism: A Biblical Investigation (Peabody: Hendriksen, 1987), James B. Shelton, Mighty in Word and Deed. The Role of the Holy Spirit in Luke-Acts (Peabody: Hendriksen, 1991)은 오순절주의 신학자이면서도 Menzies와 달리 오순절 성령이 "능력의 영"임을 강하게 주장하고 있으며, 차영배 교수는, "기독론적 성령론," "'성령세례에 관한 고신대 교수회 연구논문'의 문제점" 등에서, 오순절의 성령이 "영광의 영"임을 주장하였다.

6) 사도행전 2장의 오순절 성령강림 사건에 관하여는 이미 "목회와 신학," 4월호에 실린 "누가와 성령"이란 논문과, 단행본『예수·교회·성령』(기독교문서선교회, 1992)을 통하여 상론한 바 있다. 따라서 금번 글에서는 우리의 핵심 질문인 오순절 사건이 "선중생, 후성령 세례"를 지지하고 있느냐 하는 문제와 직접적으로 관련이 없는 문제에 관하여는, 가능한 한 중복적인 언급을 피할 것이다.

7) 필자는 이미 "누가와 성령 I"을 위시하여 그 밖의 여러 논문에서, 누가가 오순절의 성령강림을 "성령 부르심," "성령으로 세례받음," "성령받음," "성령임함," "성령 부으심," "성령 충만" 등의 용어와 상호 교차적으로 사용하고 있다는 점을 지적한 바 있다. "누가와 성령," pp. 246-252;『예수·교회·성령』, pp. 25-44; "한국교회 성령세례 논쟁, 무엇이 문제인가?", "기독교 연합신문," 1992년 9월 13, 20, 27일자; 역시 M.M.B. Turner, "Spirit Endowment in

령 사건들 중에, 제일 먼저 나타나 있는 사건인 동시에 가장 중요한 사건이다. 그러므로 우리가 이 중요한 사건을 어떻게 이해하고, 해석하느냐 하는 것이, 그 이후의 성령 사건 해석에 지대한 영향을 미칠 것임은 두 말할 나위가 없을 것이다. 더욱이 오순절 계통의 신학자들이, 오순절 성령강림 사건 때 120명의 제자들이 성령세례를 받은 것을, 예수를 믿는 자들이 다시 성령세례를 받아야 한다는 주장의 성경적 근거로 삼고 있기 때문에, 사도행전 2장의 오순절 성령강림 사건의 해석은 더더욱 중요성을 띠게 된다.

그렇다면 우리는 사도행전 2장에 나타나 있는 오순절 성령강림 사건을 어떻게 접근하고 해석할 것인가? 우리가 이 사건을 올바르게 이해하기 위해서는, 무엇보다도 먼저 우리 자신이 가능한 한 모든 교리적, 교파적, 철학적 전이해를 배제하고, 이 사건이 일어났던 초대교회와 누가 자신의 시대로 돌아가서, 사도행전의 저자인 누가가 이 사건을 어떤 관점에서 접근하고, 어떻게 해석하고 있느냐 하는 것을 깊이 고려함으로써 누가의 본문 자체가 우리의 견해를 심판하고 좌우할 수 있도록 해야 한다. 우리는 사실상 초대교회 역사 안에 일어났던 이 사건을 오직 누가의 글을 통해서만 구체적으로 만날 수 있으며, 누가의 본문을 떠나서는 이 사건 자체를 객관적으로 알 수도 없고, 해석할 수도 없기 때문에, 우리의 출발점도 철저히 누가 그 자신의 본문과 전후 문맥이 되어야 한다. 우리는 오순절 성령강림을 전하고 있는 누가의 본문과 그 본문의 전후 문맥으로부터, 다음과 같은 몇 가지 특이한 점을 만난다.

첫째, 누가는 이 사건을 누가복음/사도행전 전체를 관통하고 있는 중요한 신학적 주제 중의 하나인 "약속과 성취"의 문맥에서 취급하고 있다는 점이다.[8] 누가에 따르면 오순절 성령강림은 우연적인 사건이나,

---

Luke/Acts: Some Linguistic Considerations," *Vox Evengelica* XII (1981): 45-63를 보라.

8) Robert C. Tannehill, *The Narrative Unity of Luke-Acts. A*

혹은 인간의 성취나 노력의 산물이 아니라, 하나님께서 세례 요한을 통해(눅 3:16), 예수님을 통해(눅 24:49; 행 1:4-5, 8), 더 나아가서 구약의 요엘 선지자를 통해 이미 약속하셨던 사실(욜 2:28-29; 참조, 신 11:29)의 성취였다.[9] 이 점은 (1) 누가가 사도행전 1:4-5에서 오순절의 성령세례 사건이 "아버지의 약속"임을 밝힌 다음, 2:5에 가서 직접적인 오순절의 성령강림 사건을 표현할 때, 하나님의 행동을 간접적으로 표현할 때 사용하는 신적 수동태 ἐπλήσθησαν를 사용하여, 사실상 "하나님께서 모든 사람들을 성령으로 채웠다"라고 말하고 있는 점과 (2) 베드로의 설교를 통하여 오순절의 성령강림이 직접 요엘 선지자의 예언의 성취라고 선언한 점(행 2:16-17)과 (3) 오순절의 성령을 "그 약속하신 성령"(ἡ ἐπαγγελια τοῦ πνεύματος)으로 부르고 있는 점 (2:33)에서 분명하다.[10] 이처럼 오순절의 성령은 인간의 노력과 하등의 관계없이 하나님께서 친히 자신의 약속을 성취시키신 것이기 때문에, 베드로는 이를 "선물"(2:38)이라고 규정하였다.

둘째, 누가는 이 성취를 십자가의 죽음과 부활의 구속사건을 통하여, "주와 그리스도"가 되신 부활하신 주님의 사역으로 말하고 있는 점이다 (2:33). 다시 말하면 성령 파송 그리고 복음사역과 교회 안에서의 성령의 사역은, 예수님께서 자신의 십자가의 죽음과 부활의 구속사건을 통하여 하나님에 의해 "주와 그리스도"로 높아지셨기 때문에 가능하게

Literary Interpretation Volume Two: The Acts of the Apostles (Minneapolis: Fortress Press, 1990), pp. 26-28.

9) E. Haenchen, *The Acts of the Apostles* (Philadelphia: Westminster, 1971), p. 183; R. Pesch, *Die Apostelgeschichte* (EKKN5; 2vols.; Zurich: Neukirchener Verlag, 1986), I, p. 124.

10) 막스 터너, "사도행전에서의 성령세례," 『그리스도인과 성령』, 막스 터너, 이한수 공저 (총신대 출판부, 1991), p. 65f. 우리는 누가가 오순절의 성령을, 바울이 그렇게 하였던 것처럼(갈 3:13; 엡 1:13), "그 약속하신 성령"이라고 부름으로써 바울과의 일치를 보여주고 있는 점에 유념해야 할 것이다. 이것은 적어도 초대교회 안에서 성령에 관하여서도 다양성에 못지않게 통일성을 유지하고 있었다는 하나의 증거로 받아들일 수 있을 것이다.

되었으며, 따라서 성령과 높아지신 주님의 사역은 서로 분리될 수 없다는 것이다.[11] 이 점은 다음과 같은 사실을 볼 때 부인할 수 없다: (1) 부활하신 예수님께서 직접 아버지의 약속, 곧 성령 보내심을 그 자신의 죽음과 부활의 문맥 안에서 말하고 있다(눅 24:46-49; 행 1:3-5) (2) 예수님께서 제자들에게 임한 성령은 제자들로 하여금 예수님에 대한 증인(행 1:8)이 되게 하신다고 선언한 점이다. 다시 말하자면 성령의 중심 사역은 어디까지나 그리스도를 위한 사역이기 때문에, 베드로의 오순절 설교에서도 엿볼 수 있는 것처럼, 성령의 사역에 있어서 실제적으로 나타나는 것은 성령 자신보다 오히려 성령을 통하여 사역하시는 그리스도 자신이다 (3) 베드로의 오순절 설교에서 오순절의 성령 파송이 십자가에 죽으시고, 부활하시고, 승천하신 예수님의 사역으로 소개되고 있으며(행 2:17-33), 예수 그리스도의 이름으로 세례를 받고 죄사함을 얻을 때, 즉 복음을 통해 제시되는 예수 그리스도에 대한 인격적인 반응을 하는 자들에게 성령의 선물이 제시되고 있다(행 2:38-41)[12] (4) 누가는 사도행전에서 성령을 "예수의 혹은 주의 영"으로 부를 뿐만 아니라(행 5:9; 8:39; 16:7), 종종 부활하신 주님과 성령을 상호 교차적으로 사용하여(행 11:7, 8/12; 16:7/14) 성령의 사역이 곧 예수의 사역임을 강조하고 있다.[13]

셋째, 누가는 오순절의 성령 강림을 새로운 시대의 전환을 가져오는

---

11) 이 점에서 우리는 다시 한번 "성령세례"는 성령이 주시는 세례라는 의미가 아니라, 오히려 높아지신 주 예수 그리스도께서 친히 성령을 통해 베푸시는 세례라는 의미를 지니고 있다는 사실을 상기해야 할 것이다. 자세한 설명은 최갑종, "누가와 성령 1," 서철원, "개혁주의 성령론," pp. 8-9를 보라.
12) 복음을 통해서 제시되는 믿음의 대상은 성령이 아니라 예수 그리스도이시며, 그리고 예수 그리스도를 믿을 때 그에게 제시되는 것이 성령이시라는 사실을 기억해야 한다. 이것은 결국 예수 그리스도와의 관계가 성령과의 관계를 좌우한다는 사실을 보여준다.
13) 이 점은 누가가 사도행전에서 사도들이 성령의 능력 가운데서 행한 이적을 주님 자신의 사역으로 돌리고 있는 점(행 9:34; 14:3, 28; 11:21)에서도 입증된다.

종말론적인 사건으로 제시하고 있는 점이다.[14] 누가가 오순절의 성령 강림을 종말론적인 사건으로 제시하고 있다는 점은 다음과 같은 사실에서 확인된다: (1) 누가는 부활하신 예수님께서 제자들에게 성령세례를 약속하셨을 때, 제자들이 당대 유대의 종말사상에 입각하여, 이 성령세례를 이스라엘 나라의 종말론적인 회복과 연결시켰다는 점을 언급하고 있다(행 1:4-6) (2) 누가가 성령강림 때 유대 묵시문학에서 종말론적인 현상으로 알려져 있었던(4 Ezra 13:10; Philo, Spec. Leg. 2.189) 하늘로부터의 바람을 동반한 소리와 불 그리고 방언의 현상이 있었다고 말하고 있다(행 2:1-4)[15] (3) 베드로가 오순절 설교에서, 요엘 선지자의

---

14) 물론 오순절의 성령강림을 통하여 비로소 종말과 새 시대가 도래하였다는 뜻은 아니다. 누가에게 있어서는 예수님의 탄생이 이미 하나님의 아들과 메시야로서의 탄생이며(눅 1:32, 35, 55; 23:11, 26), 예수님의 세례와 성령받은 사건(눅 3:21-22)이 이미 종말론적인 사건이기 때문에 예수님의 하나님의 나라 선포가 이미 종말론적이며 새 시대 도래의 선포이기도 하다. 그러나 예수님께서 자신의 십자가의 죽음과 부활의 결정적인 종말과 새 언약을 위한 사역을 통하여, 온 우주와 모든 백성의 "주와 그리스도"로 높아지시기까지(참조, 빌 2:9-11; 골 1:18-23), 종말과 새 시대의 축복은 온 우주와 모든 백성에게로 확대되지 못하였다는 점을 잊지 말아야 할 것이다. 따라서 우리가 비록 누가의 구원역사 이해는 "이스라엘 시대, 예수 시대, 교회 시대"로 3등분되어 있다는 H. Conzelmann의 주장보다 오히려 "약속과 성취"의 구조 속에 있다는 주장을 받아들일 수 있다고 하더라도, 누가가 이 "성취의 시대"를 낮아지신 신분으로서의 "예수님의 시대"와 십자가와 부활을 통하여 높아지신 신분으로서의 "주님의 시대"(혹은 "교회" 혹은 "성령"의 시대)로 구분하고 있다는 점을 또한 잊지 말아야 할 것이다. 왜냐하면 누가에 따르면 예수님의 사역은 고난과 영광의 사역으로 나뉘어진다(눅 24:26, 46-47). 예수님은 세례 때 이미 아버지로부터 성령을 무한히 받았음에도 불구하고(눅 3:22; 요 3:34), 십자가와 부활을 통하여 높아지신 신분이 되었을 때, 다시 아버지로부터 제자들에게 파송할 수 있는 성령을 받았다(행 2:33). 사실상 누가 자신이 예수님의 죽음과 부활 사건을 복음서와 사도행전을 나누는 전환점으로 삼고 있다. 만일 우리가 이 점을 감안하지 않고 예수님의 탄생을 기점으로 "약속과 성취"의 시대로 나눈다면, 결국 하나님의 구원역사에 있어서 결정적인 비중을 차지하는 십자가와 부활과 성령강림의 종말론적인 사건의 의미는 약화될 수밖에 없을 것이다. Contra 이한수, 『신약의 성령론』, pp. 70-74.

15) 이와 같은 현상적인 면에서 누가는 오순절의 성령강림을 예수님에게의 성

본문에 나타나 있는 "이 후에"(μετά ταῦτά)를 "이 마지막 날들에"(ἐν ταῖς ἐσχάταις ἡμέραις)로 바꾸어, 오순절의 성령강림이 종말의 현상임을 분명히 하고 있을 뿐만 아니라(행 2:17), 또한 성령파송을 약속의 성취로 말하고 있는 점이다(2:33).

넷째, 누가는 오순절의 성령강림을, 예수님의 제자들이 인종과 지역을 초월하여 예수님을 증거할 수 있는 선교와 예언의 능력을 받은 것과 관련시키고 있는 점이다[16]: (1) 사도행전의 주제구절로 볼 수 있는 1:8이 보여주고 있는 것처럼, 부활하신 예수님 자신이 성령의 강림과 함께 제자들이 예수님을 증거할 수 있는 능력을 받게 된다고 말하였다(참조, 눅 24:49) (2) 오순절의 성령강림을 통하여 성령으로 채워진 자들은 각 나라의 방언으로 하나님의 큰일을 증거하였으며, 베드로는 성령의 능력으로 구약 예언의 성취를 보았으며, 담대하게 예수님을 증거하였고, 이 증거에 많은 사람들이 응답을 하였으며(행 2:16-40) 그리고 사도들을 통하여 많은 기사와 표적이 나타났다(행 2:43). 예수님의 제자들이 오순절에 받은 이 그리스도에 대한 증거의 능력이 예루살렘 교회 확장의 원천이 되었다.

다섯째, 누가는 오순절의 성령강림이 사도들을 통하여 예수 그리스도로부터 주어지는 구원의 말씀을 선포하게 하고, 그리고 그 선포를 통하여 실제적인 구원의 역사가 일어났음을 말하고 있다(행 2:37-41). Menzies는 누가가 성령에 구원적 역할을 돌리는 것을 한사코 거부하고 있지만, 우리는 누가의 본문으로부터 오순절의 성령강림이 실제적인 구

령강림과(눅 3:22) 구분하고 있다. 동시에 누가는 이 점에서 또한 오순절의 성령강림을 사도행전에 제시되고 있는 다른 성령강림 사건과도 분명히 서로 구별하고 있다. 누가에게 있어서 신약교회를 위한 종말론적인 성령의 약속은 오순절 성령강림 때 비로소 처음 성취되었으며, 그리고 그 성취가 계속되고 있다. Cf. H. Conzelmann, *Acts of the Apostles* (Philadelphia: Fortress Press, 1987), p. 4.

16) Marshall, "The Significance of Pentecost," pp. 365-367.

원역사와 직접 연결되어 있다는 점을 부인하기 어렵다: (1) 부활하신 예수님 자신이 사도들이 회개와 사죄의 선포를 할 수 있도록 성령을 보내시겠다고 하셨다(눅 24:47-49) (2) 베드로가 요엘의 "누구든지 주의 이름을 부르는 자는 구원을 얻으리라"는 인용을 통하여, 오순절의 성령이 모든 사람에게 구원이 미칠 수 있도록 하였다는 사실을 강조하고 있다(행 2:21)[17] (3) 누가의 오순절 사건 문맥에서, 성령의 선물을 받는 것("너희가 회개하여 각각 예수 그리스도의 이름으로 세례를 받고 죄사함을 얻으라 그리하면 성령을 선물로 받으리니")과, 구원의 선물을 받는 것("너희가 이 세대에서 구원을 받으라 하니")이 서로 병행을 이루고 있다(2:38, 40)[18] (4) 베드로의 오순절 설교의 초대에 응하여 믿은

---

17) 이 문제에 대한 자세한 논의를 위해서는 다음을 보라: C.A. Evans, "The Prophetic Setting of the Pentecost Sermon," *The Luke and the Scripture*, eds. C.A. Evans & James A. Sanders (Minneapolis: Fortress Press, 1993), pp. 212-224.

18) 우리는 여기서 누가가 크리스천이 되는 과정을 예수 그리스도의 이름으로 세례를 받고 죄사함을 얻는 것, 성령을 선물로 받는 것 그리고 구원을 받는 것으로 묘사하고 있다고 할지라도, 누가가 여기서 시간적인 간격을 강조하고 있었다고 보아서는 안될 것이다. 누가가 여기서 강조하고 있는 것은 오히려 예수 그리스도의 복음에 대한 인간의 인격적인 응답이다. 성령의 선물, 곧 구원의 선물은 믿음의 응답을 하는 자들에게 제공된다. 그렇다고 해서 우리는 여기서 믿음이 성령과 구원을 가져오게 하는 것은 아니다라는 사실을 잊지 말아야 한다. 하나님께서 인간의 믿음을 수단으로 하여 그 자신이 친히 주권적으로 인간에게 성령과 구원을 주시기 때문이다. 누가가 본문에서 성령을 "선물"로 말하고 있는 점과, 구원을 가리키는 동사를 신적 수동태로 표현하고 있는 점이 이를 뒷받침해 주고 있다. 또한 우리는 여기서 누가가 원칙적으로 교회적 세례를 받는 것과 성령을 받는 것과도 서로 분리시키지 않고 있다는 사실에 유념해야 할 것이다. 누가는 41절에서 베드로가 전파하는 복음을 받은 자들이 세례를 받았으며, 그리고 이들을 제자들로 부르고 있다. 여기서 누가가 이들이 언제(복음을 받을 때 아니면 예수 그리스도의 이름으로 세례를 받을 때) 성령을 받았다고는 말하고 있지 않지만, 이들이 성령을 받은 자들임은 의심할 여지가 없다. 마지막으로 우리는 누가가 여기서 크리스천이 되는 과정을 말하면서 방언의 문제를 거론하지 않는 점에 유념해야 할 것이다. 누가에게 있어서, 비록 방언이 성령의 주심과 함께 뒤따를 때도 있지만, 방언이 크리스천이 되는 필수적인 과정은 아니다.

자들을, "구원받는 공동체"(τοὺς σωζομένους)로 표현하고 있는 점이다(행 2:44, 47) 베드로가 예루살렘 공의회에서 유대인들과 이방인들의 동일한 성령받음을 유대인들과 이방인들의 동일한 구원받음의 근거로 제시하고 있는 점(15:7-11) 등이다.[19]

여섯째, 누가는 오순절의 성령강림을 직접적으로 예루살렘 교회의 형성과 연결시킨다. 말하자면 오순절의 성령은 "교회를 위한 영"이라는 점이다. 이 점은 다음과 같은 사실에서 입증된다: (1) 오순절날 성령은 12사도들에게만 임한 것이 아니고, 같은 자리에 있었던 120명 성도 전체에게 임하였다(2:4). 120명의 숫자가 누가 당대의 유대사회에서 합법적으로 독립된 회당 공동체를 세울 수 있는 충분한 숫자였다는 사실을 감안해 볼때, 오순절날 성령을 받은 이 120명이 예루살렘 교회 형성의 토대가 되었음이 분명하다.[20] (2) 베드로는 오순절의 성령강림을 모든 육체에게 성령을 부어주실 것이라는 요엘의 예언이 성취된 것으로 말하고 있다. (3) 성령의 선물을 주신다는 약속이 인종과 경계를 초월하여 모든 사람들에게 확대되었다(2:39; 3:25).

오순절 성령강림과 관련하여 우리가 제시한 이상의 여섯 가지 사실만 보더라도, 누가가 오순절의 성령강림을 하나의 관점이 아닌 다양한 관점에서 말하고 있다는 사실을 여실히 알 수 있다. 즉 누가는 오순절의 성령강림을 약속과 성취라는 구원역사적 관점은 물론, 기독론적, 종말

---

19) 자세한 논의는 R.D. Witherup, "Cornelius Over and Over and Over Again," *JSNT* 49 (1993), pp. 53-54를 보라.
20) 물론 우리가 신약교회의 시작을 언제로 보느냐 하는 것은 "교회"라는 용어를 어떻게 이해하느냐에 따라서 달라질 수는 있을 것이다. 그러나 필자는 신약교회의 시작을 오순절 성령강림 전으로 보지 않고 이후로 보며, 예루살렘 교회를 첫번째 신약교회로 간주한다. 그 이유는 우선 마태를 제외하고는 그 누구도 복음서 안에서 "교회"라는 말을 사용하지도 않으며, 마태 자신도 복음서에서 교회 설립을 미래적 사실로 언급하기 때문이다(마 16:18). 우리는 누가가 사도행전에서 비로소 예루살렘 교회와 관련하여 처음으로 "교회"라는 말을 사용하고 있는 점을 과소평가해서는 안될 것이다.

론적, 선교론적, 교회론적, 구원론적 관점 등 다양한 관점에서 말하고 있다. 앞으로 우리가 살펴보겠지만, 성령강림 의미의 다양성은 단순히 오순절의 성령강림 사건에서만 아니라, 사도행전에 나타나 있는 다른 성령강림 사건에서도 부분적으로 보여지고 있다. 그러므로 우리는 오순절의 성령강림을 어느 한 관점에 국한시켜 이해함으로써, 누가의 성령을 제한하는 오류에 빠지지 않도록 해야 할 것이다.

그럼 이제 오순절주의 신학자들이 직접적으로 제기한 문제들을 살펴보도록 하자. 이미 언급한 바와 같이, 오순절주의 신학자들은 예수님의 제자들이 오순절날 성령을 받기 전에 이미 예수님을 믿고 중생하여 구원받은 자들로 있었다가 비로소 오순절날 성령세례를 받았다는 점에 근거하여, 성령세례는 중생한 자가 받는다는 주장을 한다. 또한 이들은 예수님께서 성령을 받기 전에 이미 메시야의 신분인 상태로 있었다가 메시야의 사역을 감당하도록 하기 위해 성령세례를 받았던 것처럼, 성령세례는 이미 구원받은 신자의 신분에 있는 자들로 하여금 선교 등 특수한 사역을 감당하도록 하기 위해 주어지는 이차적인 은혜(donum superadditum)라고 주장하고 있다. 이 문제에 관하여 우리는 어떤 답변을 줄 수 있는가?

우리는 Menzies 등 오순절주의 신학자들이 주장하고 있는 사실, 곧 누가가 오순절의 성령을 복음 증거를 위한 예언 혹은 능력의 영으로 보고 있다는 바로 그 점을 반대하지 않는다. 우리가 반대하는 것은 누가가 말한 성령은 예언, 혹은 능력의 영이다라는 사실이 아니라, 그들이 "선중생, 후성령세례" 교리를 확증하기 위해 누가가 말한 성령을 이 한 면에만 제한하여 다른 면을 무시하고 있는 점이다.[21] 이미 우리가 살펴

---

21) 최근에 총신대 신학대학원 이한수 교수(신약학)는 "기독교연합신문"에 5회에 걸쳐 특별 연재된(1993년 3월, 4-7월 10일) "바울과 누가의 성령 이해"란 논문과 역시 최근에 출판한 『신약의 성령론』, pp. 92-104에서 바울은 신약시대의 성령을 예수 믿는 자들을 하나님의 백성으로서 구원의 공동체에 참여하게 하는 새 언약, 구원론적인 새 창조 혹은 종말론적인 성령으로 이해하고 있는 반면

본 바와 같이, 누가는 오순절의 성령을 예수님을 증거하는 예언과 능력의 영으로만 보지 않고, 부활하신 주님의 영, 종말을 가져오는 종말의 영, 약속을 성취로 전환하는 구원역사적 영, 인종과 지역을 초월하여 모든 사람을 구원의 공동체로 불러 모으는 구원과 교회의 영으로 보고 있다.

또 오순절주의 신학자들은 예수님의 제자들이 오순절날 성령을 받기 전에 이미 중생한자이다라는 전제 아래, 성령세례는 중생한 신자에게 이차적으로 주어지는 은혜임을 강조한다. 특별히 Menzies는 누가가 말한 성령세례는 제자들의 존재와 신분과는 관계가 없으며, 오직 그들이 예수님의 증인으로서의 사역을 감당할 수 있도록 하는 사역의 세례임을

에, 누가는 신약시대의 성령을 이미 신자가 된 자들에게 그들로 하여금 선교 등과 같은 특수한 사역을 위해 주어지는 "예언의 영"으로 이해하고 있다는 점을 강하게 주장하였다. 그러나 그는 누가의 예언의 영은 오순절주의 신학자들의 성령세례의 경우처럼 어떤 특수한 사람들에게만 제한된 이차적인 은혜(*donum superadditum*)가 아니고, 오히려 모든 신자들에게 개방되어 있다고 본다. 하지만 그는 누가의 성령을 예언의 영에 한정시킴으로써, 최근에 그들의 박사 학위논문을 통해 누가의 성령을 유대배경에서 근원한 "예언의 영"으로 결론 내린 M. Turner, R.P. Menzies의 입장을 전폭적으로 지지하는 듯하다. 그러나 필자의 견해로는, 우리가 아무리 누가가 이해한 성령이 바울이 이해한 성령과 다르다는 것을 인정한다 하더라도(다양성의 문제), 바울과 누가가 말하고 있는 성령이 동일한, 성취된 새 시대, 종말론적, 그리고 기독론적인 성령이라는 점을 간과해서는 안될 것이다(통일성의 문제). 그들은 동일한 신약의 성령을 자신들의 목회적, 선교적, 신학적 의도와 그 보는 관점에 따라 강조점을 달리하고 있을 뿐이기 때문이다. 이뿐만 아니라 그는 누가의 성령은 이미 신자인 사람이 받는다는 것을 인정함으로써, "선중생, 후성령세례"를 인정하고 있음을 피력하고 있는데, 필자가 보기에 이것 역시, 비록 이한수 교수가 그렇게 되지 않아야 한다고 주장하고 있는 사실, 곧 바울의 구원론의 관점에서 누가의 성령을 이해하려는 위험이 있는 것 같다. 비록 누가가 여러 면에서 바울과 다른 전망과 의도에서 성령 문제를 접근한다고 할지라도, 그럼에도 불구하고 우리는 그가 바울처럼 신약의 성령을 기독론적이고 구원역사적인 면에서도 보고 있다는 사실을 부정하기 어렵다. 그렇기 때문에 필자의 견해로는 누가의 성령을 유대적 배경에서 나온 "예언의 영"으로만 보려고 하는 것은 누가의 성령을 지나치게 편협되게 보는 것으로 여겨진다.

강조한다. 하지만 우리가 분명히 잊지 말아야 할 사실은, 비록 우리가 예수님의 제자들이 오순절 이전에 중생한 자들이었다는 것을 의심하지 않는다 하더라도, 누가는 그 어느 곳에서도 성령세례와 관련하여 "선중생, 후성령세례" 혹은 "중생 = 성령세례"의 도식을 제시하지 않는다는 점이다. 다시 말하면 누가는 그 어느 곳에서도 그들이 성령을 받음으로써 비로소 참 신자가 되었다고 직접적으로 말하지 않는 것처럼, 또한 그 어느 곳에서도 그들이 성령세례를 받기 전에 이미 중생한 자였다고 말하지 않는다는 점이다. 이미 필자가 여러 번 지적한 바 있지만, "선중생, 후성령세례"의 도식을 가지고 누가의 오순절 성령강림 사건을 접근하는 것은, 바울의 구원론의 패러다임 속에 누가의 성령론을 집어넣는 위험을 초래하는 것이다.

Menzies는 오순절의 성령을 제자들의 존재와 신분과 직접적으로 연결시키는 James Dunn[22]에 반대하여, 오순절의 성령은, 오직 제자들의 사역에만 직접적으로 관여하는 것으로 보고 있는데,[23] 우리의 견해로는 양쪽 다 존재와 행위, 인격과 사역을 양분하는 이원론의 위험을 안고 있다는 것이다. 우리는 오순절의 성령이 제자들의 사역은 물론 그들의 존재와 신분에 결정적인 변화를 가져다 주었다는 사실을 부정하기 어렵다. 오순절 성령강림 본문의 전후 문맥은 오순절 성령강림을 통한 제자들의 변화된 사역을 분명히 보여주고 있는데, 그들의 존재와 신분과 자의식의 변화없이 그들의 변화된 사역이 가능하겠는가? 베드로가 자신들이 종말의 시대에 살고 있다는 자의식 없이 요엘의 "이후에"를 "이 마지막날에"로 바꿀 수 있었겠는가? 베드로를 위시한 사도들이 예수님의 십자가의 죽음과 부활의 구속사건과 오순절의 성령강림을 통하여 자신들이 이제 인종과 지역을 초월한 새로운 구원의 공동체에 들어

---

22) Dunn, *Baptism in the Holy Spirit: A Reexamination of the New Testament Teaching on the Gift of the Holy Spirit in Relation to Pentecostalism Today* (SCM Press, 1970), pp. 38-54.

23) Robert Paul Menzies, *The Development of Early Christian Pneumatology with Special Reference to Luke-Acts*, pp. 316f.

가게 되었다는 인식 없이, 모든 사람에게 구원역사가 일어난다는 사실을 선포할 수 있었겠는가? 이런 점에서 우리는 Menzies의 누가의 성령강림에 대한 해석은 지나치게 오순절 신학의 전제 아래 메여있다고 볼 수밖에 없다.

가장 결정적인 문제는, 설사 우리가 예수님의 제자들에게 "선중생, 후성령세례"의 도식을 적용할 수 있다 하더라도, 누가가 과연 이 도식을 위하여 오순절의 성령강림 사건을 기록하였느냐 하는 것이다. 다시 말하면 누가가 예수님의 제자들의 체험과 그들에게 주어진 특수한 사역을 모든 시대의 성도들을 위한 규범적인 모델로 제시하고 있느냐 하는 것이다. 오순절 사건 이전인 십자가와 부활 전의 예수님의 시대와 오순절 사건 이후인 높아지신 주님의 시대를 동시에 살았던 오순절 제자들의 경우가, 오직 오순절 이후의 시대에만 살고 있는 오늘 우리들에게 규범적인 모델이 될 수 있으며, 그것이 누가가 오순절 성령사건에서 의도하는 것이냐 하는 것이다. 오순절주의 신학자들은 예수님의 제자들에게 있었던 "선중생, 후성령세례"가 모든 신자들에게 해당되는 규범적인 것임을 입증하기 위해, 사도행전에 나타나 있는 그 밖의 성령세례 사건에서도 동일한 도식을 찾으려 한다. 그러나 곧 우리가 살펴보겠지만, 오순절주의 신학자들의 이러한 성경 접근은 결코 정당화되지도 않을 뿐 아니라, 누가의 성령사건들을 자신들의 도식에 집어넣어 해석하는 오류를 범하고 있다고 볼 수밖에 없다.[24]

2. 사마리아 사람들에게 성령이 임한 사건(행 8장)

이미 잘 알려진 바와 같이, 사마리아 사람들에게 성령이 임한 사건은, 성령세례를 예수를 믿고 구원받은 신자가 받아야 하는 이차적인 은혜로 보려고 하는 오순절주의 신학자들에게는 대단히 중요한 비중을 차

---

24) R. Maddox, *The Purpose of Luke-Acts* (Edinburgh: T.& T. Clark, 1982), p. 187; I.H. Marshall, *The Acts of the Apostles* (Sheffield: JSOT Press, 1992), p. 29f.

지한다.[25] 왜냐하면 그들에게 있어서 사마리아 사람들은 예수를 믿고 세례받은 다음에 성령세례를 받은 부인할 수 없는 증거로 보이기 때문이다. 그러나 본문과 문맥의 자세한 검토는, 바울의 구원론의 관점에서 사마리아 사건을 보는 것은, 오순절주의 신학을 지지하는 자들이나 혹은 반대하는 자들이나 할 것 없이, 누가의 본래 의도를 놓치는 것임을 상기시켜 준다.

누가의 기록에 따르면, 사마리아 사람들은 빌립이 전한 그리스도와 그의 말씀을 들었으며, 그가 행한 놀라운 표적을 보았다(행 8:5-6). 그들은 빌립의 전도를 믿었고, 모두 세례를 받았다(8:12). 믿고 세례를 받은 자 중에는 그 지역의 마술사 시몬도 포함되었다(8:13). 그러나 이상하게도 믿고 세례를 받은 그들에게 성령이 주어졌어야 함에도 불구하고, "아직" 한 명도 성령을 받지 못하였다(8:16). 즉 누가가 그 구체적인 이유를 제시하지는 않지만, 성령의 내리심이 사마리아 사람들에게는 이례적으로 유보되었다는 것이다. 이것은 사실상 사도행전 2:38에 나타나 있는바, 회개하고 세례를 받은 다음 성령의 선물을 받게 된다는 베드로의 약속과는 상충되는 듯이 보인다. 그들은 믿고 세례를 받았을 때 성령을 받은 것이 아니라 나중에, 즉 사마리아 사람들이 하나님의 말씀을 받았다라는 소식을 듣고, 예루살렘 교회의 사도들이 파송한 베드로와 요한이 와서 그들이 성령받기를 기도하고 안수하였을 때, 비로소 성령을 받았다(8:17). 이 사실 때문에 이미 말한 바와 같이, 오순절주의 신학자들은 사마리아 사람들의 경우를, "선중생, 후성령세례"를 지지하는 결정적인 증거로 삼는다.[26] 반면에 바울의 구원론의 입장에서, 성령세례를 크리스천이 되는 결정적인 과정으로 보려고 하는 James Dunn

---

25) 예를 들면, Howard M. Ervin, *Spirit-Baptism: A Biblical Investigation*, pp. 71-75; James B. Shelton, *Mighty in Word and Deed. The Role of the Holy Spirit in Luke-Acts*, p. 130.

26) Ervin, *Spirit-Baptism: A Biblical Investigation*, pp.73-74; Menzies, *The Development of Early Christian Pneumatology with Special Reference to Luke-Acts*, pp. 248-260.

은, 사마리아 사람들이 성령을 받기 전의 상태를 참된 크리스천의 상태로 보지 않고 불완전한 상태로 본다.[27] 그렇게 함으로써 그는 빌립의 전도와 예수 그리스도의 이름으로 주어진 세례를 평가절하한다.

그러나 우리는 누가의 본문에서, 이미 Dunn의 입장을 날카롭게 비판한 Max Turner, Robert Manzies, 이한수 교수 등 많은 신학자들이 지적하고 있는 바와 같이,[28] 빌립의 전도나, 사마리아 사람들의 믿음이나 혹은 세례가 불완전하거나 무슨 결함이 있었다는 인상을 전혀 찾아볼 수가 없다.[29] 그렇다고 해서 우리는 소위 오순절주의 신학자들이 "선중생, 후성령세례"의 도식 아래, 본문을 바울의 구원론의 관점과 일치시켜 사마리아 사람들이 성령세례를 받기 전에 이미 구원받은 자의 신분에 들어가 있었다고 주장하는 것도, 본문을 지나치게 바울의 관점에서 해석하는 것으로 간주할 수밖에 없다. 이럴 경우 이미 전도를 받고, 믿고 그리고 세례를 받은 마술사 시몬이 돈으로 성령세례 주는 권한을 사려고 하다가, 베드로로부터 들은 "네가 하나님의 선물을 돈주고 살 줄로 생각하였으니 네 은과 네가 함께 망할지어다 하나님 앞에서 네 마음이 바르지 못하니 이 도에는 네가 관계도 없고 분깃될 것도 없느니라…내가 보니 너는 악독이 가득하며 불의에 매인 바 되었도다"(8:20-23)라는 엄한 저주적 책망을 들은 것을 이해하기 힘들게 된다. 우리가 시몬이 받은 책망을, 이미 믿고 세례를 받고 구원을 받은 신자가 죄를 지어 교회로부터 받은 일종의 엄한 권징으로 보아야 하겠는가?

---

27) James D.G. Dunn, *Baptism in the Holy Spirit*, pp. 63ff.
28) Max Turner, "사도행전에서의 성령세례," 『그리스도인과 성령』, pp. 112-123: Robert Paul Menzies, *The Development of Early Christian Pneumatology with Special Reference to Luke-Acts*, pp. 248-260: 이한수, "바울과 누가의 성령 이해," "기독교연합신문," 1993년 4월 4일자 17면: 『신약의 성령론』, pp. 102-106.
29) 누가는 사도행전 8:14에서 빌립의 전도를 받은 후 그리고 성령받기 전의 사마리아 사람들의 상태를 "하나님의 말씀을 받았다"라고 말하고 있는데, 누가는 똑같은 용어를 11:1에서 성령받은 고넬료 가정의 상태를 말할 때 사용하고 있다.

필자의 견해로는, 전자든 후자든 사마리아 사건을 바울의 구원론의 관점에서만 보는 것은, 다 같이 누가의 의도를 놓치는 것으로 간주될 수밖에 없다는 것이다. 우리는 이 사건을 바울의 관점에서 보기 전에, 먼저 왜 누가가 이 사건을 수록하고 있는가를 생각해야 할 것이다. 이미 말한 바와 같이 사도행전 2장의 오순절의 예루살렘 성령강림 사건은 직접적으로 예루살렘 지역 선교의 토대와 출발점이 되었다. 그렇게 함으로써 사도행전 1:8에 있는 주님의 선교 명령의 첫번째 부분이 사실상 성취되었다고 볼 수 있다. 누가는 예루살렘 지역의 선교에 이어 다음 단계인 온 유대와 사마리아 지역 선교의 문턱에 또다시 성령강림 사건을 두고 있는데, 이것이 우연적인 것이겠는가? 사마리아의 성령강림이 과연 예루살렘의 성령강림 이후의 두 번째 사건이겠는가? 누가는 이미 복음서에서 사마리아 지역에 대한 남다른 관심을 보이신 예수님의 모습을 소개한 바 있다(눅 9, 10장). 예수님 당대에 유대인과 사마리아 사람들 사이에 있었던 엄청난 증오와 갈등을 생각할 때 누가가 보여주는 예수님의 모습은 사뭇 놀랍기만 하다.[30] 그 예수님께서 십자가와 부활의 구속사건 이후 예루살렘과 온 유대에 사는 유대인 선교에 이어, 유대인들에게 원수로 간주되었던 사마리아 선교를 그의 제자들에게 명령하셨다(행 1:8). 예수님 자신께서 그의 죽음과 부활을 통하여 모든 인종적, 종교적, 사회 신분적 장벽을 무너뜨려졌기 때문이다(참조, 갈 3:28). 그러므로 사마리아 사람들이 유대인들과 동등하게 성령을 받아야 하는 것은 누가의 관점에서 볼 때 너무나 당연한 것일 수 있다.

그렇다면 사마리아 사람들은 왜 빌립의 전도를 받고 그들이 믿고 세례를 받았을 때 즉각적으로 성령을 받지 않고 예루살렘에서 온 사도 베

---

30) 예수님 당대 유대인들과 사마리아인들 사이의 극심한 반목과 증오의 배경을 위해서는, *Josephus, Jewish Antiquities* 18:30; *The Wisdom of Ben Sirach* 50:25-26; J. Jeremias, *Jerusalem in the Time of Jesus* (Philadelphia: Fortress Press, 1969), pp. 352-358; 최갑종, "선한 사마리아 사람의 비유,"『예수님의 비유 연구』(기독교문서선교회, 1993): 53-76을 참조하라.

드로와 요한의 기도와 안수를 통해서 성령을 받았다고 말하고 있는가? 우리는 먼저 사도행전에서 누가가 수록하고 있는 대표적인 성령강림 사건 중, 사도들이 받은 오순절 성령강림 사건과 (2장) 예수님으로부터 직접 이방의 사도로 소명을 받은 바울이 받은 성령강림 사건을 제외하고는, 모두 사도들이 성령강림 현장에서 일종의 중보자적인 역할을 담당하였다는 점을 강조하고 있는 사실을 주시해야 할 것이다. 물론 그들이 성령을 주고 안 줄 수 있는 권한을 가진 것은 아니었다.[31] 곧 살펴보게 될 고넬료 가정의 경우에서 볼 수 있는 바와 같이, 베드로는 고넬료가 성령받도록 그를 위해 기도나 안수나 혹은 세례를 베풀지 않았다. 다만 복음의 말씀을 전파만 하였을 때 성령이 그들에게 임하였고, 성령이 임한 것을 보고, 베드로는 비로소 고넬료 가정에 세례를 베풀었다(행 10:43-48). 그러나 누가는 사마리아 사람의 성령받음에 있어서 예루살렘 교회의 사도들이 사도 베드로와 요한을 파송한 것과 마찬가지로, 고넬료 가정의 성령받음에 있어서 주님께서 사도 베드로를 파송하였으며, 그리고 에베소 제자들의 성령받음에 있어서는 이방인 사도로 부름받은 바울이 중요한 역할을 담당하였음을 말하고 있다. 우리는 이 점을 결단코 우연적인 것으로 간주해서는 안될 것이다.

이미 잘 알려진 바와 같이, 누가에게 있어서 예루살렘 교회와 사도들은 중요한 신학적 의미를 가지고 있다.[32] 누가복음서에 있어서 예루살렘은 예수님의 선교여행의 목적지였고, 예수님의 죽음과 부활의 장소였

---

31) Marshall, *The Acts of the Apostles*, p. 157; Pesch, *Die Apostelgeschichte*, I, p. 276; Copnzelmann, *Acts of the Apostles*, p. 65.

32) Joseph A. Fitzmyer, "Lucan Theology/the Lucan Geographical Perspectives," *The Gospel According to Luke* (New York: Doubleday & Co., 1981), pp. 164-172; M. Bachmann, *Jerusalem und der Tempel: Die geographisch-theologischen Elemente in der lukanischen Sicht des judischen Kultzentrums* (BWANT; Stuttgart: Kolhammer, 1980); Jack D. Kingsbury, *Conflict in Luke* (Minneapolis: Fortress Press, 1991), pp. 42-70.

다. 사도행전에 보면 예수님은 부활하신 후 제자들에게 예루살렘을 떠나지 말고 이곳에서 아버지가 약속한 성령을 기다리라고 분부하셨으며(눅 24:49; 행 1:5), 성령을 받은 다음에도 먼저 예루살렘을 복음화할 것을 부탁하셨다. 그래서 예루살렘이 첫번째 성령강림의 장소가 되었고, 그리고 첫번째 신약교회가 출범하는 장소가 되었다. 오순절 성령강림 사건 전에 이미 맛디아를 뽑아 12사도로 복원된 사도들은, 이 예루살렘 교회를 대표하고 이끌어가는 자들이었다. 사도들은 교인들을 지도하고(행 2:42), 선교와 봉사에 앞장을 섰으며(4:33-37; 5:12), 교회의 직분자들을 세웠으며(6:2-6), 예루살렘 교회에 큰 핍박이 일어나서 교인들이 흩어졌을 때도 예루살렘에 남아서 교회를 고수하였다(행 8:1). 그래서 누가는 사도행전에서 사도들이 있는 이 예루살렘 교회를 모든 교회를 연결시키는 중심적인 위치에 둔다. 예를 들면 안디옥에 교회가 형성되었을 때, 예루살렘 교회는 바나바를 이 안디옥 교회에 파송하였으며(11:22), 예루살렘 교회가 어려움에 처하였을 때 안디옥 교회는 부조금을 보냈으며, 그리고 안디옥 교회에 소위 할례문제가 제기되었을 때도, 안디옥 교회는 이 문제를 의논하기 위해 바나바와 바울을 예루살렘 교회에 파송하였다. 그리고 예루살렘 교회는 안디옥 교회에서 제기된 문제를 해결하기 위해 공회를 소집하였고, 그리고 그 결정 사항을 인편과 편지로 안디옥 교회를 포함하여 여러 교회에 알렸다(행 15장).[33]

이처럼 누가는 예루살렘 교회와 그 교회의 사도들을 교회의 일치와 통일성을 이루는 중심적인 위치에 둔다. 그러므로 이와 같은 누가의 선교적, 교회론적 관점에서 볼 때, 사마리아 사람들의 성령받음에 있어서 예루살렘 교회로부터 파송된 사도 베드로와 요한의 역할은 지극히 자연

---

33) 예루살렘 교회와 사도들의 중요성은 바울의 서신에서도 보인다. 예를 들면 바울은 개종 3년 후 예루살렘에 올라가서 사도 베드로와 주의 형제 야고보를 만났으며(갈 1:18), 14년 뒤 다시 예루살렘에 올라가서 자신이 이방세계에 전파한 복음의 내용을 사도들에게 설명하였다. 자세한 논의는 최갑종, "바울과 베드로 그리고 안디옥 교회," 『바울 연구 1』(기독교문서선교회, 1993): 29-54를 보라.

스러운 것이라 하지 않을 수 없다.[34] 그렇게 함으로써 사도들에게 주어진 예수님의 특수한 선교명령은(행 1:8) 성취되었을 뿐만 아니라, 또한 예루살렘 교회는 자연스럽게 사마리아 교회를 그들과 동일한 성령을 받은 형제교회로 맞이할 수 있게 되었을 것이다.

3. 바울의 성령받음(행 9장)

바울은 언제 성령세례를 받았는가? 그가 다메섹 도상에서 부활하신 주님을 만났을 때인가? 아니면 3일 뒤 다메섹에서 아나니아가 주님의 분부를 수행하러 왔을 때인가? 이미 언급한 바와 같이 바울의 성령받는 사건과 관련하여 누가는 사마리아나 고넬료 가정의 경우와는 달리, 예루살렘 교회의 사도들의 역할을 배제한다. 다만 주님의 분부를 받은 아나니아가 등장하지만, 그러나 그는 단지 주님의 분부를 전하는 역할만 한다. 즉 그가 다메섹에서 소경이 되어 사흘 동안 식음을 전폐하고 있던 바울을 만났을 때 그는 바울에게 안수하면서, "형제 사울아, 네가 오던 길에서 너에게 나타났던 예수 곧 주께서 나를 보내어 보게 하시고 성령으로 채워지게 하셨다"(행 9:17)라고 하였다. 바로 그 순간 바울은 다시 보게 되었으며, 그리고 아나니아는 바울에게 세례를 베풀었다. 누가가 전하는 본문 자체는 바울이 언제 성령을 받았는지를 뚜렷이 명시하지 않는다. 만일 아나니아가 주님의 분부를 전달하였을 때 바울이 성령을 받았다면 바울은 고넬료 가정처럼 먼저 성령을 받고 그 후 세례를 받은 셈이 될 수도 있을 것이다.[35] 하지만 누가의 본문에서 강조되고 있

---

34) Cf. C.K. Barrett, "Light on the Holy Spirit from Simon Magus (Acts 8, 4-25)," *Les Actes des Apostres*, ed. J. Kremer (Leuven: University Press, 1977), pp. 282-306; Green, *Holy Spirit*, pp. 38-39; Marshall, *The Acts of the Aposles*, pp. 153-157; 부룬너, 『성령신학』, pp. 192-195.

35) Max Turner는 James Dunn, *Baptism in the Holy Spirit*, pp. 73-78에 동의하여 바울이 아나니아를 통해 안수와 세례를 받은 다음에 성령세례를 경험한 것으로 보지만, 그러나 사도행전의 본문은 예수님에게 강조점을 두고 있기 때문에 만일 우리가 구태여 바울의 성령 세례 시기를 추정해야만 한다면,

는 것은, 성령세례의 시점보다 오히려 바울의 개종에 있어서는 처음부터 끝까지 부활하신 주님께서 주도적인 역할을 하셨다는 점이다. 말하자면 부활하신 주님께서 직접 다메섹 도상에서 바울을 만났으며, 다메섹의 제자 아나니아를 환상 중에 불러, 바울은 "나의 택한 그릇이라"(9:15)고 말하면서, 아나니아로 하여금 바울을 찾아가도록 하였다. 그렇기 때문에 누가는 아나니아의 행위를 묘사하는 본문에서도, 예수님을 주어로 등장시켜 예수님의 능동성을 강조한다(9:17). 이 점은 사도행전 26장에 수록되어 있는 3번째 바울의 다메섹 사건의 경우에서는 주님만 등장하고, 아나니아에 관한 언급이 완전히 배제되어 있는 점에서도 확인된다(26:16).[36]

우리는 바울의 성령세례 사건을 이해함에 있어서, 다음과 같은 두 가지 즉 첫째, 누가가 왜 바울의 성령사건을 예루살렘과 사마리아 지역의 선교에 이어 이방사람과 그들의 지역 선교가 시작되는 전환점에 두고 있는가 하는 점과 둘째는, 이미 언급한 바와 같이, 왜 바울의 성령사건에서는 예루살렘 사도들의 역할을 배제하고 그 대신 주님의 능동적인 역할을 강조하고 있는가 하는 점에 각각 주목해야 할 것이다. 사실상 누가는 사도행전에서, 바울의 경우를 제외하고는, 한 개인의 성령사건을 구체적으로 언급하지 않는다. 그것은 그만큼 사도행전에서 바울의 비중이 크다는 것을 보여준다. 사도행전의 약 반이 바울의 선교여행에 할당되어 있고, 바울의 다메섹 사건도 사도행전에서 3번(9장, 22장, 26장)이나 언급되어 있다는 점도 이를 뒷받침해준다. 필자가 보기에 바울의 성령사건에 관한 누가의 보도는, 그 본문의 위치와 구성에 있어서 누가 자신의 강조점이 분명히 내포되어 있는 것 같다. 바울의 성령 사

Menzies, *The Development of Early Christian Pneumatology with Special Reference to Luke-Acts*, p. 260f에서 주장하고 있는 것처럼, 아나니아를 통해 받은 후로 보기보다 오히려 아나니아가 주님의 말씀을 전달할 때로 보아야 할 것이다.

36) R.D. Witherup, "Functional Redundancy in the Acts of the Apostles: A Case Study," *JSNT* 48 (1992), pp. 77ff.

건을 이방선교의 전환점에 둠으로써, 독자들로 하여금 바울의 개종이 초대 기독교 선교역사에 있어서 얼마나 중요한가를 자연스럽게 상기하도록 하고 있으며, 그리고 바울의 개종에 있어서 예루살렘 사도들의 역할을 배제하고 시종일관 부활하신 주님의 역할을 강조함으로써, 바울의 사도성과 함께 이방선교가 부활하신 주님의 뜻임을 강조하고 있다.[37]

그렇다면 바울이 언제 성령세례를 받았는가? 만일 그가 다메섹 도상에서 부활하신 주님을 만난 3일 후인 다메섹에서, 아나니아가 주님의 분부를 대행할 때 성령세례를 받았다면, 왜 3일이라는 시기가 필요하였는가? 성령세례를 이미 중생받은 신자에게 주어지는 이차적인 은혜로 보는 오순절주의 신학자들은, 바울은 성령세례를 받기 전에 이미 참된 크리스천의 신분에 들어가 있었다고 보고 있는데,[38] 우리는 이 문제에 관해 어떻게 답변해야 하겠는가? 누가에 따르면 다메섹 도상에서 부활하신 주님은 이미 자신을 바울에게 나타내셨으며(9:5; 22:8), 이미 그때 이방 사도로서의 소명까지 주셨다(26:16-18). 3일 동안 소경이 되어 다메섹에 있는 동안 바울은 금식하며 기도하고 있었으며(9:11), 아나니아가 바울을 처음 만났을 때 크리스천적인 호칭인 "형제"라고 불렀다(9:17). 갈라디아서에 나타나 있는 바울 자신의 증언도, 다메섹 도상에서 그가 부활하신 주님을 만났을 때 이미 하나님께서 예수님을 자기의 아들로 그에게 계시하셨을 뿐만 아니라, 그때 이미 그에게 이방의 사도로서의 신적 소명까지 주어졌음을 보여준다(갈 1:16).

그렇다고 해서 사도행전에 나타나 있는 바울의 경우를 바울의 구원론의 관점에서 보아, "선중생 후성령세례"의 도식을 이끌어낼수 있겠는가? 이미 우리는 누가의 기록을 바울의 구원론의 관점에서 보고 해석하

---

37) Ronald D. Witherup, "Functional Redundancy in the Acts of the Apostles: A Case Study," *JSNT* 48 (1992), pp. 67-86.
38) Menzies, *The Development of Early Christian Pneumatology with Special Reference to Luke-Acts*, pp. 260ff; Ervin, *Spirit-Baptism: A Biblical Investigation*, pp. 76ff.

지 않아야 할 것을 여러 번 강조한 바 있다. 우리가 바울 자신의 서신을 중심으로 그의 다메섹 개종을 살펴본다 할지라도, 다메섹 도상에서의 계시사건과 그의 성령체험을 분리시키는 것이 사실상 불가능하다.[39] 성령의 역사 없이 "하나님께서 예수를 바울 자신 속에 자기의 아들로 계시하는 것과 이방인의 사도로서의 소명"(갈 1:16, ἀποκαλύψαι τὸν υἱὸν αὐτοῦ ἐν ἐμοί, ἵνα εὐαγγελίζωμαι αὐτὸν ἐν τοῖς ἔθνεσιν)이 가능하겠는가? 필자가 바울의 성령론 문제를 논할 때 이미 자세히 거론한 바 있지만,[40] 바울은 하나님의 계시와 성령의 역사를 서로 분리시키지 않는다. 예를 들면 고린도전서 2:7-12에서 하나님께서 성령으로 영광의 주님을 우리에게 보이셨다는 것과 우리가 하나님께로 온 성령을 받았기 때문에 하나님께서 우리에게 주신 은혜를 알게 되었다고 강조하고 있다. 따라서 누가가 다메섹 사건과 그의 성령받음 사이에 3일 간의 간격을 둔 점을 바울의 구원론의 관점에서 보면 설명하기 어려운 딜레마에 빠질 수밖에 없으며, 그리고 이것은 누가 자신의 의도도 아니라는 점이다.

그렇다면 우리는 이 문제를 어떻게 이해해야 하겠는가? 우리가 이 문제를 풀기 위해서는 왜 누가가 주님께서 바울의 성령강림 사건에 주도적인 역할을 하셨는가 하는 문제와 함께, 왜 예루살렘 사도들의 역할을 배제한 대신 초대교회에서 전혀 알려지지 않은 다메섹의 제자 아나니아를 불러 주님의 명령을 수행하도록 하셨다라는 점을 강조하고 있는가를 주시해야만 할 것이다. 곧 이어서 살펴보겠지만, 사도 베드로가 중요한 역할을 한 고넬료 가정의 경우와 바울의 경우 사이에는 분명한 대조가 있다. 필자가 보기에는, 바울의 성령사건에 예루살렘 교회 사도들이 배제되고 그 대신 무명의 아나니아가 역할을 담당하게 된 이면에는, 한편으로 이방교회와 예루살렘 교회의 동등성, 예루살렘 교회의 사도들과

---

39) R.D. Witherup, "Functional Redundancy in the Acts of the Apostles: A Case Study," *JSNT* 48 (1992), p. 73.

40) 최갑종, "바울의 성령론의 기원," 『바울연구 1』, pp. 153-162.

이방교회의 사도인 바울의 동등성을 강조하기 위한 배려와 함께, 또 다른 한편으로는 새로 개종한 바울과 예루살렘 교회를 위시한 기존 교회와의 일치와 화목을 위한 배려가 함께 있는 것 같다. 즉 아나니아를 통하여 바울은 자연스럽게 다메섹 교회에 소개될 수 있었으며,[41] 그리고 더 나아가서 바울의 개종 사실과 다메섹에서의 활동사항을 잘 알고 있었던 바나바를 통하여 예루살렘의 사도들에게 자연스럽게 소개될 수 있었던 것이다.[42] 만일 바울의 성령받음에 있어서 예루살렘 교회의 사도들의 역할이 있었다고 한다면, 바울의 사도성과 예루살렘 교회와 이방교회의 동등성은 훼손당할 수밖에 없었을 것이며,[43] 그렇다고 해서 만일 바울의 개종을 증언할 수 있는 아나니아가 없었다고 한다면, 바울이 어떻게 다메섹 교회와 예루살렘 교회에 자연스럽게 소개될 수 있었겠는가? 물론 필자의 주장이 모든 난점들을 해소할 수 있는 가장 만족스러운 해결책은 아닐 수도 있을 것이다. 그러나 필자가 여기서 강조하고 싶은 것은, 바울의 구원론의 관점에서 우리가 바울의 성령 사건을 접근할 것이 아니라, 누가 자신의 관점에서 보다 신중하게 접근해야 한다는 것이다.

---

41) 이 점은 사도행전 9:19에 있는 "사울이 다메섹에 있는 제자들과 함께 며칠을 있었다"라는 사실에서 입증된다.

42) Menzies는 그의 최근의 학위 논문인 *The Development of Early Christian Pneumatology with special Reference to Luke-Acts*, p. 263에서 바울의 성령 사건을 바울이 이방선교사로서 부름받은 선교적 직무를 수행하기 위한 능력을 부여받은 사건으로만 보려고 하는데, 필자가 보기에 그의 주장은 그의 학위 논문의 중심 주제인 "누가에게 있어서 성령은 이미 믿는 신자에게 주어지는 예언의 영"에 메여 누가의 본문을 지나치게 편협되게 보는 것 같다. Menzies의 논문에 내한 평가를 위해서는 Max Turner, "The Spirit of Prophecy and the Power of Authoritive Preaching in Luke-Acts," NTS 38 (1992), pp. 66-88를 보라.

43) 우리가 바울 서신(특히 갈라디아서 1, 2장)을 통하여 알 수 있는 바와 같이 바울이 자신의 사도성을 끊임없이 공격하는 유대주의자들에 대하여 자신의 신적인 소명을 그 반대 근거로 제시한 점을 비추어 보아서도 이 점은 부정하기 어렵다.

4. 고넬료 가정의 성령강림 사건(행 10, 11장)

"선중생, 후성령세례"를 주장하는 오순절주의 신학자들과, "은혜의 이중성"을 주장하는 차영배 교수는, 고넬료 가정의 성령사건이 그들의 주장을 뒷받침해주는 것으로 본다.[44] 즉 그들은 고넬료가 베드로의 설교를 통하여 성령을 받기 전에, 이미 그가 구원받은 구약성도의 자격자로서 중생과 칭의, 성결의 신분에 들어가 있었다고 본다. 하지만 우리가 누가의 본문으로부터 오순절주의 신학자들이 주장하는 바와 같은 정당성을 찾을 수 있는가? 누가는 사도행전 10장에서 성령받기 전의 고넬료를 소개하면서, 그는 로마군대의 백부장이며, 온 집으로 하나님을 경외하는 자이며, 백성들을 많이 구제하고 하나님께 항상 기도하는 자이며, 의인이요, 온 유대족속이 칭찬하던 자라고 말하고 있다(10:1-2,22). 우리가 누가의 이러한 소개로부터 고넬료가 성령받기 전에 이미 중생과 칭의의 신분에 들어가 있었다고 쉽게 단정할 수 있겠는가? 이것은 이미 말한 바와 같이 바울의 구원론의 관점에서 고넬료 사건을 해석하는 것이 된다. 오순절주의 신학자들이 주장하고 있는 바대로, 고넬료가 성령받기 전에 이미 중생과 칭의를 통하여 구원받은 자의 신분에 들어가 있었다고 한다면, 11:14에 있는 "베드로가 고넬료와 고넬료의 온 가정의 구원얻을 말씀을 고넬료에게 전할 것이다"라는 말씀은 어떻게 되는가? 왜냐하면 이 본문 자체는 고넬료가 베드로를 통하여 전해지는 복음을 받기 전에는, 구원은 아직도 그에게 성취되지 않은 여전히 미래적인 것임을 보여주기 때문이다. 그들은 고넬료가 성령세례받기 전에 유대종교의 하나님을 신앙하였다는 점에 근거하여, 그를 구원받은 구약의 성도들의 계열에 두려고 하는데, 이것이 과연 누가의 의도를 올바르게 파악한 것인가?

누가의 기록에 따르면, 이방 사도로 부름받은 바울의 성령사건과 사

---

44) James B. Shelton, *Mighty in Word and Deed: The Role of the Holy Spirit in Luke-Acts*, p. 132f: 차영배, "기독론적 성령론," "기독교연합신문," 1993년 1월 24일자 9면.

도행전에서 첫번째 이방인 성령강림 사건으로 제시되고 있는 고넬료 가정의 성령사건 사이에는 서로 차이점도 있지만 유사점도 많이 있다. 바울의 경우와 마찬가지로 이 사건을 주도하신 분은 베드로가 아니라 주님 자신이시다. 주님께서 환상 중에 베드로와 고넬료에게 각각 나타나셔서 서로가 만날 수 있도록 주선하셨다. 바울도 먼저 성령을 받고 세례를 받은 것처럼, 고넬료 가정도 먼저 성령을 받고 그 다음 세례를 받았다. 그러나 차이점도 있다. 바울의 경우에는 다메섹의 제자 아나니아가 등장하고 있지만, 고넬료의 경우에는 예루살렘의 사도 베드로가 등장했다. 바울의 경우에는 바울 자신만이 성령을 받았지만, 고넬료의 경우에는 고넬료와 전가족이 성령을 받았다. 바울의 경우에는 아나니아에 의한 예수님에 관한 복음전파가 없었지만, 고넬료의 경우에는 복음전파가 있었다(10:36-43). 또 바울의 경우에는 방언에 대한 언급이 없지만, 고넬료의 경우에는 성령을 받은 자들이 방언을 말하였다. 그러나 고넬료 가정의 성령받은 사건과 함께 우리가 누가의 본문에서 가장 주목해야 할 점은, 누가가 고넬료 가족들이 예수 그리스도에 관한 베드로의 설교를 듣는 중에 성령을 받았다라는 점과(10:44; 11:15), 이방인인 고넬료 가정이 받은 성령은 일찍이 오순절날 사도들을 위시하여 유대인 제자들이 받은 그 성령과 동등한 성령의 선물을 받았다고 하는 점을 강조하고 있는 점이다(10:47; 11:15-17).[45] 다시 말하자면, 이방인에게 내린 성령이 유대인들에게 내린 성령과 정확하게 동일, 동등한 성령임을 언급함으로써, 하나님께서 할례자인 유대인들과 무할례자인 이방인 사이에 가로놓여 있었던 엄청난 종교적, 문화적 장벽을 제거하시고 이방인을 동등한 하나님의 백성으로 받아들였다고 강조하고 있는 점이다.[46] 사

---

45) Bruce, *The Book of Acts* (Grand Rapids: Eerdmans, 1954), p. 229f. 성령의 동등성은 고넬료 가정이 성령을 받았을 때 오순절날 제자들이 성령을 받았을 때 보였던 방언과 하나님을 높이는 현상이 나타났다고 한 점에서도 드러난다. 역시 막스 터너, "사도행전에서의 성령세례," p. 74f.

46) Marshall, *The Acts of the Apostles. An Introduction and Commentary* (Tyndale, Grand Rapids: Eerdmans, 1980), p. 194; Don Jackson, "Luke and Paul: A Theology of One Spirit from Two

도행전 15장에서 볼 수 있는 바와 같이, 고넬료 가정의 성령강림 사건은 예루살렘 교회로 하여금 이방인들이 할례를 받지 않고도 주 예수를 믿음으로 유대인들과 동등한 하나님의 백성으로 받아들여질 수 있는 계기를 마련한 동시에, 그렇게 함으로써 이방인 선교의 확고한 토대를 마련하였다(참조, 15:7-11, 19).[47] 이뿐만 아니라 누가는 고넬료 가정에 성령이 임한 사건을 보고 베드로가 일찍이 성령세례에 관한 주님의 약속(행 1:5)을 기억하였다고 함으로써, 고넬료 가정의 성령세례를 주님의 약속이 성취된 것으로 보고 있다(행 11:16).

이처럼 누가는 고넬료 가정의 성령강림을 바울의 구원론의 관점에서 서술하기보다, 오히려 선교적, 교회론적, 성취론적 관점에서 서술한다.[48] 따라서 우리의 판단으로는 고넬료 가정의 성령강림 사건을 선중생, 후성령세례나 은혜의 이중성의 잣대로 재해석하는 것은 누가의 의도를 곡해하는 것으로 볼 수밖에 없다.

5. 에베소 제자들의 성령강림 사건(행 19장)

오순절주의 신학자들이 "선중생, 후성령세례"의 도식을 정당화하기 위해 사도행전에서 끌어들이는 마지막 성령강림 사건은, 사도행전 19장에 수록되어 있는 에베소 제자들에 대한 성령강림 사건이다.[49] 이 사건

Perspectives," *JETS* 32/3 (1989), pp. 335-343; J.B. Tyson, "The Gentile Mission and Authority of Scripture in Acts," *NTS* 33 (1987), pp. 619-631; J. Julius Scott, "The Conelius Incident in the Light of Its Jewish Setting," *JETS* 34/4 (1991), pp. 474-484.

47) Marshall, *The Acts of the Apostles*, p. 180.
48) Cf. Jack Sanders, "Who is a Gentile in the Book of Acts?" *NTS* 37 (1991), pp. 434-455; Robert C. Tannehill, "The Functions of Peter's Mission Speeches in the Narrative of Acts," *NTS* 37 (1991), pp. 400-415.
49) Menzies, *The Development of Early Christian Pneumatology with Special Reference to Luke-Acts*, pp. 270-272ff; Ervin, *Spirit-Baptism: A Biblical Investigation*, p. 80f.

이 과연 중생 후 성령세례의 근거가 될 수 있는가? 우리가 누가의 본문을 주의깊게 살펴보면 살펴볼수록 이러한 주장은, 본문 자체의 지원을 받을 수 없다는 사실을 깨닫지 않을 수 없다. 이미 알려진 대로 에베소 지역의 선교는 바울의 선교에 있어서 하나의 전환점을 가져올 만큼 중요한 비중을 차지한다.[50] 그는 에베소에서 만 2년을 체류하면서 전소아시아 지역에 복음을 전파하는 데 힘썼다(행 19:10). 누가는 바울의 에베소 선교의 출발점에 12제자들에게의 성령강림 사건을 둔다. 누가는 이들을 단순히 "어떤 제자들"이라고 묘사하고 있는데(19:1), 바로 이 때문에 이들을 크리스천을 가리키는 것으로 보아야 하는지 아니면 요한의 제자들을 가리키고 있는 것으로 보아야 하는지 논란을 낳게 했다.[51]

오순절주의 신학자들은 이들이 "제자들"로 불렸고, 그리고 바울이 그들을 믿은 자로 불렸다는 점에 근거하여(19:2), 이들을 성령세례를 받기 전에 이미 중생한 자로 간주한다.[52] 하지만 우리가 설사 Turner, Menzies 등이 최근의 연구들을 통하여 강조하고 있는 사실, 곧 누가는 바울처럼 성령세례를 크리스천이 되는 시금석으로 삼지 않는다라는 주장을 인정한다 하더라도,[53] 누가가 성령세례를 받기 전의 에베소 제자

---

50) F.F. Bruce, *The Book of Acts*, p. 387.
51) 자세한 논의는 Menzies, *The Development of Early Christian Pneumatology with special Reference to Luke-Acts*, pp. 268-275를 보라.
52) 예를 들면, 박정렬, "성령세례와 체험," 『목회와 성령』, p. 146. 역시, Menzies, op. cit., p. 27에서 에베소 제자들은 아볼로와 함께 바울을 만나기 전에 이미 예수님의 제자들이 되어있었던 것으로 본다. 하지만 우리가 사도행전 19:2에서 간과하지 말아야 할 사실은, 누가가 여기서 강조하고 있는 점은 "믿는 것"(πιστευσαντες, 단순과거분사)과 그리고 성령을 "받는 것"(ελαβετε, 단순과거) 사이에 시간적인 간격이 있다는 점이 아니라, 오히려 "믿는 것"과 "성령 받는 것"은 서로 분리할 수 없다는 것이다. 이 점이 사실이라면, 우리는 갈라디아서 3:2과 사도행전 19:2 사이에 분명한 일치가 있다고 보아야 할 것이다. 보다 자세한 논의는 부룬너, 『성령신학』, pp. 321-240을 보라.
53) Turner와 Menzies는 누가의 성령이 "예언의 영"이며, 그리고 이 예언의 영은 모든 믿는 자들에게 개방되어 있다는 점에서는 서로 의견의 일치를 보여주

들을 참된 크리스천으로 간주하고 있다고 보기에는 여러 가지 난점들이 있다. 첫째, 그들이 세례 요한의 세례만 받았으며, 성령의 오심에 관하여 전혀 듣지 못했다고 하는 점이다(19:2-3). 둘째, 바울이 그들에게 믿음의 대상으로서 예수를 증거하였다는 점이다(19:4). 마지막으로, 저들이 바울의 전도를 듣고 주 예수의 이름으로 다시 세례를 받았다는 점이다. 누가가 사도행전 그 어느 곳에서도 이미 신자가 된 자들에게 예수를 증거하고 다시 예수의 이름으로 세례를 받게 한 사례가 없다는 점을 볼 때, 에베소 제자들이 복음을 듣고 세례를 받고 바울의 안수를 통해 성령을 받기 전에 이미 중생된 크리스천의 신분에 들어가 있었다라는 것은 본문 그 자체의 주장과는 거리가 멀다.[54] 오히려 누가는 세례 요한의 세례를 받은 자들에게 주 예수의 이름으로 다시 세례를 베풀었다는 점을 지적함으로써, 설사 예수를 증거한 세례 요한의 제자라 할지라도, 이미 오신 예수 그리스도에 관한 복음을 듣지 못하였고, 예수의 이름으로 세례를 받지 못한 자라면, 신약시대의 참된 크리스천의 신분에 들어간 자로 간주할 수 없다는 점을 우리에게 상기시켜 주는것같다.[55] 그러므로 Marshall이 이미 강하게 피력한 바와 같이, 이 사건이 "중생후 성령세례"의 근거가 될 수 없는 것이다.[56] 오히려 우리는 누가

고 있으나 이 예언의 영의 성격을 규정하는 데는 서로 의견의 차이를 보여주고 있다. 즉 Turner는 이 예언의 영을 신자와 부활한 주님과의 교제를 가능하게 하는 근원으로 보고 있는 반면에("사도행전에서의 성령세례," p. 398), Menzies는 예언의 영을 예수님의 선교를 계속할 수 있게 하는 부가적인 능력(*donum superadditum*)으로 본다(*The Development of Early Christian Pneumatology with special Reference to Luke-Acts*, p. 279). 하지만 이미 최근에 Marshall, *The Acts of the Apostles*, pp. 69f에서 지적하고 있는 바와 같이 그들은 누가의 성령을 지나치게 좁게 본다는 비판을 피할 수 없다.

54) Marshall, *The Acts of the Apostles* (Tyndale), p. 305; Michael Green, *I Believe in the Holy Spirit*, p. 135; 부룬너, 『성령신학』, pp. 234-236.

55) F. Pereira, Ephesus: *Climax of Universalism in Luke-Acts: A Redaction-Critical Study of Paul's Ephesian Ministry (Acts 18:23-20:1)* (Anand, India: Gujarat Sahitya Prakash, 1983), pp. 81-111).

56) Marshall, *The Acts of the Apostles* (Tyndale), p. 305.

가 이 사건에서, 세례 요한의 제자들도 복음을 듣고, 예수의 이름으로 세례를 받아 예수님의 제자들처럼 동일한 성령을 받고, 방언도 예언도 하였다고 강조하고 있는 점에 근거하여, 한편으로 누가가 약속의 시대에 속해 있었던 세례 요한의 공동체도 성취의 새 시대를 여신 예수님과 성령을 통해서만이 신약교회의 공동체의 일원이 될 수 있다는 것과, 또 다른 한편으로 예수님의 복음과 성령을 받은 자는, 그가 과거에 어떠한 신분이었던 것과 관계없이 동등한 하나님의 백성으로 영접된다는 점을 강조하고 있는 것으로 보아야 할 것이다.[57]

지금까지 우리는 오순절주의 신학자들이 그들의 주장을 뒷받침하기 위한 증거로 자주 활용하는 사도행전의 대표적인 다섯 가지 성령강림 사건들(2장의 오순절 사건, 8장의 사마리아 사건, 9장의 바울, 10, 11장의 고넬료 가정, 19장의 에베소 제자들)을 살펴보았다. 그리고 우리는 누가가 이 사건들을 바울의 구원론의 관점에서 서술하기보다, 오히려 사도행전의 주제 구절인 1:8과 관련하여 선교적, 교회론적, 구원역사적, 기독론적 관점에서 서술하고 있다는 사실도 확인하였다. 이 점은 누가가 중요한 성령강림 사건을 인종과 지역의 경계선을 초월하여 새로운 선교가 시작되고 확장되는 전환점에 두고 있는 점과, 이 성령 사건을 주님의 사역으로 보고 있는 점을 볼 때 부인하기 어렵다.[58] 그렇게 함으로써 누가는 사실상 예수님의 구원사역은 그의 승천으로 중단되지 않고, 오히려 그의 약속대로 보냄을 받은 부활하신 주님의 성령을 통하여 땅끝까지 계속된다는 점을 강조한다. 이것은 누가가 사도행전의 서두를 부활하신 주님께서 복음서의 중심주제인 하나님의 나라를 전파하시는 것으로 시작하여(행 1:3), 바울이 로마에서 역시 하나님의 나라를 선포하는 것으로 종결하고 있는 점에서도(행 28:31) 입증된다.[59]

---

57) Schuyle Broon, "Water-Baptism and Spirit-Baptism in Luke-Acts," *ATR* 59 (1977), pp. 135-151.
58) Earl Richard, "Pentecost as a Recurrent Themes in Luke-Acts," pp. 133-149.
59) R.F. O'Toole, "Activity of the Risen Jesus in Luke-Actsm" *Bib*

6. 결어

이 글을 마감하면서 필자가 다시 한번 강조하고 싶은 것은, 우리가 누가복음과 사도행전을 너무나 쉽게 한면에만 치우쳐 규범적인 기독교 역사책이나 혹은 그 반대로 신학작품만으로 보지 않도록 해야 한다는 것이다. 부언해서 말하자면 자신의 교리적, 교파적, 신학적, 경험적 전이해의 패러다임을 가지고 누가/사도행전에 접근하여, 그러한 전이해의 체계 안에 누가와 사도행전을 가두어서는 안된다는 것이다. 우리는 이제 오순절주의 신학자들이나, 개혁주의 신학자들이나 혹은 자유주의 신학자들 할 것 없이, 우리의 잘못된 신학체계나 전이해로부터 누가나 사도행전을 자유하게 하여 누가와 사도행전을 그야말로 저자인 누가가 본래 의도한 누가와 사도행전이 되게 해야 할 것이다.

필자의 관점으로는, 누가는 자신의 독자들과 자기 당대의 교회들이 처해 있는 문제들과 관련하여 그들의 문제들에 대한 해답과 나아갈 방향을 제시해야 할 필요성에서 누가복음/사도행전을 썼음이 분명하다. 그는 이러한 목적을 달성하기 위해, 그 자신이 직접 체험하고 목격했던 초대 기독교 사건들과 혹은 사도들에 의해 전해졌던 예수님에 대한 전승들을 체계적으로 구성하였다(눅 1:1-4 참조). 우리가 누가 자신의 역사적 삶의 상황이나 혹은 그의 독자와 그가 활동했던 교회의 역사적 정황을 정확하게 그대로 재구성하기는 힘들다고 할지라도, 그가 누가복음서와 사도행전을 기록할 무렵인 주후 70년 후반경에는, 이미 기독교 복음이 지역적으로는 예루살렘으로부터 로마까지, 인종적, 문화적, 사회적인 면으로는 유대종교와 유대사회의 장벽을 뛰어넘어 사마리아와 헬라인과 로마 사람들에게까지 깊이 침투하고 있었음이 분명하다(행 28:31). 게다가 당시 기독교는 한편으로는 로마제국과의, 또 한편으로는 유대교와의 깊은 갈등 가운데 있었을 것이다. 이러한 상황과 관련하

---

62 (1981), pp. 471-98; Lampe, "The Holy Spirit in the Writings of St.Luke," *Studies in the Gospels*, ed. D.E. Nineham (Oxford: Blackwell, 1955), pp. 193-94.

여 누가는, 기독교 뿌리는 하나님께서 구약을 통해 주셨던 약속의 성취로서 그의 아들과 메시야로 보내신 예수 그리스도의 인격과 사역이며, 기독교 선교는 그 예수님의 십자가의 죽음과 부활의 사건과 그리고 부활하신 그리스도께서 보내신 성령에 의해 이루어지고 있음을 보여줄 필요성을 갖게 되었을 것이다. 그렇게 함으로써 그는 기독교 신앙의 정체성을 고취시키고, 기독교가 단순히 정치집단이 아니라는 것과, 기독교와 유대교와의 차이점이 무엇인가를 보여주어야 했을 것이다.

만일 누가 자신에게 있어서 역사적 사건들과 자료들이 이러한 저술목적과 관련하여 취사선택되고 활용되었다면, 우리는 누가의 의도대로 누가와 사도행전을 해석해야 하는 것이다. 필자가 오순절주의 신학자들의 사도행전에 나타나 있는 성령사건 해석에 동의하지 않는 것은, 그들의 해석이 누가 자신의 관점에서 출발하였다기보다 오히려 그들의 신학적, 혹은 경험적 전이해에서 출발하고 있다고 보기 때문이다. 만일 누가 자신이 사도행전의 다양한 성령사건을 모든 시대의 모든 크리스천들에게 동일하게 일어날 수 있는 구원론적인 규범적 사건이나 패턴을 제시하는 것이 그의 목적이 아니라면, 우리는 누가 자신의 목적에 따라 그 사건들을 보아야 하지 않겠는가? [60]

---

60) 이 문제에 관련하여 I. H. Marshall, *The Acts of the Apostles* (Sheffield: JSOT Press, 1992), p. 68을 참조하라. 오순절주의 신학자들은, Gordon D. Fee, "Hermeneutics and Historical Precedent - A Major issue Pentecostal Hermeneutics," *Gospel and Spirit* (Peabody: Hendriksen Pub., 1991), p. 85에서 지적하고 있는 바와 같이, "사도행전에 나타나 있는 사도적 경험은 모든 시대의 신자들에게 규범적인 모델"(the apostolic experience is the normative model for all Christians)로 본다. 이 점은 오순절 신학에 긍정적인 입장을 표명하고 있는 Menzies 자신도 "The Methodology of Pentecostal Theology: An Essay on Hermeneutics," *Essays on Apostolic Themes: Studies in Honor of Howard M. Ervin*, ed. P. Elbert(Peabody: Hendriksen, 1985), p. 13에서 "오순절주의 신학자들은 성경 본문으로부터 신학을 이끌어내기 위해 성경 본문을 보기보다 오히려 그들 자신의 경험의 성경적, 신학적, 타당성을 확립하기 위해 성경본문을 본다"라고 말하고 있는 점에서 분명하다.

그렇다면 바울 서신은 오순절주의 신학자들이 주장하는 "선중생, 후성령세례"의 이중적인 구원론을 지지해주고 있는가? 바울은 분명히 누가와는 어느 정도 다른 전망에서, 곧 바울은 주로 구원론적인 전망에서 성령론을 접근한다.[61] 그리하여 바울에게 있어서는 성령받는 것과 구원받는 것이 결코 분리되지 않는다(고전 12:3; 갈 3:2; 롬 8:9-10). 그렇다고 해서 바울과 누가 사이에 성령론 문제를 두고 근본적인 차이가 있었다는 것으로 보아서는 안될 것이다. 서로간에 강조점의 차이는 있다고 하더라도, 바울이나 누가가 다 같이 구원역사적, 종말론적, 기독론적 관점에서 성령을 이해하고 있기 때문이다. 필자의 판단으로는, 오순절주의 신학자들이 "선중생, 후성령세례"를, 또 차 교수가 "은혜의 이중성"의 주장을 바울의 성령론과 구원론에 관한 본문에서 확립하려고 하는 것은, 그들이 지나치게 사도행전의 관점에서 바울의 본문들을 보려고 하기 때문이다. 그러나 우리의 견해로는 누가의 본문을 바울의 관점에서 보는 것이 누가를 곡해하는 것과 똑같이, 바울의 본문을 누가의 관점에서 보는 것은 또한 바울을 곡해하는 것이라는 점이다. 우리가 인위적으로 누가와 바울을 통일시키기보다 오히려 누가와 바울의 다른 관점과 강조점을 그대로 받아들이는 것이 누가를 누가되게, 바울을 바울되게 하는 것이 아니겠는가?

---

61) 물론 이 말이 바울은 성령을 선교적, 종말론적, 기독론적인 관점에서는 전혀 접근하지 않는다는 말은 아니다. 오히려 바울의 성령론은 선교적, 종말론적, 기독론적인 강한 특성을 지니고 있다. 자세한 것은, 최갑종, "바울과 성령," 『바울 연구 1』: 117-166을 보라.

제2장

바울과 성령 2:

로마서를 중심으로 하여[1]

　"기독교연합신문"의 독자들은, 1992년 9월부터 1993년 2월까지 약 6개월에 걸쳐, 필자와 총신대학장이며 총신대학원 교의학 교수인 차영배 교수와 고려신학대학원 교의학 교수인 유해무 교수 사이에 있었던 성령론, 특별히 성령세례(聖靈洗禮)가 크리스천의 신분을 결정하는 중생(重生) 혹은 이신칭의(以信稱義)와 동일한 사건인가(필자와 유해무 교수는 동일한 사건으로 봄), 아니면 중생 이후 신자가 받아야 할 이차적인 은총인가(차 교수는 성령세례는 중생과 구별되거나 혹은 중생 이후에 일어나는 사건으로 봄) 하는 문제에 관한 공개 논쟁을 기억할 수 있을 것이다. 이 공개 논쟁은 차 교수의 계속적인 답변과 문제제기에 관하여, 필자가 재답변을 일단 유보함으로써 사실상 뚜렷한 결말없이 중단되고 말았다. 필자가 답변을 유보한 주된 이유는, 성령세례 문제의 근본적인 해결을 갖기 위해서는, 신문을 통한 일반적인 논쟁의 교환보다 성경 본문의 깊은 주경학적 연구에 기반을 둔 전문적인 논문을 통한 의견 교환이 있어야겠다고 보았기 때문이다. 이리하여 필자는 그 동안 국내와 국

---

　1) 이 글의 본문(각주 제외)은 본래 저자가 1993년 12월부터 1994년 3월까지 약 3개월에 걸쳐 "기독교연합신문"에 연재하였던 것인데, 본 논문집을 위해 약간 수정, 보완하여 전면 게재하기로 한 것이다.

외에서, 한편으로 신약의 성령론을 다루고 있는 필자의 학위 논문의 완성을 위해서, 또 다른 한편으로 한국 교회의 성령론 정립에 조금이라도 기여하기 위해서, 나름대로 신약의 성령론에 깊은 관심을 계속 가지고 있었다.

그러는 동안에 교계와 학계에서도 성령론에 대한 연구와 논의는 계속되었다. 실례를 들면, 1992년 9월과 1993년 9월 두 차례에 걸쳐 고려신학대학원 교수들에 의한 "성령론 연구보고서"가 고신총회에 제출되었으며, 1993년 11월에는 합동신학교에서 성령론 강좌를 통하여 여러 교수들이 논문을 발표하였으며,[2] 1993년 12월 14일부터 16일까지 차영배 교수가 대표로 있는 기독교 학술원에서 "성령사역의 지속성"(The Continuity of Baptism in Holy Spirit)이라는 주제로 제8차 국제학술 심포지엄을 개최하였으며, 1994년 3월에는 두란노 서원에서 발간하는 월간지 "목회와 신학," 57권 3월호에 "성령세례론의 쟁점과 전망"이라는 특집이 마련되어 여섯 분의 글이 수록되었으며,[3] 그리고 보다 최근인 1994년 5월 10일에는 총신대신대원 학우회에서 개최한 "성령론 심포지엄"에서 서철원, 차영배, 이한수 교수의 논문발표와[4] 고영민 목사의 논평이 있었으며, 김세윤, 차영배, 서철원, 이한수, 정훈택, 김정우, 박용규 교수 사이에 성령론 패널 토의가 있었다.

---

2) 1993년 11월 8일과 9일 양일 간에 걸쳐 합동신학교에서 있었던 제5회 정암(고 박윤선 박사) 신학 강좌에서는 김명혁 교수(합신)가 "한국교회와 성령론", 박형용 교수(합신)가 "구속역사적 입장에서 본 오순절 세례 사건", 권성수 교수(총신대)가 "고린도전서 12:4-11의 성령의 은사연구" 그리고 이수영 교수(장신대)가 "칼빈의 성령론"이란 제목의 논문을 각각 발표하였다.
3) 성종현, "성령님은 어떤 분이신가?", 40-48; 안봉호, "성령세례에 대한 성경신학적 이해", 49-63; 차영배, "성령세례에 대한 쟁점: 고신대신대원 교수들의 연구논문에 대한 평가", 64-71; 박용규, "오순절 운동을 역사적으로 추적한다: 미국을 중심으로", 72-78; 이재범, "오순절주의 성령세례 이해의 문제점", 79-80; 김영재, "오순절 성령강림과 성령세례에 대한 이해의 새 지평", 91-113.
4) 서철원, "개혁주의 성령론"; 차영배, "한국교회의 잘못 이해된 성령론"; 이한수, "합동교단이 지향해야 할 성령론."

이들 중에서 1993년 12월 기독교 학술원에서 주최한 행사가 한국 신학계의 성령론 논의에 있어서 중요한 선을 그었다고 볼 수 있을 만큼 의미깊은 행사였다고 말할 수 있을 것이다.[5] 사실상 이 학술회에서는 이례적으로 국내외로부터 열세 분의 전공 교수와 목회자들이 초청되어 성령론에 관한 논문들을 발표하였다. 14일 첫날에는 전(前)고려신학대학원 교수인 안영복 교수가 "구약의 성령론"을, 화란의 Utrecht대학교의 교리사 교수인 Van Oort 교수가 "교부들의 성령론"을, 숭실대학교 교수이며 기독교 학술원 의장인 김영환 교수가 "개혁신학의 성령론"을, 전(前)총신대학 교수이며 현재 충현교회 담임목사인 신성종 목사가 "목회와 성령의 역사"를 발표하였으며, 15일인 둘째날에는 차영배 교수가 "한국신학의 성령세례론"을, 장신대 교수인 이수영 교수가 "깔뱅(칼빈)의 성령론"을, 합동신학교의 김영재 교수가 "한국 교회의 성령론(1970년 이후) 개관과 오순절 성령강림과 성령세례에 대한 재해석"을, 탄포리교회 담임목사인 정근두 목사가 "청교도 신학과 로이드 존스의 성령론"을, 창신교회 담임목사인 신세원 목사가 "성령사역의 결과"를 발표하였으며, 마지막날인 16일에는 교회성장 연구원장인 이재범 교수가 "오순절주의의 성령세례"를, 장신대학의 오성춘 교수가 "신유의 은사와 영적 치유의 연관성"을, 한국 성경신학 연구소장인 안봉호 교수가 "성령세례의 성경적 의미"를, 그리고 장신대학의 성종현 교수가 "신약의 성령론"을 각각 발표하였다.

이 학술 심포지엄의 주요 논문 발표를 직접 듣기도 하였고, 직접 듣지 못한 경우에는 공개된 강의 내용을 읽어 본 필자는, 학술 심포지엄과 관련하여 몇 가지 점에서 적지 않은 놀라움과 아쉬움을 함께 느꼈다. 첫째, 이 모임 행사에 초청된 적지 않은 분들이 그 동안 차영배 교수가 일관되게 주창해 온 성령론에 의견을 같이하거나 혹은 어느 정도

---

5) 여의도 순복음교회의 배경을 갖고 있는 일간지 국민일보에서는 1993년 12월 23일자 종교란 톱기사로 이 심포지엄 행사를 취급하면서 이제 개혁주의 신학자들도 순복음교회에서 주장하는 오순절 성령강림의 연속성과 중생 후 성령세례의 교리를 지지하고 있는 것으로 평가하였다.

긍정적인 표명을 하는 분들이었다는 점이다.[6] 둘째, 학술회장을 가득 메운 참석자를 보아 한국 교회 목회자와 신학도들 중에 성령론에 관심을 가진 분들이 적지 않다는 점이다. 셋째, 발표된 논문에 관한 진지한 반대 토론이 주어지지 못했다는(물론 시간의 제약이 있었겠지만) 점이다. 넷째, 논문을 발표한 적지 않은 분들이 자신의 주장을 성경적으로 입증하기 위해, 여전히 여러 성경 본문을 그 본문이 주어진 문맥과 역사적 배경에 관한 진지한 연구없이 일방적으로 끌어들이고 있었다는 점이다. 이러한 놀라움 및 아쉬움과 함께 필자는 다시 한번 깊은 주경학적 연구가 선행되지 않고는 올바른 성령론의 정립이 있을 수 없다는 평소 지론을 확인하지 않을 수 없었다.[7] 그래서 필자는 한국 교회의 올바른 성령론 정립을 위한 신학자들의 진지한 주경학적 연구가 계속되기를 희망하면서, 최근에 학위논문 준비를 위해 초고해 두었던 신약의 성령론에 관한, 이미 발표된 몇몇 논문들과 함께, "로마서에 나타나 있는 바울의 성령 이해"도 발표하기로 하기로 한 것이다. 필자는 이미 1992년도에 출판한 『바울 연구 1』에 수록한 "바울과 성령"이란 논문을 통해서 바울의 성령론의 전체적인 개관을 한 바 있지만,[8] 금번 글에서는 최근 한국 교회 안에서 활발하게 논의되고 있는 성령론 문제와 관련하여, 신약의 저자들 중에서 누구보다도 성령을 자신의 삶과 신학과 선교 및 목회사역의 독특한 출발점과 원천으로 삼았던 사도 바울이, 성령을 어떻게 자기 당대 교회의 가장 핵심적인 문제였던 크리스천의 신분과 삶의 문제와 연결시키고 있는가를 다시 한번 살펴보게 될 것이다.[9]

---

6) 물론 모든 분들이 차 교수의 주장을 다 지지하고 있다는 의미는 아니다. 몇몇 분들은 차 교수의 주장에 대한 반대 의견을 분명히 표명하기도 하였다.

7) 이와 같은 해석학적인 문제에 관하여는 필자의 "누가와 성령," "목회와 신학," 36 (1992/4), 241-261; 『예수·교회·성령』 (기독교문서선교회, 1992): 11-57을 보라.

8) 최갑종, "바울과 성령," 『바울 연구 1』 (기독교문서선교회, 1992,1993): 117-166.

9) 신약의 저자들 중에 바울은 누구보다도 독특하고 깊은 성령의 체험을 하였을 뿐만 아니라, 또한 자기 당대 여러 교회에서 제기되는 성령 문제와 깊이 씨름을 한 자로 알려져왔다. 그는 사실상 하나님의 성령의 계시 가운데서 부활하신

1. 문맥적인 고려

 무엇보다도 먼저 우리는 로마서가 성령론에 관한 바울의 전문적인 신학 논문이 아니고 바울의 다른 서신의 경우처럼 순수한 편지라는 사실에서 출발해야 한다.[10] 그러므로 로마서에 나타나 있는 바울의 성령 이해를 올바르게 붙잡기 위해서는, 바울의 서신에 부합하는 올바른 해석학적 과정이 반드시 선행되지 않으면 안된다. 즉 성경 본문의 해석을 시도함에 있어서 우리는, 성경 본문은 마치 나무의 가지처럼 일종의 살아있는 유기체와 같아서, 그 본문이 위치하고 있는 문맥과 그 본문이 연결되어 있는 유기체의 역사적 상황을 떠나서는 올바르게 이해될 수 없다는 사실을 항상 명심하지 않으면 안된다. 특별히 다음의 두 가지 해석학적 과정이 우선적으로 고려되어야 할 것이다. 첫째, 바울이 무엇 때문에 로마서를 써서 로마 교인들에게 편지의 형식으로 보냈으며, 바울 자신과 로마교회의 역사적, 사회적 정황에 비추어볼 때, 로마서의 중심적인 메시지는 무엇이며, 그리고 로마서의 목적 및 중심적인 메시지와 바울의 성령 이해가 어떤 관계를 가지고 있는가 하는 역사적이며 문맥적인 고려이다. 둘째, 로마서에는 어떠한 성령 본문들이 나타나 있으며, 그 성령 본문들이 전후 문맥과 사상적, 구조적 발달의 관점에서 어떠한 언어적, 문법적, 역사적, 수사학적 그리고 신학적 특징과 의미

 예수를 만났으며, 복음을 받았으며, 사도로 부름을 받았으며(갈 1장; 고전 2:8-10; 고후 4:6; 빌 3:12), 누구보다도 더 많은 방언을 말할 수 있었으며(고전 14:18), 낙원에 올려져 말할 수 없는 것들을 들었으며(고후 12:2-4), 성령의 능력으로 복음을 전파하고(고전 2:7, 10, 13; 7:40), 많은 은사를 소유하였으며(고전 14:8), 성령으로 여러 가지 이적과 기사를 행하였다(롬 15:18-19; 고전 2:4; 고후 12:12; 살전 1:5). 따라서 우리는 바울을 성령의 사도, 성령의 사역자라고 부를 수 있다. See H. Gunkel, *The Influence of the Holy Spirit. The Popular View of the Apostolic Age and the Teaching of the Apostle Paul* (Philadelphia: Fortress Press, 1979), pp. 76-78.

 10) Cf. L.A. Jervis, *The Purpose of Romans. A Comparative Letter Structure Investigation* (JSNT Supp. 55; Sheffield: JSOT Press, 1991), pp. 11-85.

를 가지고 있는가를 탐사하는 주석적인 고려이다. 가능한 한 우리의 모든 교리적, 신학적, 체험적인 선입관이 배제된 채, 위의 두 가지 해석학적 고려를 근거로 하여 로마서가 그 자체적으로 연구되지 않는다면, 우리는 로마서를 통해서 선포하는 바울의 순수한 성령론 메시지를 붙잡을 수 없게 될 것이다.

로마서는 지나간 기독교 역사를 통하여 바울이 쓴 서신 중에서 가장 긴 서신인 동시에 그가 전파하는 복음의 전체적인 핵심을 가장 잘 대변하고 있는 중요한 서신으로 알려져 왔다.[11] 바울 자신이 15:19에서 밝히고 있는 것처럼, 로마서는 바울이 한편으로는 예루살렘과 안디옥 지역으로부터 시작하여 지중해 연안의 일루리곤에 이르기까지 여러 지역에 복음을 전파하고 이제 새로운 선교 사역지(스페인)를 계획하면서, 또 다른 한편으로는 마게도냐와 아가야 등 자신의 선교 지역에서 모금한 헌금을 예루살렘 교회에 전달하기 위한 여행 준비를 하는 중에 쓴 것으로 보인다(15:25-26). 그러므로 로마서는 바울이 갈라디아서, 고린도전후서, 데살로니가전서 등의 서신들을 쓴 다음인 A.D. 55-57년경 고린도에서 쓴 것으로 추정된다.[12] 이렇게 볼 때 로마서는 사실상 사도 바울의 생애와 사역의 가장 완숙기에, 그리고 또한 결정적인 전환기에 쓰여졌다고 볼 수 있다. 이 점은 로마서를 바울의 신학적 유언(遺言)으로 보려고 하는 G. Bornkamm이 지적하고 있는 것처럼, 로마서에는 이신칭의 교리를 위시하여 바울의 이전 서신들에서 취급되고 있는 중요한 사상들이 보다 더 자세하고 발전되고 체계적인 형태로 나타나고 있는 점에서도 입증된다.[13] 그렇기 때문에 우리는 사실상 그 어떤 바울

---

11) C.D. Myers, "Romans," *The Anchor Bible Dictionary* 5, ed. D.N. Freedmann (New York: Doubleday, 1992), p. 817. 보다 자세한 논의는 Jervis, *The Purpose of Romans*; M.A. Seifrid, *Justification By Faith: The Origin and Developmenmt of a Central Pauline Theme* (Leiden: E.J. Brill, 1992)를 참조하라.
12) Myers, *ABD* 5, p. 817.
13) Bornkamm, "The Letter to the Romans as Paul's Last Will and

서신에서보다도 로마서에서 성령에 관한 바울의 가장 체계적이고 발달된 교훈의 형태를 기대할 수 있다.

이미 잘 알려져 있는 바와 같이, 로마서는 현존하는 바울서신 중에서 바울이 직접 개척하지 않은 교회에 보낸 유일의 편지이기도 하다(롬 1:10). 그러므로 로마서는 갈라디아서나 고린도전후서와 달리 교회 안에서 제기된 특수한 문제에 관한 직접적인 답변 형식의 편지로 간주되기는 어렵다. 다시 말하자면, 로마서는 바울의 다른 서신들이 보여주고 있는 그와 같은 특수한 상황성이 대체적으로 결여되어 있다. 오히려 교회적 상황보다 바울 자신의 개인적인 문안과 언급들이 편지의 서두(1:1-15)와 끝 부분(15:14-16:23)을 차지한다. 바로 이 때문에 Philip Melanchton은 로마서를 가르켜 "기독교의 요강"(a compendium of the Christian Religion)이라 부르기도 하였고,[14] Nygren은 로마서를 역사적 상황에 영향을 받지 않은 순수하고 객관적인 교리의 체계를 보여주고 있다고 보았다.[15] 그럼에도 불구하고 오늘날 대부분의 학자들은 로마서를 바울의 조직적인 교리집이나 신학 논문으로 보기보다 오히려 순수한 편지이며, 바울 자신이나 로마 교회의 역사적 상황과 필요성에 의해 쓰여진 것으로 보려고 한다.[16] 하지만 로마서가 우선적으로 바울 사도 자신의 필요성에 의해 쓰여졌느냐, 아니면 로마교회의 필요성과 관련하여 쓰여졌느냐에 관하여는 학자들 사이에 논란이 계속되고 있다.[17]

Testament," *The Romans Debate*, ed. K.P. Donfried (Minneapolis: Augsburg, 1977), pp. 17-31.

14) *Melanchton on Christian Doctrine*, trans. & ed. C.L. Manschreck (New York: Oxford, 1965), p. xlviii.

15) A. Nygren, *Commentary on Romans* (Philadelphia: Muhlenberg, 1949), pp. 4-9.

16) L. Ann Jervis, *The Purpose of Romans: A Comparative Letter Structure Investigation* (JSNT Suppl. 55; Sheffield: JSOT Press, 1991), pp. 16-68.

17) 김세윤, "바울이 로마서를 쓴 목적," 『예수와 바울』 (서울: 참말사, 1993): 399-412를 보라.

예를 들면, C.H. Dodd,[18] T.W. Manson,[19] A. Nygren,[20] G. Bornkamm,[21] J. Jervell,[22] C.E.B. Cranfield,[23] J.W. Drane,[24] L.A. Jervis[25] 등은 로마서는 우선적으로 바울 자신의 상황적 필요성, 즉 그 자신의 예루살렘 여행, 미래의 로마 방문, 복음의 변증, 스페인 선교 등의 문제 때문에 썼다고 본다. 반면에 K.P. Donfried,[26] P. S. Minear,[27] J.C. Beker,[28] G.P. Wiles,[29] C.J. Roetzel,[30] R.P. Martin,[31] J.A.

---

18) C.H. Dodd, *The Epistle of Paul to the Romans* (London: Hodder & Stoughton, 1932), p. xxv.

19) T.W. Manson, "To the Romans-and Others," *The Romans Debate*, ed. K.P. Donfield (Minneapolis: Augsburg, 1977), pp. 1-16.

20) Nygren, *Commentary on Romans*, pp. 4-9.

21) Bornkamm, "The Letter to the Romans as Paul's Last Will and Testament," pp. 17-31.

22) Jervell, "The Letter to Jerusalem," *The Romans Debate*, pp. 61-74.

23) C.E.B. Cranfield, *The Epistle to the Romans* (2 vols.: Edinburgh: T. & T. Clark, 1975, 1979) 『국제 비평주석 로마서 1』, pp. 72-73.

24) Drane, "Why Did Paul Write Romans?" *Pauline Studies: Essays Presented to F.F. Bruce on his 70th Birthday*, ed. D.A. Hagner and M.J. Harris (Exeter: Paternoster, 1980), pp. 208-27.

25) Jervis, *The Purpose of Romans*, pp. 158-164.

26) Donfried, "False Presuppositions in the Study of Romans," *The Romans Debate*, pp. 120-148.

27) Minear, *The Obedience of Faith* (London: SCM Press, 1971), pp. 8-17.

28) Beker, "Paul's Theology: Consistent or Inconsistent?" *NTS* 34 (1988), 364-377.

29) Wiles, *Paul's Intercessory Prayer* (Cambridge: Cambridge University Press, 1973), pp. 74-76.

30) Roetzel, *The Letters of Paul: Conversations in Context* (Atlanta: John Knox, 1975), p. 59.

31) Martin, *Reconciliation: A Study of Paul's Theology* (London: Marshall, Morgan & Scott, 1981), pp. 127-28.

Ziesler[32] 등은 바울 자신의 상황적 필요성 때문이라기보다 오히려 주로 당시 로마교회가 당면한 문제로 인한 목회적 관점 때문에 쓰여졌다고 본다.[33]

만일 로마서가 주로 로마교회가 당면한 문제들과 관련하여 쓰여졌다고 한다면, 바울이 로마서를 써서 보낼 그 당시 로마교회는 어떤 문제에 직면하여 있었는가? 1세기의 로마 역사가 Suetonius의 "황제들의 생애"(Lives of the Caesars)에 따르면, 황제 Claudius는 A.D. 49년경에 "크레스투스(Chrestus)의 추종자들 때문에 야기된 계속적인 소란 때문에 유대인들을 로마로부터 추방하였다"(Claud. 25:4)고 기록하고 있다. 만일 우리가 Suetonius가 기록하고 있는 "Chrestus"를 여러 학자들의 주장에 따라 "그리스도"를 뜻한다고 본다면,[34] 우리는 또한 A.D. 49년경에 이미 기독교가 로마에 전파되어 있었으며, 이때에 적지 않은 유대인 크리스챤들이 로마로부터 추방되었다고 말할 수 있다. 누가에 따르면(행 18:2) 바울이 만났던 브리스가와 아굴라도 이때에 로마로부터 추방되어진 것 같다. 이것이 사실이라면 로마교회를 형성했던 초창기의 사람들은 주로 유대인들이었다고 생각할 수 있다.[35] 그러나 이 유대인 신자들이 로마로부터 추방된 이후에도 로마교회는 계속해서 존속, 발전하였으며, 그리고 시간이 흐름과 함께 이방인들이 유대인들

---

32) Ziesler, *Paul's Letter to the Romans* (London: SCM Press, 1989), pp. 15f.

33) 이 문제에 관한 보다 더 자세한 논의는 K.P. Donfried, ed., *The Roman Debate*; Jervis, *The Purpose of Romans*, pp. 11-85; Myers, "Romans," *ABD* 5, pp. 819-820을 보라.

34) H.J. Leon, *Jews of Ancient Rome*, 25ff; F.F. Bruce, "Christianity Under Claudius," *BJRL* 44 (1961/62), 309-326; *Paul Apostle of the Free Spirit*, 379ff; J.W. Drane, "Why Did Paul Write Romans?" *Pauline Studies*, ed. D.A. Hagner and M.J. Harris (Exeter: Paternoster, 1980), pp. 216-217.

35) W. Wiefel, "The Jewish Community in Ancient Rome and the Origin of Roman Christianity," *The Romans Debate*, pp. 100-119.

보다 교회의 다수를 형성하게 된 것 같다(롬 1:13; 11:13; 2:17; 3:9 참조).[36]

그런데 A.D. 54년에 황제 클라우디우스가 사망하고 황제 네로가 즉위하면서 유대인 추방 명령도 취소되었기 때문에, 바울이 로마서를 쓸 무렵에는, 브리스가와 아굴라의 경우에서 엿볼 수 있는 것처럼(롬 16:3-4), 로마를 떠났던 적지 않은 유대인 신자들이 로마로 귀환한 것 같다.[37] 만일 이것이 사실이라면 로마교회를 세웠던 유대인 신자들의 귀환으로 말미암아 그들과 당시 다수를 차지했던 이방인 신자들 사이에 적지 않은 긴장을 초래할 수도 있었을 것이다.[38] 실제로 바울은 11장에서 이방인 신자들과 유대인 신자들과의 관계를 참감람나무와 돌감람나무에 비유하면서, 이방인 신자들이 당시 로마 사회에 풍미하고 있던 반유대주의적 관점 아래 스스로 자긍하지 않도록 권면하고 있으며(11:17-24), 14장에서는 유대인들의 음식 문제와 관련하여 이방인 신자들이 유대인 신자들의 생활 태도를 비판하지 말고 서로 관용으로 용납할 것을 권면하고 있으며(특히 14:1-4, 10, 13, 15, 20; 15:7), 그 밖에도 바울은 로마서의 여러 곳에서 유대인들과 이방인들이 관련된 언급을 하고 있다(1:16; 2:9-11; 3:22, 29; 9:23; 10:12).[39] 바로 이 사실 때문에 어떤 학자들은(실례를 들면, C. Beker, F. Watson, P.S. Minear, E.P. Sanders) 바울이 로마서를 쓰게 된 주된 목적은 당시 로마교회가 안고 있던 유대인 신자들과 이방인 신자들과의 올바른 관계를 확립하기 위해서였다고 보고 있다.[40]

---

36) James D.G. Dunn, *Romans 1-8* (WBC 38A; Dallas: Word Books, 1988), p. liii.

37) Cf. Douglas Moo, *Romans 1-8* (Chicago: Moody Press, 1991), p. 10f.; Crafton, "Rhetoric and the Purpose of Romans," pp. 323-324.

38) Myers, "Romans," *ABD* 5, p. 820f.

39) R.J. Karris, "Romans 14:1-15:13 and the Occasion of Romans," *The Romans Debate*, pp. 75-99; Jeffrey A. Crafton, "Rhetoric and the Purpose of Romans," *NovT* 32 (1990), pp. 321-322.

40) 실례를 들면, Sanders, *Paul* (Oxford: Oxford University Press,

물론 이러한 주장에도 전혀 문제가 없는 것은 아니다. 이미 우리가 언급한 바대로, 로마서를 쓸 무렵 바울이 그 자신의 생애와 사역에 있어서 결정적인 전환점에 놓여 있었다고 하는 점은 로마서가 바울 자신의 상황과 결코 무관하지 않다는것을 강하게 시사해주고 있기 때문이다.[41] 예를 들면, 바울 자신이 15장에서 자신이 이제 지중해 동반부 지역 선교를 끝내고(15:19-23), 서반부 지역인 스페인 선교 계획을 가지고 있음을 천명하고 있다(15:24,28). 뿐만 아니라 바울은 로마서 서두에서부터 자신의 사도됨과 자신이 전파하는 복음에 대한 강한 천명을 하고 있다(1:1-17). 이러한 바울 자신의 진술은 로마서가 바울이 뜻하고 있는 스페인 지역 선교와 관련하여 로마교회에 먼저 사도된 자신과 그리고 그 동안 그가 전파해왔던 복음을 알리면서 미래의 자기 선교에 그들의 도움을 기대하기 위해 쓰여졌을 것이라는 생각을 갖게 한다.[42]

만일 소아시아나 로마 지역과는 달리 스페인 지역에는 바울의 선교사역에 있어서 중요한 접촉점이 되었던 유대교회당이 거의 없었다고 한다면,[43] 바울의 스페인 선교에 있어서 재정적, 문화적인 면(특히 언어 면)에 있어서 로마교회의 지원은 필수 불가결한 요소였을 것이다.[44] 그리고 상당한 유대인 신자들이 로마교회에 소속되어 있었다고 한다면, 그리고 그들이 예루살렘이나 소아시아 지역의 유대인들과 빈번한 접촉이 있었다고 본다면, 바울이 로마서를 쓰기 전에 로마교회가 바울이 전파

1991), p. 66: "The single most important theme of Romans is equality of Jew and Gentile" ("로마서의 가장 중요하고 유일한 주제는 유대인과 이방인 신자들과의 동등성 문제이다.")

41) Crafton, "Rhetoric and the Purpose of Romans," p. 326.

42) Robert Jewett, "Romans as an Ambasssadorial Letter," *Interpretation* 36 (1982), pp. 5-20.

43) W.P. Bowers, "Jewish Communities in Spain in the Time of Paul the Apostle," *JTS* 26 (1975), pp. 395-402.

44) Mikhail Rostovtzeff, *Social and Economic History of the Roman Empire*, 2nd ed. rev. by P.M. Fraser (Oxford: Clarendon Press), pp. 198ff; Crafton, "Rhetoric and the Purpose of Romans," pp. 326-327.

한 율법과 관계없는 믿음에 의한 칭의교리는 물론 이 이신칭의의 교리에 대한 유대주의자들의 심각한 반대 운동도 이미 듣고 있었을 가능성은 매우 크다. 만일 이것이 사실이라면 바울은 그의 스페인 선교와 관련하여 로마교회를 방문하기 전에 자신이 그 동안 전파한 복음을 그들에게 보다 자세히 해명해야 할 필요성을 느꼈을 것이다(1:10-15). 특별히 바울의 이방교회들이 준비한 부조헌금을 예루살렘 교회에 전달하는 문제가 단순한 물질적인 지원 이상의 의미, 곧 헌금을 통한 이방교회와 예루살렘 교회와의 연합의 의미를 지녀, 로마교회의 방문이 지연될 수밖에 없었다고 한다면, 어려운 상황이 예측되는 예루살렘 방문과 관련하여(참조 행 21:1-16) 그들에게 이와 같은 해명의 편지를 보내야 할 필요성이 더욱 증대하였을 것이다.[45] 따라서 우리는 바울이 어떤 특수한 하나의 목적을 위해서 로마서를 썼다고 보기보다 오히려 바울 자신과 로마교회의 역사적 정황과 관련하여 신학적, 선교적, 목회적 등 다방면의 필요성 때문에 썼다고 본다.[46]

이처럼 다방면의 필요성 때문에 쓰여졌다고 볼 수 있는 로마서의 중심적인 주제는 무엇인가? 필자의 의견으로는 로마서 서신 전체를 좌우하고 있는 중심적인 주제는, 최근에 M.A. Seirfrid가 그의 연구서 *Justification by Faith: The Origin and Development of a Central Pauline Theme*에서 다시 한번 천명한 것처럼 이신득의, 즉 예수의 십자가와 부활의 종말론적인 사건을 통하여 도래된 새로운 시대에서는, 유대인이나 이방인이나 차별없이 다 같이 오직 예수 그리스도에 대한 믿음으로 구원받아 하나님의 백성의 신분과 삶을 누리게 된다

---

45) Jacob Jervell, "The Letter to Jerusalem," *The Romans Debate*, pp. 61-74; Keith F. Nickle, *The Collection: A Study in Paul's Strategy* (Naperville: Alec R. Allenson, 1966), pp. 100-43.

46) M.A. Seifrid, *Justification By Faith: The Origin and Development of a Central Pauline Theme* (Leiden: E.J. Brill, 1992), p. 185; Crafton, "Rhetoric and the Purpose of Romans," pp. 327-328; 김세윤, "바울이 로마서를 쓴 목적," pp. 409-410.

는 사상이다.[47] 사실상 이 복음의 진리는 이미 갈라디아서, 고린도전후서, 빌립보서에서도 바울의 핵심적인 사상으로 전개되고 있다.[48] 바울은 그의 선교 초창기부터 일관되게 전파해왔던 이 복음의 진리가 자신의 미래 선교에 지대한 영향을 미칠 수 있는 로마교회에서도, 한편으로는 자신의 사도됨과 복음을 대변할 수 있는, 또 다른 한편으로는 당면한 로마교회의 문제를 해결할 수 있는 열쇠로 확신한 것 같다. 이 점은 대다수의 주석가들이 동의하고 있는 바와 같이, 로마서의 주제 구절로 알려져 있는 로마서 1:16-17을 위시하여 로마서의 전개 과정을 고려해 볼 때 부정하기 어렵다.

이미 잘 알려져 있는 바와 같이, 바울은 로마서를 쓰면서 1:16-17에서 먼저 로마서의 중심 주제를 천명하고, 그런 다음 1:18 이하에서 이 중심적인 주제를 보다 구체적으로 설명해가는 방식을 취한다. 다시 말하면 바울은 1:16-17의 주제구절에서 유대인이나 헬라인(이방인)이나 차별없이 예수 그리스도를 믿는 모든 자들에게 구원을 가져다주는 하나님의 능력인 복음,[49] 곧 율법이 아닌 예수 그리스도를 믿음으로 의로워

---

47) 역시 Stuhlmacher, "The Theme of Romans," *ABR* 36 (1988), pp. 33-44.

48) Cf. H. Ridderbos, *Paul: An Outline of His Theology* (Grand Rapids: Eerdmans, 1975), pp. 159-181; Sanders, *Paul*, p. 68..

49) 바울이 복음을 "하나님의 능력"이라고 부른 내면에는(역시 고전 1:18, 24), 하나님께서 그의 아들의 인격과 사역을 그 내용으로 하는 복음으로부터(롬 1:2-4, 9), 그의 성령을 통하여, 창조적인 구원의 역사를 일으켜 간다는 사상이 내포되어 있다. 바울에게 있어서 믿음은 이 복음(예수 그리스도)의 들음에서 출발하며(롬 10:17), 성령은 이 복음을 통해서 역사하기 때문에(고전 2:5; 고후 4:4-6, 13; 살전 1:5), 구원에 이르는 믿음은 사실상 삼위 하나님의 사역이다. 따라서 우리가 나중에 보다 더 자세히 살펴보겠지만, 바울에게 있어서 복음과 믿음, 믿음과 성령의 역사는, 마치 그리스도와 성령이 서로 분리되지 않는 것처럼, 서로 분리되지 않는다. 로마서의 주제 구절에서 보여지고 있는 복음(예수 그리스도)에 대한 믿음과 성령의 불가분리의 관계는 로마서의 구조적 전개 과정에서도 나타난다. 즉 바울은 로마서 1:16-17의 주제를 3-4장에서는 율법의 행위와 예수 그리스도에 대한 믿음과의 반위관계를 통해서, 5-8장에서는 율법의 사역

지고(신분), 그 믿음으로 사는(삶) 이 복음의 진리를 천명하고, 그 다음 1:18에서 3:20까지 이방인과 유대인에게 이 복음의 절대적인 필요성을, 3:21-4장까지 유대인이나 이방인이 다 같이 율법이 아닌 예수 그리스도를 믿음으로 새로운 하나님의 백성이 되는 이신득의-복음의 구체적인 내용을, 구조적으로 볼 때 로마서의 중심부를 차지하고 있다고 볼 수 있는 5-8장까지는 이신득의-복음의 실제, 즉 유대인과 이방인의 인종적 장벽을 초월하여 아담의 후손인 모든 인류가 둘째 아담이신 예수 그리스도를 통하여 율법(혹은 육) 아닌 성령 안에서 새로운 삶(생명)을 누리게 된다는 사실을, 9-11장에서는 이신득의-복음의 구원역사적 전망, 이른바 율법 아래 계속 머물려고 하는 유대인의 현재와 미래는 물론 유대인의 거울을 통하여 이방인 신자들의 신분과 삶에 대한 재조명을, 그리고 12-15장까지는 이신득의-복음의 구체적인 적용과 실천인, 이 세상에서 하나님의 백성의 구체적인 삶을 말하고 있다.[50]

그렇다고 한다면 무슨 이유 때문에 바울이 그의 초기 서신에서는 물론 로마서에서까지 율법이 아닌 예수 그리스도에 대한 믿음(혹은 성령)이 하나님의 백성의 신분과 삶을 결정한다는 이 이신득의-복음의 진리를 계속해서 강조해야만 했던가? 다시 말하면 바울 복음의 역사적 정황(*Sitz im Leben*)은 무엇인가? 우리가 이 점을 알기 위해서는 바울이 활동했던 주후 40-60년까지의 초대교회에서 가장 문제가 되었던 것이 무엇이었던가를 깊이 고려해야만 한다. 이미 잘 알려져 있는 바와 같이 당시의 초대 기독교에서 가장 문제가 되었던 것은 유대교와 기독교의 관계성에서 오는 기독교 신자들의 정체성(Identity) 문제, 즉 누가 참

(육)과 성령의 사역과의 반위관계를 통해서 해명하고 있다. Cf. Cranfield, *The Epistle to the Romans 2* (Edinburgh: T. & T. Clark, 1985), p. 841; E. Schweizer, "πνευμα," *TDNT VI*, pp. 425-426.

50) Moo, *Romans 1-8*, pp. 27-28; Charles D. Myers, "Chiastic Inversion in the Argument of Romans 3-8," *NovT* 35 (1993), pp. 30-47; J.C. Beker, "The Faithfulness of God and the Priority of Israel in Paul's Letter to the Romans," *HTR* 79 (1986), pp. 10-16.

된 하나님의 백성이며, 무엇이 하나님의 백성이 되게 하느냐 하는 문제였다.

예수를 포함하여 그의 모든 제자들 그리고 바울을 위시하여 대부분의 기독교 초기의 복음 전도자들과 신자들이 유대인이었으며, 유대인과 동일한 하나님을 예배하고, 동일한 성경을 사용하였다는 것은 부인할 수 없는 역사적 사실이다. 따라서 한편으로 기독교는 처음부터 하나의 독립된 종교로 출발하기보다 오히려 유대교 안에서 예수 운동으로 출발할 수밖에 없었다. 그러나 또 다른 한편으로 기독교 신자들은 처음부터 유대인들이 거짓된 메시야로 알고 십자가에 처형했던 예수를 따르는 무리들이었기 때문에, 유대교인들과 차이점을 가질 수밖에 없었다. 게다가 이미 40년대에 이르러 예수 운동이 인종과 경계선을 뛰어넘어 이방인들에게까지 확산되기 시작하였다.[51] 따라서 기독교 출발부터 자연히 유대인 크리스천들과 유대교인들과의 관계, 유대인 크리스천들과 이방인 크리스천들과의 관계 문제가 중요한 이슈로 등장할 수밖에 없었던 것이다.[52]

이미 잘 알려져 있는 바와 같이 바벨론 포로 귀환 후인 제2성전 시대부터 유대인들에게 있어서 언약의 의무 규정으로 주어졌던 모세의 율법은 사실상 약속된 메시야와 종말론적인 성령이 오실 때까지 모든 유대인들의 신분과 삶을 좌우하는 원리로 받아들여졌다.[53] 그러나 다메섹 도상에서 부활하신 예수와의 만남과 성령의 체험을 통해 예수가 바로

---

51) G. Theissen, *Sociology of Early Palestinian Christianity* (Philadelphia: Fortress Press, 1978).

52) J.D.G. Dunn, "The Incident of Antioch," *Jesus, Paul and the Law* (Louisville: Westminster Press, 1990), pp. 129-182; P.J. Tomson, *Paul and the Jewish Law* (Minneapolis: Fortress Press, 1990), pp. 55-90.

53) 최갑종, "바울과 율법,"『바울 연구 1』(서울: 기독교문서선교회, 1992, 1993), pp. 55-75; 홍인규, *The Law in Galatians* (JSNT Supp. 81; Sheffield: JSOT Press, 1993), pp. 122-188.

종말에 오실 그 메시야이며, 약속된 종말론적인 성령이 이미 오셨으며, 예수와 성령을 통해 일찍이 선지자들이 예언했던 새로운 시대(렘 31:31-35; 겔 37:26-27; 욜 2:28-29)가 이미 도래하였다는 사실을 깨달은 바울은, 새로운 종말시대에는 율법이 아닌 오직 예수 그리스도에 대한 믿음과 성령만이 유대인과 이방인의 구분 없이 하나님의 백성의 신분과 삶을 좌우한다는 복음의 진리를 확신하고 이 진리를 계속해서 전파하였으며, 그리고 이 복음의 진리를 받아들인 이방인 신자들이 계속해서 기독교회 안에 들어오기 시작하였다.

그러나 우리가 사도행전 15장의 예루살렘 공의회와 갈라디아서에서 볼 수 있는 것처럼, 새로운 시대 안에서도 옛 시대의 잔재인 유대인의 특권과 모세의 율법을 고수하려는 예루살렘 교회 출신의 유대인 순회 전도단들은 바울의 선교와 교회를 집요하게 괴롭히는 저항 세력으로 등장하였다.[54] 이들은 예수 운동을 어디까지나 유대교 안의 운동으로 생각하였으며, 따라서 이방인 크리스천들이 유대인들처럼 할례를 받고 모세의 율법을 지킴으로써 유대인이 되지 아니하는 한 유대인 신자들과 동등한 하나님의 백성이 될 수 없다고 역설하였다. 하지만 바울이 볼 때 이 유대주의자들은 새 시대의 선물인 성령의 의미를 약화시키는 것은 물론 옛 시대의 모든 율법의 요구를 성취시킨 예수 그리스도의 십자가와 부활의 사건을 무효화시킴으로써 복음을 복음 아닌 것으로 변질시키는 자들이었다(참조, 갈 1:6-7; 2:18-20; 3:1-14). 따라서 바울은 한편으로 이러한 유대주의자들의 주장을 반박하기 위해, 또 다른 한편으로는 그들로부터 그의 교회들을 지키기 위해 그의 서신들을 통해서 율법이 아닌 예수 그리스도에 대한 믿음과 새 시대의 선물로 주어진 성령의 소유만이 새 시대에 있어서 하나님의 백성의 신분과 삶을 이끌어간다는 사실을 거듭 강조하였던 것이다.

---

54) 최갑종, "바울과 베드로 그리고 안디옥 교회," 『바울 연구 1』, pp. 29-54; 이한수, "바울의 회심과 이방인 선교," 『바울 신학연구』 (서울: 총신대학 출판부, 1993), pp. 9-40.

물론 우리는 바울이 직접 설립하지 않았던 로마교회에 유대주의자들의 영향이 어느 정도 미쳤는지, 그리고 로마교회의 초창기 교인이었던 유대인 신자들을 통하여 들어왔을 것으로 보여지는 유대주의자들의 영향에 대하여 당시 다수를 차지하고 있었던 비유대인 신자들이 어떻게 대응했는지 정확하게 확인할 길은 없다. 하지만 이미 우리가 언급한 바와 같이 그 어느 서신에서보다도 로마서에 이신칭의의 복음이 체계적으로 제시되어 있을 뿐만 아니라 율법 및 유대인과 이방인의 관계 문제가 로마서 전체를 통하여 중요한 이슈로 계속 거론되고 있다는 사실은, 유대인과 이방인 신자들과의 관계 문제가 바울이 로마서를 쓸 당시 로마교회의 당면한 문제였을 가능성은 매우 크다고 보지 않을 수 없는 것이다.[55] 바로 이와 같은 바울 자신과 로마교회의 역사적 상황과 관련하여 바울은 자신의 복음과 사역을 대변할 수 있는 로마서를 자신의 직접적인 방문에 앞서 로마교회에게 써보냄으로써, 한편으로는 그들로 하여금 바울 복음의 진수를 접하게 하고, 또 다른 한편으로는 이 복음의 진리를 통하여 유대인 신자들에게는 유대주의자들의 영향을, 이방인 신자들에게는 신앙적 교만과 자부심을 각각 배제시켜 로마제국의 수도에 위치하고 있는 로마교회가 굳게 설 수 있도록 소망하였던 것이다(롬 1:10-15절 참조). 따라서 우리가 로마서에 나타나 있는 바울의 성령론을 올바르게 붙잡기 위해서는 로마서가 갖고 있는 이와 같은 역사적, 신학적, 사회적 배경을 충분히 고려하지 않으면 안되는 것이다.

2. 본문 주석

(1) 로마서 1:3-4

로마서 1:1-2에서 바울은 자신이 하나님께서 그의 선지자들을 통하여 성경 안에서 미리 약속하신 "하나님의 복음"의 전파를 위해서 신적인 부르심을 받았다는 사실을 천명한 다음, 3-4절에서 이 하나님의 복

---

55) M.A. Seifrid, *Justification By Faith*, pp. 187-210; Sanders, *Paul*, pp. 65-66.

음의 내용을 설명하고 있다. 바울은 먼저 하나님의 복음을 "그의 아들에 관한 복음"으로 규정하고(9절의 "그의 아들의 복음" 참조), 그리고 그의 아들을 수식하는 두 개의 병행하는 형용사적 분사절 "육을 따라 다윗의 씨로 출생하신"(3절, τοῦ γενομένου ἐκ σπέπματος Δαυὶδ κατα σάρκα), "죽은 자들 가운데서 부활하심으로 성령을 따라 능력으로 하나님의 아들로 나타나신"(4절, τοῦ ὁρισθέντος υἱοῦ θεοῦ ἐν δυνάμει κατὰ πνεῦμα ἁγιωσύνης ἐξ ἀναστάσεως νεκρῶν)을 사용하여, 이 아들 곧 "우리 주 예수 그리스도"의 신분을 설명하고 있다.

이미 잘 알려진 대로 이 구절의 기원과 해석의 문제는 오랫동안 학자들의 관심을 끌어왔다. 어떤 학자들은 이 구절의 기원을 바울에게 돌리기를 주저하지만,[56] 이 구절이 바울 자신에 의해 쓰여졌다는 단순한 사실에 근거해서라도, 이 구절이 보여주고 있는 중심 사상을 바울로부터 분리시키는 것은 사실상 불가능하다. 더구나 이 구절의 전체적인 해석에 지대한 영향을 미치고 있는 두 병행 구절 "육을 따라"와 "성결의 영을 따라"가 바울이 자주 사용하는 신학적인 술어 중의 하나인 "육과 성령"의 대조(롬 3:20; 7:5; 8:8; 9:8; 13:14; 고전 1:29; 15:50; 갈 5:13-18)를 반영하고 있다는 점은, 이 구절이 바울 자신의 독특한 사상을 대변해 주고 있다고 보지 않을 수 없게 한다.[57]

이 구절에서 우리의 관심을 끄는 것은, 바울이 "육을 따라"와 "성령을 따라"라는 두 병행 구절을 중심으로 구원역사적이고 종말론적인 전망에서 예수 그리스도의 사역상의 신분을 부활 전의 "다윗의 후손"으로서의 신분과 부활 이후의 "하나님의 아들"의 신분으로 서로 구분하고 있는 점이다. 어떤 학자들은 이러한 구분에 근거하여 예수는 부활로 인

---

56) 예를 들면, J.D.G. Dunn, "Jesus-Flesh and Spirit: An Exposition of Romans 1.3-4," *JTS* 24 (1973), pp. 40-68.
57) 참조, 이한수, "성령 이해에 있어서 바울의 공헌," 『바울신학연구』, 290-293.

해 비로소 하나님의 아들이 되셨다는 주장을 전개한다.[58] 그러나 이러한 주장은 문법적으로 두 개의 속성 형용사 구절이 3절 초두에 있는 "하나님의 아들"을 수식하고 있는 점을 외면하는 것이 된다. 따라서 바울이 이 구절에서 강조하는 것은, 인간 예수가 부활을 통하여 비로소 능력있는 하나님의 아들이 되셨다는 존재론적 변이(變移)의 사상이 아니고, 오히려 하나님의 아들 예수의 사역상에 있어서의 두 신분 상태, 곧 하나님의 구원역사에 있어서 부활 전의 "육을 따른" 신분의 상태에서의 사역과 부활 이후의 "성령을 따른" 능력있는 하나님의 아들의 신분으로서의 사역이다.[59] 다시 말하자면 하나님의 아들 예수는 부활 전에는 옛 시대의 세력에 매여있는 범죄한 인류의 구속을 위하여 약속된 다윗의 후손(메시야)으로 출생하셔서 친히 옛 시대의 종이 되어 있는 죄인을 대신하여 수난과 십자가의 죽음을 당하셨으며, 부활 이후의 새 시대에는 성령을 따라 능력있는 하나님의 아들의 신분으로서 그들의 실제적인 구원 적용을 위해 계속 사역하신다는 것이다. 옛 시대와 새 시대, 십자가와 부활 사건을 통하여 예수의 사역상의 신분에 변화가 있었다는 것은 빌립보서 2:5-11과 이미 고린도전서 15:45과 고후 3:17에서도 엿볼 수 있다. 이미 잘 알려져 있는 바와 같이, 빌립보서 2:5-11에서는 예수의 자발적인 성육과 십자가의 죽음을 통하여 하나님은 예수를 하늘과 땅과 땅 아래에 있는 이들 모두가 예수의 이름 앞에 무릎을 꿇도록 그를 자신과 동등한 "주의 신분"으로 높이셨다고 말하고 있으며, 고린도전서 15:45에서는 부활을 통하여 예수가 "살려주는 영"이 되셨다고 말하고 있다. 그리고 고린도후서 3:17에서는 "주님은 영이시기 때문에 주님의 영이 계신 곳에는 자유함이 있다"라고 선언하고 있다.[60]

---

58) 예를 들면 **Käsemann**, *Romans* (Grand Rapids: Eerdmans, 1980), pp. 12-13.

59) Cf. Cranfield, *Romans 1*, pp. 58-61; F.F. Bruce, *Romans* (Grand Rapids: Eerdmans, 1985), p. 69.

60) E. Schweizer, "Πνευμα," *TDNT VI*, pp. 418-420; Peter Stuhmacher, *Biblische Theologie des Neuen Testament* (**Göttingen**, 1992), pp. 355-356.

여기서 특별히 우리의 주목을 끄는 것은, 바울이 복음의 내용과 관련하여, 새 시대의 주이신 부활하신 예수와 새 시대의 선물로 오신 성령을 밀접하게 연결시키고 있는 점이다. 즉 바울이 본문에서 부활하신 예수의 사역상의 신분을 부활 전과 구분하여 "성령을 따라 능력있는 하나님의 아들"로 규정하고 있는데, 그 중심적인 의도가 무엇인가? 바울이 종종 "육"을 옛 시대를 대변하는 용어로, 반면에 "성령"을 새 시대를 대변하는 용어로 사용하고 있는 점을 감안해 본다면, 우리는 이 구절을 통하여 바울이 의도하고자 하는 것은 십자가를 통하여 옛 시대를 정복하신 예수는 그의 부활을 통하여 새 시대를 여시고, 이제 새 시대의 선물로 약속되었던 그 성령을 통하여 새 시대의 주로서 사역하게 되셨다는 사실을 강조하고 있다고 말할 수 있겠다.[61] 물론 우리가 여기서 마치 바울이 예수가 다윗의 아들로서의 사역기간 동안에는 성령과 관계없이 사역하였다는 사실을 말하고 있는 것으로 생각할 수는 없다. 복음서의 증거에 따르면 예수는 성령으로 잉태되셨으며(마 1:20; 눅 1:35), 또한 세례 직후에 아버지 하나님으로부터 성령을 받았다(마 3:16; 막 1:10; 눅 3:22). 따라서 부활 전의 예수의 모든 사역도 성령을 통한 사역이라고 말할 수 있다(눅 4:16-20; 요 1:33). 그러나 바울은 이 구절을 통하여 분명하게 예수는 십자가와 부활 사건을 통하여 성령과의 관계에 있어서 부활 사건 전과는 다른 차원의 관계에 들어갔다는 사실을 강조하고 있다. 즉 부활 전 다윗의 아들로서의 사역기간 동안에는 아버지로부터 그의 메시야 사역을 위해 파송된 성령께서 예수의 메시야 사역을 주도하셨다고 말할 수 있는 반면에, 부활 이후의 능력있는 하나님의 아들로서의 사역기간 동안에는 오히려 예수 자신이 성령을 자신의 영으로 주도하신다는 것이다.[62]

이미 잠깐 언급한 바와 같이 바울은 고린도전서 15:45과 고린도후서

---

61) 최갑종, "바울과 성령," 『바울연구 1』, 146-147.
62) E.E. Ellis, "The Spirit and the Gift," *Pauline Theology* (Grand Rapids: Eerdmans, 1989), p. 29.

3:17에서 종말의 새 시대의 선물로 약속된 성령을(참조, 행 2:33; 갈 3:14; 엡 1:13) 새 시대에 있어서 부활하신 예수의 인격과 사역을 대변하는 분으로 제시하였다. 그러므로 새 시대에 있어서 성령과 부활하신 예수는 서로 분리되지 않는다. 이제 예수는 자신의 영이신 성령을 통하여 지상에 임재하시며 자신의 주권적 통치를 이루어 가신다.[63] 이처럼 종말론적인 성령이 부활하신 예수, 곧 능력있는 하나님의 아들의 신분을 대변하기 때문에, 새 시대에 있어서 부활하신 모든 주님의 사역은 사실상 성령의 사역인 동시에 또한 성령께서 하시는 모든 사역은 부활하신 주님의 사역으로 돌려진다. 따라서 바울에게 있어서는 새 시대에 속하는 자는 바로 부활하신 그리스도에게 속한 자요, 부활한 그리스도 안에 있는 자는 그의 영이신 성령 안에 있는 자요, 성령 안에 있는 자는 그리스도 안에 있는 자요, 성령을 소유한 자는 그리스도를 소유한 자요, 그리스도를 소유한 자는 바로 성령을 소유한 자가 된다(롬 8:9-10; 고전 12:3).[64] 따라서 바울에게 있어서 그리스도에 대한 올바른 이해 없이는 성령에 대한 올바른 이해가 불가능하다고 말할 수 있는 것과 같이, 성령에 대한 올바른 이해 없이는 사실상 그리스도에 대한 올바른 이해도 불가능하다고 말할 수 있다.[65]

종말론적인 새 시대의 주로서 부활하신 예수와 종말론적인 새 시대를 위한 선물로서의 성령과의 특수한 관계는, 이미 복음서와 사도행전에서도 나타난다. 예를 들면 요한복음서의 저자는 7:39에서 예수의 종말론적인 성령 수여를 십자가 사건 이후에 있게 될 것임을 말한 다음,

---

63) Cf. Max Turner, "The Spirit of Prophecy and the Power of Authoritative Preaching in Luke-Acts: A Question of Origins," NTS 38 (1992), pp. 66-88.

64) G. Vos, "Paul's Eschatological Concept of the Spirit," *Redemptive History and Biblical Interpretation*, ed. R.B. Gaffin, Jr., Phillipsburg: Presbyterian and Reformed Pub. Co., 1980, pp. 103-107; 브룬너, 『성령신학』, pp. 253-267.

65) H.Q. Hamilton, *The Holy Spirit and Eschatology in Paul* (Edinburgh: Oliver and Boyd, 1957), pp. 3-15.

20:22에서 부활하신 주님이 제자들에게 이 성령을 주신 사실을 말하고 있으며,[66] 사도행전의 저자도 2:33에서 부활하신 주님이 하나님 아버지 우편으로 높아지신 다음 성령을 파송하셨다고 말하고 있다. 그리고 요한복음서 저자는, 우리가 추후에 요한의 성령론을 취급할 때 자세히 살펴보겠지만, 그의 고별설교에서 예수는 그가 가실 때 파송하실 보혜사 성령이 부활하신 자신의 인격과 사역을 대변하실 분이라는 사실을 강조하고 있다(참조, 요 14:15-17, 26; 15:26-27; 16:7-14). 심지어 그는 이 보혜사 성령의 파송을 자신의 오심과 동일시하고 있다(요 14:18).[67] 따라서 우리는 부활하신 주님과 성령과의 특수한 관계는 비록 바울의

---

66) 이미 잘 알려져 있는 바와 같이, 요한복음 20:22에 나타나 있는 부활하신 예수의 성령 수여는 사도행전 2장의 오순절 성령강림 사건과 관련하여 많은 논란의 대상이 되어 왔다. D.A. Carson은 그의 최근의 요한복음 주석 *The Gospel according to John* (Grand Rapids: Eerdmans, 1991), pp. 652-654에서 요한복음 20:22의 성령 수여를 실제적인 수여로 보지 않고 오순절날 주어질 성령 수여의 예비적인 상징으로 보았다. 그러나 이러한 상징적 해석은 추후 우리가 요한의 성령론을 다룰 때 구체적으로 살펴보겠지만 누가의 관점에서 요한의 성령론을 평가절하한다는 비난을 피하기 어렵다. 따라서 최근의 대다수 요한복음 주석가들은 20:22의 성령 수여를 요한복음의 성령 수여 약속(7:39; 14:15-17,26; 15:26-27; 16:7-14)의 실제적인 성취사건으로 본다. 예를 들면 G.R. Beaslay-Murray, John (WBC 36; Word Books, 1987), pp. 380-382; *The Gospel according to St. John 3* (New York: The Crossroad Pub., 1990), pp. 323-328; C.H. Dodd, *Interpretation of the Fourth Gospel* (Cambridge: University Press, 1953), pp. 226-227; R.E. Brown, *The Gospel according to John 2* (New York: Douleday, 1970), p. 570; C.K. Barrett, *The Gospel according to John* (Philadelphia: The Westminster Press, 1978), p. 570; R.H. Fuller, "John 20:19-23," *Interpretation* 32 (1978), 180-184; R.W. Lyon, "John 20:22, Once More," *Asbury Theological Journal* 43 (1988), pp. 75-81; G.M. Burge, *The Annointed Community: The Holy Spirit in the Johannine Tradition* (Grand Rapids: Eerdmans, 1987), pp. 123-137; T.R. Hatina, "John 20,22 in Its Eschatological Context: Promise or Fulfillment?" *Biblica* 74 (1993), 196-219.

67) 최갑종, "고별설교에 나타난 보혜사 성령," "그 말씀," 22(1994/5), 129-140.

서신에서 가장 구체적으로 제시되어 있다고 하더라도 그것은 바울 자신의 전유물이 아니라 이미 초대교회에서부터 널리 받아들여졌던 중요한 사상 중의 하나라고 말할 수 있겠다.

만일 우리가 지금까지 말한 것이 사실이라면, 그리스도의 십자가와 부활을 통하여 신자들에게 공급되어지는 새 시대의 모든 구원론적인 선물, 이른바 중생, 믿음, 칭의, 양자됨, 영화 등을 부활하신 주님과 분리시키는 것이 불가능한 것과 똑같이 또한 그를 대변하는 성령과 분리시키는 것도 사실상 불가능하다는 것을 말하지 않을 수 없다. 왜냐하면 그리스도 자신이 서로 나누어질 수 없는 것과 같이 또한 성령 자신도 서로 나누어질 수 없으며, 신자와 그리스도 및 성령과의 연합은 그리스도나 성령의 한 부분과의 연합이 아니라 전체와의 연합을 뜻하기 때문이다. 바울은 그의 서신 여러 곳에서 그리스도 안에서 주어지는 모든 구원론적인 선물을 사실상 성령에게 돌리고 있다.[68] 예를 들면, 바울은 고린도전서 1:30과 6:11에서 성화와 칭의는 물론 우리에 대한 하나님의 전(全)구속사역을 다 같이 성령과 예수의 사역에 돌리고 있으며, 디도서 3:5-6에서는 중생과 성화와 칭의를 다 같이 성령의 사역에 돌리고 있으며, 로마서 14:17에서는 하나님의 나라의 구체적인 표현인 의와 평화와 기쁨도 성령의 사역에 돌리고 있으며, 그리고 디모데전서 3:16에서는 예수께서 성령으로 의롭게 되셨다고 말함으로써 신자의 칭의도 성

---

68) 이 점은 오순절 교회의 배경을 갖고 있는 신약학자 Paul Menzie도 인정하고 있다. 그는 초대교회의 성령론 형성 문제를 취급하는 자신의 영국 Aberdeen대학교의 박사 학위논문 *The Development of Early Christian Pneumatology with Special Reference to Luke-Acts* (1989)에서 누가의 경우에 있어서는 그의 예언적, 선교적 관점에서 오순절 성령의 선물이 이미 신자들에게 특수한 사역을 위해 주어지는 "이차적인 은총"(*donum superadditum*)으로 제시되어 있지만, 바울의 경우에 있어서는 성령의 선물이 이차적인 은총으로보다 오히려 자연인을 신자되게 하는 구원론적인 선물임을 스스로 인정하고 있다. 자세한 문제는 그의 학위논문 *The Development of Early Christian Pneumatology with Special Reference to Luke-Acts* (JSNT Suppl. 54; Sheffield: JSOT Press, 1991), pp. 316-318을 보라.

령으로 된다는 사실을 암시하고 있다.⁶⁹⁾ 그리고 앞으로 우리가 보다 구체적으로 살펴보겠지만 로마서 8장에서는 새 시대 안에서 이루어지는 신자의 모든 새로운 삶이, 15장에서는 바울의 모든 선교사역이 한결같이 성령에게 돌려지고 있다. 바울이 성령을 새 시대의 "첫 열매"(롬 8:23), "보증"(고후 5:5) 및 "약속되어졌던 것"(갈 3:14; 엡 1:13)으로 부르고 있는 이유도 여기에 있다고 하겠다. 이처럼 바울은 로마서의 서두에서부터 예수 그리스도와 성령, 복음과 성령과의 불가분리성을 강조하고 있다.

(2) 로마서 2:29과 7:6

이미 말한 바와 같이, 바울은 로마서 1:18부터 1:32까지 하나님의 진노 아래 있는 이방인들의 비참과 범죄를 생생하게 묘사함으로써, 왜 그들이 예수 그리스도 안에 나타난 복음의 의를 절대적으로 필요로 하고 있는가를 밝힌 다음, 2장에 가서는 동일한 관점에서 율법을 가진 유대인들을 율법을 가지지 못한 이방인 크리스천들과 서로 대조시켜 가면서 유대인들의 위선적인 범죄를 폭로시킨다. 그렇게 함으로써 율법을 가진 유대인들 역시 율법을 가지지 못한 이방인들처럼 동일하게 구원을 필요로 하는 하나님의 진노 아래 있음을 밝힌다. 그런 다음 2장의 결론인 29절에 가서 할례와 율법의 조문(條文)이 참된 유대인 곧 하나님의 백성이 되게 하는 시금석이 아니라, 오히려 성령이 그 시금석이라는 사실을 밝힌다.

2:29에 나타나 있는 이 "성령"(πνεῦμα)과 "율법의 조문"(γράμμα)의 대조는 로마서 8장의 서곡으로 간주되는 7:6과 고린도후서 3:6-7에서도 되풀이된다.⁷⁰⁾ 많은 학자들이 이미 지적하고 있는 것처럼(Godet, Cranfield, Wilckens, **Käsemann**, Murray, Schlier, S.

---

69) G. Vos, "Paul's Eschatological Concept of the Spirit," pp. 109-10.
70) Dunn, *Baptism in the Holy Spirit*, p. 146.

Lyonnet). 여기 "프뉴마"와 "그람마"의 대조는 "성령"과 "육"의 경우에서처럼, 사실상 새 시대 혹은 새 언약을 대변하는 "성령"과 옛 시대 혹은 옛 언약을 대변하는 "율법"과의 구원역사적이며 종말론적인 대조를 가리킨다.[71] 동일한 대조가 나타나고 있는 고린도후서 3:6의 "그람마는 죽이는 것이요, 프뉴마는 살리는 것이다"라는 선언은 이 점을 부인할 수 없게 한다.[72] 그렇다면 이러한 대조를 통해서 바울이 나타내려고 하는 핵심적인 의도는 무엇인가? 우리가 이 갈라디아서 3-5장과 고린도후서 3장에 나타나 있는 율법과 성령의 대조에서 살펴볼 수 있는 바와 같이, 바울은 여기서 그리스도 사건을 통해서 새 언약의 시대 곧 성령의 시대가 도래한 이후, 옛 언약의 상징인 율법이나 혹은 유대인의 신분 유지가 더 이상 하나님의 백성의 시금석이 될 수 없다는 사실을 분명히 한다.[73] 왜냐하면 일찍이 예레미야 선지자와 에스겔 선지자가 예언한 대로(렘 31-34; 겔 36:26-27), 종말의 시대에서는 율법 대신 새로운 마음을 불러일으키는 성령께서 인종을 초월하여 새로운 하나님의 백성을 창조하시기 때문이다.[74] 율법이 아닌 성령이 성(性)과 인종과 신분을 초월하여 하나님의 백성의 시금석이 된다는 사실은, 우리가 계속해서 살펴보겠지만, 갈라디아서와 고린도전후서는 물론 로마서에서도 일관된 사상으로 나타난다.

로마서 8장의 서곡으로 불려지는 7:6에서, 바울은 이미 그리스도의 십자가의 죽음을 통하여 옛 시대를 대변하는 율법의 권세에서 벗어나 새 시대로 옮겨진 신자들은(7:4-5), 이제는 더 이상 율법의 지배를 받

---

71) 자세한 설명은 Ridderbos, *Paul*, pp. 215-19; Westerholm, "Letter and Spirit: The Foundation of Pauline Ethics," *NTS* 30 (1984), pp. 229-48; **Käsemann**, "The Spirit and the Letter," *Perspective on Paul*, pp. 138-66; Schneider, "The Meaning of St. Paul's Antithesis 'The Letter and the Spirit'" *CBQ* 15 (1953), pp. 163-207; Moo, *Romans* 1-8, pp. 170-171을 보라.
72) 최갑종, "바울과 구약," 『바울연구 1』, 169-176.
73) Moo, *Romans* 1-8, p. 172.
74) Moo, *Romans* 1-8, p. 171f.

지 않고, 오히려 성령의 지배 아래 살아야 한다는 사실을 강조한다. 다시 말하면 새 시대에 속한 새 시대의 사람들은 당연히 새 시대의 주관자이신 성령의 통치 아래 살아야 한다는 것이다. 여기서 바울은 율법이 옛 시대에 속한 자들의 삶의 주관자라고 한다면, 성령은 새 시대에 사는 자들의 삶의 주관자임을 분명히 한다. 그러나 이 구절에서 우리가 잊지 말아야 할 사실은 바울이 새 시대에 속한 신자들은 이미 새 시대의 주관자이신 성령 안에 있다고 말하고 있는 점이다. 다시 말해서 바울에게 있어서, 신자가 예수 그리스도를 통하여 옛 시대에서 새 시대로 옮겨졌다고 하는 것은(참조, 갈 1:4; 골 1:13), 이미 그의 삶의 주관자가 바뀌어 이제는 새 시대의 주관자이신 성령의 통치영역 아래 있다는 것이다(롬 14:8 이하; 살전 5:10).[75] 바울은 여기서 단순히 구원역사적 사실을 말하고 있는 것이 아니라, 신자의 신분과 삶의 영역에서 일어났고, 또 계속해서 일어날 수 있는 실제적이며 구체적인 현실성을 말하고 있다. 신자가 성령 안에서 살 수 있는 것(삶)은 이미 그가 성령의 지배 아래 있는 새로운 존재(신분)를 가지게 된 데 연유한다.[76]

(3) 로마서 5:5

바울은 로마서 3:21-4:25까지 유대주의자들이 주장하는 율법의 행위에 의한 의가 아닌 예수 그리스도에 대한 믿음을 통한 의를 강조한 다

---

[75] 여기서 우리는 바울에게 있어서 믿음으로 의롭게 되는 "의"가 단순히 법정적, 전가적 의만을 뜻하고 있지 않다는 사실을 상기해야 할 것이다. 왜냐하면 바울에게 있어서 "의"는 하나님께서 예수 믿는 자들을 의로운 자로 간주하시는 것만을 뜻하고 있는 것이 아니라 믿음의 사람들을 친히 의롭게 하신다는 사실까지를 포함하고 있기 때문이다. 하나님께서 (주어) 친히 의롭게 하신다는 사실을 가리키는 능동태 동사가 로마서 3:26, 30; 4:5; 8:30, 33; 갈라디아서 3:8에 나타나고 있으며, 일반적으로 사용되고 있는 수동태 동사, 즉 "우리가 의롭게 되어졌다"라는 의미를 지닌 수동태 동사도 사실상 하나님의 행동을 간접적으로 표현하는 신적 수동태로 보아야 한다. 우리가 바울이 말하고 있는 의를 영역의 이전과 동시에 주권의 이전까지를 포함하고 있는 것으로 보아야 하는 이유도 바로 여기에 있다. 자세한 논의는 Sanders, *Paul*, pp. 73ff를 보라.

[76] Käsemann, *Romans*, pp. pp. 190-191.

음, 5-8장에서는 죄와 율법 아래 있는 삶이 아닌 성령의 지배 아래 있는 삶에 관하여 논한다.[77] 다시 말하면 3:21-4:25에서는 그의 주제 구절이라고 할 수 있는 1:17의 전반부가 보여주고 있는 믿음에 의한 의의 신분 상태를 설명하고 있다고 한다면, 5-8장에서는 1:17 하반절의 믿음에 의한 삶의 상태를 설명하고 있다고 볼 수 있다. 이런 점에서 볼 때 5장은 바울의 새로운 논증이 시작되는 중요한 전환점을 형성하고 있다고 볼 수 있다.[78]

5:1에서 바울은 우리가 믿음으로 의롭게 되었기 때문에, 우리는 지금 주 예수 그리스도를 통하여 하나님과 더불어 화평을 누리는 상태가 되었다고 말한다. 그리고 2절에서 5절 상반절까지 이 화평을 누리는 현재의 상태에서 다시 죄로 인하여 상실되었던 하나님의 영광(롬 3:23)의 완전한 회복을 우리가 소망할 수 있게 되었다는 사실을 확신한다. 그런 다음 5절 하반절에서 이 확신의 근거를 "하나님의 사랑이 우리에게 주어진 성령을 통하여 우리의 마음속에 부어졌다"(ἡ ἀγάπη τοῦ θεοῦ ἐκκέχυται ἐν ταῖς καπδίαις ἡμῶν διὰ πνεύματος ἁγίου τοῦ δοθέντος ἡμῖν)는 사실에 둔다. 본문이 주어져 있는 문맥은 우리에게 적어도 세 가지 사실을 분명히 밝혀준다. 첫째, 9-10절은 우리의 소망의 대상인 하나님의 영광의 회복과 우리가 기다리는 구원의 완성이 서로 동일시되고 있다는 사실이다(참조, 고후 3:18). 둘째, 6-9절은 경건치 못한 자, 죄인인 자, 하나님의 원수로 있었던 우리를 위해 죽으신 예수가 우리에 대한 하나님의 사랑의 구체적인 행동의 표현이라는 사실이다(참조, 고후 5:14). 다시 말해서 우리에 대한 하나님의 사

---

77) 보다 자세한 바울의 사상적 전개를 위하여는 Myers, "Chiastic Inversion in the Argument of Romans 3-8," pp. 30-41; Marty L. Reid, "A Rhetorical Analysis of Romans 1:1-5:21 with Attention given to the Rhetorical Function of 5:1-21," *Perspectives in Religious Studies* 19 (1992), pp. 255-272를 보라.

78) Cf. Patricia M. McDonald, "Romans 5:1-11 as a Rhetorical Bridge," *JSNT* 40 (1990), pp. 82-87.

랑과 예수의 죽음이 동일시된다는 것이다(3:23-25). 셋째, 하나님께서 우리에게(바울과 로마교인들) "한 번 주신"(δοθέντος) 성령이[79] 하나님의 사랑 곧 우리를 위한 예수의 십자가 사건을 우리에게 "계속해서 적용시키신다"(ἐκκέχυταιἐν)는 것이다.[80] 그리하여 우리는 이 성령의 계속적인 사역을 통하여 이 하나님의 사랑을 체험하게 된다는 것이다.[81]

여기서 우리는 우리의 구원에 함께 역사하는 삼위 하나님의 사역을 분명히 본다. 즉 죄인인 우리를 사랑하시는 아버지 하나님, 죄인인 우리를 대신하여 십자가에 죽으심으로 하나님의 사랑을 구체적으로 나타내신 예수, 그리고 십자가를 통해 나타난 이 하나님의 구속의 사랑을 실제적으로 우리의 마음속에 부어주시는 성령의 사역이다.[82] 바울이 볼 때 성령은 예수께서 이루신 구속을 우리에게 적용시키시는 역할만을 감당할 뿐만 아니라 또한 우리의 구원의 완성인 하나님의 영광의 자리에 이를 때까지 우리를 계속해서 붙들어 준다.[83] 다시 말하면 성령은 하나

---

79) 단순과거 δοθέντος는 성령이 주어진 어떤 특정한 사건과 시간을 함축하고 있다(C.K. Barrett, *The Epistle to the Romans*, p. 107). 바울은 동일한 사상을 로마서 8:15; 고린도전서 2:12; 갈라디아서 3:2; 고린도후서 11:4,14에서는 우리가 "한 번 받은"(ἐλαβον) 성령이라고 표현하고 있다. 동시에 우리는 바울의 언어적 표현에서 성령은 우리가 능동적으로 획득하는 대상이라기보다 오히려 하나님께서 은총으로 주시는 선물이며, 우리는 이 선물을 받는 수동적인 위치에 있다는 사실을 잊지 말아야 할 것이다. 참조, 브룬너, 『성령신학』, 308.
80) 현재 완료형 ἐκκέχυται는 한 번 주어진 성령의 계속적인 사역을 암시하고 있다. 다시 말해서 하나님의 사랑의 전달자로서 우리에게 성령의 주심은 유일회적이라고 말할 수 있지만(단순과거), 그러나 하나님의 사랑의 적용자로서의 성령의 사역은 우리 안에서 끊임없이 계속되고 있다는 것이다. Cf. Ingo Hermann, *Kyrios und Pneuma: Studien zur Christolgie der paulinischen Hauptbriefe* (Studien zum alten und neuen Testament 2: Munchen: Kosel Verlag, 1961), p. 112 n51.
81) Paul W. Meyer, "The Holy Spirit in the Pauline Letters," *Interpretation* 33 (1979), p. 6.
82) C.K. Barrett, *The Epistle to the Romans*, p. 104f; 최갑종, "바울과 성령," 『바울 연구 1』, p. 126.
83) 바울에게 있어서 구원은 과거적인 동시에 현재적이며, 현재적인 동시에

님께서 그의 아들을 통하여 나타내신 이 십자가의 사랑을 우리에게 부어주실 뿐 만 아니라, 우리가 하나님의 영광의 자리에 이를 때까지 우리의 모든 구원의 과정을 이끌어 가신다. 따라서 바울에게 있어서 그리스도 안에서 주어지는 구원의 어느 국면도 성령의 사역없이 이루어지지 않는다. 성령이 없는 곳에는 그리스도에 대한 구원적 고백도, 그리스도에 대한 믿음을 통해 주어지는 구원의 어느 국면도 즉 칭의, 성화, 영화를 포함한 그 어떤 성령의 열매와 은사도 사실상 있을 수 없다.[84] 성령을 통해서만이 그리스도 안에 나타난 하나님의 사랑, 곧 우리에 대한 하나님의 놀라운 구원의 은총이 신자에게 부어지기 때문이다.[85] 이미 우리가 간단히 언급한 바 있지만, 이 점은 로마서의 주제 구절로 볼 수 있는 1:16에서 바울이 복음(하나님의 아들 예수 그리스도)이 믿는 모든 자들에게 구원을 가져다주는 근거가 됨을, 이 복음이 바로 하나님의 능력인 성령이라고 말하고 있는 점에서도 여실히 나타나고 있다.

(4) 로마서 8:1-27

로마서 8장을 떠나서는 바울의 성령론을 올바르게 이해할 수 없다고 할 만큼 로마서 8장은 로마서는 물론 모든 바울서신에 나타나 있는 성령에 관한 바울의 교훈에 있어서 탁월한 위치를 차지한다. 로마서 8장 한 장에 성령에 관한 언급이 무릇 21번이나 나타나고 있는데(8:2, 4, 5, 5, 6, 9, 9, 9, 10, 11, 11, 13, 14, 15, 15, 16, 16, 23, 26, 26, 27), 이러한 현상은 바울서신 그 어느 곳에서도 찾아볼 수 없는 이례적인 것이다. 그럼에도 불구하고 로마서 8장에 나타나 있는 바울의 성령에 관한 교훈을 올바르게 파악한다는 것은 쉬운 일은 아니다. 무엇보다

또한 미래적임을 생기하라.

84) Ridderbos, *Paul*, p. 223.

85) 여기서 바울이 하나님의 사랑이 "부어진다"라는 동사를 요엘서(2:28), 사도행전(2:17, 33; 10:45)과 그리고 그 밖의 바울 서신(딛 3:6)에서 성령과 관련하여 사용하는 동일한 동사를 사용하고 있는 점은, 바울에게 있어서는 사실상 하나님의 사랑(그리스도)과 성령은 결코 분리될 수 없다는 것을 분명히 천명해 주고 있다. Cf. Barret, *Romans*, p. 105.

도 우리의 관심을 끄는 현상은, 이미 우리가 살펴본 바와 같이, 로마서 8장에 앞서 바울은 1:4; 2:29; 5:5; 7:6을 제외하고는 성령에 관한 언급을 하지 않는다는 점과, 그리고 8장 이후에는 12:11에 이르기까지 단 한번도 성령에 관한 언급을 하고 있지 않다는 점이다.

로마서의 전체적인 구조 면에서 볼 때, 하나님의 구원역사에 있어서 유대인과 이방인의 관계 문제, 곧 유대인에게 있어서 현재의 이방인 신자들이 그들을 위한 거울의 역할을 하고 있으며, 이방인 신자들에게 있어서는 현재의 유대인이 그들을 위한 거울의 역할을 하고 있다는 사실을 강조하고 있는 9-11장을 별도로 제쳐둔다면, 로마서 8장은 교리 부분을 취급하는 1-7장까지의 결론인 동시에 실천부분을 취급하는 12-15장의 출발점이 된다고 볼 수 있다. 보다 좁은 의미에서 본다면 성령 안에서의 삶을 취급하는 로마서 8장은 율법 안에서의 삶을 취급하는 7장과 강한 대조를 보여준다. 따라서 로마서 8장에 나타나 있는 바울의 성령에 관한 교훈을 이해하기 위해서는 8장이 위치하고 있는 이와 같은 문맥을 충분히 고려해야 할 것이다.

무엇보다도 8장의 성령은 7장에서 거론되는 율법 문제와 불가분의 관계를 가지고 있다. 이 점은 8장 초두에 나타나 있는 "그러므로 이제는"(ἄρα νῦν)에서 분명해진다. 이미 잘 알려진 대로 로마서 7장이 바울의 율법관과 인간관의 이해에 있어서 결정적인 역할을 하고 있다는 점에서는 학자들이 의견의 일치를 보고 있지만 그 해석에 있어서는 학자들에 따라 매우 상이한 입장을 보여주고 있다.[86] 필자는 이미 출판된

---

86) E.P. Sanders, *Paul and Palestinian Judaism*, pp. 485-497; J.C. Beker, *Paul the Apostle*, pp. 66-69; W.G. **Kümmel**, *Romer 7 und das Bild des Menschen im Neuen Testament* (Munchen: Chr. Kasiser, 1974); R. Bultmann, "Romer 7 und die Anthropologie des Paulus," *Exgetica*, ed. E. Dinkler (**Tübingen**: J.C.B. Mohr, 1971), pp. 198-209; G. Bornkamm, "Sin, Law, and Death: An Exegetical Study of Romans 7," *Early Christian Experience* (New York: Harper & Row,

『바울연구 I』에 수록된 논문 "바울과 인간: 로마서 7:7-25 연구"에서 7장의 중심적인 주제는 율법을 삶의 원리로 삼는 자의 좌절을 보여주는 데 있음을 지적한 바 있다.[87] 7장에서 바울은 일종의 자서전적인 고백 형식을 통하여 현재의 크리스천적인 전망에서 본 율법의 무능력을 생생하게 노출시키고 있다. 그렇게 함으로써 유대인이나 이방인의 구분 없이 신자의 삶에 있어서 믿음과 배치되는 모든 율법주의적이고 육적인 시도를 분쇄시킨다. 사실상 바울 당대의 유대교에 따르면 율법은 언약 백성의 신분과 삶을 결정하는 보류였다. 그들은 율법이 하나님의 백성의 신분과 삶을 유지하게 하는 힘을 가졌다고 보았다. 그러나 바울은 다메섹 사건을 통하여 깨달은 그리스도 사건의 빛 아래서 율법을 재조명해본 결과 율법은 하나님의 언약 백성에게 성공적인 삶을 가져다 주기보다 오히려 그 반대로 실패와 좌절과 절망을 가져다 준다는 사실을 발견한 것이다. 즉 하나님의 아들 예수의 성육과 십자가의 죽음에서 율법의 절대적인 무능력과 절망적 상황을 본 것이다. 율법 자체가 문제가 있거나 죄성을 갖고 있기 때문이 아니라 오히려 율법이 하나님의 법으로서 거룩하고 의롭고 신령함에도 불구하고(롬 7:12, 14a) 인간을 사로잡고 있는 죄의 권세가 너무나 강대하여 율법을 수단으로 삼아 인간을

1969), pp. 87-104; Cranfield, *Romans*, I: 355-370; Dunn, *Romans*, pp. 387-412; M.A. Seifrid, *Justification by Faith*, pp. 226-244.

87) 어떤 주석가들은 (예를 들면 J. Murray, Cranfield, Dunn) 로마서 7:14-25의 주제를 신자의 영적 투쟁으로 보려고 하지만, 이러한 주장은 넓게는 로마서 7장과 8장의 구조적, 주제적 대조를, 좁게는 로마서 7:14에 나타나 있는 육적이고 죄 아래 팔려있는 "나"의 절대적인 무능력과 로마서 8:9의 육신에 있지 않고 성령 안에 있는 신자와의 분명한 대조를 명확하게 설명해 주지 못한다. 따라서 우리는 로마서 7:14 이하의 "나"는 율법 아래 있었던 바울 자신을 포함하여 율법을 여전히 삶의 원리로 생각하는 유대인 및 유대주의자들을 가리키는 것으로 보는 것이 온당하다고 본다. "나"가 유대주의자들을 포함하고 있다는 점에 있어서 이 "나"는 신자이면서도 성령을 자신의 삶의 원리로 삼지 않고 오히려 육을 삶의 원리로 생각하는 자들에게도 동일하게 적용되는 것은 물론이다. 자세한 논의는 Seifrid, *Justification by Faith*, pp. 232ff; 최갑종, "바울과 인간: 로마서 7:7-25 연구," 『바울 연구 1』, pp. 77-94; 이한수, "성령 안에서의 생활: 승리의 삶인가, 실패의 삶인가?" 『바울신학연구』, pp. 183-227를 보라.

절망 상황으로 몰고 가기 때문이다. 아마도 로마교회에 소속되어 있던 유대인 크리스천들 중에도 모세의 율법을 여전히 하나님의 백성의 신분과 삶을 좌우하는 보루로 삼으려고 하는 유대주의자들의 영향을 받은 자들이 있었는지도 모른다. 그래서 바울은 한편으로는 이들을 염두에 두면서, 다른 한편으로는 모든 로마교인들에게 다시 한번 오직 성령만이 하나님의 백성의 삶을 가능하게 한다는 사실을 강하게 부각시키기 위하여 7장에서 율법을 통한 삶의 절망적인 상황을, 그리고 8장에서는 이와 대조적으로 성령을 통한 성공적인 삶을 그리고 있다고 볼 수도 있을 것이다. 이런 점에서 7장과 8장은 서로 분리될 수 없는 한 단위를 형성하고 있다고 보겠다. 이 점은 바울이 7장에서 율법과 함께 그리스도 이전의 삶의 원리를 대변하고 있던 "육"이라는 용어를 8장에서도 율법 대신 계속해서 "성령"과 대조시키고 있는 점에서도 분명해진다.[88]

사실상 8장 전체를 지배하는 핵심적인 구절로 간주할 수 있는 2절에서 바울은 "그리스도 예수 안에 있는 생명의 성령의 법이 죄와 사망의 법에서 너를 해방하였음이라"(ὁ γὰρ νόμος τοῦ πνεύματος τῆς ζωῆς ἐν Χριστῷ Ἰησοῦ ἠλευθέρωσέν σε ἀπὸ τοῦ νόμου τῆς ἁμαρτίας καὶ τοῦ θανάτου)는 선언을 통해,[89]

---

88) Cf. N.T. Wright, "The Vindication of the Law: Narrative Analysis and Romans 8:1-11," *The Climax of the Covenant* (Minneapolis: Fortress Press, 1991), pp. 193-219.

89) 바울이 갈라디아서와 로마서에서 율법과 "의," "믿음" 혹은 "성령" 등과 서로 날카롭게 대조시키고 있는 점과 관련하여, 마치 바울이 새 시대에 있어서 율법의 폐기론을 주장하고 있는 것으로 생각해서는 안될 것이다. 갈라디아서 6:2에서 율법을 "그리스도의 법"이라고 부름으로써 그리스도 안에서 하나님의 언약적 의지의 표현으로서의 율법의 본래 기능회복을 말한 바 있던 바울은, 로마서에서는 더욱 적극적으로 율법을 "믿음의 법"(3:27, 31), "생명의 성령의 법"(8:2)이라고 부르면서 새 시대에서 믿음 및 성령과 연합하는 율법의 새로운 역할을 말하고 있다. 바울에 따르면 그리스도와 성령과의 관계없이 옛 시대의 세력 아래 있는 자들에게는, 즉 그리스도와 성령 대신 율법을 신분과 삶의 근거와 원천으로 삼는 자들에게는 율법이 여전히 죄와 사망의 법이 되고 있지만, 그러나 그리스도 안에 있는 자들에게는, 그리스도께서 그를 대신하여 십자가 위에서

성육과 십자가 사건을 통하여 율법의 요구를 성취하신 그리스도 때문에 (3-4절) 부정적으로는 더 이상 죄와 사망의 법, 이른바 율법과 육의 세력이 신자의 신분과 삶을 좌우할 수 없으며, 적극적으로는 오직 성령만이 신자의 신분과 삶을 좌우한다는 이신칭의의 주제를 다시 한번 천명한다.[90] 다시 말하자면, 이미 7:6에서 말한 바와 같이, 신자는 예수 그리스도의 사건을 통해서 율법이 주관하는 옛 영역에서 성령이 주관하는 새로운 영역과 주권 아래로 이전하였다는 것이다.

이처럼 바울은 8장의 성령장에서 처음부터 성령과 그리스도 사건을 밀접하게 연결시킨다. 다시 말해서 성령의 사역은 그리스도 안에서 이루신 하나님의 구속사건에 전적으로 의존하고 있다는 점이다. 5절 이하에서 이제 바울은 이미 독자들에게 소개한 "성령"과 "육"의 구원역사적 대조를 거듭 언급하면서, "육신에 따라" 사는 자의 삶과 "성령을 따라" 사는 자의 삶을 서로 날카롭게 대조시킨다. 그렇게 함으로써 그는 독자들에게 성령을 따라 사는 삶이 어떤 삶인가를 구체적으로 설명한다. 바울에 따르면, 성령에 따라 사는 사람은 성령에 속한 것 곧 생명과 평화를 생각하며, 하나님의 법을 따르며, 하나님을 기쁘시게 하는 삶이다. 여기서 바울은 성령 없는 신자의 신분을 생각할 수 없는 것처럼, 또한 성령 없는 신자의 삶도 생각할 수 없다는 사실을 거듭 확인한다.[91] 이와

모든 율법의 요구를 성취하셨기 때문에, 그에게 있어서 이제 율법은 죄와 사망의 법으로써가 아니라 오히려 구속받은 하나님의 언약백성의 사랑의 삶을 위한 생명과 성령의 도구가 될 수 있는 것이다. 이 문제에 관한 자세한 논의를 위해서는 최갑종, "바울과 율법," 『바울 연구 1』, pp. 73-74; 홍인규, *The Law in Galatians*, pp. 83-87; "The Law and Christian Ethics in Galatians 5-6," *Neotestamentica* 26 (1992), pp. 113-130; H. **Räisänen**, "The Law of Faith and the Spirit," *Jesus, Paul and Torah: Collected Essays* (JSNT Supp. 43; Shefield: JSOT Press, 1992), pp. 48-68을 보라.

90) Dunn, *Baptism in the Holy Spirit*, p. 148.

91) 고려신학대학원 교수회 총회 보고서, 『성령론 연구 보고서』 (1993년 9월 20일자), p. 17; H.S. Benjamin, "Pneuma in John and Paul," *Biblical Theology Bulletin* 6 (1976), p. 45.

같은 성령과 삶의 연결은 이미 구약과(겔 36:26-27; 시 51:12-13) 유대사상에서도 보인다(Wisdm 1:5; 7:20; Philo, Leg All 1, 34-35; T. Beni 8:2).

9절 상반절에서 바울은 "하나님의 영이 너희 안에 계속해서 거주하고 있기 때문에(현재 시제) 너희는 더 이상 육신 안에 있지 않고 성령 안에 있다"고 한 다음 9절 하반절에서 이 "하나님의 영"을 "그리스도의 영"으로 바꾸어 "누구든지 그리스도의 영이 없으면 그리스도의 사람이 아니라"고 선언한다. 이러한 선언을 통해서 "그리스도의 사람" = "그리스도의 영을 가진 자"라는 명제를 더욱 강화한다. 계속되는 문맥에서 우리의 관심을 끄는 것은 바울이 거듭 성령과 그리스도를 서로 분리시키지 않고 오히려 동일시하고 있다는 점이다. 이 점은 9절 하반절의 "누구든지 그리스도의 영을 가지지 않는다면"이라는 말과 10절 상반절의 "만일 그리스도께서 너희 안에 계시지 않는다면"이라는 말이 서로 병행을 이루고 있는 점과 10절 하반절에서는 그리스도 대신 생명을 주는 성령(8:2 참조)이 사용되고 있는 점에서 분명하다.

그렇다고 한다면 어떻게 해서 성령이 그리스도와 동일시되는가? 우리는 11절에서 바울의 사상적 전개과정을 엿볼 수 있다. 11절에서 바울은 예수를 죽음에서 부활하게 하신 동일한 하나님의 영이 신자 안에 거하고 있으며, 그 동일한 영에 의해 하나님께서 신자의 죽을 몸도 부활시킨다는 사실을 밝혀주고 있다. 이미 우리가 로마서 1:3에 대한 서술에서 살펴본 바와 같이, 부활 사건을 통하여 성령은 부활하신 그리스도의 삶의 주체가 되셨으며, 그리스도의 영이 되셨다. 그리하여 우리가 여러 번 강조해온 바와 같이 새 시대에 있어서 부활하신 그리스도와 성령은 그 사역에 있어서 서로 분리될 수 없다.[92] 따라서 그리스도 안에 있는 자는 성령 안에 있는 자이며, 성령 안에 사는 자는 그리스도 안에 사는

---

92) F.F. Bruce, "Christ and Spirit in Paul," *BJRL* 59 (1977), pp. 259-285.

자가 된다. 마찬가지로 바울에게 있어서는 그리스도의 체험은 곧 성령의 체험이며, 성령의 체험은 또한 그리스도의 체험이 된다.[93] 달리 말하자면, 그리스도와 성령이 서로 분리될 수 없는 것처럼, 그리스도를 통한 신자의 새로운 신분과 성령을 통한 신자의 새로운 삶은 서로 분리될 수 없다. 여기서 우리는 바울에게 있어서 성령은 참으로 실천적이며, 윤리적이라는 사실을 깨닫게 된다.[94]

12절 이하에서 바울은 비록 신자 안에 그리스도의 영이 거하고 있으며, 그 거주하는 성령에 의해 "이미" 새 시대의 사람이 되었음에도 불구하고, 그는 "아직" 육을 따라 살 수 있는 위험 아래 있다는 사실을 인정한다. 다시 말하면 그리스도의 재림 때까지 옛 시대와 새 시대가 서로 공존하는 한, 신자는 옛 시대를 대변하는 육과 새 시대를 대변하는 성령의 두 권세 아래 있을 수 있다는 것이다.[95] 사실상 신자의 윤리적 책임은 이와 같은 "새 시대"(예수와 성령)와 "옛 시대"(율법과 육), "이미"와 "아직"의 종말론적인 긴장과 투쟁에 근거한다. 그렇게 함으로써 바울은 신자가 성령을 소유하는 것, 성령이 신자 안에 거주하는 것과, 신자가 능동적으로 그리스도와 성령의 통치를 따라 사는 것은 서로 별개의 사실임을 분명히 한다.[96] 즉 종말론적인 새로운 신분이 그의 책임

---

93) 우리는 이 점에서, 바울이 로마서 6장에서 말하고 있는 것처럼 만일 누구든지 진정한 의미에서 교회의 세례를 통하여 그리스도와 연합되었다고 한다면, 그리하여 그가 성령의 공동체인 교회의 구성원이 되었다고 한다면, 그는 이미 성령으로 세례를 받은 자로 간주되어야 할 것이다(고전 13:3). 왜냐하면 세례를 통하여 그리스도와 연합되었다고 하는 것은 곧 그리스도의 영이신 성령과 연합되었다는 것을 뜻하기 때문이다. Cf. Cranfield, *Romans* 1, p. 389; Ridderbos, *Paul*, pp. 220-221; Dunn, *Unity and Diversity in the New Testament* (London: SCM Press, 1990), p. 194f.; 브룬너, 『성령신학』 pp. 294-306.

94) Sanders, *Paul*, p. 72.

95) 성령이 신자 안에 거주하고 있다는 것은 사실상 신자가 성령의 주권 아래 있다는 것을 뜻한다. See Hamilton, *The Holy Spirit and Eschatology in Paul*, p. 28; Michel, "οἰκέω," p. 135.

96) 예를 들면 갈라디아 교인들은 성령을 받았음에도 불구하고(갈 3:2, 5),

적인 삶의 노력 없이 자동적으로 새로운 삶을 보장해주지는 않는다는 것이다. 하지만 바울은 성령의 권세를 통해서 신자가 육의 권세로부터 승리할 수 있다는 사실을 거듭 천명한다. 즉 바울은 신자가 계속해서 하나님의 영의 인도를 받을 때 그의 하나님의 아들됨이 나타난다는 것이다. 여기서 바울은 하나님의 자녀됨이 정적이지 않고 동적임을 밝힌다. 다시 말하면 성령의 지배를 받지 않고 육의 지배를 받고 있는 한 그를 하나님의 자녀로 부를 수 없다는 사실을 암시하면서 신자의 삶의 심각성과 윤리적인 책임을 강화한다. 하지만 바울은 즉시 15절 이하에서 로마교회 신자들은 양자의 영을 받았기 때문에 그 영을 통해서 하나님을 "아바 아버지"로 부르고 있다고 하면서,[97] 성령께서 친히 그들의 하나님 자녀됨을 적극적으로 유지시켜 가기 때문에 그들의 하나님 자녀됨은 결코 상실되지 않는다는 사실을 분명히 한다(참조, 8:37-39; 고전 6:11; 12:13).[98]

그 성령을 따라 살지 않음으로 인해 율법주의자들의 유혹을 받았다. 그래서 바울은 그들을 향해 적극적으로 성령을 따라 살 것을 교훈하고 있다. See W.B. Russell, *Paul's Use of Σαρξ and Πνευμα in Galatians 5-6 in Light of Argument of Galatians* (Unpublished Ph. D. Dissertation at Westminster Theological Seminary, 1991), pp. 242-262.

97) 복음서는 예수의 수세 후 성령오심을 예수의 하나님의 아들(메시야)로서의 자기인식의 결정적인 전환점으로 보도하고 있는 것과 유사하게 바울은 신자의 하나님의 자녀로서의 자기 인식과 성령받음을 동일시한다(Cf. Bruce, *Romans*, p. 150; Gunkel, *The Influence of the Holy Spirit*, p. 79).

98) 우리는 당시에 로마교회가 여러 개의 가정교회로 구성되어 있었으며 (Peter Lampe, *Die Stadtromischen Christen in den ersten beiden Jahrhunderten: Untersuchungen zur Sozialgeschichte*, **Tübingen**: Mohr-Siebeck, 1987, p. 302f), 그리고 로마교회가 16장에 나타나 있는 바울의 문안인사에서도 볼 수 있는 바와 같이 다양한 인종과 성과 계층의 사람들로 형성되어 있었음에도 불구하고, 바울이 로마교회 신자들을 전체적으로 성령을 받은 성령의 공동체로 부르고 있는 점에 유의해야 할 것이다. 우리는 바울의 그 어느 서신에서도 성령받은 교인들과 성령받지 않은 교회의 개인 신자를 분리시켜 말하고 있는 본문을 발견할 수 없다. 바울에게 있어서 성령받음은 개인적인 동시에 또한 교회적이며, 신자됨과 교회됨은 그리스도와 성령에게 속함으로부터 시작한다. See Hamilton, *The Holy Spirit and Eschatology in Paul*, p. 32.

여기서 우리는 절망으로 끌고 가는 율법과 대조되는 성령의 능력과 함께 율법적 삶의 좌절과 대조되는 성령 안에서의 삶의 성공을 본다. 이것은 23절 이하에서도 거듭 확인된다. 즉 바울은 23절에서 새 시대의 첫 열매로서 신자에게 주어진 성령은 신자의 완전한 구원, 곧 장차 영광스러운 그리스도의 형상이 될 때까지 신자의 모든 삶의 여정을 붙들어 주신다는 사실을 밝혀준다(참조, 고후 3:18).[99] 다시 말하면 성령은 신자의 삶의 궁극적인 승리를 보장하신다는 것이다(역시 고후 3:18).[100] 즉 성령은 우리의 약함을 도와주시며(26절), 하나님의 뜻을 따라 우리를 대신하여 간구하신다는 것이다(27절). 그래서 바울은 로마서 15:13에서 로마의 신자들이 성령의 능력 가운데서 풍성한 소망으로 넘치기를 간구한다. 여기서 우리는 다시 한번 성령 없는 신자의 신분이나 삶을 생각할 수 없다는 사실을 확인할 수 있다. 동시에 우리는 여기서 고린도교회의 열광주의자들이 착각하였던 것처럼, 신자가 성령 체험을 한 그 순간 그가 완전한 구원의 상태에 들어가거나 죄의 유혹으로부터 자유로운 천사와 같은 존재로 변화되는 것은 아니다라는 사실도 확인한다. 비록 신자가 성령을 통해서 지금 여기서 미래의 구원을 이미 부분적으로 맛보고 있는 것은 사실이지만, 그러나 그의 완전한 구원은 계속적인 성령의 도우심을 필요로 하는 미래적이라는 것이다. 바로 이 때문에 신자는 하나님의 자녀로서의 신분과 삶을 유지하기 위하여 새 시대의 선물인 성령의 인도하심과 도우심에 전적으로 의존해야 하는 것이다.[101]

(5) 로마서 14:17

이미 잘 알려져 있는 바와 같이, 공관복음서 저자들에 따르면 예수의 사역의 중심적인 주제는 천국, 곧 하나님의 나라이다.[102] 그리고 종종

---

99) Gunkel, *The Influence of the Holy Spirit*, p. 82f.
100) Beker, *Paul the Apostle* (Philadelphia: Fortress Press, 1984), p. 279.
101) 이한수, "성령과 하나님의 뜻의 분별,"『그리스도인과 성령』(총신대 출판부, 1991), pp. 235-247.
102) J.C. O'Neill, "The Kingdom of God," *NovT* 35 (1993), 130-141;

이 하나님의 나라 전파와 성령의 역사를 서로 밀접하게 연결시킨다.[103] 예를 들면 누가복음서는 예수의 초기 갈릴리 사역과 관련하여 이사야 61:1 이하의 "주의 영이 네게 임하셨으니…"를 인용하여 예수의 메시야적 사역이 성령의 능력에 의한 사역임을 밝혀주고 있으며(눅 4:16 이하), 마태복음서 저자는 예수께서 하신 "내가 하나님의 성령을 힘입어 귀신을 쫓아내면 하나님의 나라가 이미 너희에게 임하였느니라"(마 12:28)는 말씀을 통하여 성령이 하나님의 나라를 실현하게 한다는 사실을 강조하고 있다. 바울서신이 공관복음서처럼 하나님의 나라를 자주 언급하거나, 하나님의 나라와 성령을 자주 연결하지는 않지만, 그럼에도 불구하고 공관복음서의 사상을 어느 정도 간직하고 있다는 점은 주목되어야 한다. 바울은 그의 서신에서 하나님의 나라를 모두 11번 언급하고 있으며(롬 14:17; 고전 4:20; 6:9; 15:24, 50; 엡 5:5; 골 1:13; 4:11; 살전 2:12; 살후 1:5), 이 중에 적어도 로마서 14:17과 고린도전서 4:20; 6:9 이하는 하나님의 나라를 성령과 연결시키고 있는 본문으로 간주되어야 할 것이다.[104]

로마서 14:17에서 바울은 하나님의 나라는 성령의 능력을 통해서 실현된다는 공관복음서의 전승과 부합하여(역시 고전 4:20), "하나님의 나라는 먹고 마시는 일이 아니라 성령 안에서 누리는 의와 평화와 기쁨이다"라고 말하고 있는데, 여기서 바울은 하나님의 나라에 대한 자기 당대 유대인들의 지나친 미래지향적 해석과는 달리 하나님의 나라가 성령을 통해서 이미 우리의 삶의 현장에서 실현되는 현재적인 것임을 분명히 밝혀주고 있다.[105] 물론 유대 랍비들의 문헌에서도 오는 세대, 장

"예수와 하나님의 나라," 『최근의 예수 연구』, 최갑종 편역 (기독교문서선교회, 1994), 271-287.

103) Cf. C.A. Evans, "Jesus and the Spirit: On the Origin and Ministry of the Second Son of God," *Luke and Scripture*, eds. C.A. Evans & J.A. Sanders (Minneapolis: Fortress Press, 1993), pp. 26-45.

104) Gunkel, *The Influence of the Holy Spirit*, p. 83; Hamilton, *The Holy Spirit and Eschatology in Paul*, pp. 21-24.

105) **Käsemann**, *Romans*, p. 377.

차 도래할 하나님의 나라에서는 먹고 마시는 일이 없을 것임을 말하고 있다(Berakoth 17a). 하지만 여기서 바울이 말하고자 하는 것은 먹고 마시는 그것 자체를 거부하는 것이 아니고, 오히려 우리가 예수의 산상설교에서 발견하는 것처럼 음식 문제가 신자들의 삶의 중심을 이루어서는 안된다는 것이다. 그 반대로 하나님의 나라가 신자들의 삶의 중심을 이루어야 하며(마 6:31-33), 하나님의 나라의 구체적인 표현은 기도원이나 교회당 안에서만이 아니라 가정과 학교, 사회 등 신자의 현재 삶의 모든 영역에서 보여야 하는 의와 평화와 기쁨이라는 것이다(참조, 갈 5:22).

바울이 여기서 성령의 구체적인 표현으로 제시하고 있는 "의와 평화와 기쁨"이 무엇을 뜻하고 있는 있는가에 관하여 학자들 사이에 논란이 계속되고 있다. 우리의 견해로는 이들을 성령이 신자들에게 가져다주는 구원사역의 부유성(예를 들면 갈 5:22-23)을 다양한 측면에서 본 것으로 이해하고 싶다. 따라서 이들은 결단코 추상적인 것이 아니고 신자들의 삶의 영역에서 체험될 수 있는 구체적인 것이다.[106] 이 점은 18절 이하에서 계속해서 음식 문제와 관련하여 신자들의 구체적인 삶의 문제를 언급하고 있는 점에서도 분명하다. 또한 우리는 이들이 서로 구분되어 있지만 결코 분리되지는 않는다는 점도 유념해야 할 것이다. 왜냐하면 의와 평화와 기쁨을 다 같이 수식하고 있다고 볼 수 있는 전치사구 "성령으로"($\epsilon\nu$ $\pi\nu\epsilon\acute{\upsilon}\mu\alpha\tau\iota$ $\dot{\alpha}\gamma\iota\omega$)가 보여주고 있는 바와 같이, 의와 평화와 기쁨은 다 같이 동일한 성령의 사역으로 제시되고 있기 때문이다(고전 6:11 참조).[107] 실로 우리는 의 없는 평화와 기쁨을 생각할 수 없는 것과 같이 평화와 기쁨이 없는 의도 생각할 수 없다. 물론 완전한 의와 평화와 기쁨은 미래에 실현될 것이다. 그러나 현재의 하나님의 나라의 실현 없이는 미래의 하나님의 나라를 생각할 수 없는 것처럼, 성령 안

---

106) Beker, *Paul the Apostle*, p. 279.
107) **Käsemann**, Ibid.; K.H. Easly, "The Pauline Usage of Pneumati as a Reference to the Spirit of God," *JETS* 27 (1984), pp. 299-313, 312.

에서 현재의 의와 평화를 체험하지 못하는 자는 미래에 있어서 더욱 그러하다고 하겠다.

(6) 로마서 15:19

로마서 15장에서 성령에 관한 언급이 4번 나타난다. 첫번째는 바울이 하나님께서 성령의 능력을 통해서 로마 교회 신자들에게 모든 은혜와 평강과 소망을 채워가시기를 기원하는 13절과,[108] 둘째는 성화가 성령의 사역임을 강조하는 16절, 셋째는 바울의 모든 선교사역이 성령의 사역임을 강조하는 19절과 그리고 마지막으로 성령의 사랑을 언급하는 30절이다. 이중에 특별히 우리의 관심을 끄는 구절은 19절이다. 이 구절에서 바울은 자신의 모든 사역은 그리스도께서 자신을 통하여 이루신 사역이며, 이 모든 사역은 성령의 능력 가운데서 이루어진 것임을 밝히고 있다.[109] 바울은 이 구절에서 분명하게 자신의 모든 사역을 성령의 사역에 돌리고 있다. 그를 통하여 이루어진 모든 복음사역, 설교, 가르침, 이적 등은 그리스도께서 성령을 통하여 이루신 사역이라는 것이다.[110] 바울은 고린도 교회에 보낸 편지에서도 성령과 능력을 일치시킬 뿐만 아니라 자신의 모든 사역을 성령의 사역에 귀착시킨다(고전 1:18; 2:4). 데살로니가전서 1:4-5에서도 바울은 자신의 복음전파가 성령에 의한 사역임을 말한다. 여기서 바울은 자신의 복음사역과 성령을 보다 직접적으로 말해서 자신이 전파하는 복음과 성령을 분리시키지 않는다.

---

108) 여기서 바울은 은혜와 평강과 소망의 실현이 인간 안에 잠재되어 있는 가능성으로 보지 않고 오히려 성령을 통한 하나님의 창조 사역으로 보고 있다. Cf. P.J. Grabe, "Δυναμις (in the Sense of Power) as a Pneumatological Concept in the Main Pauline Letters," *Biblische Zeitschrift* 36/2 (1992), p. 230.

109) 그렇게 함으로써 바울은 여기서 또다시 일찍이 그의 서신 서두에서 제시하였던 중심주제(1:16-17)로 돌아간다. 그가 로마에 복음 전하기를 원한 것도, 그가 복음을 부끄러워하지 않는 이유도, 그 복음과 함께하는 성령께서 그의 복음전파 사역을 통하여 역사하기 때문이다.

110) Cranfield, *Romans* 2, p. 759f.

복음이 가는 곳에 성령도 함께 간다는 것이다.[111] 그래서 바울은 로마서 1:16에서 복음을 믿는 모든 자에게 구원을 가져다주는 하나님의 능력이라고 부르고 있는 것이다. 복음과 성령이 분리될 수 없기 때문에 바울은 갈라디아서 3:3에서 갈라디아 교인들을 향해 "여러분은 성령을 '율법의 행위'에 의해 받았습니까? 아니면 '믿음의 들음'(그리스도의 복음)에 의해 받았습니까?"라고 묻고 있으며, 3:14에서는 바울의 복음 전파의 목적이 약속된 성령을 받게 함에 있다고 말하고 있는 것이다.

그렇다고 해서 성령의 사역을 복음전파에만 한정시키는 것은 바울의 성령론을 지나치게 제한하는 것이다. 왜냐하면 이미 우리가 살펴본 바와 같이 종말론적인 새 시대에 있어서 부활하신 주님의 우주적 통치를 포함하여 신자의 모든 삶의 영역이 모두 성령의 사역이기 때문이다.

3. 결어

지금까지 우리는 로마서에 나타나 있는 중요한 성령 본문들을 중심으로 바울의 성령 이해를 살펴 보았다. 우리는 우리의 주석학적 연구에 근거하여 다음의 교훈들을 이끌어낼 수 있다.

(1) 바울이 성령에 관하여 때때로 "능력", "약속된 것", "첫 열매" 등의 비인격적 상징적 표현과 함께 "붓다", "주다", "공급하다" 등과 같은 은유적 표현을 사용하고 있다고 할지라도, 그에게 있어서 성령은 근본적으로 인격체로서(참조, 롬 8:17, 27) 하나님 아버지와 그의 아들 예

---

111) 사도행전의 저자 누가도 복음이 인종과 국경을 넘어설 때마다 특별한 성령강림의 역사, 예를 들면 예루살렘의 오순절 성령강림(2장), 사마리아 성의 성령강림 사건(8장), 가이사랴 고넬료 가정의 성령강림 사건(10, 11장), 소아시아 에베소의 성령강림 사건(19장)을 언급함으로써 사도행전 1:8의 주님의 약속대로 복음전파(예수의 증인)와 성령의 역사는 병행한다는 사실을 강조하고 있다. 이처럼 바울이나 누가에게 있어서 복음과 성령이 서로 분리되지 않는 것은 근본적으로 복음과 예수 그리스도는 서로 분리되지 않으며, 그리스도와 성령은 결코 서로 분리될 수 없기 때문이다.

수와 함께 우리의 모든 구원과정을 수행해 가시는 삼위 하나님의 한 분이시다(롬 5:5; 참조, 고후 13:13). 성령은 하나님이시기 때문에 그는 시공간을 초월하시며, 동시에 우리의 역사세계 속에 내재하시는 분이시다. 로마서에서 바울은 특별히 성령은 하나님의 구원역사 과정에 있어서 마치 성육하신 그리스도처럼, 새 시대를 위하여 약속된 분으로 오셔서(롬 5:5; 갈 4:6) 신자 안에 항상 거주하시며(롬 8:11), 신자의 모든 구원사역을 수행해 가는 분이심을 강조하고 있다.

(2) 예수 그리스도의 종말론적인 죽음과 부활의 구속사역으로 도래한 새 시대를 위하여 "아버지의 영"인 동시에 "아들의 영"으로(롬 8:9, 10) 새롭게 파송된 성령은, 이제 하나님과 아들의 복음(롬 1:2, 9)을 통하여, 그 복음 안에서 역사하며, 그 복음을 듣는 자들에게 믿음을 불러일으키시며, 그를 그리스도와 연합하게 하시며, 그리스도 안에서 하나님의 자녀가 되게 하시며, 그리스도 안에서 그를 위하여 이루어진 모든 구속의 은총을, 이를테면 중생, 칭의, 성화의 사역을 계속해서 적용해 가신다. 따라서 바울에 따르면 신자의 신분과 그의 삶과 모든 구원의 은총은 처음부터 이와 같은 성령의 사역과 더불어 시작한다(참조, 고전 2:9; 12:10; 갈 5:22; 살전 1:6-7).

(3) 새 시대에 있어서 성령은 부활하신 예수의 영이시며(롬 8:9; 빌 1:19; 갈 4:6), 예수는 이 성령을 통하여 세상에 임재하시고, 자기 백성에게 찾아 오시며, 자신의 주권을 행사하시기 때문에, 예수와 성령은 그들의 사역을 통하여 서로 일체가 된다(롬 1:3-4; 8:9-11; 고전 15:45; 고후 3:17-18). 따라서 신자의 예수에 대한 체험과 성령의 체험은 서로 분리되지 않는다. 그러므로 신자와 성령과의 관계는 그와 예수와의 관계에 비례한다고 말할 수 있다.

(4) 하나님께서 성령을 우리에게 주셨으며(과거시제, 롬 5:5), 우리는 이 주신 성령을 받았다(과거시제, 롬 8:15). 그리고 우리에게 주어진 이 성령은 우리 안에 계속 거주하셔서(현재시제, 롬 8:11), 우리의

하나님의 자녀로서의 신분과 삶을 계속 유지시켜 가신다. 따라서 그 어느 순간에도 성령과 우리는 서로 분리되지 않는다. 실로 누구든지 성령을 받지 못했거나 성령이 그 안에 거주하지 않는 자는 그리스도의 사람이 아니다(롬 8:9).

(5) 바울은 한편으로 우리가 성령을 받았으며, 성령이 우리 안에 계속 거주하고 계시기 때문에 우리가 그리스도의 사람이 되었으며, 하나님을 아버지로 부르는 자녀가 되었으며, 새 시대의 모든 구원의 축복을 이미 누리게 되었다는 사실을 강조한다(롬 8:32). 그러나 또 다른 한편으로 그는 우리의 완전한 구원의 성취는 소망 가운데서 여전히 기다려야 하는 미래적인 것임을 분명히 한다(롬 8:23; 15:13). 이와 같은 "이미"와 "아직"의 이중성은 우리가 한편으로 예수 그리스도와 성령을 통하여 이미 새 시대에 참여했다는 사실과, 또 다른 한편으로 우리는 여전히 그리스도의 재림과 우리 몸의 부활로 말미암아 완전히 정복되어질 옛 시대에 살고 있다는 사실에 연유한다. 바로 여기서 우리는 옛 시대의 세력인 육을 따라 살지 않고 성령을 따라 살아야 하며, 성령의 계속적인 인도하심을 받아야 하는(롬 8:10-25) 윤리적인 당위성을 갖게 되는 것이다(참조, 갈 5:16-26).

(6) 바울은 우리가 계속해서 성령을 따라 살아야 하고, 성령의 인도하심을 받아야 한다고 말하고 있지만, 그렇다고 해서 우리에게 오신 성령이 어느 순간 우리를 임의로 떠나 계시거나 혹은 우리로부터 일시 떠났다가 다시 우리에게 오셔야 하는 분으로 제시하지는 않는다. 그 무엇도, 그 누구도 우리를 우리 주 그리스도 예수 안에 있는 하나님의 사랑에서 끊을 수 없는 것과 똑같이(롬 8:38-39), 하나님의 사랑의 구체적인 표현인 예수 그리스도와 그의 인격과 사역을 대변하는 성령으로부터 우리를 끊을 수 없다. 바로 이 사실 때문에 바울은 그리스도의 몸된 교회를 성령의 공동체로, 그리고 그 교회에 속해 있는 모든 신자를 인종과 성과 신분의 차이를 초월하여 동일하게 성령을 소유한 자로 간주한다(롬 8:15; 고전 12:13; 6:11).

(7) 바울은 다른 서신에서 하나님께서 신자에게 성령의 계속적인 공급(갈 3:5)과 주심(살전 4:8)을 언급하고 있다고 할지라도 – 성령은 성도 안에 항상 거주하고 있는 분이신 동시에 또한 항상 찾아 오셔야 하는 초월해 계시는 분이시므로 – , 그렇다고 해서 바울이 마치 "중생 후 (혹은 믿은 후) 성령세례"의 주창자들을 지지하고 있다고 볼 수는 없다. 인간의 구속을 위하여 한 번 성육하신 그리스도는 이제는 항상 성육하신 그리스도의 신분으로서 존재하신다. 마찬가지로 새 시대에 있어서 구속의 적용을 위해 아버지와 아들의 영으로 오신 성령은 이제 항상 아버지와 아들의 영으로서의 신분을 가지신다(롬 8:9-10).

따라서 우리는 이중적인 성령의 사역과 이중적인 신자의 신분을 주장하는 "중생 후 성령세례"의 교리, 이른바 먼저 구약적 성령이 자연인 안에서 중생의 사역을 일으켜서 그를 미성숙한(혹은 연약하고 불완전한) 신자가 되게 한 다음, 오순절날 사도들에게 주어졌던 그 성령이 오셔서 그에게 성령의 세례를 베푸심으로 비로소 그를 성숙하고 능력있는 신자가 되게 한다는 교리는, 비록 그것이 교회 부흥이나 신자의 영적 생활을 강화한다는 좋은 동기를 가졌다고 할지라도, 바울의 신학, 특별히 그의 구원론, 기독론, 교회론, 종말론과 부합하지 않은 이질적인 것으로 간주할 수밖에 없다. 바울에게 있어서 믿음과 중생을 일으키시는 성령이 바로 새 시대의 영이시며, 그리스도의 영이시며, 오순절의 성령이시다. 그리고 이 성령이 신자 안에 거주하셔서 그의 모든 구원사역을 이루어 가신다. 바울이 비록 다양한 성령의 열매와(참조, 갈 5:22-23) 각 신자에게 각각 다른 은사가 주어졌다는 사실을 말하고 있는 것은 분명하지만(롬 12:3-8; 고전 12장), 그러나 그는 어느 곳에서도 성령세례를 받은 신자와 받지 못한 신자로 구분하지 않는다. 그에게는 성령을 받지 못한 자연인과 성령을 받은 신자 간의 구별만이 있다(참조, 고전 2:12-14). 따라서 우리는 "중생 후 성령세례"의 교리가 그 자체가 많은 장점을 지녔다 하더라도 이 교리는 결국 초기 기독교 역사에 있어서 교회를 혼란하게 하였던 "율법주의"(Legalism), "영지주의"(Gnosticism), "몬타니즘"(Montanism)처럼 "교회 안의 교회", "신자 중의 신자" 개념을 만들어 교회의 통일성은 물론 오직 은혜와 믿음을 주창한 바울의 복음을 훼손할 위험을 가지고 있다고 보지 않을 수 없다.[112]

---

112) 필자와 서강대 철학 교수인 강영안 교수는, 차영배 교수가 대표로 있는 기독학술원에서 주최한 지난 성령론 심포지엄에 외국인으로 유일하게 초청된 화란의 Van Oort 교수를 별도로 만나, 그가 "중생 후 성령세례"를 지지하고 있는지, 그리고 이 중생 후 성령세례 교리가 교부들의 글에 나타나고 있는지를 물어 보았다. 그는 두 가지 질문에 대하여 모두 부정적인 답변을 하였다. 따라서 우리는 그가 차 교수의 주장을 전적으로 지지하지 않고 있다는 사실을 확인할 수 있었다. 필자도 최근에 미국의 모교 도서관에서 적지 않은 시간을 할애하여 주후 1세기 말엽에서 4세기까지 속사도와 교부들의 문헌으로부터 성령세례에 관한 자료를 찾아 보았다. 그러나 결과는 성령세례 교리에 관한 단 한줄의 자료도 찾을 수 없었다. 이러한 사실은 바울을 위시하여 신약의 저자들에게 있어서 그 다음 세대의 교회에 전승시켜 주었던 소위 오늘날 오순절 교회와 기독교 일각에서 주창되는 그와 같은 성령세례 교리는 존재하지 않았다는 사실을 입증해 준다. 사실상 신약성경 안에 "성령으로 세례를 준다"(혹은 받는다)라는 몇 차례의 언급이 있기 하지만(마 3:11; 막 1:8; 눅 3:16; 요 1:33; 행 1:5; 11:16; 고전 12:13), 이러한 표현은 사실상 성령의 오심, 주심, 받으심, 부으심 등과 같이 성령의 사역을 가리키는 다양한 표현 중의 하나에 지나지 않는다. 누가가 오순절의 성령강림을 성령세례로만 표현하고 있는 것이 아니라 또한 "아버지의 약속하신 것을 보내는 것"(눅 24:49), "성령이 임하시는 것"(행 1:8), "성령의 충만함을 받는 것"(행 2:4), "약속하신 성령을 부어주시는 것"(행 2:17, 18, 33)으로도 표현하고 있는 점과 바울도 고린도 교회에 관하여는 "한 성령으로 세례를 받다"(고전 12:13)라는 표현을 사용하고 있지만 로마교회에 관하여는 "하나님께서 성령을 주셨다"(롬 5:5), "너희는 성령을 받았다"(롬 8:15)라는 표현을 사용하고 있는 점이 이를 입증해 준다. 게다가 로마서를 위시하여 바울의 후기 서신에서 성령으로 세례를 받다라는 표현이 전혀 나타나지 않는 점과, 복음서 중에서 가장 늦게 쓰여졌다고 보이는 요한복음서에서는 공관복음서에서 나타나 있는 예수에 관한 세례 요한의 예언, "그는 성령(과 불)으로 너희에게 세례를 주실 것이요"라는 미래형 문장이 아닌 "그는 성령으로 세례를 주시는 분"이라는 현재형 문장을 사용하여 예수의 성령세례를 부활 이후의 사역으로 보기보다 오히려 부활 전의 메시야 사역에 돌리고 있다는 점도 신약의 저자들에게 있어서 이 성령세례 교리는 사실상 존재하지 않았다는 것을 보여준다.

제3장

요한과 성령[1]

요한의 성령론에 들어가면서 — 이미 필자의 누가와 바울의 성령론에서 누누이 강조한 바가 있지만[2] — 다시 한번 강조하고 싶은 것이 있다. 그것은 요한의 성령론에 관한 성경본문을 누가나 바울의 성령론의 관점에서 해석하려고 하거나, 혹은 서로를 인위적으로 조화시키려는 시도를 해서는 안된다는 점이다. 성경의 여러 본문들을 백과사전식으로 활용하여 어떤 교리를 만들려는 소위 교의학적 성경 연구방법이 아직도 한국 교계와 신학계에 편만해 있지만, 이러한 방법은 신약의 성령론을 올바르게 이해하는 데 있어서 도움을 주기보다 오히려 잘못된 방향으로 인도할 수 있다.[3] 요한복음의 세계적 권위자 중의 한 사람인 래이몬드 브라운(Raymond Brown)은 요한복음 20:22에 나타나 있는 소위 "요한의 오순절 사건"과 사도행전 2장에 서술되어 있는 누가의 "오순절 사건"의 상호 연관성의 문제와 관련하여, "전자는 제자들의 초기의 성령

---

1) 이 글은 필자가 1993년 미국 덴버대학교와 아일립신학대학교에서 개설한 Ph.D. 요한세미나 시간에 제출하였던 "The Johannine Pneumatology"를 번역하여 약간 수정한 것이다.
2) 최갑종, 『예수·교회·성령』, (서울: 기독교문서선교회, 1992); "바울과 성령." 『바울 연구 I』, (서울: 기독교문서선교회, 1992/1993), pp. 117-156.
3) Cf. 이한수, 『신약의 성령론』 (서울: 총신대 출판부, 1994), pp. 11-19.

받은 사건을 기술하는 것이고, 후자는 후기의 성령받은 사건을 기술한 것이라는 가상 아래 양자를 서로 조화시키려고 하는 것은 좋지 못한 방법이다"[4]라고 이미 지적한 바 있는데, 우리는 그의 경고를 신중하게 생각하도록 하여야 할 것이다. 신약의 저자들은 다 같이 특수한 사회적, 역사적 상황 속에 있는 그 자신의 독특한 독자들을 염두에 두면서 그들에게 성령론에 관한 특별한 교훈을 전해주고 있기 때문에, 신약 저자들의 성령론은 우선적으로 각 저자와 독자의 입장에서 먼저 살펴보도록 하지 않으면 안된다.

이 논문의 목적은 요한복음서를 중심으로 요한의 성령론을 살펴보는 데 있다. 그러나 모든 부분들을 세밀히 조사하는 것이 이 논문의 주된 목적은 아니다.[5] 이 논문의 주된 목적은 다음과 같은 두 가지 중요한 질문에 초점을 맞추어 요한의 성령론에 관한 중요한 본문들을 개괄적으로 조사해 보는 데 있다. 첫째, 요한복음서는 성령론에 관한 어떤 교훈을 독자들에게 주고 있는가? 둘째, 요한복음서의 저자는 무엇 때문에 그의 독자들에게 성령에 관한 이러한 교훈을 주고 있는가? 필자는 우리의 연구를 위해서 이미 확립된 정경 복음서의 본문들을 그대로 활용할 것이다. 요한복음서의 본문 전승과정을 살펴보는 것은 대단히 복잡하고 어려운 문제일 뿐만 아니라 이것은 또한 우리의 연구범위를 넘어서는 것이 될 것이다.

---

4) R. Brown, *The Gospel According to John II* (New York: Doubleday, 1967), p. 1038.
5) 요한복음 전체의 포괄적인 성령론 논의를 위하여서는 F. Porsch, *Pneuma und Wort. Ein exegetischer Beitrag zur Pneumateologie des Johannesevangeliums* (Frankfurter Theologische Studien 16: Frankfurt am Main 1974); G.M. Burge, *The Anointed Community: The Holy Spirit in the Johannine Tradition* (Grand Rapids: Eerdmans, 1987); T.R. Hatina, "John 20,22 in its Eshatological Context: Promise or Fulfilment?" Biblica 74 (1993), pp. 196-219; 이한수, "요한의 성령이해", 『신약의 성령론』, pp. 111-151를 참조하라.

1. 요한복음서는 성령에 관한
어떤 교훈을 가르쳐 주고 있는가?

요한복음서의 최종적 정경본문 양식은 R.A. Cupepper가 그의 『제사복음서의 해부』라는 책에서 지적한 바와 같이,[6] 학자들이 생각하고 있는 것보다 훨씬 더 체계적이고 통일성을 갖고 있다는 사실을 유념하여야 할 것이다. 이러한 통일성은 요한복음서의 문학적인 전개 과정에서만 찾아볼 수 있는 것이 아니라 또한 복음서의 주제적 발달에서도 찾아볼 수 있다.[7] 성령에 관한 교훈도 복음서의 초기 부분에서 이미 등장하여 복음서의 전개 과정을 따라 계속 발전되어가고 있으며 복음서의 마지막 부분에서 그 절정에 도달한다.[8] 성령의 가르침에 관한 이러한 발전 과정은, 우리가 곧 이어 살펴보겠지만, 요한복음서의 예수 사역 전개 과정과 거의 보조를 같이하고 있다.

(1) 요한복음 1:32-34

공관복음서와 마찬가지로, 요한도(우리가 요한복음서의 전통적인 저자 이름을 그대로 사용할 수 있다면) 예수에게 성령이 오신 사건을 복음서 발전과정의 초기 단계에 두고 있다. 그러나 이 사건에 관한 요한의 이해가 공관복음서 저자들의 이해와 사뭇 차이가 있다는 점을 요한의 본문과 공관복음서의 본문을 서로 대조하여 살펴볼 때 인정하지 않을 수 없다. 대다수의 신약학자들이 주장하고 있는 것처럼, 공관복음서

---

6) R. Alan Culpepper, *Anatomy of the Fourth Gospel: A Study in Literary Design* (Philadelphia: Fortress Press, 1983), p. 234f.

7) See Margaret Davies, *Rhetoric and Reference in the Fourth Gospel* (JSNT Suppl. 69; Sheffield: JSOT Press, 1992).

8) 요한복음에서 πνευμα는 모두 24번 나타난다(1:32, 33, 33; 3:5, 6, 8, 8, 34; 4:23, 24; 6:63, 63; 7:39, 39; 11:33; 13:21; 14:17, 26; 15:26; 16:13; 19:30; 20:22). 이중에 3:36b; 11:33; 13:21; 19:30의 πνευμα는 성령을 가르키기보다 단순히 "영"을 가르키는 것으로 보아야 할 것이다. 그 밖에 요한복음서에서 보혜사 성령을 가르키는 παρακητος가 예수의 고별설교에서 네 번 사용되고 있다(14:16, 26; 15:26; 16:7).

는 예수께서 성령받은 사건을 그가 요단강가에서 세례받은 사건의 문맥에 둠으로써 예수의 성령받은 사건을 예수의 메시야적 사역의 취임식으로 이해하고 있다는 인상을 강하게 심어주고 있다(마 3:13-17; 막 1:9-11; 눅 3:21-22).[9] 그러나 요한복음서는 예수께서 세례 요한에게 세례받은 이야기를 생략하고 있음은 물론 예수의 성령받은 사실을 세례 요한의 예수에게 관한 메시야적 증거의 문맥에 두고 있다. 하지만 공관복음서에서는 예수에게 성령이 오신 사건과 세례 요한의 메시야적 증거가 완전히 서로 구분되어 있다(예를 들면 마 3:1-12/3-17).[10] 다시 말하자면, 공관복음서에 따르면 예수께서 친히 하늘이 열리고 성령이 비둘기처럼 자신에게 내려오는 것을 목도하셨으며, 하늘로부터 "너는 내 사랑하는 아들이다"라는 음성을 들었다. 반면에 요한복음서에 따르면 세례 요한 자신이 이것들을 친히 보고 그것을 증거했다. 만일 우리가 최근의 적지 않은 신약학자들이 주장하고 있는 것처럼 요한이 자신의 복음서를 쓰기 전에 공관복음서를 이미 알고 있었다고 본다면,[11] 요한복음서가 예수에게 성령이 오신 사건을 공관복음서와 다르게 서술하고 있는 점에

---

9) Cf. James D.G. Dunn, *Baptism in the Holy Spirit* (Philadelphia: The Westminster Press, 1970), pp. 23-37; Robert P. Menzies, *The Development of Early Christian Pneumatology with Special Reference to Luke* (JSNT Sup., 54; Sheffield: JSOT Press, 1991), pp. 146-147.

10) 보다 자세한 분석은 K. Aland, *Synopsis of the Four Gospels* (UBS, 1979) 16,18를 보라.

11) Cf. M. Hengel, *The Johannine Question* (London: SCM Press, 1989), pp. 102-108; D.A. Carson, *The Gospel According to John* (Grand RapidsL Eerdmans, 1991), pp. 49-58; D. Moody Smith, *John Among the Gospels: The Relationship in Twentieth-Century Research* (Minneapolis: Fortress Press, 1992), pp. 180-185; "John and the Synoptics and the Question of Gospel Genre," in *The Four Gospels 1992, vol. III, Festschrift Frans Neirynck*, ed. by F. Van Segbroeck, C.M. Tuckett, G. Van Belle and J. Verheyden (Leuen: Leuen University Press, 1992), pp. 1783-1797; Udo Schnelle, "Johanne und Die Synoptiker," in *The Four Gospels 1992, vol. III*, pp. 1799-1884; Thomas L. Brodie, *The Quest for the Origin of John's Gospel: A Sourse-Oriented Approach* (Oxford: Oxford University Press, 1993).

있어서 분명히 저자의 특별한 의도가 내재되어 있다고 보지 않을 수 없다. 따라서 우리는 예수에게 성령이 오신 사건에 대한 요한의 의도를 붙잡기 위해서 공관복음서의 관점이 아닌 요한 그 자신의 관점에서 본문을 살펴보도록 하지 않으면 안된다.[12]

요한은 무엇 때문에 공관복음서와 달리 예수에게 성령이 오신 사건을 세례 요한의 증거의 문맥에 두고 있는가? 필자의 생각으로 이 문제는 요한복음서의 가장 중요한 주제 중의 하나인 "요한의 높은 기독론"(the Johannine high Christology)과 불가분의 관계를 가지고 있다고 본다.[13] 공관복음서에 보면 세례 요한은 예수에게 세례를 줌으로써 오실 메시야의 선구자로 등장하여 옛 시대와 예수의 새 시대를 서로 연결해 주는 가교 역할을 하고 있다.[14] 그렇지만 요한복음서에는 예수의 제자들에게 할당되는 "증거"의 단어가 이미 세례 요한에게 적용되어 있는 점을 감안해 볼 때, 우리는 요한복음서에서 세례 요한은 메시야적 선구자 역할을 하기보다 오히려 예수를 충실히 증거하는 이상적인 제자의 모델로 제시되어 있다는 인상을 강하게 받지 않을 수 없다.[15] 요한복음

---

12) Contra Gary M. Burge, *The anointed Community: The Holy Spirit in the Johannine Tradition* (Grand Rapids: Eerdmans, 1987). Gary는 그의 박사학위 논문이었던 이 책에서 요한의 성령 본문들을 지나치게 공관복음의 빛 아래서 해석하려는 경향성을 보여주고 있다. 특별히 pp. 49-81를 보라.

13) Cf. M.De Jonge, "Christology and Theology in the Context of Early Christian Eschatology Particulary in the Fourth Gospel," *The Four Gospels 1992*, vol. III, pp. 1835-1853.

14) See Conzelmann, *The Theology of St. Luke* (Philadelphia: Fortress Press, 1961), pp. 15-17; W.B. Tatum, "The Epoch of Israel," NTS 10 (1966-67), pp. 184-195; J. Jeremias, *New Testament Theology* (New York: Charles Scribner's Sons, 1971), pp. 46ff; James D.G. Dunn, *Baptism in the Holy Spirit*, pp. 8-37; Robert P. Menzies, *The Development of Early Christian Pneumatology*, pp. 146-153.

15) 요한복음서 1장에서 "증거" 혹은 "증거하다"를 가르키는 희랍어 μαρτυρια / μαρτυρεω라는 말이 세례 요한의 예수에 대한 증거와 관련하여

서의 서언(1장)에 보면 예수는 이미 "말씀"과 "하나님의 아들"로, 이른 바 "영광", "은혜" 및 "진리"를 가져오는 메시야로 소개되어 있다. 예수께서 세상에 오심과 함께 은혜와 진리를 동반하는 새 시대는 이미 도래하였다(요 1:17). 세례 요한은 예수의 오심과 함께 도래한 메시야 시대를 이미 체험하였기 때문에, 그가 지금하여야 하는 것은 그가 보고 들은 것을 증거하는 일이다. 다시 말하자면, 세례 요한이 해야 할 일은 예수를 "성령으로 세례를 주시는 분"(1:33 하반절)으로, "하나님의 아들"(1:34 하반절)로 증거하는 일이다. 공관복음서에 따르면 세례요한의 사역이 끝난 후(그가 옥에 갇힘으로) 예수의 공적 사역이 시작되고 있지만 요한복음서에서는 예수의 사역 이후에도 세례 요한의 증거의 사역은 계속되고 있다(1:35-42; 3:22-30).[16] 이 모든 점을 감안해 볼 때 요한복음서에서 세례 요한은 메시야의 선구자라기보다 오히려 예수를 충실히 증거하는 제자의 선구자로 이해되고 있음이 분명하다.[17]

만일 우리의 주장, 곧 공관복음서에서 예수는 그의 성령받음과 하늘의 음성과 더불어 그의 메시야의 직분이 시작되고 있는 인상을 전달해 주고 있는 반면에, 요한복음서에서 예수는 성령을 받기 전에 이미 하나님의 아들 및 메시야(예수 당시에 하나님의 아들과 메시야 칭호는 서로

무릇 다섯 번(1:7, 8, 19, 32, 34)이나 사용되고 있다. 요한복음서에서 세례 요한은 예수의 이상적 제자의 모형이기 때문에 Q에 있는 예수의 메시야 직분에 대한 세례 요한의 질문(옥에서 그의 제자들을 보내서)도 생략되어 있다(마 11:2-6; 눅 7:18-23).

16) Edwin D. Freed, "Jn 1.19-27 In Light of Related Passage in John, The Synoptics, and Acts," *The Four Gospels vol. III*, pp. 1943-1961; Dietrich-Ales Koch, "Der Taufer als Zeuge des Offenbarers. Das Tauferbild von Joh 1,19-34 auf dem Hinterground von Mk 1,2-11," *The Four Gospels, vol. III*, pp. 1964-1984.

17) 이 점은 공관복음서에서는 예수의 사역이 세례 요한이 옥에 갇힌 후에 시작하였다고 보도함으로써 예수의 사역과 세례 요한의 사역 사이에 엄격한 시대적 구분을 하고 있지만, 요한복음서에서는 예수의 사역과 세례 요한의 사역이 함께 병행하고 있는 점에서도(1:35-42; 3:22-30) 나타난다.

분리되지 않았다)¹⁸⁾로 등장하고 있다면, 요한복음서에서 예수에게 성령이 오신 사건의 의미는 무엇인가? 이 질문을 풀 수 있는 열쇠는 예수의 성령받은 사건과 관계하여 요한만이 특이하게 사용하고 있는 "성령이 하늘로부터 내려와서 그(예수)에게 계속 머물다"(τὸ πνεῦμα καταβαῖνον ὡς περιστερὰν ἐξ οὐρανοῦ καὶ ἔμεινεν 'επ αὐτον, 1:32; 참조 1:33)라는 구절이 될 수 있을 것이다. 왜냐하면 이 특수한 구절을 통해서 요한은 공관복음서와 달리 예수와 성령과의 영속적인 관계는 물론, 또 그렇게 함으로써 예수를 그의 메시야적 사역 동안에 이미 성령으로 세례를 주시는 분(공관복음서에서에 따르면 〈마 3:11; 막 1:8; 눅 3:16〉, 예수에게 성령은 분명히 주어졌음에도 불구하고, 그의 성령세례 사역은 현재 사역이 아닌 미래 사역으로 제시되고 있다)으로 나타내고 있기 때문이다.¹⁹⁾ 이미 잘 알려져 있는 바와 같이, "머물다"라는 희랍어 μενειν은 요한복음서에 있어서 중요한 신학용어 중의 하나이다.²⁰⁾ 요한은 "내적인", "영속적인 개인적 교제" 및 "관계" 등을 가르킬 때 자주 μενειν εν τινι라는 상용구를 사용한다.²¹⁾ 예를 들면, 요한은 하나님 아버지와 아들 예수와의 상호 거주 관계를 표현할 때 이 상용구를 사용하는데(14:10-11), 이것은 다시 예수께서 그의 제자들에게 머무는 것은 물론(6:56; 15:6) 제자들이 예수의 말씀 안에 거하는 전형(paradigm)이 되기도 한다(8:31). 바로 이 점에서 한 문제가 제기된다. 요한이 예수에게 성령이 임하신 사건을 공관복음서와는 달리 "거하다"라는 용어를 통하여 나타내려고 하는 중심적인 의도가 무엇인

---

18) 최갑종 편저, 『최근의 예수 연구』에 수록된 James H. Charlesworth, "예수의 하나님 개념과 자기-이해," 169-216; James D.G. Dunn, "메시야 사상과 역사의 예수에 대한 메시야 사상의 영향," 217-244를 보라.

19) Cf. J.P. Versteeg, "Christus en de Geest," *GTT* 78 (1978), pp. 17-25; L. Floor, *De doop met de Heilige Geest* (Kampen, 1982), pp. 35-39.

20) See Brown, *The Gospel According to John II*, pp. 510-12; F. Hauck, *TDNT* 4, pp. 574-76; Burge, *The Anointed Community*, pp. 54-56.

21) Cf. *BAGD*, pp. 503-504.

가 하는 문제이다.

이 질문과 관련하여 필자는 두 가지 가능한 답변을 제시하고자 한다. 첫째, 요한은 구약 이사야서에 나타나 있는 주의 종에게 성령이 주어질 것이라는 종말론적인 예언(사 11:2; 42:1; 61:1-2)이 성령으로 세례를 주시는 분이신 예수에게서 성취되었다는 점을 밝히려고 한다는 것과 둘째, 하나님 아버지는 성령을 통하여 예수의 인격 안에 거주하며, 그리하여 예수는 아버지를 대변하고, 아버지의 뜻을 성취하며, 아버지의 능력을 행사한다(3:34)는 것을 알려주고 있다는 것이다. 이 점은 예수의 성령받은 사건에 바로 이어서 세례 요한과 예수의 초기 제자들의 고백과 증거를 통한 예수에 대한 다양한 증거들, 예를 들면 "하나님의 아들"(1:34, 39), "하나님의 어린양"(1:36), "메시야"(1:41), "모세가 율법에 기록하였고 여러 선지자가 기록한 그분 곧 "요셉의 아들 나사렛 예수"(1:45), "이스라엘의 왕"(1:49) 등이 연이어 나타나고 있는 점에서 입증된다. 이러한 증거들은 요한의 관점에서 볼 때, 예수의 제자들과 요한의 공동체는 아직도 메시야와 성령의 오심을 기다리고 있는 유대인 공동체와는 달리,[22] 성령으로 세례를 주시는 분 메시야 예수를 통하여 이미 실현된 메시야 시대에 들어와 있다는 것을 시사해 준다. 예수에게 성령이 오신 사건과 관련하여 요한이 그의 복음서 초기 단계에서부터 강조하고 있는 내용, 이른바 그의 기독론적이고 종말론적인 전망(요한복음서에서 기독론과 종말론은 서로 분리되지 않는다)은 복음서 전체를 통하여 일관해서 나타난다.

(2) 요한복음 3:5-8

성령받은 사건 후 예수는 그의 가까운 무리들에 의해 하나님의 아들

---

22) 예수 당대 이전의 유대 랍비 문헌에 따르면, 학개, 스가랴, 말라기 선지자 이후에 성령의 활동은 메시야가 오실 때까지 잠정적으로 중단되었다고 보았다 (Ta. Isa 42:1-4; I Enoch 49:3; 62:23; T. Jud. 24:2; Pss. Sol. 17:37; 18:7; Sir 48:12, 24; Jub 25:14; Zadokite Fragment 2:10). See E. Sjoberg, *TDNT* 6, pp. 384-385.

과 메시야로 증거되었으므로, 이제 요한의 예수는 여러 표적들을 행사하시는데, 첫째는 갈릴리 가나에서(2:1-11), 그 다음 예루살렘에서(2:13-25) 행하신다. 그렇게 함으로써 예수는 자신의 영광을 나타내신다. 그런 다음 예수는 니고데모(3:1-15), 사마리아 사람(4:1-26), 왕의 신하(4:43-53), 베데스다의 못가에 누워 있던 사람(5:1-15) 등 여러 계층의 사람들과 더불어 대화의 장에 들어가신다. 이 모든 사건들을 통하여 예수는 그들로 하여금 자신을 알고, 믿도록 하신다.

바리새인이며 유대인의 지도자인 니고데모가 제일 먼저 등장하여 예수에게 와서 다음과 같은 예수의 신상에 관한 질문을 제기하고 있는 것은 과히 주목할 만한 일이다. "우리가 당신은 하나님께로서 오신 선생인 줄 아나이다"(3:2). 예수에 대한 니고데모의 서두 인사를 볼 때, 니고데모가 예수의 표적을 본 것은 분명하다(3:2). 그러나 예수에 대한 그의 인식은 예수를 이미 하나님의 아들과 메시야로 고백하고 있는 제자들의 인식과 날카로운 대조를 보여주고 있다. 따라서 니고데모에 대한 예수의 반응 역시 날카롭다. 예수는 당대 유대인들에게 익숙한 하나님의 나라와 성령에 관한 기대를 사용하면서,[23] 니고데모를 도전한다. "위로부터 나지 않고는 아무도 하나님의 나라를 볼 수 없다…물과 성령으로 나지 않고는 아무도 하나님의 나라에 들어갈 수 없다. 육으로부터 난 것은 육이요 성령으로 난 것은 영이다…너는 위로부터 나야 한다"(3:3-8).

이러한 도전을 감안해 볼 때 우리는 사실상 예수가 니고데모가 그 지도자로 있는 유대교의 부적당함을 지적하고 있다는 것을 부인하기가 어렵다.[24] 달리 말하자면, 예수의 응답은 하나님의 나라에 들어갈 수 있는

---

23) 공관복음서와 달리 요한은 그의 복음서 전체에서 "하나님의 나라"라는 용어를 오직 유대관원 니고데모와 관련하여 사용하고 있다(3:3,5). 따라서 우리는 요한복음의 니고데모 이야기가 유대인 혹은 유대인 신자들과 관련되어 있다고 생각할 수 있다.
24) Schnackenburg, *The Gospel According to St. John 1* (New

길은 현재의 유대교가 아닌 메시야로, 성령으로 세례를 주시는 이 예수를 통해서만이 가능하다는 사실을 강하게 시사해 주고 있기 때문이다. 물론 예수의 반응은 궁극적으로 볼 때 부정적이라기보다 오히려 긍정적이다. 그는 강한 부정적인 도전을 통하여 사실상 니고데모로 하여금 예수를 하나님의 아들로, 메시야로 고백하고 있는 예수의 참된 무리들 가운데 들어갈 것과 예수를 통하여 도래한 새로운 성령의 시대 안에 들어와야 할 것을 촉구하고 있다.[25] 문맥은 니고데모 본문에 대한 이러한 우리의 해석을 강하게 뒷받침해 주고 있다. 즉 예루살렘 성전 청결 사건(2:13-25)이 니고데모 이야기(3장)에 선행하고 있으며, 사마리아 여인에 관한 이야기(4:1-26)가 니고데모 이야기에 뒤따라 나온다. 성전 청결 사건의 해석에 관하여 학자들의 의견이 분분하지만,[26] 의심할 수 없는 한 가지 사실은 성전 청결 사건을 통하여 요한의 예수는 성전의 임

York: Seabury, 1980), p. 364.

25) Synackenburg, *The Gospel According to St. John 1*, p. 376.

26) G.W. Buchanan, "Symbolic Money-Changers in the Temple?" NTS 37 (1991), 280-90; C.A. Evans, "Jesus' Action in the Temple: Cleansing or Portent of Destruction?" *CBQ* 51 (1989), 237-70; M.D. Hooker, "Traditions About the Temple in the Sayings of Jesus," *BJRL* 70 (1988), 7-19; J. Neusner, "Money-Changers in the Temple: The Mishnah's Explanation," *NTS* 35 (1989), 287-90; T.J. Geddert, "Mark's Temple Theology," *Watchwords. Mark 13 in Markan Eschatology* (JSNT Sup., 26; JSOT Press, 1989), 113-144; P. Fredriksen, "Jesus and the Temple, Mark and the War," *SBL 1990 Seminar Papers* (SBLASP 29; ed. D.J. Lull; Atlanta: Scholars, 1990), 293-310; R.J. Miller, "The (A) Historicity of Jesus' Temple Demonstration: A Test Case in Methodology," *SBL 1991 Seminar Papers* (SBLASP 30; ed. D.J. Lull; Atalanta: Scholars, 1991), 235-52; G. Theissen, "Jesus's Temple Prophecy," *Social Reality and the Early Christians* (Minneapolis: Fortress Press, 1992), 94-114; B. Chilton, *The Temple of Jesus* (University Park: The Pennnsylvania State University Press, 1992), 91-154; David Seeley, "Jesus' Temple Act." *CBQ* 55 (1993), 263-283; 김세윤, "예수, 성전 및 그의 죽음," 『예수와 바울』 (서울: 참말사, 1993), 223-248.

박한 파멸을 예언하고 있음은 물론 그렇게 함으로써 사실상 현재의 성전 중심의 유대적 예배가 새로운 성전이신 예수 중심의 예배로 전환될 것임을 선언하고 있다는 점이다. 이와 같은 새로운 성전 예배의 동기는 예수와 사마리아 여인과의 대화의 장에서 분명히 보여지고 있다. 왜냐하면 사마리아 여인과의 대화에서 예수는 사마리아 여인에게 예루살렘이 아닌 성령과 진리에 의한 새로운 예배의 길을 제시하고 있기 때문이다(4:23-24). 더욱이 요한에게 있어서 참된 예배의 시간은 미래에 있지 않고 그 시간은 메시야이신 예수를 통하여 이미 도래하였다(4:23,26). 그러므로 유대 종교의 부적당성과 깊이 관련되어 있는 성전 청결의 주제가 여기에 되풀이되고 있다는 사실을 부인하기가 어렵다.

(3) 요한복음 7:37-39

복음서에 나타나 있는 유대적 문맥에서 요한은 자주 구약의 이미지를 사용하여 예수의 메시야적 사역의 의미를 해명하고 있다. 예를 들면 유월절 양(1:29, 36), 구리 뱀(3:14), 만나(6:49-50) 등이다. 따라서 요한은 유대인들이 일찍이 그들의 선조들이 광야에 머물 때에 있었던 생수의 이적(출 17:1-7; 민 20:8-13; 참조 시 78:16-20)을 기념하면서 또한 에스겔 선지자(47:1-9)와 스가랴 선지자(13:1)가 내다 본 종말론적인 생수의 강, 이른바 마지막 때에 주께서 부어주실 성령을 대망하는 장막절과 관련하여 또다시 구약의 이미지를 사용하는 것은 새삼스러운 일은 아니다.[27] 이 장막절의 행사와 관련하여 요한은 유대인들이 대망한 성령을 사람들에게 주실 분과 그리하여 구약의 종말론적인 약속을 성취시켜 주실 분이 바로 예수이심을 나타내고 있다. 하지만 이러한 구약의 이미지와 관련하여 요한은 여기서 멈추지 않고 덧붙여 그 자신의 중요한 한 신학적 주제를 보여주고 있는데, 그것은 유대인들이 생각하지도 못했던 성령과 십자가의 연관성에 관한 주제이다. 이것이 바로 7:39 하반절에 나타나 있다. "예수께서 아직 영광을 받지 못하신 고로

---

27) J. Jeremias, *TDNT* 4:277f; Carson, *The Gospel according to John*, pp. 321-324.

성령이 아직 저희에게 계시지 아니하시더라"(οὔπω γὰρ ἦν πνεῦμα, ὅτι Ἰησοῦς οὐδέπω ἐσοξάσθη).

여러 학자들이 지적하고 있는 것처럼,[28] 십자가와 부활의 사건이 예수께서 영광을 받으신 것의 절정이라면(참조, 12:23-24; 21:19),[29] 7:39 하반절이 성령 주심과 십자가의 연관 관계를 명백하게 확증해주고 있다는 사실을 거부하기란 극히 어렵다.[30] 물론 이 구절이 십자가 전에 성령이 계시지 않았다거나 그의 활동이 없었다는 것이나 혹은 성령을 통한 중생과 참된 믿음이 전혀 없었다라는 것을 말하고 있는 것은 아니다.[31] 우리가 앞서 살펴본 바와 같이, 성령의 사역은 예수의 사역과 더불어 이미 시작하였다. 공관복음서와는 달리 요한의 예수는 십자가 사건이전에 이미 성령으로 세례를 주시는 분이시다(1:33 하반절). 성령은 메시야이신 예수에게 오셔서 영속적으로 머물고 계시기 때문에,[32] 성령

---

28) *TDNT* 8:160; Schnackenburg, *John 2*, pp. *152-156*; Burge, *The Anointed Community*, p. 132 n. 69.
29) 요한은 예수의 "고난", "십자가"라는 말 대신에 주로 "영광"이라는 말을 사용하고 있다. 그러나 십자가 전에 예수는 이미 영광을 받으셨기 때문에 십자가는 예수께서 영광받으심의 시작이 아니고 그 절정으로 보아야 한다. See Schanackenburg, John 2, Excursus 13: "The Exaltation and Glorification," pp. 398-410.
30) 물론 요한복음에서 "영광"이 직접적으로 십자가 사건을 가르키는지 예수의 부활을 가르키고 있는지에 관하여 학자들의 논쟁이 있는 것은 사실이다. 그러나 우리는 요한복음에서 십자가 사건과 부활의 사건이 엄격하게 나뉘어져 있지 않다는 점에 유념하여야 할 것이다. 이 문제에 관하여 변종길, *The Holy Spirit Was Not Yet. A Study on the Relationship between the Coming of the Holy Spirit and the Glorification of Jesus according to John 7:39* (Kampen: Uitgeversmaatschappij J.H. Kok, 1992), pp. 181-184을 보라.
31) H.N. Ridderbos, *Het evangelie naar Johannes. Proeve van een theologische exegese, deeel 1* (Kampen: J.H. Kok, 1987), p. 318; 변종길, *The Holy Spirit Was Not Yet*, p. 177.
32) 요한복음 3:34은 "하나님이 성령을 한량없이 주심(현재시제)이라"는 말을 통해서 예수에게 성령 주심은 영속적임을 강조하고 있다.

의 사역을 예수의 사역으로부터 분리하는 것은 사실상 불가능하다. 그러므로 예수의 제자들이 이미 성령의 사역 안에 들어와 있다고 생각하는 것은 잘못된 것이 아니다. 이 점은 초기 유대 사상에서 성령과 함께 종말론적인 구원의 미래적 축복으로 이해되어지고 있는 "영생"이 요한복음서에서 현재적으로 누릴 수 있는 축복으로 제시되고 있는 점에서도 분명하다(3:15,36; 5:24,40; 6:40,47,53,68; 10:10).[33] 하지만 요한복음서에서 충만한 성령의 선물, 곧 성령이 제자들에게 영구적으로 거주하는 선물은, 우리가 나중에 다시 토의하겠지만, 예수의 십자가 사건 후에 주어진다(20:22).

여기서 다시 다른 한 문제가 제기된다: 그것은 무슨 이유 때문에 요한이 성령의 충만한 선물을 영광을 받으신 예수, 곧 예수의 십자가와 연결시키고 있는가 하는 문제이다. 필자가 아는 바로는 유대 문헌 가운데 성령의 선물과 메시야의 죽음이 서로 연결되어 있는 단 한편의 문헌도 없다.[34] 바울이 주장하고 있는 바와 같이, 십자가에 달리신 메시야 개념 자체가 주후 1세기 유대인들에게 걸림돌이 되어졌다(고전 1:23; 갈 5:11). 그러나 고난받는 메시야 개념은 초대교회에 있어서 예수의 죽음을 이해하는 가장 중요한 해석학적 열쇠로 작용하였을 뿐만 아니라, 핍박과 사회적 소외 가운데 있었던 초대교인들의 자기 정체성의 근거이기도 하였다.[35] 이와 같은 고난받는 메시야 사상은 모든 복음서에 나타나 있지만 특별히 요한복음서에 두드러지게 나타난다.

요한의 고난받는 예수의 이미지, 즉 요한의 십자가 신학(theologia

---

33) See David E. Aune, *ABD* II: 605; *The Cultic Setting of Realized Eschatology in Early Christianity* (Leiden: E.J. Brill, 1972), pp. 46-132; Schnackenburg, *John* 2: 426-435, Excursus 14, "Eschatology in the Fourth Gospel."

34) 자세한 논의는 James H. Charlesworth가 편집한 *The Messiah: Development in Earliest Judaism and Christianity* (Minneapolis: Fortress Press, 1992)에 수록되어 있는 관련 논문들을 보라.

35) M. Hengel, 『십자가』 (서울: 기독교서회, 1982), pp. 107-117.

crucis)은 요한복음서의 초기 단계에서부터 소개되어 복음서의 진전과 더불어 계속 발전되어지며, 예수의 십자가의 죽음을 통하여 그 절정에 도달한다. 요한에게 있어서 예수는 처음부터 "세상 죄를 지고 가는 하나님의 어린양"(1:29, 36)이시며, 그의 육체는 "새로운 성전을 세우기 위해 부서져야 할 성전이었으며"(2:19-22), "영생을 주기 위한 희생제물"(6:25-59)이기도 하였다. 따라서 십자가는 예수의 사역의 최종 목적지였다. 요한복음서에서 시간은 계속 전진해가고 있으며, 이 시간은 예수의 십자가에서 그 정점에 도달한다(2:4; 7:30; 8:20; 12:23, 27; 13:1; 17:1). 오직 십자가에서 요한의 예수는 비로소 "다 이루었다"(19:30)고 말씀하셨다. 그러므로 요한에게 있어서 성령의 충만한 선물이 십자가 사건에 이어 나오는 것은, 마치 구약에서 용서의 선물이 희생제사 이후에 따라 나오는 것처럼 자연스러운 과정이다.[36]

(4) 요한복음 14:15-17, 26; 15:26-27; 16:7-11, 12-14[37]

요한복음 13:31-16:31에 있는 예수의 고별담화는 요한의 성령론을 이해하는 데 있어서 요한복음서 안에서 가장 중요한 부분을 차지한다. 신약성경 가운데서 오직 요한만이 고별담화에서 성령을 보혜사(the Paraclete)로 소개한다(14:16, 17, 26; 15:26; 16:7, 13).[38] 요한복음

---

36) 십자가와 성령의 연결은 고린도전서와 갈라디아서에서도 강하게 나타난다.

37) 요한복음 14-16장에 있는 예수님의 고별설교에 나타난 보혜사/성령에 관한 보다 자세한 논의를 위하여는 최갑종, "고별설교에 나타난 보혜사/성령," "그 말씀," 22 (1994/5), 129-140을 보라.

38) 그럼에도 불구하고 우리말로 "보혜사"로 번역되는 희랍어 παρακητος가 정확하게 무슨 뜻을 가지고 있는가에 대하여는 여전히 의문으로 남아 있다. 학계에서 그 동안 "the Helper," "the Advocate," "the Counselor," "the Comforter," "the Interpreter" 등 다양한 의견이 제시되긴 하였지만 아직 합의된 결론에는 이르지 못하였다. 이 문제에 관한 자세한 논의를 위해서 다음을 보라: Behm, *TDNT* V, pp. 800-814; Brown, *John II*, pp. 1135-1141; Appendix V: "Paraclete"; Schnackenburg, *John 3*, pp. 138-154; Excursus 16: "The Paraclete and the Sayings about the Paraclete";

이 보여주는 보혜사 성령의 기능이 무엇이며, 무엇 때문에 요한은 그의 고별담화 부분에서 성령을 보혜사로 소개하고 있는가?

고별담화에서 가장 중요한 주제 중의 하나는, 이미 여러 학자들이 지적하고 있는 바와 같이, "가고, 오고"(going and coming)라는 주제이다. 이 관용구는 고별담화에서 무릇 37번 이상 나타난다.[39] 대부분의 경우에 있어서 예수는 "가시는 분"으로 나타나고 있는 반면에(13:33, 36; 14:2, 4, 5, 12, 18, 28; 16:5, 7, 7, 7, 10, 17, 28), 보혜사 성령은 "오시는 분"으로 소개되고 있다(14:25; 15:26, 26; 16:7, 8, 13). 이와 같은 관찰은 우리로 하여금 오시는 보혜사 성령은 가시는 예수의 자리와 역할을 점유하기 위해 오신다는 생각을 갖지 않을 수 없게 한다. 고별담화 가운데 있는 몇몇 구절은 이를 뒷받침하고 있다. 예를 들면 14:26에서 예수는 "보혜사 곧 아버지께서 내 이름으로 보내실 성령 그가 너희에게 모든 것을 가르치시고 내가 너희에게 말한 모든 것을 생각나게 하시리라"고 하셨으며, 16:7에서 다시 "내가 너희에게 실상을 말하노니 내가 떠나가는 것이 너희에게 유익이라 내가 떠나가지 아니하면 보혜사가 너희에게 오시지 아니할 것이요 가면 내가 그를 너희에게로 보내리니"라고 말씀하셨다. 이 두 구절에서 우리는 보혜사가 예수의 사역을 계승하기 위해 오시는 분이심을 분명히 엿볼 수 있다. 보혜사에게 할당된 그의 역할을 보아서도 그가 예수의 뒤를 이어 오셔서 제자들과 세상에 대하여 예수의 역할을 계속하시는 분이심을 알 수 있다. 즉 보혜사 성령은 제자들 가운데 계시며 그들과 함께 머무르실 것이다(14:16-17). 그는 제자들에게 모든 것을 가르치실 것이며, 그들에게 예수가 말씀하신 모든 것을 기억나도록 하실 것이다(14:26). 그는 거짓된 세상을 향하여 죄와 의와 심판을 드러내실 것이다(16:8). 그는 제자들

Burge, *The Anointed Community*, pp. 6-41; 이한수, "요한의 성령 이해," pp. 113-136.

39) 요한복음 13:33,36,36; 14:2,3,3,4,5,13,18,18,28,28,28; 15:26,26; 16:2,4,5,5,7,7,7,7,8,10,13,17,25,28,28,32,32,32; 17:1,11,13.

을 모든 진리 가운데로 인도하실 것이며, 그가 들은 모든 것을 말씀하실 것이며, 장래에 이루어질 것들을 제자들에게 선언하실 것이다(16:13). 그는 예수에게 속한 것들을 취하셔서 그것을 제자들에게 드러내실 것이다(16:14-15). 달리 말하자면 예수와 보혜사는 다 같이 아버지로부터 보내심을 받았으며(14:4, 26), 다 같이 아버지로부터 오시며(16:27; 15:26), 다 같이 가르치시며(7:14; 14:26), 다 같이 증거하시며(8:14; 15:26), 다 같이 그릇된 세상에 대하여 죄를 입증하시며(3:18-20; 16:8), 다 같이 그들 자신을 위하여 말씀하시지 않으신다. 이처럼 보혜사 성령이 예수와 똑같은 역할을 담당하시기 때문에, 심지어 그는 첫번째 보혜사로 부를 수 있는 예수와 대조하여 "다른 보혜사"(14:16)로 불려진다.[40]

그렇지만 요한의 고별담화에서 우리를 놀라게 하는 것은 단순히 보혜사 성령이 가시는 예수의 사역을 계승하기 위해 오신다는 그 점에 있다기보다 오히려 예수 자신이 자신을 보혜사 성령과 일치시켜 다시 오신다고 말씀하시는 그 점에 있다. 예를 들면, 14:15-17에서 예수는 제자들에게 그가 아버지에게 가실 때 보혜사 성령을 보내시겠다고 약속하신 다음 바로 이어 14:18-19에서 제자들에게 자신이 다시 오신다는 사실을 다음과 같이 알리신다: "내가 너희를 고아와 같이 버려두지 아니하고 너희에게로 오리라 조금 있으면 세상은 다시 나를 보지 못할 터이로되 너희는 나를 보리니 이는 내가 살았고 너희도 살겠음이라." 예수 자신의 이와 같은 "가시고 오시는 사실"은 14:28과 16:16에서도 반복되고 있다. 우리는 예수 자신의 가고 오시는 이 사실을 어떻게 해석해야 할 것인가? 이와 같은 예수의 말씀은 사실상 예수의 제자들에게도 혼란을 가져왔다(16:17-19). 문맥적으로 볼 때 예수의 오심은 보혜사의 오심과 불가분의 관계를 갖고 있다.[41] 만일 우리가 고별담화에서 사실상

---

40) E. Schweizer, *TDNT VI*, p. 443; Brown, *John 2*, pp. 1135-1141.
41) 물론 14:3에 나타나는 예수의 "다시 오심"은 예수님의 재림에 관련된 것으로 보아야 할 것이다. 이 구절은 요한의 미래적 종말론을 확인할 수 있는 중요한 구절 중의 하나이다.

예수의 오심이 보혜사의 오심과 동일시된다고 할 때 우리는 이와 같은 동일시됨을 어떻게 이해할 수 있는가? 보혜사 성령의 오심이 어떻게 예수 자신의 오심이 될 수 있는가?

필자의 생각으로는 이 문제를 풀 수 있는 결정적인 열쇠를 일찍이 요단강가에서 성령이 예수에게 오심으로 그 성령을 통하여 아버지가 아들 예수 안에 거하시며 그로 말미암아 예수가 아버지를 대변하신다는 사실에서 찾을 수 있다고 본다. 아버지가 성령을 통하여 아들 예수에게 오셔서 예수 안에 거하시기 때문에 예수는 "내가 아버지 안에 있고 아버지가 내 안에 계시며"(14:11), "나를 본 자는 아버지를 본 자이며"(14:9), "아버지와 나는 하나이니라"(10:30)고 주장하신다. 물론 요한복음에 나타나 있는 하나님 아버지와 아들 예수와의 동일시됨을 일종의 존재론적인 동일시로 볼 수는 없다. 오히려 우리는 이것을 일종의 기능적 동일시로 보아야 할 것이다. 요한복음에 보면 아버지가 아들 예수를 통하여 자신의 사역을 하면서 동시에 그는 아들 예수와 분명히 구분이 되고 있다. 따라서 우리가 아버지와 아들 사이의 기능적 동일시됨을 예수와 성령 사이의 동일시됨을 이해하는 기반으로 삼는다 하더라도 이것이 요한의 사상적 노선을 떠나는 것으로 볼 수는 없는 것이다. 우리가 여기서 말할 수 있는 것은 아버지 하나님이 그의 아들을 보내시고, 성령을 통하여 아들에게 오시는 것처럼, 이와 같이 예수도 영광을 받으신 다음 아버지에게 돌아가셔서 보혜사 성령을 보내시고 그렇게 함으로써 성령을 통하여 그의 제자들에게 오신다는 사실이다.[42] 이리하여 예수의 제자들은 보혜사 성령이 그들에게 오셔서 그들 안에 거하시고, 예수의 역할을 수행하실 때, 비록 보혜사 성령이 예수와 구분이 되어 "다른 보혜사"라고 불리워짐에도 불구하고(14:15) 그들은 똑같은 예수를 체험하게 된다. 따라서 요한의 예수는 그의 백성들과 결단코 분리되지 않는다. 바로 이것이 14:18에서 예수께서 말씀하신 "내가 너희를 고아와 같이 내버려두지 않고 너희에게 오리라"의 의미인 것이다. 바로 이 점에

---

42) Cf. Burge, *The Anointed Community*, p. 140.

서 우리는 다음과 같이 말하는 브라운(R.E. Brown) 교수에게 전적으로 동의할 수 있다: "요한은 보혜사를 특별한 역할을 가진 성령으로, 말하자면, 예수가 아버지와 함께 계시는 동안 크리스천들에게 예수의 인격적 임재를 대변하는 분으로 제시하고 있다."[43]

(5) 요한복음 20:22

지금까지 우리는 성령이 메시야이신 예수에게 주어졌으며, 예수를 믿는 자들은 예수의 메시야적 사역을 통하여 이미 성령의 역사를 부분적으로 체험하였음에도 불구하고, 예수의 제자들에게 대한 보혜사 성령의 충만한 선물, 곧 일찍이 성령이 메시야 예수에게 와서 그에게 영속적으로 거주하신 것처럼 보혜사 성령이 제자들에게 와서 영속적으로 거주하는 축복은 예수께서 십자가를 지시고 아버지에게 돌아가실 그때까지 잠정적으로 유보되었다는 점을 살펴 보았다(7:39). 이리하여 요한의 사상적 전개과정에 있어서 예수가 그의 십자가의 죽음과 부활을 통하여 영광을 받으신 다음에 그의 약속대로 제자들에게 성령의 선물을 주시는 것은 당연하다고 볼 수 있다. 바로 이 약속의 성취가 흔히 요한의 오순절이라고 불리워지는 요한복음 20:22의 사건에서 볼 수 있는 바와 같이 부활하신 예수의 다음과 같은 명령으로 수행된다: "성령을 받으라" (Λάβετε πνεῦμα ἅγιον)[44]

요한복음에서 유일하게 제자들에게 성령의 주심을 말하고 있는 이 요한의 오순절 사건과 더불어 요한의 성령론은 그 절정에 도달하며, 7:39의 "아직"이 "이미"로 전환되어지며, 복음서 전체를 통한 통일성이 확립되어진다.[45] 이 성령의 거주하는 선물을 통하여 제자들은, 마치 요단

---

43) Brown, *John II*, p. 1139. Brown은 심지어 "요한이 다른 보혜사라고 부르는 이는 다른 예수이다"(p. 1441)라고 말하고 있다.
44) 신약 저자들 가운데 오직 요한만이 여기서 성령의 주심과 관련하여 명령형의 문장 양식을 사용하고 있다.
45) Burge, *The Anointed Community*, p. 223: "20:22 serves not only as a fulfillment of the Paraclete promise but also as the climax of the

강변에서 예수에게 성령이 오셔서 영구적으로 거주하심으로써 예수께서 신령한 메시야 사역을 하셨던 것처럼, 신령한 공동체로서 예수의 사역을 계속하게 된다. 그러므로 대부분의 학자들이 그렇게 받아들이고 있는 바와 같이, 우리도 요한복음 20:22에 나타나 있는 성령의 주심이 예수의 제자들에게 주신 보혜사 성령 약속의 실제적인 성취로 볼 수밖에 없다. 20:22의 전후문맥도 이 점을 뒷받침하고 있다. 만일 우리가 요한복음 20:22을 새로운 시작, 곧 요한의 오순절 사건을 가르키는 것으로 보지 않는다면, 20:21에 나타나 있는 제자들에게 대한 예수 사역의 위임과 20:23에 있는 죄 용서의 권세를 주는 것이 아무런 의미가 없는 것이 되고 말 것이다. 오히려 우리는 예수께서 세상 죄를 지신 하나님의 어린양으로서 구속의 십자가 사건을 완수하셨기 때문에, 거기에 근거하여 성령과 함께 주어지는 새 시대의 구원 선물인 사죄의 은총이 가능하게 되었다고 보아야 할 것이다.

이제 우리가 요한복음 20:22에 있는 성령의 선물을 요한의 오순절 사건으로 간주할 때 불가피하게 제기되는 질문은 요한복음 20:22과 사도행전 2장에 있는 누가의 오순절 사건과의 역사적 관계 문제이다. 하지만 이 문제에 들어가면서 우리가 명심해야 하는 것은, 이 문제는 신약에서 우리가 만나는 해석하기 가장 어려운 문제 중의 하나라는 점이다. 이 문제와 관련하여 그 동안 신약학계에 다양한 접근과 해석들이 주어졌음에도 불구하고 아직도 모든 학자들이 공감할 수 있는 통일된 해석에는 도달하지 못했다. 이 문제가 어려운 것은 이것이 초대교회의 다양한 성령론(예를 들면 바울, 누가, 요한 등)의 상호관계 문제와 연결되어 있을 뿐만 아니라, 요한복음과 신약의 다른 부분과의 관계 문제와도 연결되어 있기 때문이다. 예를 들면 이 문제는 불가피하게 다음의 질문들을 불러일으킨다. 요한이 그의 복음서를 쓰기 전에 성령에 관한 바울의 가르침을 알았는가? 혹은 사도행전 2장에 서술되어 있는 누가의 오순절 사건을 알았는가? 이 문제와 관련하여 우리의 입장을 확인하기

Gospel itself."

전에 먼저 학계에서 제기되어진 몇 가지 의견들을 살펴보도록 하자.

① D.E. Holwerda는 화란 자유대학교에 제출하였던 그의 박사학위 논문인 "The Holy Spirit and Eschatology in the Gospel of John"에서 요한복음 20:22에 나타나 있는 성령의 선물은 사도들의 특별한 직무를 위해서 사도들에게만 주어진 것으로써 사도행전 2장의 보편적인 선물과 분명한 차이를 보여주고 있다고 주장하였다.[46]

② D.A. Carson은 그의 최근의 요한복음 주석(1991년도)에서 한편으로는 교부 Theodore의 주석에 의존하면서, 또 한편으로는 성령의 선물에 관한 요한과 누가의 연대기적 난점을 해소시키기를 바라면서, 요한복음 20:22에 관한 일종의 상징적 해석을 시도한다. 말하자면 요한복음 20:22에 나타나 있는 성령의 선물은 사도행전 2장의 오순절 사건에서 주어질 성령의 상징적 약속으로 간주되어야 한다는 것이다.[47]

---

46) Holwerda, *The Holy Spirit and Escahtology in the Gospel of John. A Critique of Rudolf Bultmann's Present Eschatology* (Kampen: Kok, 1959), pp. 1-24. 하지만 Holwerd의 사도들의 임직식에 관련된 것으로 보는 해석은 요한복음 7:39에서 장래에 주어질 성령의 선물에 모든 사람이 참여할 수 있을 것으로 약속되어 있는 점을 볼 때 받아들여지기 어렵다. See Burge, *The Anointed Community*, pp. 119-20.

47) Carson, *The Gospel According to John*, pp. 652-654: "Spirit and Eschatology in the Gospel of John," *Tyndale Fellowship Paper* (Cambridge, Autumn, 1975). Carson의 상징적 해석은 다음과 같은 학자들의 글에서도 나타난다: G.E. Ladd, *A Theology of the New Testament* (Grand Rapids: Eerdmans, 1987), p.289; D. Guthrie, *New Testament Theology* (Downers Grove: IVP, 1981), pp. 533-534; W. Hendriksen, *An Exposition of the Gospel of John* (London: Banner of Truth, 1959), p. 461; 이한수, "요한의 성령 이해"; 변종길, *The Holy Spirit Was Not Yet*, pp. 187-196. 하지만 요한복음 20:22에 관한 Theodore의 상징적 해석은 533년 제2차 콘스탄티노플 회의에서 정죄당하였다. 심지어 종교개혁자 칼빈도 그의 요한복음 주석(*The Gospel according to St. John*, vol. 2. trans. by T.H.C. Parker, pp. 204-205)에서 다음과 같이 주장하면서 상징적 해석을 거부한다: "…만일 성령께서 주님 그분으로부터 나오시지 않으셨다면 이 구절은

③ M.M.B. Turner는 그의 논문 "The Concept of Receiving the Spirit in John's Gospel"에서 요한복음 20:22은 예수의 부활 사건 전에 제자들이 누렸던 성령 체험의 절정을 가르킨다고 보았다. 이러한 성령 체험을 통하여 제자들은 비로소 참된 믿음의 수준에 도달하게 되었다. 따라서 Turner에 따르면 20:22의 성령은 보혜사 성령에 관한 약속의 성취가 아니다.[48]

④ Michael Wojciechowski는 그의 논문 "Le don de l' Esprit Saint dans Jean 20.22 selon Tg. Gn. 2.7."[49]은 사도행전 2장의 오순절 사건에 관한 여지를 남겨두기를 바라면서, 요한복음 20:22에 나타

─────

의미없는 것이 되고 말 것이다. 더욱이 그리스도는 그의 제자들에게 자신이 받았던 성령을 그의 제자들에게 전달하실 뿐만 아니라 성령을 그 자신의 것으로서, 그가 아버지와 함께 공유하고 있는 것으로서 제자들에게 주셨다." 요한복음 주석에 나타나 있는 Carson의 상징적 해석은 최근에 Thomas R. Hatina, "John 20.22 in Its Eschatological Context: Promise or Fulfillment?" *Biblica* 74 (1993), 196-219에서 철저하게 반박, 비판되었다. Hatina는 자신의 논문에서 요한복음 20:22에 나타나 있는 성령의 선물은 고대 유대교는 물론 무엇보다도 우선적으로 복음서 그 자체에서 예시되어졌던 실제적인 종말론적 성취임을 강하게 주장하고 있다. 이뿐만 아니라 상징적 해석은 누가-행전보다 늦게 쓰여졌다고 생각되는 요한복음서에 누가의 오순절 성령강림에 관한 어떠한 암시도 없는 이유를 설명해주지 못하고 있다.
48) Max Turner, "The Concept of Receiving the Spirit in John's Gospel," *Vox Evangelica* 10 (1976), 24-42. Turner에게 있어서는 요한복음 20:22은 요한복음 7:39이나 혹은 예수의 고별설교에서 주어졌던 보혜사 성령의 약속의 성취도 아니다. Turner에 따르면 보혜사 성령의 약속은 사도행전 2장의 오순절 사건에서 비로소 성취되었다. See Turner, *Luke and the Spirit: Studies in the Significance of Receiving the Spirit in Luke-Acts.* Unpublished Ph.D. dissertation of University of Cambridge, 1980. Turner의 믿음 성향의 해석이 재미있긴 하지만 그러나 그의 해석은 요한의 성령의 전체적인 통일성을 포착하는 데 실패하고 있다. 이 문제에 관하여는 요한복음 20:22에 관련하여 최근에 있었던 Turner와 Burge 사이의 논쟁, "The Anointed Community: A Review and Response," *EQ* 62:3 (1990), 253-268을 보라.
49) *NTS* 33 (1987), pp. 289-292.

난 성령의 선물을 통하여 제자들은 말씀의 선물을 받았으며, 그 후 사도행전 2장의 오순절 사건에서 보혜사 성령의 약속을 받았다고 본다.[50]

⑤ 하지만 대다수의 학자들은 요한복음 20:22에 나타나 있는 성령의 선물을 사도행전 2장에 있는 누가의 오순절 성령 사건과 병행을 이루고 있는 요한의 성령론으로 본다. 이들은 누가와 요한을 인위적으로 조화시키려고 하기보다 오히려 요한은, 비록 그가 누가의 오순절 사건을 알았다고 할지라도, 그 자신의 목적을 위해 그 자신의 길을 가고 있는 것으로 본다.[51]

위의 다섯 가지 학설 중에서 우리는 이미 대다수의 학자들이 공감하고 있는 다섯 번째 대안이 가장 타당한 것이라는 입장을 표명한 바 있

---

50) Wojciechowski가 제기한 해석의 어려운 점은 요한복음 본문 그 자체에서 다른 오순절에 대한 언급이나 기대가 전혀 나타나고 있지 않다는 사실에 있다. 더욱이 요한복음에서 성령의 선물은 예수의 십자가와 불가분의 관계를 가지고 있기 때문에 이중적인 성령의 주심은 예수의 이중적인 십자가를 요구하게 된다. 참조 Carson, *The Gospel according to John*, p. 650.

51) Burge, *The Anointed Community*, pp. 123-137; G.R. Beasley-Murray, *John* (WBC 36; Word Books, 1987), pp. 380-382; R. Schnackenburg, *The Gospel according to St. John*, vol. 3 (New York: The Crossroad Pub., 1990), pp. 323-328; James D.G. Dunn, *Baptism in the Holy Spirit* (Philadelphia: The Westminster Press, 1970), pp. 173-182; C.H. Dodd, *Interpretation of the Fourth Gospel* (Cambridge: University Press, 1953), pp. 226-227; Brown, *The Gospel According to John*, II, p. 570; C.K. Barrett, *The Gospel according to John* (Philadelphia: The Westminster Press, 1978), p. 570; R. Bultmann, *The Gospel of John* (Philadelphia: The Westminster Press, 1971), pp. 692-693; R.H. Fuller, "John 20:19-23," *Interpretation* 32 (1978): 180-184; C.F.D. Moule, *The Holy Spirit* (Grand Rapids: Eerdmans, 1978), p.31,76; Robert W. Lyon, "John 20:22, Once More," *Asbury Theological Journal* 43 (1988), pp. 75-81; Thomas R. Hatina, "John 20,22 in Its Eschatological Context: Promise or Fulfillment?" *Biblica* 74 (1993): 196-219.

다. 물론 그 누구도 요한이 그의 복음서를 쓰기 전에 사도행전 2장의 오순절 사건을 알았는지에 관해 자신있게 말할 수는 없다. 또한 요한이 20:22이 역사에 있었던 일을 정확하게 그대로 기록하고 있는가를 알 수 없는 것처럼, 누가가 전하는 사도행전 2장의 오순절 사건의 경우에서도 마찬가지이다. 우리는 요한과 누가의 기록이 역사적인 동시에 또한 신학적이라는 사실을 감안하지 않으면 안된다.[52] 또 누가가 초대교회의 성령강림 중에서 하나를 기록하고 있으며, 요한은 다른 성령 주심을 기록하고 있는 것으로 볼 수 있는 여지도 항상 존재한다.[53] 그렇지만 요한복음 자체적으로 볼 때 20:22에 있는 성령의 선물을 제외하고 그 어떤 다른 성령의 선물이 있다는 언급이나 그러한 기대가 전혀 나타나지 않는다. 따라서 요한복음서에 나타나 있는 성령 본문들을 고찰해 볼 때 우리는 20:22에 언급되어 있는 성령의 선물을 사실상 요한의 오순절 사건으로 볼 수밖에 없는 것이다. 성령에 관한 요한의 신학적 발전면으로 볼 때 20:22은 그 절정인 동시에 또한 그 최종적인 결론이라고 할 수 있는 것이다. 우리가 본문과 그 문맥을 깊이 들여다보면 볼수록 이 점은 더욱 분명해진다. 부활하신 예수께서 제자들에게 주신 성령의 선물은 사실상 일종의 새로운 재창조로서(창 2:7) 제자들에게 예수의 인격과 그의 말씀에 대한 새로운 이해는 물론 새로운 영적인 삶과 새로운 사역을 가져다 주었다.[54] 이 점은 우리의 다음 과제에서 다시 한번 더 밝히 드러날 것이다.

---

52) 이 문제에 관하여는 필자의 『예수·교회·성령』 (서울: 기독교문서선교회, 1992)를 보라.

53) Cf. Joost Van Rossum, "The Johannine Pentecost': John 20:22 in Modern Exegesis and in Orthodox Theology," *St. Vladmiris Theological Quarterly* 35 (1991): 149-167.

54) Brodie, *The Gospel according to John* (Oxford: University Press, 1993), p. 569.

2. 요한은 성령/보혜사를 왜 이러한 방식으로 그의 공동체에게 제시하고 있는가?

지금까지 우리는 요한복음서에 나타나 있는 중요한 성령 본문들을 살펴 보았으므로 이제 우리의 두 번째 문제인, 무엇 때문에 요한은 이러한 방식으로 성령/보혜사에 관한 교훈을 그의 독자들에게 주고 있는가 하는 문제를 다루어야 할 시점에 도달하였다. 이 문제는 요한복음서의 성령론을 이해하는 데 있어서 대단히 중요한 문제이다. 그렇지만 이 문제에 들어가면서 우리가 솔직하게 고백하지 않을 수 없는 것은 이 문제는 필연적으로 우리를 사색의 영역으로 인도한다는 점이다. 왜냐하면 이 문제는 다시 한번 우리에게 현재 신약학계의 가장 난제 중의 하나인 요한복음서의 기원 문제를 불러일으키기 때문이다. 말하자면 요한복음서가 언제, 어디서, 왜, 누구에 의해, 무엇 때문에, 어떠한 상황에서 쓰여졌는가 하는 문제들을 불러일으키는데 이러한 문제들은 어떤 합의된 결론에 도달하지 못하고 아직도 우리 학계에서 계속 토론이 되고 있다.

1970년 이후로 수많은 학자들이 요한 문서의 기원 문제를 가지고 씨름하였으며, 많은 새로운 접근과 해결책들이 최근의 요한 연구학계에 제시되었다.[55] 하지만 요한복음의 기원 문제는 합의된 결론없이 여전히 토론이 계속되고 있다.[56] 그러므로 이 작은 논문에서 해결되지 못한 요

---

55) 지난 1970년 이후 현재까지 요한 연구에 관한 자세한 논의를 위해서는 D.Moody Smith, *John among the Gospel: The Relationship in Twentieth-Century Research* (Minneapolis: Fortress Press, 1992)를 보라.

56) 예를 들면, C.K. Barrett, *The Gospel of John and Judaism* (Philadelphia: Fortress Press, 1975); M.E. Boismard, *Moise ou Jesus. Essai de Christologie Johannique* (BETL 84; Leuen: Leuen University Press, 1988); T.L. Brodie, *The Quest for the Origin of John's Gospel* (Oxford: University Press, 1993); R.E. Brown, *The Community of the Beloved Disciple* (New York: Paulist Press, 1979); R. Bauckam, "The Beoloved Disciple as Ideal Author," *JSNT* 49 (1993), 21-44; "Papias and Polycrates on the Origin of the Fourth Gospel," *JTS* 44 (1993),

한 복음의 기원 문제를 자세히 거론하는 것은 지혜롭지 않을 뿐 아니라 주제넘는 일이 될 것이다. 대신에 필자는 우리의 주제인 요한의 성령론 문제와 관련하여 요한복음서 배후에 자리잡고 있는 요한 공동체의 사회적, 역사적, 종교적 문맥에 대한 필자 자신의 입장만을 간략하게 제시하도록 하겠다.

요한 공동체의 사회적, 역사적, 종교적 상황은 어떠하였는가? 현재 대다수 학자들이 생각하고 있는 것처럼, 요한복음서도 다른 복음서처럼 단순히 역사를 기록하는 데 그 초점이 있다기보다 특수한 공동체의 긴급한 필요성에 응답하기 위해 쓰여졌다고 한다면(요 20:30-31), 우리는 요한의 본문들이 단순히 지나간 역사를 반영하는 데 멈추지 않고 공동체의 당면한 상황과 문제들을 반영하고 있다고 볼 수 있다.[57] 물론 우리는 본문과 사회적, 역사적, 종교적 상황 사이에는 괴리가 있다는 것을 인정하지 않을 수 없고, 따라서 양자 사이에는 일종의 변증법적 긴장관계가 있다고 보지 않을 수 없다.[58]

24-69; O. Culmann, *The Johannine Circle* (Philadelphia: Westminster Press, 1976); R.A. Culpepper, *The Johannine School* (SBLDS 26; Missoula: Scholars Press, 1975); M. Hengel, *The Johannine Question* (London: SCM Press, 1989); J.L. Martyn, *History and Theology in the Fourth Gospel*, 2nd. ed. (Nashville: Abingdon Press, 1979); F. Neirynck, "John and the Synoptics: The Empty Tomb Stories," *NTS* 30 (1984): 161-87; D.M. Smith, *Johannine Christianity. Essays on the Setting, Sources and Theology* (Columbias: University of South Carolina Press, 1984).

57) R.A. Draper, "The Sociological Function of the Spirit/Paraclete in the Farewell Discourses in the Four Gospel," *Neotestamentica* 26 (1992), pp. 14-22; U. Wilckens, "Der Paraclet und die Kirche," *Kirche: FS G. Bornkamm*, ed. Luhrmann & Strecker (**Tübingen**: Mohr, 1980), pp. 185-203; M. Davies, *Rhetoric and Reference in the Fourth Gospel*, pp. 350-374.

58) R. Brown, *The Community of the Beloved Disciple*, p. 20f.

요한의 공동체가 직면하고 있었던 사회적, 역사적, 종교적 상황에 관한 세세한 학문적인 논의에 들어가지 않고 다만 요한복음서 그 자체로부터, 특별히 요한의 성령 본문들로부터 찾아볼 수 없는 간략한 개요를 생각해 보도록 하자. 필자는 다음의 개요를 제시하고자 한다.

(1) 요한의 공동체는 주후 1세기 말엽에 소아시아나 혹은 시리아 지역에 위치하였을 것이다.

(2) 이 공동체의 창설자는 팔레스틴으로부터 이주해온 자로서 요한복음서에서 예수님의 "사랑하는 제자"로 불리워지는 자였을 것이며(요 13:23; 19:26; 21:7,20) 이 사랑하는 제자가 바로 요한서신에서 "장로"로 불려지는 자와 동일한 인물일 것이다.[59]

(3) 요한의 공동체는 다양한 인종적, 종교적 배경을 가진 여러 계층의 사람들로 구성되었을 것이다. 이들 중에는 인종적으로 볼 때, 유대인(세례 요한의 추종자였던 자들을 포함하여), 사마리아 사람들, 이방인들이 포함되었을 것이며, 문화적, 종교적 배경을 고려해 볼 때 헬레니즘, 헬라화된 유대사상, 유대교 및 초기 영지주의 사상의 배경을 가진 자들이 포함되었을 것이다.

(4) 공동체가 가진 이와 같은 다양한 배경은 초대교회의 가장 기본적인 교리의 이해와 해석에 있어서 자연히 다양한 입장을 가져올 수 있었을 것이며, 여기에는 특별히 창설자인 사랑하는 제자의 증거와 설교를 포함하여 기독론과 종말론이 포함되었을 것이다. 그리고 이러한 다양한 입장은 결국 공동체를 형성하고 있었던 각 그룹 사이에 내적인 긴장과 갈등을 야기할 수 있었을 것이다.

(5) 요한의 공동체는 당시 사회의 중심 세력을 형성하고 있었던 희랍-로마 사회와 유대인 공동체로부터 소외와 핍박을 당하는 입장에 처

---

59) 물론 "사랑하는 제자"가 누구인지에 관하여는 아직도 요한학계에서 계속 토론이 되고 있다. 전통적으로 사랑하는 제자가 열두 사도 중에 속하였던 세베데의 아들 사도 요한으로 알려져 왔으나 최근의 요한 연구가들(예를 들면, Brown, Synackenburg, Hengel, Bauckham)들은 예수의 열두 제자에 속하지 않았던 익명의 예루살렘에 거주하였던 제자로 보고 있다.

해 있었을 것이다.

(6) 당시 요한의 공동체는 유대교 회당에서 출교를 당했을 것이며, 이로 말미암아 요한의 공동체 신자들, 특별히 유대교 배경을 가진 신자들은 생명의 위협을 느껴 공동체로부터 이탈하여 배교하는 자들도 있었을 것이다.[60]

(7) 공동체의 창설자인 사랑하는 제자는 요한복음서가 쓰여질 그 당시에는 이미 사망하였을 것이다(참조, 요 21:23-24). 그러나 그는 죽기 전에 자신의 공동체에 예수의 전승을 모은 예수 전승 문헌과 그가 공동체에게 가르쳤던 교훈과 설교문헌 등을 남겼을 것이다.

(8) 요한의 공동체는 당시 이웃에 있는 다른 기독교 공동체(예를 들면 마태나 도마의 공동체)와 일종의 경쟁적 관계를 가지고 있었을 것이다.[61]

종합적으로 말해서 당시 요한의 공동체는 내적, 외적인 문제들로 인해 공동체의 존립에 관계되는 심각한 위험 아래 처해 있었을 것이다. 따라서 공동체의 재확립은 공동체가 자리잡고 있는 희랍-로마사회 안에서 자신의 정체성을 유지하는 데 있어서 대단히 긴요한 과제였을 것이다. 이러한 공동체의 재확립을 위해서 요한의 공동체는, 우리가 복음서 안에 있는 예수의 고별담화에서 볼 수 있는 것처럼, 예수에 대한 강한 신앙과 공동체의 통일성을 유지하기 위한 교인 상호간의 사랑과 사랑하는 제자를 계승하기 위한 새로운 리더쉽 확립과 이웃에 있는 다른 기독교 공동체와의 좋은 유대관계 확립과 공동체 주위의 위협 세력에 대처할 수 있는 방어력을 필요로 하였을 것이다.[62]

---

60) J.A. Draper, "The Sociological Function of the Spirit/Paraclete in the Farewell Discourses in the Four Gospel," *Neotestamentica* 26 (1992), p. 22.

61) 요한복음 마지막 부분에 이례적으로 사랑하는 제자와 베드로가 대조적으로 나타나고 있는 점과 복음서 중에서 오직 요한복음서에서만 도마가 여러 번 언급되고 있는 점에 유의하라.

62) Cf. Wilckens, "Der Paraklet und die Kirche," *in Kirche. Festschrift G. Bornkamm*, eds. D. Luhrmann & G. Strecker (**Tübingen**: Mohr/Siebeck, 1980), pp. 185-203; U. Schnelle,

필자는 요한복음서가 사랑하는 제자의 사망 직후 공동체가 안고 있는 이러한 위기들을 해소하기 위해 쓰여졌다고 본다. 사랑하는 제자를 따르던 소수의 제자들은 스승의 죽음 직후 창설자가 남겨두었던 문헌집을 발견하였을 것이다. 그러나 그들은 이 문헌집을 진리의 영이시며 보헤사이신 성령의 인도 아래 당시 공동체가 안고 있었던 위기들을 해소하기 위하여 새롭게 재편집하였을 것이다. 요한 공동체의 신학적인 기반이었던 (높은) 기독론과 (실현된) 종말론은 또한 당시 공동체가 안고 있던 위기들을 해소할 수 있는 열쇠들로 간주되어 요한복음서를 편집하는 데 있어서 가장 중요한 신학적 뼈대를 형성하였을 것이다(참조 20:31). 당시 이미 쓰여져서 교회에 유통되고 있었던 공관복음서와 바울의 서신들도 요한복음서를 편집하는 데 참조가 되었을 것이다.

요한복음서에서는 엄밀한 의미에서 기독론과 종말론으로부터 결단코 분리될 수 없는 성령론이 공동체의 정체성을 유지하는 데 있어서는 물론 복음서 그 자체의 편집에 있어서 합법적인 근거로서 결정적인 역할을 하였을 것이다.[63] 달리 표현하자면 복음서의 편집자들은 사실상 부활하신 주님 자신의 임재이신 보헤사 성령의 체험과 인도하심에 의존하여 기독론에 강조를 둠으로써, 그 동안 공동체의 설립자이며 목회자 역할을 하였던 사랑하는 제자에 대한 공동체의 관심을 공동체의 궁극적인 창설자이신 예수에게 돌리게 함으로써 공동체로 하여금 예수 중심의 교회로서 그들의 영화를 위하여 십자가에서 죽으시고, 그들에게 보헤사 성령을 보내어 주신 하나님의 아들 예수의 발자취를 따라가도록 하였을 것이다. 그들은 또한 보헤사 성령 안에서 부활하신 예수의 체험과 인도

"Johanneische Ekklesiologie," *NTS* 37 (1991), 37-50; B. Robert Alan, *Pneumatology and the History of the Johannine Community*. Ph.D. Dissertation at Drew University, 1988, pp. 8-39.

63) Cf. R. Schnackenburg, "Die johanneische Gemeinde und Ihre Geisterforung," in *Die Kirche des Anfangs. Festschrift für Heinz Schurmann zum 65. Geburstang*, Erfarter theologische studien 38, ed. R. Schnackenburg, J. Ernst, and J. Wanke (Leipzig: St. Benno, 1977), pp. 277-306; Burge, *The Anointed Community*, pp. 44ff.

하심을 따라 종말론의 강조점을 미래보다 현재에 둠으로써 사랑하는 제자의 죽음과 재림의 지연으로부터 오는 문제들을 해소하려고 하였을 것이다.[64] 이렇게 볼 때 요한의 성령론은 요한복음서를 형성하는 데 주도적인 역할을 하였다고 말할 수밖에 없으며, 따라서 우리는 사실상 요한의 복음서를 성령의 복음이라고도 말할 수 있는 것이다.[65]

지금까지 우리는 특별히 요한의 성령론 문제와 관련하여 요한복음서의 사회적, 역사적, 종교적 상황을 대충 살펴 보았다. 필자는 우리의 개요가 일종의 사색적 산물이라고 비난받을 수 있는 여지가 있음을 인정한다. 우리는 이러한 비난을 완전하게 피할 수는 없다. 하지만 요한복음서의 어떠한 역사적 정황(*Sitz im Leben*)의 재구성도 사색으로부터 완전히 자유로울 수 없는 이상 우리의 개요가 신뢰받을 수 있느냐 없느냐 하는 것은 결국 그것이 요한 본문 그 자체와 조화가 잘 되느냐에 좌우된다고 하겠다. 우리는 요한 공동체의 사회적, 역사적, 종교적 정황에 대한 우리의 개요가 비록 사색의 영역을 완전히 벗어날 수는 없다고 하더라도, 그럼에도 불구하고 그것이 요한복음의 본문, 특별히 성령론 본문에 부합한다고 본다.

대부분의 학자들이 동의하고 있는 것처럼, (높은) 기독론과 (실현된) 종말론은 요한복음서의 지배적인 특징이다. 요한복음서에는 요한 공동체의 다양한 인종적, 종교적 배경을 반영하고 있는 많은 구절들이 있다. 예를 들면 세례 요한의 증거(요 1,3장), 사마리아 여인과 동네 사람들(요 4장), 유대 관원 니고데모(요 3장), 예수와 유대인들 사이의 논쟁(요 7-9장), 헬라적 이원론, 유대인 성전의 영성화 등을 들 수 있다. 무엇보다도 요한복음서에만 나타나는 예수의 고별담화(13:31-16)와 대제사장적 기도(17장)에는 요한의 공동체를 보존하시려는 예수의

---

64) 이한수, "요한의 성령 이해," 112.
65) H. Schlier, "Der Heilige Geist als Interpret nach dem Johannesevangelium," *Internationale Katholische Zeitscrift* 2 (1973), pp. 97-108; Culpepper, *Johannine School*, pp. 265-70.

특별한 관심, 제자 상호간의 사랑, 강한 믿음, 보혜사 성령의 약속, 공동체의 통일성과 선교 문제 등이 중심을 이루고 있는데, 이러한 문제들은 요한 공동체가 안고 있는 당시의 위기와 불가분의 관계를 가지고 있다.[66] 따라서 우리의 개요와 의견을 같이할 수 없는 자들은 요한복음서 그 자체와 잘 조화될 수 있는 우리보다 더 나은 대안을 제시하여야 할 책임 아래 놓여 있게 될 것이다.

만일 우리의 연구에서 제시하는 중심적인 논지가 정당하다고 한다면, 우리는 요한의 공동체를 "영적 지향의 공동체"(a pneumatologically oriented community)라고 부를 수 있을 것이며, 이 점에서 요한의 공동체는 초대교회 역사 안에서 바울과 누가의 공동체와 비교될 수 있을 것이다. 하지만 우리는 요한의 성령론이 바울 및 누가의 성령론 사이에 비록 많은 공통점이 있다고 하더라도(통일성), 요한의 성령론은 그들과 분명히 구분될 수 있는 특징을 견지하고 있음을 잊어서는 안된다(다양성).[67] 이미 우리가 살펴본 바와 같이 요한의 성령론은 전체적으로 조명해 볼 때 "기독론적 지향의 성령론"(a highly christologically oriented one)이라고 말할 수 있을 것이며,[68] 반면에 누가의 성령론은 "선교적 지향의 성령론"(a missiologically oriented one)으로, 바울의 성령론은 "구원론적 지향의 성령론"(a soteriologically oriented one)으로 볼 수도 있을 것이다. 그러나 요한과 바울, 요한과 누가의 성령론에 대한 비교는 차후에 심도있게 다시 다루게 될 것이다.

---

66) E. Bammel, "The Farewell Discourse of the Evangelist John and Its Jewish Heritage," *Tyndale Bulletin* 44 (1993/1), pp. 103-116; E.R. Wendland, "Rhetoric of the Word. An Interactional Discourse Analysis of the Lord's Prayer of John 17 and Its Communitive Implications," *Neotestamentica* 26 (1992), pp. 59-78.

67) Cf. Schnackenburg, John 3, Excursus 16: "The Paraclete and the Sayings about the Paraclete," p. 138.

68) Burge, *The Anointed Community*, p. 45: "요한의 공동체는 결정적으로 영적인 공동체라고 할 수 있을 것이다. 그러나 이 공동체의 성령론은 전적으로 그리스도 중심의 성령론이다."

제4장
고별설교에 나타난 성령에 관한 약속, 그 기능 및 역할[1]

예수의 고별설교(요 13:31-16:33) 가운데 나타나 있는 성령/보혜사[2]에 관한 교훈을 진지하게 살펴보려고 하는 신학도나 설교자는 누구든지 세 가지 해석학적 과정을 거치지 않으면 안된다.

첫째는, 성령/보혜사에 관련된 본문을 추적하여 그 본문 자체를 언어학적으로, 문학적으로 분석, 검토하여 본문 자체가 지니고 있는 메시지

---

1) 이 글은 본래 "그 말씀," 22 (1994/5), 129-140에 수록된 것인데 약간 수정하여 여기에 다시 개제한다.

2) 고별설교에서 우리말로는 "보혜사"로, 영어로는 "the Helper," "the Advocate," "the Counselor," "the Comforter," "the Interpreter" 등으로 번역되고 있는 희랍어 "파라클레토스"(παρακλτος)가 성령을 가르키고 있는 점에 관하여서는 그 누구도 부인하지 않는다. 그러나 신약 저자 중에 왜 요한복음서 저자만이 성령을 "파라클레토스"라고 부르고 있는지, 이 말의 정확한 기원과 의미는 무엇인가에 관하여서는 아직도 학계에서 논쟁이 계속되고 있다. 이 문제에 관한 자세한 논의를 위하여는 Behm, "παρακλτος," *TDNT* V, 800-814; R.E. Brown, *The Gospel according to John 2* (New York: Doubleday, 1970), pp. 1135-1141; R. Schnackenburg, *The Gospel According to St. John 3* (New York: Crossroad, 1990), pp. 138-154; G.M. Burge, *The Annointed Community. The Holy Spirit in the Johannine Tradititon* (Grand Rapids: Eerdmans, 1987), pp. 6-41; 이한수, "요한의 성령 이해," 『신약의 성령론』, 11-123을 보라.

의 흐름과 강조점을 찾는 일이다.

둘째는, 본문 자체를 좁게는 그 본문이 직접적으로 위치하고 있는 문단 단위나 고별설교의 전망에, 넓게는 요한복음서 전체의 전망에 놓고, 자신이 본문에서 발견한 그 메시지의 흐름과 강조점이 전후문맥과 자연스럽게 조화를 이루고 있는가를 살펴보는 일이다.

셋째는, 본문의 삶의 자리, 곧 본문의 원창시자(原創始者)로 소개되고 있는 예수 자신과 그 본문을 직접적으로 쓴 복음서 저자의 역사적, 사회적, 종교적, 정치적, 경제적 정황을 재구성하여, 복음서 저자가 자신의 독자들에게 전달하고자 하는 핵심적인 메시지를 확립하는 일이다. 물론 이 핵심적인 메시지가 본문의 삶의 자리와 잘 부합해야 한다는 것은 두 말할 나위가 없다. 그런 다음 설교자는 한걸음 더 나아가서 최종적으로 확립된 그 핵심적인 메시지를 원래의 독자들과는 엄청난 시간적, 공간적, 문화적, 사회적, 경제적 갭을 가지고 있는 오늘 우리 교인들에게 어떻게 효과적으로 전달할 것인가를 연구해야 할 것이다.

물론 이 세 가지 해석학적 과정을 수학 공식처럼 나눌 수 있는 것은 아니다. 왜냐하면 성경해석학은 자연과학보다 오히려 예술에 더 가깝다고 볼 수 있기 때문이다. 그러나 성경 본문으로부터 자신의 주장을 논증하려 하거나 설교하려는 우(愚)를 범하지 않고, 성경 본문 자체의 주장에 겸손하게 귀를 기울이기를 원하거나, 성경 그 자체의 의미나 주된 메시지를 선포하려는 자는 이러한 해석학적 과정의 반복된 훈련을 통하여 마침내 그것을 초월할 수 있는 경지에까지 이르도록 노력하지 않으면 안된다.[3] 따라서 필자는 이제 시범적으로 위에 제시한 세 가지 해석

---

[3] 신약성경 본문에 대한 새로운 해석학적 접근을 위하여는 다음의 글을 참조하라: P.F. Craffert, "More on Models and Muddles in the Social-Scientific Interpretation of the New Testament: The Sociological Fallacy Reconsidered," *Neotestamentica* 26 (1992), pp. 217-239; W.J. Larkin, "Culture, Scripture's Meaning, and Biblical Authority: Critical Hermeneutics for the 90's," *BBR* 2 (1992), pp. 171-178; P.R. Noble, "The Sensus Literalis: Jowett, Childs, and Barr," *JTS* 44 (1993), pp. 1-23.

학적 과정을 예수의 고별설교 가운데 나타나 있는 성령/보혜사 본문에 적용시켜 보도록 하겠다.

1. 본문 분석

요한복음 13:31-16:33에 있는 예수의 고별설교 가운데 보혜사/성령에 관한 교훈이 다음과 같이 네 번 나타난다(우리말 성경 본문은 가능한 한 원문의 의미에 충실하기 위하여 필자 자신의 번역을 사용한다).

(1) 14:16-17

"내가 아버지께 구하겠으며 ················· (16a. 예수-아버지/구하다)
그가 또 다른 보혜사를 너희에게 ············ (16b. 아버지-다른 보혜사-
주실 것이니,   제자/주다)
그리하여 그가 영원토록 너희와 함께하시리라. ···· (16c. 보혜사-제자/있다)
저는 진리의 성령이라, ························· (17a. 보혜사=진리의 성령)
세상이 능히 저를 받지 못하리니, ··············· (17b. 세상×보혜사/
                                                받지 못하다)
왜냐하면 세상이 저를 보지도 못하고 ············ (17c. 세상×보혜사/보지도
알지도 못함이라   알지도 못하다)
너희는 저를 아나니, ·························· (17d. 제자-보혜사/알다)
왜냐하면 저는 너희와 함께 거하실 것이요, ········ (17e. 보혜사-제자/거하다)
또 저는 너희 속에 계시겠음이라." ·············· (17f. 보혜사-제자/있다)

(2) 14:26

"보혜사, 곧 아버지께서 내 이름으로 ············ (26a. 아버지-예수-성령/
보내실 성령,   보내다)
그가 너희에게 모든 것을 가르치시고 ············· (26b. 보혜사-제자/가르치다)
그가 너희로 하여금
내가 너희에게 말한 모든 것을 생각나게 ·········· (26c. 보혜사-예수-제자/
하시리라."   생각나게 하다)

(3) 15:26

"내가 아버께로부터 너희에게 보내실 ············ (26a. 예수-아버지-제자-
그 보혜사,   보혜사/보내다)
곧 아버지로부터 나오시는 ··················· (26b. 아버지-성령/나오다)
그 진리의 성령이 오실 때,
그가 나에 대하여 증거하실 것이요." ········· (26c. 성령-예수/증거하다)

(4) 16:7-15

"그러나 내가 너희에게 진실을 말하노니, ········· (7a. 예수-제자/말하다)
내가 떠나가는 것이 너희에게 유익이라. ········ (7b. 예수-제자/떠나다,
                                              유익하다)
내가 떠나가지 아니하면, ······················ (7c. 예수-제자/떠나다)
그 보혜사가 너희에게로 ······················ (7d. 보혜사-제자/오다)
오시지 아니할 것이요,
그러나 내가 가면, ···························· (7e. 예수-제자/가다)
내가 그를 너희에게로 보내리니, ··············· (7f. 예수-보혜사-제자/
                                              보내다)
그가 와서 죄에 대하여, 의에 대하여, ·········· (8. 보혜사-세상/책망하다)
심판에 대하여 세상을 책망하시리라.
죄에 대하여라 함은 저들이 ···················· (9. 세상×예수/믿지 아니하다)
나를 믿지 아니함이요
의에 대하여라 함은 내가 아버지께로 가니 ······ (10a. 예수-아버지/가다)
너희가 다시 나를 보지 못함이요, ·············· (10b. 제자×예수/보지
                                              못하다)
심판에 대하여라 함은 이 세상 ················· (11. 보혜사-세상/심판하다)
임금이 심판을 받았음이니라.
내가 아직도 너희에게 이를 것이 많으나 ········ (12a. 예수-제자/말하다)
지금은 너희가 감당치 못하리라. ··············· (12b. 제자-예수/감당하지
                                              못하다)
그러하나 그가, 곧 진리의 성령이 오실 때, ······ (13a. 보혜사=진리의 성령/
                                              오다)

그가 너희를 모든 진리 가운데로 인도하시리니,	(13b. 보혜사-제자/인도하다)
왜냐하면 그가 자신에 관하여 말하지 않고,	(13c. 보혜사×자기 자신/말하지 않다)
오직 그가 듣는 것을 말하시며,	(13d. 보혜사-예수/듣고 말하다)
그가 장래 일을 너희에게 알리시리라.	(13e. 보혜사-제자/알리다)
그가 나를 영화롭게 하리니,	(14a. 보혜사-예수/영화롭게 하다)
왜냐하면 그는 내 것을 취해서,	(14b. 보혜사-예수/취하다)
그는 그것을 너희에게 알리겠음이니라.	(14c. 보혜사-예수-제자/알리다)
무릇 아버지가 가진 것은 다 내 것이라.	(15a. 아버지-예수/이다)
그러므로 내가 말하기를	(15b. 예수-제자/말하다)
그가 내 것을 가지고 너희에게 알리리라 하였노라."	(15c. 보혜사-예수-제자/알리다)

위의 보혜사/성령 본문들을 주의깊게 읽은 독자들은 이들 본문들이 보여주는 중심 주제는 "가고 오는,"(going and coming) 즉 "예수께서 제자들을 떠나가면, 보혜사/성령이 제자들에게 오셔서, 제자들과 세상에 대하여 예수의 사역을 계속하신다"는 것임을 쉽게 발견할 수 있을 것이다. 본문들을 내용별로 분석해보면 볼수록 이와 같은 중심 주제는 더욱 선명하게 드러난다.

첫째, 16:7b, c, e, f가 분명히 보여주고 있는 것처럼, 예수가 제자들을 떠나갈 때 보혜사/성령은 제자들에게 오신다. 14:16b, 26a, 15:26a도 이를 뒷받침한다. 이 때문에 성령에 관한 동사의 시제가 대부분 미래시제로 되어 있다.

둘째, 보혜사/성령을 보내시는 자는 아버지(16a, 26a, 15:26b)와 아들 예수이다(15:26a, 16:7f).

셋째, 보혜사/성령의 신분은 "다른 보혜사"(14:16b), "그 진리의 성령"(16:17a, 15:26b, 16:13a), "(아버지가 예수의 이름으로 보내실) 성령"(14:26a)으로 각각 소개되고 있는데, 이와 같은 독특한 성령의 신분은 성령이 사실상 예수의 대변자요, 계승자임을 강조한다.[4] 왜냐하면 성령을 "다른 보혜사"로 부른 것은 예수 자신이 "보혜사"라는 것을 전제하고 있으며, 성령을 "진리의 성령"(목적 혹은 주격 소유격)으로 부른 것은 성령이 진리이신 예수(14:6)를 위한, 혹은 예수에게 속한 성령임을 강조하고 있으며, 성령이 예수의 이름으로 보내어진다는 것은 성령이 예수의 신분을 대신한다는 것을 뜻하고 있기 때문이다.

넷째, 보혜사/성령은 예수께서 제자들과 세상에 대하여 행하셨던 사역을, 즉 제자들에게는 긍정적인 사역을, 반면에 세상에 대하여는 부정적인 사역을 대신한다. 성령은 제자들과 함께 계시고 그들 가운데 거주하시며(14:17e, f), 제자들에게 모든 것을 가르치시며(14:26b), 예수께서 제자들에게 말씀하신 것을 생각나게 하시며(14:26c), 제자들을 모든 진리 가운데로 인도하시며(16:13b), 장래 일을 제자들에게 알리시며(16:13e), 예수의 것을 가지고 그것을 제자들에게 알리신다(16:15c). 반면에 보혜사/성령은 세상에게는 거부를 당하시지만(14:17), 세상을 책망하며(16:8) 세상 임금을 심판한다(16:11). 이처럼 성령은 아버지와 예수에 의해 파송을 받아 철두철미 예수의 사역과 그의 역할을 행하기 때문에, 세상은 예수에게서와 마찬가지로 성령을 받지도, 보지도, 알지도 못하며(14:17b, c), 반면에 예수의 제자들은 예수 때문에 또한 성령을 안다(14:17d). 성령은 자신에 관하여 말하지 않고 오직 예수로부터 들은 것을 말하고 예수에게 속한 것을 제자들에게 알리기 때문에, 성령은 예수를 증거하고(15:26c), 예수를 영화롭게 하는 자로 소개되고 있다(13:14a). 예수와 보혜사는 다 같이 아버지로부터 보내심을 받았으며(14:4/26), 다 같이 아버지로부터 나오시며(16:27/3:16; 15:26), 다 같이 가르치시며(7:14/14:26), 다 같이 증거하시며(8:14/15:26), 다 같이 그릇된 세상에 대하여 죄를 입증하시며(3:18-20/16:8) 그리고 다

---

4) *ABD* 5, p. 153.

같이 그들 자신을 위하여 말씀하시지 않는다(16:14/12:28). 이처럼 보혜사 성령이 예수와 똑같은 역할을 담당하시기 때문에, 심지어 그는 첫 번째 보혜사로 불려질 수 있는 예수와 대조하여, "다른 보혜사"(14:16)로 불려진다.[5]

2. 문맥적 분석

우리가 본문의 분석으로부터 발견한 중심 주제가 좁게는 고별설교의 문맥과, 넓게는 요한복음서 전체의 문맥과 어떤 일치점을 보여주고 있는가? 먼저 고별설교와 보혜사/성령 본문들과의 관계를 살펴보자. 이미 여러 학자들이 주장하고 있고 또한 앞서 우리의 본문 분석에서도 확인한 바와 같이, 고별설교의 중심 주제는 "가고, 오고"이다.[6] 이 점은 고별설교에서 "가고, 오고"라는 관용어구가 무릇 34번 이상 나타나고 있는 점에서도 확인된다.[7] 이런 점에서 예수의 가심과 성령의 오심을 구체적으로 말하는 보혜사/성령 본문들은 고별설교의 중심 주제와 잘 조화를 이루고 있음은 물론 사실상 전체 고별설교의 핵심 혹은 축소판으로 간주될 수 있다.[8]

고별설교의 문맥에서 우리가 발견하는 특이한 점은, "오실" 보혜사/성령이 철두철미 "가실" 예수의 사역과 그의 역할을 대행하기 때문에, 성령의 오심을 심지어 예수 자신의 오심으로 소개하고 있는 점이다. 실례를 들어보면, 첫번째 보혜사/성령 본문 14:16-17에서 예수는 제자들

---

5) Burge, *The Annointed Community: The Holy Spirit in the Johannine Tradition*, pp. 141-142.

6) R.A. Draper, "The Sociological Function of the Spirit/Paraclete in the Farewell Discourses in the Fourth Gospel," *Neotestamentica* 26 (1992), pp. 13-29.

7) 최갑종, *The Pneumatology of the Johannine Gospel* (The University of Denver/Iliff School of Theology, 1993).

8) J.N. Suggit, "John 13-17 Viewed Through Liturgical Spectacles," *Neotestamentica* 26 (1992), pp. 53-54.

에게 그가 아버지에게 가실 때 보혜사/성령을 보내어 주시겠다고 약속하신 다음 바로 이어 18-20절에서 성령의 오심을 자기 자신의 오심과 일치시킨다: "내가 너희를 고아와 같이 버려두지 않고, 너희에게로 오리라. 조금 있으면 세상은 더 이상 나를 보지 못할 터이로되, 그러나 너희는 나를 보리라. 왜냐하면 나는 살았고 그리고 너희도 살겠음이라. 그날에 너희는 내가 나의 아버지 안에, 너희는 내 안에, 나는 너희 안에 있는 것을 알리라." 물론 이 구절에서 말하는 예수의 오심을 예수의 부활이나 혹은 예수의 재림으로 볼 수도 있겠지만,[9] 가장 자연스러운 해석은 보혜사/성령의 오심을 예수 자신의 오심으로 보는 것이다.[10] 예수가 가시고, 성령이 오시고, 성령 안에서 예수가 다시 오신다는 사실은 두 번째 보혜사/성령 파송의 약속 직후인 14:28과 세 번째 보혜사/성령 파송의 약속 직후인 16:16에서도 반복되고 있다.

고별설교에 나타나 있는 보혜사/성령의 오심과 예수 자신의 오심 사이의 이와 같은 일치를 우리는 어떻게 해석해야 할 것인가? 사실상 이와 같은 예수의 말씀은 사실상 제자들에게도 혼란을 가져왔다(16:17-19). 보혜사 성령의 오심이 어떻게 예수 자신의 오심이 될 수 있는가? 이 문제를 풀 수 있는 결정적인 열쇠를 일찍이 요단강가에서 성령이 예수에게 오심으로 그 성령을 통하여 아버지가 아들 예수 안에 거하시며 그로 말미암아 예수가 아버지를 대신하신다는 사실에서 찾을 수 있을 것이다(3:34). 아버지가 성령을 통하여 아들 예수에게 오셔서 예수 안에 거하시기 때문에, 요한복음에서 예수는 "내가 아버지 안에 있고, 아버지가 내 안에 계시며"(14:11), "나를 본 자는 아버지를 본 자이며"(14:9), "아버지와 나는 하나이니라"(10:30)고 선언하신다. 물론 요한복음에 나타나 있는 하나님 아버지와 아들 예수와의 동일시됨을 일종의 존재론적인 동일시로 볼 수는 없다. 오히려 우리는 이것을 일종의 사역

---

9) L. Morris, *The Gospel according to John* (Grand Rapids: Eerdmans, 1971), p. 656.
10) Burge, *The Annointed Community: The Holy Spirit in the Johannine Tradition*, p. 140.

적 혹은 기능적 동일시로 보아야 할 것이다. 요한복음에 보면 아버지가 아들 예수를 통하여 자신의 사역을 하면서 동시에 그는 아들 예수와 분명히 구분이 되고 있다. 따라서 우리가 아버지와 아들 사이의 기능적 동일시됨을, 예수와 성령 사이의 동일시됨을 이해하는 기반으로 삼는다 하더라도, 이것이 요한의 사상적 노선을 떠나는 것으로 볼 수는 없는 것이다. 우리가 여기서 말할 수 있는 것은 아버지 하나님이 그의 아들을 보내시고 성령을 통하여 아들에게 오시는 것처럼, 예수도 아버지에게 돌아가서서 보혜사 성령을 보내시고 그렇게 함으로써 성령을 통하여 그의 제자들에게 오신다는 사실이다.[11] 이리하여 예수의 제자들은 보혜사 성령이 그들에게 오셔서 그들 안에 거하시고 예수의 역할을 수행하실 때, 비록 보혜사 성령이 예수와 구분이 되어 "다른 보혜사"라고 불려짐에도 불구하고(14:15), 그들은 성령 안에서 바로 예수를 체험하게 된다.[12] 따라서 성령께서 예수와 제자들과의 항구적인 연속선을 유지하기 때문에 예수는 그의 제자들과 결단코 분리되지 않는다. 바로 이것이 14:18에서 예수께서 말씀하신 "내가 너희를 고아와 같이 내버려두지 않고 너희에게 다시 올 것이다"의 의미인 것이다. 바로 이 점에서 우리는 다음과 같이 말하는 브라운(R. E. Brown 교수에게 전적으로 동의할 수 있다: "요한은 보혜사를 특별한 역할을 가진 성령으로, 말하자면 예수가 아버지와 함께 계시는 동안 크리스천들에게 예수의 인격적 임재를 대변하는 분으로 제시하고 있다."[13]

다음으로 고별설교에 나타나 있는 보혜사/성령의 메시지가 요한복음 전체에 나타나 있는 성령에 관한 메세지와 어떤 연관성을 가지고 있으며, 요한의 성령론에서 고별설교의 성령 메시지가 가지고 있는 위치는 무엇인가를 간단히 살펴보도록 하자. 물론 우리는 이 짧은 글에서 요한

---

11) Brown, *The Gospel according to John 2*, pp. 1141.
12) Burge, *The Annointed Community. The Holy Spirit in the Johannine Tradition*, p. 141.
13) Brown, *op. cit.*, p. 1141.

복음에 나타나 있는 모든 성령 본문들을 세세히 살펴볼 수는 없다.[14] 다만 고별설교를 중심으로 직전과 직후에 나타나는 두 성령 본문, 그러면서도 요한의 전(全)성령론의 맥락을 조명해주는 본문만을 살펴보도록 하자. 그것은 바로 요한복음 7:37-39에 나타나 있는 예수의 성령 약속과 요한복음 20:22에 나타나 있는 부활한 예수의 성령 주심, 곧 성령 약속의 성취를 보여주는 본문이다.

(1) 7:37-39

"축제가 절정에 도달하는 마지막 날에 예수께서 서서 외쳐 말씀하시기를, '누구든지 목마르거든 내게로 와서 마시라. 나를 믿는 자는, 성경이 말한 바와 같이 그의 배에서 생수의 강이 흘러나리라' 하시니, 이는 그를 믿는 자들이 받게 될 성령에 관하여 말씀하신 것이라. 예수께서 아직 영광을 받지 못하신 고로 성령이 아직 저희에게 주어지지 아니하였더라."

이 구절의 역사적 문맥은, 예수 당대의 유대인들이 한편으로는 일찍이 그들의 선조들이 광야에 머물 때에 있었던 생수의 이적(출 17:1-7; 민 20:8-13; 시 78:16-20)을 기념하면서, 또 다른 한편으로는 에스겔 선지자와 스가랴 선지자가 예언한 종말론적인 생수의 강, 곧 주께서 마지막 때에 부어주실 성령을 대망하면서 거행한 장막절날이다. 복음서 저자는 이 구절에서 예수가 바로 유대인들이 대망한 종말론적인 성령을 주실 분이시며, 약속을 성취로 전환하게 하시는 분이심을 강조하고 있다. 이 구절에서 우리의 특별한 관심사가 되는 것은 예수의 성령 주심을 예수의 영광받으심과 연결시키고 있는 점이다. 이미 잘 알려져 있는 바와 같이, 요한복음서에서 십자가 사건은 예수의 영광받으심의 절정이다.[15]

---

14) 요한의 성령론에 관한 저자의 보다 폭 넓은 취급에 관하여는 본서에 수록된 저자의 "요한과 성령"을 참조하라.

15) TDNT 8:160; Schnackenburg, *The Gospel according to John 3*, pp. 398-410; Burge, *The Annointed Community*, p. 132 n. 69.

따라서 이 구절에 따르면 예수의 성령 주심은 십자가 사건 전이 아니라 십자가 사건 이후이다. 요한복음에 따르면, 십자가 신학은 복음서의 초기 단계에서부터 소개되어 복음서의 진전과 더불어 계속 발전되어지며, 예수의 십자가의 죽음을 통하여 그 절정에 도달한다. 예수는 처음부터 "세상 죄를 지고 가는 하나님의 어린양"(1:29, 36)이시며, 그의 육체는 "새로운 성전을 세우기 위해 부서져야 할 성전"이었으며(2:19-22), "영생을 주기 위한 희생제물"이었다(6:25-59). 따라서 십자가는 예수 사역의 최종 목적지였다. 요한복음서에서 예수의 시간은 계속 전진해가고 있으며, 그리고 이 시간은 예수의 십자가에서 그 정점에 도달한다(2:4; 7:30; 8:20; 12:23, 27; 13:1; 17:1). 오직 십자가 위에서 예수는 비로소 "다 이루었다"(19:30)라고 말씀하셨다. 그러므로 요한에게 있어서 성령의 충만한 선물이 십자가 사건에 이어 나오는 것은, 마치 구약에서 사죄의 은총이 희생제사 이후에 따라 나오는 것처럼 자연스러운 과정이다.

(2) 20:22

"이 말씀을 하신 후 예수께서 저희를 향하여 숨을 내시며 말씀하시기를 '성령을 받으라' 하시니."

예수께서 부활하신 날 당일 제자들을 향하여 '성령을 받으라'고 하신 이 말씀을 어떻게 해석할 것인가 하는 문제는 사도행전 2장에 수록되어 있는 오순절 성령강림과 관련하여 오랫동안 논란의 대상이 되어왔다. 예를 들면, 미국 칼빈신학대학원 신약 교수인 Holwerda는 요한복음 20:22에 나타나 있는 부활하신 예수의 성령 선물은 사도들의 특별한 직무 수행을 위해서 사도들에게만 주어진 것으로써 사도행전 2장의 보편적인 선물과는 분명한 차이가 있다고 보고 있으며,[16] 트리니티 신학대학원 신약학 교수인 Carson은 요한복음 20:22은 실제적인 성령 수여를

---

16) D.E. Holwerda, *The Holy Spirit and Eschatology in the Gospel of John* (Kampen: Kok, 1959), pp. 119-20.

가르키는 것이 아니고 사도행전 2장의 오순절 성령 주심에 관한 일종의 상징적 약속으로 보고 있으며,[17] 영국 Aberdeen 대학교의 신약학 교수인 Turner는 요한복음 20:22은 보혜사 성령 약속의 성취가 아니라 예수의 부활 사건 전에 제자들이 누렸던 성령 체험의 절정을 가르킨다고 보고 있으며,[18] 프랑스 신학자 Wojciechowski는 요한복음 20:22의 성령 선물은 말씀의 선물을 가르키는 반면에 사도행전 2장은 보혜사 성령의 선물을 가르킨다고 보고 있다.[19] 하지만 Burge,[20] Beasley-Murray,[21] Schnackenburg,[22] Dunn,[23] Brown,[24] Barrett,[25] Lyon,[26] Hatina[27] 등 대부분의 요한 신학자들은 요한복음 20:22을 부활하신 예수께서 제자들에게 주신 실제적인 성령 선물로, 이른바 요한의 오순절 사건으로 해석한다.

사실상 우리가 누가-행전을 요한복음 해석의 잣대로 사용하지 않고

---

17) D.A., Carson, "Spirit and Eschatology in the Gospel of John," *Tyndale Fellowship Paper* (Cambridge, 1991), pp. 652-654.

18) M.M.B. Turner, "The Concept of Receiving the Spirit in John's Gospel," *Vox Evangelica* 10 (1976), pp. 24-42.

19) Michael Wojciechowski, "Le don de l'Esprit Saint dans Jean 20.22 selon Tg. Gn. 2.7," *NTS* 33 (1987), pp. 289-292.

20) Burge, *The Annointed Community*, pp. 123-137.

21) Beasley-Murray, *John* (WBC 36: Word Books, 1987), pp. 380-382.

22) Schnackenburg, *The Gospel according to St. John 3*, pp. 323-328.

23) Dunn, *Baptism in the Holy Spirit* (Philadelphia: The Westminster Press, 1970), pp. 173-182.

24) Brown, *The Gospel according to John 2*, p. 570.

25) Barrett, *The Gospel according to John* (Philadelphia: The Westminster Press, 1978), p. 570.

26) Lyon, "John 20:22, Once More," *Asbury Theological Journal* 43 (1988), pp. 75-81.

27) Thomas R. Hatina, "John 20,22 in Its Eschatological Context: Promise or Fulfillment?" *Biblica* 74 (1993), pp. 196-219.

요한복음을 그 자체적으로 해석하려고 한다면, 요한복음 20:22의 성령 수여를 부활하신 예수가 요한복음 7:39과 고별설교에서 제자들에게 약속하신 실제적인 성령 선물로 보지 않아야 할 하등의 이유가 없다. 이미 우리가 살펴본 바와 같이 요한복음 7:39은 예수의 성령 선물을 그의 십자가 사건 이후에 두고 있다. 이러한 약속은 예수의 고별설교에서 거듭 강조되고 있다. 물론 고별설교에서 보혜사 성령의 오심은 예수의 가심과 연결되어 있다. 그러나 우리가 여기서 염두에 두어야 하는 것은 요한복음서는 누가-행전과 달리 예수의 가심이 필연적으로 그의 승천을 가르키지 않는다는 점이다. 오히려 예수의 십자가와 부활 사건 자체가 이미 예수의 영광받으심과 가심의 절정을 구성한다.[28] 따라서 십자가와 부활 사건 이후에 예수의 약속대로 제자들에게 성령의 선물을 주시는 것은 요한복음의 사상적 전개과정을 볼 때 당연하다고 볼 수 있다. 요한복음 20:22의 성령 수여를 통하여 요한의 성령론은 그 절정에 도달하며, 7:39의 "아직"이 "이미"로 전환하며, 고별설교의 약속이 성취로 전환되어진다. 만일 우리가 요한복음 20:22을 새로운 역사의 시작 곧 요한의 오순절 사건을 가르키는 것으로 보지 않는다면, 20:21에 나타나 있는 제자들에 대한 예수 사역의 위임과 20:23에 있는 죄 용서의 권세를 주는 것이 아무런 의미가 없는 것이 되고 만다.

이 때문에 칼빈까지도 그의 요한복음 주석에서 "…만일 성령께서 주님 그분으로부터 나오시지 않으셨다면 이 구절은 의미없는 것이 되고 말 것이다. …더욱이 그리스도는 그의 제자들에게 자신이 받았던 성령을 그의 제자들에게 전달하실 뿐만 아니라 또한 성령을 그 자신의 것으로서, 그가 아버지와 함께 공유하고 있는 것으로서 제자들에게 주셨다"라고 말하고 있으며,[29] 요한의 성령론을 자신의 박사학위 논문 주제로 삼은 Burge도 "요한복음 20:22은 보혜사 약속의 성취일 뿐만 아니라,

---

28) Burge, *The Annointed Community*, pp. 148-149.
29) John Calvin, *The Gospel according to John*, trans. by T.H.C. Parker, pp. 204-205.

또한 요한복음서 자체의 절정이기도 하다"라고 말하고 있다.[30] 요한복음서 안에서 20:22을 제외하고는 사도행전 2장의 오순절 성령강림 사건을 포함하여 그 어떤 성령 선물의 성취에 관한 언급이나 기대가 전혀 없다는 사실은 Burge의 결론을 받아들이지 않을 수 없게 한다. 고별설교 전후에 나타나 있는 약속과 성취의 문맥은 사실상 십자가 사건 직전에 주어진 고별설교의 보혜사/성령 약속을 그 이전의 모든 성령 약속의 총체적인 결론으로 보게 하며, 고별설교에 나타나 있는 약속은 예수의 십자가와 부활 사건 후에 성취되어졌다는 결론을 내리게 한다.

3. 본문의 역사적 배경

요한복음의 역사적 진전과정에 따르면 고별설교는 예수께서 유대 종교 지도자들에게 붙잡혀 십자가에 달려 돌아가시기 전날 밤, 그의 제자들과 함께 마지막 유월절 만찬을 가지는 중에 주어졌다(13:1-3; 18:1-10). 그러므로 예수의 아버지에게로의 귀환, 그의 십자가의 죽음과 부활 사건에 의한 영광받으심, 그리고 예수님과 제자들과의 일시적 이별과 그로 인한 제자들의 불안과 근심이 고별설교의 역사적 무대장치를 형성한다. 고별설교의 핵심 부분을 차지하는 보혜사/성령 메시지는 예수와 제자들과의 이와 같은 역사적 배경에서 주어진 것이다.

그러나 요한복음의 성령 본문의 역사적 배경과 관련하여 우리의 주된 관심이 되는 것은, 주후 30년에 있었다고 생각되는 역사적 예수와 그의 제자들 사이의 역사적 무대장치보다 오히려 요한복음서가 기록되었을 당시의 복음서 저자와 독자들 사이의 역사적 무대장치이다. 이미 우리가 알 수 있는 바와 같이, 고별설교에 나타나 있는 보혜사/성령 메시지는 복음서 중에서 오직 요한복음서에만 있는 특이한 것이다. 따라서 우리는 마태, 마가, 누가 등의 복음서 저자가 수록하지 않은 예수의 보혜사/성령 메시지를 왜 유독 요한복음서 저자만이 수록하였는가를 묻지

---

30) Burge, *The Annointed Community*, p. 223.

않을 수 없다. 다시 말해서 요한복음서 저자가 보혜사/성령 메시지를 자신의 복음서에 수록하여야 할 특별한 필요성이 저자 자신이나 혹은 그의 독자들 편에서 있었느냐 하는 문제이다. 이러한 질문은 결국 우리로 하여금 요한복음서의 원래 수신자인 요한의 기독교 공동체의 역사적 삶의 정황 문제를 불러일으킨다.

이 문제는 고별설교의 성령 본문은 물론 요한복음서 전체를 이해하는 데 대단히 중요한 질문이기는 하지만 그러나 우리가 솔직히 고백하여야 하는 것은 이 세상의 그 누구도 이 문제에 관하여 절대적인 확신을 가지고 말할 수 있는 자는 없다는 것이다. 사실상 이 문제는 필연적으로 우리에게 현재 신약학계의 가장 난제 중의 하나인 요한복음서의 기원 문제, 말하자면 요한복음서가 언제, 어디서, 왜, 누구에 의해, 무엇 때문에, 어떠한 상황에서 쓰여졌는가 하는 문제들을 불러일으키지만, 이러한 문제들은 어떤 합의된 결론에 도달하지 못하고 아직도 우리 학계에서 계속 토론이 되고 있다.[31] 따라서 학계에서 계속 토론되고 있는 복잡한 문제를 이 작은 글에서 재론할 수는 없고 다만 고별설교의 성령 메시지와 관련하여 요한복음서 배후에 자리잡고 있는 요한 공동체의 사회적, 역사적, 종교적 문맥에 대한 필자 자신의 입장만을 간략하게 제시하도록 하겠다.

요한 공동체의 사회적, 역사적, 종교적 상황은 어떠하였는가? 현재의 대다수 학자들이 생각하고 있듯이, 요한복음서도 다른 복음서처럼 단순히 역사를 기록하는 데 그 초점이 있다기보다 특수한 공동체의 긴급한 필요성에 응답하기 위해 쓰여졌다고 한다면, 우리는 요한의 본문들이

---

31) 예를 들면, R.E. Brown, *The Community of the Beloved Disciple* (New York: Paulist Press, 1979); Martin Hengel, *The Johannine Question* (London: SCM Press, 1979); T.L. Brodie, *The Quest for the Origin of John's Gospel* (Oxford: University Press, 1993); R. Bauckam, "The Beloved Disciple as Ideal Author," *JSNT* 49 (1993): 21-44.

단순히 지나간 역사를 반영하는 데 멈추지 않고 공동체의 당면한 상황과 문제들을 반영하고 있다고 볼 수 있다.[32] 물론 우리는 본문과 사회적, 역사적, 종교적 상황 사이에는 괴리가 있다는 것을 인정하지 않을 수 없고, 따라서 양자 사이에는 일종의 변증법적 긴장 관계가 있다고 보지 않을 수 없다.[33] 요한의 공동체가 직면하고 있었던 사회적, 역사적, 종교적 상황에 관한 세세한 학문적인 논의에 들어가지 않고, 다만 요한복음서 그 자체로부터, 특별히 요한의 성령 본문들로부터 찾아볼 수 없는 간략한 개요를 생각해 보도록 하자.

(1) 요한의 공동체는 주후 1세기 말엽에 소아시아(혹은 시리아) 지역에 위치하였을 것이다.

(2) 이 공동체의 창설자는 팔레스틴으로부터 이주해온 자로서 요한복음서에서 예수의 "사랑하는 제자"로 불리워지는 자였을 것이며(요 13:23; 19:26; 21:7,20), 예수의 약속된 보혜사/성령의 직접적인 수여자였을 것이다.[34]

(3) 요한의 공동체는 다양한 인종적, 종교적 배경을 가진 여러 계층의 사람들로 구성되었을 것이다. 이들 중에는 인종적으로 볼 때, 유대인 (세례 요한의 추종자였던 자들을 포함하여), 사마리아 사람들, 이방인들이 포함되었을 것이며, 문화적 종교적 배경을 고려해 볼 때 헬레니즘, 헬라화된 유대사상, 유대교 및 초기 영지주의 사상의 배경을 가진 자들이 포함되었을 것이다.

(4) 공동체가 가진 이와 같은 다양한 배경은 초대교회의 가장 기본적

---

32) Suggit, "John 13-17 Viewed Through Liturgical Spectacles," pp. 48-49.

33) Brown, *The Community of the Beloved Disciple*, p. 20f.

34) 물론 이 "사랑하는 제자"가 누구를 가르키느냐에 관하여서는 아직도 요한 신학계에서 계속 토론되고 있다. 전통적으로 열두 사도에 속한 세베데의 아들 사도요한을 가르키는 것으로 생각해왔으나, 최근의 요한 연구가들(예를 들면, Brown, Synackenburg, Hengel, Bauckam)은 예수의 열두 제자에 속하지 않았던 익명의 예루살렘 거주 제자로 보고 있다.

인 교리의 이해와 해석에 있어서도 자연히 다양한 입장을 가져올 수 있었을 것이며, 여기에는 특별히 창설자인 사랑하는 제자의 증거와 설교를 포함하여 기독론과 종말론과 성령론에 관한 교훈이 포함되었을 것이다. 그리고 이러한 다양한 입장은 결국 공동체를 형성하고 있었던 각 그룹 사이에 내적인 긴장과 갈등을 야기할 수 있었을 것이다.

(5) 요한의 공동체는 당시 사회의 중심 세력을 형성하고 있었던 희랍-로마 사회와 유대인 공동체로부터 소외와 핍박을 당하는 입장에 처해 있었을 것이다.

(6) 당시 요한의 공동체는 유대교 회당에서 출교를 당했을 것이며, 이로 말미암아 요한의 공동체 신자들, 특별히 유대교 배경을 가진 신자들은 생명의 위협을 느껴 공동체로부터 이탈하여 배교하는 자들도 있었을 것이다.[35]

(7) 공동체의 창설자인 "사랑하는 제자"는 요한복음서가 마지막으로 편집되어질 그 당시에는 이미 사망하였을 것이다(참조 요 21:23-24). 그러나 그는 죽기 전에 자신의 공동체에 예수의 전승을 모은 예수 전승 문헌과 그가 공동체에게 가르쳤던 교훈과 설교 문헌 등을 남겼을 것이다. 고별설교도 사랑하는 제자가 남긴 이 예수 전승 문헌에 속하여 있었을 것이다.

(8) 요한의 공동체는 당시 이웃에 있는 다른 기독교 공동체(예를 들면 마태나 도마의 공동체)와 일종의 경쟁적 관계를 가지고 있었을 것이다.

종합적으로 말해서 당시 요한의 공동체는 내적, 외적인 문제들로 인해 공동체의 존립에 관계되는 심각한 위험 아래 처해 있었을 것이다. 따라서 공동체의 재확립은 공동체가 자리잡고 있는 희랍-로마 사회 안에서 자신의 정체성을 유지하는 데 있어서 대단히 긴요한 과제였을 것이다.

---

35) Draper, "The Sociological Function of the Spirit/Paraclete in the Farewell Discourses in the Four Gospel," p. 14, 22; 최석원, "고별설교의 배경과 정황," "그 말씀," 22 (1994/5), 121-128.

이러한 공동체의 재확립을 위해서 요한의 공동체는, 우리가 복음서 안에 있는 예수의 고별설교에서 볼 수 있는 것처럼, 예수에 대한 강한 신앙과 공동체의 통일성을 유지하기 위한 교인 상호간의 사랑과 예수의 제자로서 보혜사/성령을 통하여 예수의 사역을 계승한 창설자인 사랑하는 제자의 과업을 지속하기 위한 새로운 리더십 확립과 이웃에 있는 다른 기독교 공동체와의 좋은 유대관계 확립과 그리고 공동체 주위의 위협 세력에 대처할 수 있는 방어력을 필요로 하였을 것이다.[36]

요한복음서는 사랑하는 제자의 사망 직후 공동체가 안고 있는 이러한 위기들을 해소하기 위해 쓰여졌다고 본다. 사랑하는 제자를 따르던 소수의 제자들은 스승의 죽음 직후 창설자가 남겨두었던 복음서 문헌집을 발견하였을 것이다. 그러나 그들은 이 문헌집을 진리의 영이시며 보혜사이신 성령의 인도 아래 당시 공동체가 안고 있었던 위기들을 해소하기 위하여 최종적으로 재편집하였을 것이다(21:24). 요한의 공동체의 신학적인 기반이었던 (높은) 기독론과 (실현된) 종말론은 또한 당시 공동체가 안고 있던 위기들을 해소할 수 있는 열쇠들로 간주되어 요한복음서를 편집하는 데 있어서 가장 중요한 신학적 뼈대를 형성하였을 것이다(참조 20:31). 당시 이미 쓰여져서 교회에 유통되고 있었던 공관복음서와 바울의 서신들도 요한복음서를 편집하는 데 참조가 되었을 것이다.

요한복음서에서는 엄밀한 의미에서 기독론과 종말론으로부터 결단코 분리될 수 없는 성령론은 공동체의 정체성을 유지하는 데 있어서는 물론 복음서 그 자체의 편집에 있어서 합법적인 근거로써 결정적인 역할

---

36) Cf. Wilckens, "Der Paraklet und die Kirche," in *Kirche. Festschrift G. Bornkamm*, eds. D. Luhrmann & G. Strecker (Tubingen: Mohr/Siebeck, 1980), pp. 185-203; U. Schnelle, "Johanneische Ekklesiologie," NTS 37 (1991), 37-50; B. Robert Alan, *Pneumatology and the History of the Johannine Community*. Ph.D. Dissertation at Drew University, 1988, pp. 8-39.

을 하였을 것이다.[37] 달리 표현하자면, 복음서의 마지막 편집자들은 사실상 부활하신 주님 자신의 임재이신 보혜사 성령의 체험과 인도하심에 의존하여 기독론에 강조를 둠으로써 예수 사역의 목격자와 계승자로서 공동체를 설립하여 목회자 역할을 하였던 사랑하는 제자에 대한 공동체의 관심을 공동체의 궁극적인 창설자이신 예수에게 돌리게 하였으며, 공동체로 하여금 예수 중심의 교회로서 그들의 영화를 위하여 십자가에서 죽으시고, 그들에게 보혜사 성령을 보내어 주신 하나님의 아들 예수의 발자취를 따라가도록 하였을 것이다. 그들은 또한 보혜사 성령 안에서 부활하신 예수의 체험과 인도하심을 따라 종말론의 강조점을 미래보다 현재에 둠으로써 사랑하는 제자의 죽음과 예수 재림의 지연으로부터 오는 문제들을 해소하려고 하였을 것이다. 이렇게 볼 때 요한의 성령론은 요한의 공동체의 형성과 유지는 물론 요한복음서를 형성하는 데 주도적인 역할을 하였다고 말할 수밖에 없으며, 이런 점에서 우리는 요한의 공동체와 복음서를 성령의 공동체와 성령의 복음이라고도 말할 수 있는 것이다.[38]

지금까지 우리는 특별히 요한의 성령론 문제와 관련하여 요한복음서의 사회적, 역사적, 종교적 상황을 대충 살펴 보았다. 필자는 우리의 개요가 일종의 사색적 산물이라고 비평받을 수 있는 여지가 있음을 인정한다. 우리는 이러한 비평을 완전하게 피할 수는 없다. 하지만 요한복음서의 어떠한 역사적 정황(*Sitz im Leben*)의 재구성도 사색으로부터 완전히 자유로울 수 없는 이상 우리의 개요가 신뢰받을 수 있느냐 없느냐 하는 것은 결국 그것이 요한 본문 그 자체와 조화가 잘 되느냐에 좌우된다고 하겠다. 우리는 요한 공동체의 사회적, 역사적, 종교적 정화에 대한 우리의 개요가 비록 사색의 영역을 완전히 벗어날 수는 없

---

37) Burge, *The Annointed Community*, pp. 44ff; Draper, op. cit., pp. 22-23.

38) H. Schlier, "Der Heilige Geist als Interpret nach dem Johannesevangelium," *Internationale Katholische Zeitscrift* 2 (1973), pp. 97-108; Culpepper, *Johannine School*, pp. 265-70.

다고 하더라도, 그럼에도 불구하고 그것이 요한복음의 본문, 특별히 성령론 본문에 부합한다고 본다.

4. 본문의 주 메시지

우리는 본문 분석, 문맥, 역사적 배경 연구를 통하여 고별설교의 성령 본문들이 어떠한 필요성을 위해 쓰여졌었는가를 살펴 보았다. 우리가 내릴 수 있는 결론은 고별설교의 성령 본문들은 본래 예수의 제자들에게 있어서는 예수님의 떠나가심과 관련하여, 그리고 요한의 공동체에 있어서는 역사적 예수의 인격과 사역의 목격자이며 요한 공동체의 창설자인 사랑하는 제자의 죽음과 관련하여, 다 같이 강한 기독론적이고 교회론적인 관점에서 수록되었다는 것이다. 다시 말하자면 고별설교의 성령 본문들은 보혜사/성령이 떠나가신 예수의 인격과 사역을 대변하기 위하여, 아버지 하나님과 예수 자신에 의해 파송받으신 분이심을 강조한다. 그래서 제자들과 요한의 공동체는 다 같이 보혜사/성령을 통하여 그들과 함께하시는 아버지와 예수의 임재하심을 체험할 뿐만 아니라 성령을 통하여 이 세상에서 예수의 제자와 예수의 공동체로서의 그들의 정체성(Identity)과 그들의 삶을 유지할 수 있는 것이다.[39] 이와 같은 우리의 결론이 정당하다고 한다면, 오늘 우리 교회는 비록 예수의 제자들과 요한의 공동체와는 시간적이며 공간적인 괴리를 가지고 있다고 하더라도, 마치 요한의 공동체가 그들과는 시간적, 공간적인 괴리를 가진 예수와 제자들과의 역사적인 고별설교와 보혜사 성령 약속의 문맥에 돌아감으로써, 그들 자신들의 정체성과 그들 당대의 문제를 해소시키려 했던 것처럼, 우리 또한 요한복음서에 수록된 고별설교와 보혜사/성령 메시지를 통해 오늘 우리 자신과 교회의 참된 정체성의 확립은 물론 우리가 안고 있는 제반 문제들을 해결할 수 있는 것이다. 무엇보다도 오늘날 우리 한국 교회에서 성령을 지나치게 그리스도와 그의 말씀으로부터 분리하거나, 성령을 이 세상에서 구현되어질 신자의 독특한 신분과

---

39) Burge, *The Annointed Community*, pp. 148-149.

삶을 유지하게 하는 교회론적이고 윤리론적인 차원에서 이해하지 않고 지나치게 환상적이고 능력적인 차원에서만 이해하려고 하는 것, 예를 들면 성령을 "제2의 축복" 등으로만 이해하려는 것은 다시 한번 재검토 되어야 할 것으로 본다.

제5장

한국 교회 성령세례 논쟁, 무엇이 문제인가?

고신대 교수 연구위원회 보고서에 대한
안영복 교수(고신대), 차영배 교수(총신대)의 문제제기에 대한 소견[1]

1. 문제의 배경과 출발점

1980년 이후 한국 장로교회 안에서, 특별히 개혁주의 신학과 신앙을 표방하고 있는 예장 고신 및 합동교단 산하 신학대학과 교회 안에서 신학대학 교수들, 목회자들 그리고 신학생들 사이에 성령세례 문제에 관한 연구와 토론이 계속되어 왔다.[2] 그러다가 최근에 예장 고신교단 신문이라고 볼 수 있는 "기독교보"가 한국 교회 성령세례 논쟁과 관련하여 1986년 고신대학 교수 연구위원회가 마련하고 동교수회에서 추인된 "성령세례에 대하여"라는 논문을 전면 게재하고(92년 7월 11일자), 곧 이어 동대학 구약 담당인 안영복 교수가 "종전의 성령론은 왜 잘못되었

---

1) 이 글은 본래 필자가, 전고신대 교수인 안영복 교수가 1992년 8월달 "기독교연합신문"에 연재한 "종전의 성령론 왜 잘못되었는가?"와 차영배 교수가 발표한 "성령세례에 관한 연구논문의 문제점," 『성령.성령론』(성령론에 대한 공정한 논의를 촉구하는 목회자들의 모임, 1992), 26-80에 대한 소견을 1992년 9월 "기독교 연합신문"에 연재하였던 것이다. 약간의 수정을 하여 여기에 다시 싣는다.

2) 최갑종, "바울과 성령," 『바울연구 1』, p. 118. n2와, 본서에 수록된 "바울과 성령 2" 각주 2)를 참조하라.

는가?"라는 논문을 통하여,[3] 그리고 전총신대 학장이며 동신학대학원 교의학 담당인 차영배 교수가 "성령세례에 관한 연구논문의 문제점"이란 논문을 통하여,[4] 고신대학원 교수 연구보고서에 대하여 강한 반대와 비판을 제기함으로써, 그리고 이 사실이 교계 신문에 크게 보도됨으로써, 성령세례 논쟁은 이제 전체 한국 교회의 관심사로 부각되어 가고 있는 것 같다. 필자가 보기에 국내의 성령세례 논쟁은 크게 보아 다음과 같은 3가지 영향 때문에 그 동안 목회자들과 신학생, 교인들 가운데 심화되어 왔고, 앞으로도 계속 확산되고 가열되어질 것 같다.

첫째, 성령세례와 성령은사(특히 방언과 신유)를 모든 크리스천이 지향하여야 할 필수적인 체험 요소임을 주장하는 오순절계열 교회, 특별히 순복음 교회의 급격한 성장으로 인해 많은 장로교단 목회자와 신학생들이 교회 성장이란 문제와 관련하여 오순절 교회 주장을 개혁주의 신학 입장에 의한 충분한 신학적 사유나 비판없이 목회 현장에 서서히 도입하기 시작하였다. 그리고 많은 사람들이 이것이 한국 사람들의 심성과 관련하여 실제적으로 교회 성장의 효력을 보여주고 있다고 느꼈기 때문이었다.

둘째, 한국의 가장 큰 장로교단 직영 신학대학인 총신대에서 오랫동안 교의학을 담당하고 있는 차영배 교수가 사도행전 2장의 오순절 성령강림 문제와 중생과 성령세례 문제와 관련하여, 전통적인 해석보다 오히려 오순절 신학에서 강조되고 있는 해석과 유사한 주장을[5] 학생들에

---

3) 안영복, "종전의 성령론은 왜 잘못되었는가?" "기독교연합신문," (1992. 8. 16, 23, 30).
4) 차영배, "성령세례에 관한 연구논문의 문제점." 『성령.성령론』, 26-80.
5) 물론 차 교수가 오순절 입장에 서 있다는 말은 아니다. 오순절주의자와 차 교수 사이에는 많은 차이점이 있다. 그리고 차 교수 자신도 자기의 주장이 오순절의 가르침에서 온 것이 아니라 본래 청교도 신앙과 개혁주의 신학자들, 특별히 화란의 유명한 교의학자 헤르만 바빙크(H. Bavinck)의 신학에 근거하고 있다고 주장하고 있다. 그러나 결과면에서 보면 양자의 유사점을 부정하기 어렵다. 김명혁, "한국교회와 성령론," "목회와 신학," 57 (1994/3), 267-268를 보라.

게 계속 가르쳤을 뿐만 아니라, 무게 있는 논문 발표와 저서 및 강연을 통하여 자신의 주장을 학계와 교계에 널리 보급하였기 때문이었다. 그리하여 그는 그 동안 고신대의 안영복 교수, 개혁신학연구원의 정원태 교수 등으로부터 지지를 얻게 되었으며, 동시에 고신대의 고재수 교수, 총신대의 서철원 교수, 아세아 연신대의 정규남 교수, 미국 웨스트민스터 신학교의 리차드 가핀(R.B. Gaffin) 교수 등으로부터 공개적인 비판을 받기도 하였다. 그래서 급기야 1991년 가을학기에 총신대학원 학우회에서 차영배, 서철원, 권성수, 박형룡, 박정렬 교수 등을 모시고 성령세례 문제를 주제로 공개 신학강좌를 가지기도 하였으며,[6] 고신교단에서는 젊은 목회자들을 중심으로 지난 1992년 8월 24일 부산에서 성령세례 문제를 주제로 공개 토론회를 개최하기도 하였다. 그러나 필자가 보기에 가장 중요한 문제 즉 차 교수의 주장이 참으로 개혁주의 신학자 바빙크의 입장을 충실하게 대변하고 있는지, 그의 성령론의 가르침이 신약성경 자체의 가르침과 참으로 일치하고 있는지에 관하여 그 동안 교의학자들과 신약성경 학자들에 의한 깊은 평가 연구가 충분히 이루어지지는 못하였던 것 같다.

셋째, 1980년대 후반 이후 금세기 영국의 가장 유명한 설교가로 알려져 있는 로이드 존스(Lloyd Jones) 목사의 성령론에 관한 많은 책들이 한국말로 번역되어 신학생들과 목회자들에게 널리 보급되었기 때문이었다.[7] 스스로 철저한 청교도 신학과 복음주의 신앙 노선에 서 있다고 자처했던 존스 목사는 그의 생애 말년인 1960년대 후반부터 중생과 성령세례를 동일시하던 전통적인 주장을 거부하고 성령세례를 능력있는 복음전파와 사역을 위해 받아야 할 제2의 능력의 은사임을 주장하면서 성령 세례를 크리스천의 필수적인 은사로 부각시켰지만,[8] 그의 주장은

---

6) 이 공개 신학강좌의 내용은 『목회와 성령』(에베소서원, 1991)에 수록되어 있다.

7) 예를 들면, 홍정식 역편, 『D.M. 로이드-존즈 성령론』(새순출판사, 1986); 정원택 역, 『성령세례』(기독교문서선교회, 1986).

8) M. Eaton, (기동연 역), 『로이드 존스와 성령세례』(고려신학대학원 학우

아무런 비판의 과정없이 한국의 많은 젊은 목회자들과 신학생들에게 환영을 받았다.[9]

신약성경을 가르치고 있는 필자는 1992년 초 귀국한 이래 지난 10여년 동안 한국 장로교회 안에서 연구되고 토론되었던 성령론에 관한 모든 논문들과 단행본들을 자세하게 검토해 볼 수 있는 기회를 가졌으며, 이 문제에 대한 필자 자신의 입장을 이미 1992년 "목회와 신학" 4월호와 단행본『예수·교회·성령』(기독교문서선교회)을 통하여 부분적으로 제시한 바 있다. 그러다가 이번에 안영복 교수와 차영배 교수가 발표한 영향력있는 논문을 고신 교수회의 연구보고서와 대조해 가면서 자세하게 읽어보게 되었다. 근본적으로 서로 의견을 같이하고 있는 두 분의 글을 읽으면서, 필자는 한편으로 두 분이 함께 지적하고 있는 고려신학대학원 교수들의 연구보고서의 어떤 문제점에 관하여는 공감을 하였지만, 또 한편으로 그렇다고 자신들의 의견만이 성경적이고 고신 교수들의 연구보고서는 비성경적이라고 강한 확신을 가지고 단정하고 있는 사실에 대하여는 놀라움을 금할 수가 없었다. 그래서 필자는 다시 한번 희랍어 성경을 활용하여 차영배 교수와 안영복 교수 두 분이 자신들의 주장을 뒷받침하기 위해 제시하고 있는 성경 본문들을 하나하나 검토해 보게 되었다. 검토 결과는, 두 분이 자신들의 주장을 뒷받침하기 위해 제시하고 있는 모든 성경 본문이 그들의 모든 주장을 모든 면에서 뒷받침하고 있지는 않다는 사실이었다. 오히려 두 분이 가장 강력하게 주장하고 있는 문제인 즉 "성령세례는 중생, 칭의 등과 같은 것이 아니고 오히려 예수 믿어 중생과 칭의의 과정을 겪은 크리스천이 능력있는 사역자나 신앙적인 삶을 살기 위해 2차적으로 체험해야만 하는 제2의 은사이다"라는 주장에 관하여, 신약성경 본문은 두 분의 주장을 뒷받침하기보다 오히려 그 반대를 강하게 지지하고 있다는 평소의 확신을 재확

회, 1993); 도나드 매크레오드, 『성령세례와 개혁주의 성령론: 로이드 존즈의 성령세례와 비교하여』 (여수룬, 1988).

9) 역시 김영재, "오순절 성령강림과 성령세례에 대한 이해의 새 지평," "목회와 신학," 57 (1994/3): 91-92를 보라.

인시켜 주었다. 그래서 필자는 고신대학원 교수 연구보고서를 포함하여 특별히 안 교수와 차 교수의 주장을 평가하는 주경학적인 논문을 쓰기에 앞서, 우선 본 지면을 통하여 공개적인 소견서를 제시하기로 하였다.

이 글을 쓰면서 필자는 금번 성령론에 직접적으로 관여한 당사자들을 포함하여 독자들에게 몇 가지 점을 미리 밝혀두고 싶다.

첫째, 이 글은 안영복 교수, 차영배 교수 두 분의 논문 배후에 있는 한국 교회를 향한 뜨거운 열심, 즉 한국 교회가 성령세례에 관하여 새로운 이해를 함으로써 목회자들이 능력있는 사역자가 되고, 한국 교회가 새로워지고, 뜨거워지고, 부흥하기를 바라는 그 선교적, 목회적, 학문적 열심 그 자체를 비판하는 데 있지 않다는 사실이다. 왜냐하면 이것은 필자 자신을 위시하여 모든 신학인과 목회자들의 공통적인 바람이기 때문이다. 이 글의 주된 목적은, 다만 이미 공개적으로 발표된 그들의 주장이 참으로 신약성경의 가르침과 일치하고 있는지를 검토하는 것과 그들의 주장 이면에 얼마나 심각한 신학적인 문제들이 놓여 있는가를 간단히 밝히는 데 있다.

둘째, 필자의 의견은 필자가 소속된 학교나 교단의 입장을 대변하고 있다기보다 어디까지나 신약성경을 연구하고 있는 필자 개인의 의견이라는 점이다. 그런 점에서 필자의 의견은 감히 성경적이라고 주장할 수 있는 것이라기보다 오히려 성경의 가르침에 대한 필자 자신의 한 소견에 불과하다는 것이다. 이런 점에서 필자의 의견은 성경 본문처럼 신적인 권위를 지니고 있는 것이 아니며, 오히려 두 분을 포함하여 모든 신학인들로부터 항상 비판받아야 하고 또 더 깊은 성경연구에 의해 보다 나은 의견제시가 있을 때는 그것에 항상 승복할 수 있어야 한다는 점이다. 필자는 오늘 우리 신학인들이 빠질 수 있는 가장 큰 약점 중의 하나가 자기 자신의 성경해석을 상대화시키기보다 오히려 너무나 쉽게 성경적인 것으로 생각하여, 거기에 신적인 권위를 부여하고, 나와 의견을 달리하는 견해에 대하여는 여지없이 비성경적이라고 단정해 버리는 것이라 생각한다. 그러나 엄밀히 말해서 영감받은 신약성경 저자들 이외에 그 누가 자신의 성경해석만이 감히 성경적이라고 쉽게 단정할 수 있겠는가? 왜냐하면 우리의 성경해석은, 우리가 아무리 최선의 연구와 검토를 한다 할지라도 해석하는 우리 자신이 이미 특수한 역사와 문화와 환경의 제약 속에 살고 있기 때문에, 우리의 성경해석은 역사적 제약성을 지닐 수밖에 없고, 따라서 우리의 해석은 우리의 동시대나 다음 시대의 사람들에 의해 언제든지 비판을 받을 수 있기 때문이다.

셋째, 이 글을 쓰는 필자는 철저히 개혁주의 신학노선에 서 있기를 원하며, 이 글도 그러한 관점에서 쓰여진다는 점이다. 필자가 이해하는 "개혁주의 신학노선"이란, 일찍이 종교개혁자로서 장로교회 기초를 놓은 요한 칼빈이 제창한 "교회는 개혁되어져 왔기 때문에 또한 항상 개혁되어져 가야 한다"(*Ecclesia semper reformanda quvia reformata*)라는 주장처럼, 성경을 절대적인 기준으로 삼아 모든 교리와 신학과 신앙노선을 그 성경의 가르침을 따라 항상 새롭게 개혁시켜 나가는 입장이라고 생각한다. 개혁주의가 가능한 한 종전의 주장을 그대로 고수하려고 하는 보수주의와 이런 점에서 차이가 있다고 볼 때, 필자는 이 글을 쓰는 자신을 포함하여 근간의 성령론 논쟁에 관여하는 모든 분들이 이름 그대로 개혁주의 신학노선에 서 있기를 열망한다. 왜냐하면 우리 모두가 순수하게 개혁주의 신학노선에 서 있다고 한다면, 금번의 성령론 논쟁은 단순히 흑백을 가리는 싸움이 아니라, 서로의 장단점을 통하여 오히려 성경의 부유성(富裕性)을 들추어내는 생산적인 계기가 될 것이기 때문이다. 이런 점에서 필자는 1986년 고신대 교수회에서 채택된 성령세례 문제에 관한 연구위원회 보고서를 포함하여, 성령세례에 관한 종전의 모든 우리 연구가 만에 하나라도 문제가 있고, 성경 자체의 가르침과 부유성을 밝히는 데 미흡한 점이 있다고 한다면, 지나치게 과거에 집착하지 말고 성경의 가르침을 따라 새롭게 수정 보완되었으면 한다. 고무적인 사실은, 필자가 이 글을 쓰고 있는 동안 고신대학원 교수회에서 최근에 외국에서 공부하고 돌아온 젊은 교수들을 위원으로 뽑아 성령세례 문제를 다시 한번 검토하도록 하였다는 점과[10] 총신대의 젊은 교수들 사이에도 최근의 성령론 논쟁에 관한 보다 깊은 학문적인 재검토를 해야 한다는 공감대가 확산되어가고 있는 점[11] 그리고 한국 기독교윤리 실천위원회에서도 "성령과 윤리" 문제를 본격적으로 연구 검토해 보기로 하였다는 점이다.

2. "성령세례"란 무엇인가?

최근의 성령세례 논쟁의 쟁점은 크게 두 가지로 요약된다. 첫째, 사도행전 2장에 나타나고 있는 오순절 성령세례 사건을 그리스도의 오심, 죽으심, 부활 등과 같이 후대 기독교 역사 안에서 반복될 수 없는 단회적인 구원역사적 사건으로 보아야만 하는가? 아니면 예루살렘의 사도적 교회를 출발점으로 하여 그리스도의 구속사역이 적용될 때마다 계속 반복되는 사건으로 보아야만 하는가? 둘째, 성령세례는 복음을 통하여 예수 그리스도를 믿음으로 구원받게 되는 그리스도인이 필연적으로 겪게 되는 중생의 역사와 동일한 것인가? 아니면 이미 중생의 과정을 겪은 그리스도인이 보다 능력있는 사역이나 성화의 삶을 누리기 위해 마땅히 받아야 될 "제2차적인 은사"인가? 그 밖에 여러 부수적인 논쟁들, 성령세례를 받기 위해 우리가 적극적으로 기도를 할 수 있는가, 없는가? 성령세례는 하나님의 선물이므로 인간의 행위나 조건에 관계없이 오직 그리스도에 대한 믿음으로만 받는 것인가? 사도시대에 주어진 어떤 특징적인 성령의 은사들(예를 들면 방언, 예언, 병고침 등)이 사도시대 이후 오늘 우리 교회 안에도 계속 주어질 수 있느냐, 없느냐? 하는 문제 등은 결국 위의 두 문제에 귀결되어진다고 볼 수 있을 것이다.

---

10) 고려신학대학원 교수회는 1993년 9월 20일에 고신총회 앞으로 "성령론 연구 보고서"를 제출하였는데, 이 연구보고서는 1986년의 연구보고서보다 훨씬 보완 발전된 것으로 평가를 받고 있다. 김명혁, "한국 교회와 성령론," p. 273을 보라.

11) 1994년 5월 10일에 총신대에서 있었던 성령론 연구발표와 심포지엄 논의를 참조하라.

우리가 위에서 소개되고 있는 논쟁의 쟁점을 올바르게 파악하기 위해서는 무엇보다 먼저 "성령세례"라는 말 그 자체를 올바르게 규정하여야 한다. 왜냐하면 동일한 언어라도 그 언어를 사용하는 당사자에 따라 각각 다른 의미로 사용되면 문제가 더 어려워지기 때문이다. 그렇기 때문에 불필요한 오해를 방지하기 위해서라도 이 말에 대한 신약 저자들의 용법부터 먼저 규명할 필요가 있는 것이다.

우선적으로 우리가 알아야 할 것은 신구약 성경 그 어느 곳에서도 복합명사 형태의 "성령세례"라는 말 자체는 단 한 군데도 나타나지 않는다는 점이다. 다만 신약에서 일종의 동사 형태로 즉 "성령으로(여겨 명사로 나타나는 성령과 연결되어 있는 희랍어 전치사 "ἐν"은 문법적으로 장소를 지칭하는 '안에서'로 번역할 수 있으나 필자는 수단을 지칭하는 '성령으로'라는 번역을 선호한다)의 세례"라는 말로 네 번 사용되고 있을 뿐이다.

그 첫째는, 복음서에서 세례 요한이 오실 메시야(예수)의 인격 및 직분과 세례 요한 자신을 비교하면서 사용한 말씀, "나는 물로 세례를 주거니와 그는 성령으로(마태, 누가에는 '성령과 불'로) 너희에게 세례를 주실 것이요"(αὐτὸς ὑμᾶς βαπτίσει ἐν πνεύματι ἁγίῳ; 마 3:11; 막 1:8; 눅 3:16; 참조, 요 1:33)에서 각각 한 번 사용되어졌고, 두 번째는 부활하신 예수께서 승천하시기 직전 제자들에게 주신 약속의 말씀 "요한은 물로 세례를 베풀었으나, 너희는 몇 날이 못되어 성령으로 세례를 받으리라"(ὑμεῖς δὲ ἐν πνεύματι βαπτισθήσεσθε ἁγίῳ; 행 1:5)에서 사용되어졌고, 세 번째는 베드로가 고넬료 가정에 전도할 때에 성령이 오신 것을 보고 주님의 말씀을 기억하면서 사용한 "주의 말씀에 요한은 물로 세례를 주었으나 너희는 성령으로 세례를 받으리라 하신 것이 생각났노라"(ὑμεῖς δὲ βαπτισθήσεσθε ἐν πνεύματι ἁγίῳ; 행 11:16)에서 사용되어졌고, 마지막으로 바울이 고린도 교회가 다양한 은사를 가졌음에도 불구하고 어떻게 그리스도의 한 몸을 이루고 있느냐 하는 것을 밝히기 위해 사용한 말씀 "우리 모든 사람들이, 유대인이나 헬라인이나 종이나 자유인이나 한 성령에 의해 한 몸을 위하여 세례를 받게 되어졌고 그리고 우리 모든 사람들이 한 성령으로 마시게 되어졌다"(καὶ γὰρ ἐν ἑνὶ πνεύματι ἡμεῖς πάντες εἰς ἓν σῶμα ἐβαπτίσθημεν; 희랍어 원문 직역, 고전 12:13)에서 각각 사용되어졌다.

위의 본문 중 첫째, 둘째, 셋째의 경우는 사도행전 2장의 오순절 성령세례 사건과 직접적으로 연결되어 있음이 분명하지만, 고린도전서 12:13의 경우에는 그것이 오순절의 성령세례 사건에 함께 참여하는 것을 가르키는지 혹은 고린도 교회의 개별적인 성령세례 사건을 뜻하고 있는지 분명하지는 않다. 필자는 대부분의 신약학자들과 함께 이 구절이 고린도 교회의 성령세례 사건을 가르키는 것으로 본다. 그럼에도 불구하고 이 구절들 자체로부터 우리는 성령세례 사건의 의미를 다 파악할 수 없다. 따라서 성령세례 사건의 명확한 의미를 파악하기 위해서는 성령세례와 관련된 신약 전반의 가르침을 살펴보는 것이 필요하다.

(1) 신약에서 "성령세례"는 성령이 주시는 세례라는 의미로서가 아니라, 한결같이 십자가의 죽음, 부활, 승천 등의 종말론적인 구속사역을 성취하신 예수께서 성령을 통하여 베푸시는 메시야적이며 종말론적인 세례라는 의미로 사용되고 있는 점이다. 이 점은 두 가지 사실을 통해 확증되고 있다.

첫째, 사도행전 2장의 오순절의 성령강림 사건 이전에는, 즉 예수의 지상 사역기간 동안에는 성령세례가 아직 성취되지 않은 약속의 상태로 머물러 있었다(마 3:11; 막 1:8; 눅 3:16; 행 1:5, 8; 참조, 눅 24:49; 요 7:39; 14:16, 26; 16:7). 그러나 예수의 십자가의 죽음, 부활, 승천 이후에 이루어진 오순절의 성령 강림 사건을 기점으로, 성령세례는 약속이 아닌 성취의 상태로 전환되어졌다(행 2:17-33; 갈 3:14; 엡 1:13).

둘째, 복음서와 바울 서신에서 예수(혹은 하나님)는 항상 성령세례의 구체적인 행동을 일으키는 주체로, 그리고 성령은 행동을 일으키는 주체의 수단으로(여격) 사용되고 있다(물론 사도행전 1:5, 11:16과 고전 12:13에는 예수가 직접 동사의 주어로 나타나 있지는 않다. 그러나 이 구절들에서 사용되고 있는 일종의 신적 수동태 형태의 동사는 성령세례가 예수(혹은 하나님)의 사역임을 간접적으로 강조하고 있다). 부활하신 예수가 성령세례를 베푸시는 주체가 되며, 성령이 세례사역의 수단이 된다는 사실은, 베드로의 오순절 설교에서 오순절의 성령강림을 설명한 "하나님이 오른손으로 예수를 높이시매 그가 약속하신 성령을 아버지께 받아서 너희가 보고 듣는 이것을 부어주셨느니라"(행 2:33)라는 말씀에서 명백하게 드러난다(역시 눅 24:49 참조).[12]

(2) 복음서나 사도행전, 바울서신 등을 참조해 볼 때, "성령세례"라는 말을 오순절의 성령강림이나 혹은 중생한 신자에게든지, 어떤 특수한 한 사건이나 대상에게만 독점적으로 사용되는 특수한 신학용어로 규정하기 힘들다는 점이다. 오히려 성령세례라는 용어를 부활하신 예수께서 복음을 받고 믿는 모든 자들에게 일으키시는 "성령 사건"을 가르키는 여러 가지 다른 표현들, 예를 들면 "성령 주심", "성령 오심", "성령 보내심", "성령 부으심", "성령으로 인치심", "성령 충만" 등의 말과 상호 교차적으로 사용될 수 있는 일반적인 용어로 보아야 한다는 점이다. 그 이유는,

첫째, 누가 자신이 오순절의 성령 강림을 성령세례라는 용어로만 표현하지 않고, "아버지의 약속하신 것을 보내는 것"(눅 24:49), "성령이 임하시는 것"(행 1:8), "성령의 충만함을 받는 것"(행 2:4), "약속하신

---

12) 물론 성령세례에 있어서 우리가 성령의 수단적인 역할을 말한다고 해서 성령의 인격성을 부인하고 있는 것처럼 오해하여서는 안될 것이다. 우리가 여기서 말하고자 하는 것은, 성령세례에 있어서 성령은 어디까지나 그리스도의 사역을 대신한다는 점이다. 사실상 성령세례에 있어서 그리스도와 성령은 일체가 된다.

성령을 부어주시는 것"(행 2:33; 참조, 2:17, 18) 등으로 표현하고 있고, 요한도 오순절의 성령 파송과 관련하여,[13] "보혜사 성령을 주시는 것"(요 14:16; 참조, 요일 3:24; 4:13), "성령을 보내시는 것"(요 14:26; 16:7), "성령이 오시는 것"(요 15:16; 16:7, 13) 등으로 표현하고 있기 때문이다.

둘째, 누가가 오순절의 성령세례 사건을 표현할 때 사용하는 동일한 용어들을 다른 장소에서의 성령 사건에서도 사용하고 있기 때문이다. 예를 들면 사마리아 사람들을 위한 성령 사건의 경우에는 "성령을 받는 것"(행 8:15, 17), "성령이 임하는 것"(행 8:16) 등의 표현을, 고넬료 가정의 경우에는 "성령이 임하는 것"(10:44; 11:15), "성령이 부어지는 것"(10:45), "성령을 받는 것"(행 10:47), "성령을 주는 것"(11:17; 15:8) 등의 표현을, 바울의 경우에는 "성령의 충만함을 받는 것"(행 9:17), 에베소 제자들의 경우에는 "성령이 오시는 것"(행 19:5) 등의 표현을 각각 사용하고 있기 때문이다. 성령 사건과 관련된 이러한 누가의 상호 교차적인 용법은 그가 성령 사건을 시간과 장소에 따라 질적으로 구분하지 않고 있다는 사실을 입증해 준다.

셋째, 바울도 고린도전서 12:13에서는 "성령세례"란 표현을 사용하지만 다른 곳에서는 동일한 성령 사건을 복음을 처음 믿는 자들과 관련하여 "성령을 주심"(롬 5:5; 고후 1:22; 5:5), "성령을 받음"(롬 8:15; 고전 2:12; 갈 3:2), "성령을 보내심"(갈 4:6), "성령으로 인치심"(엡 1:13) 등으로 표현하고 있기 때문이다. 따라서 만일 우리가 사도행전 2장의 오순절의 성령강림 사건을 다른 시기와 장소에서의 성령 사건과 구분해야 한다면 언어에서가 아니라 전체 본문과 문맥 및 저자의 의도에서 찾아야 할 것이다.

---

13) 요한의 오순절 성령강림에 관하여는 본서에 별도로 취급하고 있는 "요한과 성령"의 논문을 참조하라.

(3) 복음서나 사도행전이나 바울서신에서 성령세례라는 말이나 혹은 그와 관련된 용어들이 능동태의 경우에는 항상 예수(혹은 하나님)가 주어로 등장하고 예수의 이름이 나타나지 않는 경우에는 간접적으로 예수 혹은 하나님의 사역임을 알리는 신적 수동태가 사용됨으로써 성령세례는 인간의 행위에 조건적으로 주어지는 것이 아니라 예수께서 자기를 믿는 그리스도인에게 은혜로 베푸시는 선물이라는 사실을 강조하고 있는 점이다. 이것은 사도행전 2:38에서 베드로가 오순절 설교 중에 유대인들에게 복음을 전파하면서 성령의 선물을 약속한 사실과(행 2:38), 바울이 갈라디아 교인들에게 그들이 성령을 받은 것은 인간의 행위나 조건을 뜻하는 율법의 행위가 아니라 오직 그리스도에 관한 복음을 듣고 그것을 믿음으로 이루어졌음을 거듭 강조하고 있는 점에서 분명하다 (갈 3:2, 3,5, 22; 5:5).

(4) 누가는 이미 한 번 성령을 받은 자들에게도 다시 성령이 임한다는 사실을 분명히 말하고 있다. 누가는 이런 경우에는 주로 "성령충만" (πλησθεὶς πνεύματος ἁγίου; ἐπλήσθησαν τοῦ ἁγίου πνεύματος; πλήρεις πνεύματος)이란 표현을 사용한다(행 4:8,31; 6:3,5; 7:55; 11:24; 13:52). 그러나 그렇다고 해서 흔히 주장되고 있는 것처럼 우리가 처음의 성령 오심을 "성령세례"로, 그 이후의 성령 오심을 "성령충만"으로 규정하기는 어렵다고 보아야 할 것이다.[14] 왜냐

---

14) 예를 들면 김영재 교수는 최근에 "목회와 신학," 57 (1994/3), 91-113에 수록한 논문 "오순절 성령강림과 성령세례에 대한 이해의 새 지평"에서 "성령세례는 택한 백성으로 하여금 회개하고 죄씻음을 주는 성령의 역사를 일컫는 데에 반하여, 성령충만은 그리스도인으로 하여금 복음의 사역을 하도록 하거나 혹은 시와 찬미로 하나님을 찬송하며 성숙한 그리스도인으로 감사와 기쁨이 넘치는 생활을 하도록 하는 성령의 임재하심이요, 주장하심이다"(106)라고 말하고 있으며, 역시 최근의 고신대학원 교수회의 "성령 연구보고서"(29-30)에서도 성령세례를 중생과 같은 단회적인 것으로, 성령충만을 성령내주와 같은 지속적인 것으로 구분하고 있다. 그러나 필자의 소견으로는 이러한 이분법의 구조로서는 오순절주의 신학자들이나 차 교수 등이 주장하는 제1은사인 중생과 제2은사인 성령세례의 이분법을 극복할 수도 없을 뿐만 아니라, 신약의 용법과도 일치하지도 않는다고 본다.

하면 누가는 오순절의 성령세례 사건과 바울의 성령세례 사건의 경우에도 동일한 "성령충만"이란 말을 사용하고 있을 뿐만 아니라(행 2:4; 9:17), 동일한 사람들에게 성령이 다시 오신 경우에도 성령의 첫번째 오심을 설명할 때 사용한 "성령을 주시다"라는 용어를 똑같이 사용하고 있기 때문이다(행 5:32). 이 점에 있어서는 바울도 마찬가지이다. 바울은 고린도전서 12:3에서 고린도 교인들의 첫번째 성령 사건을 표현할 때는 "성령세례"라는 용어를 사용하지만, 그 밖의 서신들에서는 동등한 첫번째 성령 사건을 말할 때 "성령을 주심"(롬 5:5; 고후 1:22; 5:5), "성령을 받음"(롬 8:15; 고전 2:12; 갈 3:2) 등의 다양한 표현을 사용하고 있다.

이상과 같은 신약성경의 가르침은, 우리에게 다시 한번 성령세례의 중심점이 그 용어 자체에 있지 않고 그 용어가 가르키고 있는 의미, 즉 부활한 예수가 그리스도인에게 성령을 통하여 이루신, 혹은 이루어 가시는 사건(성령 사건)이라는 점에 있다는 사실을 일깨워준다. 따라서 우리는 동일한 의미만 강조된다면, 그 용어의 차이는 별다른 문제가 되지 않는다는 사실에 유념해야 할 것이다. 그렇기 때문에 신약의 저자들은 성령세례라는 한 용어에 매이지 않고, 성령 수여자의 관점에서 "성령 주심", "성령 보내심", "성령 부으심", "성령으로 인치심" 등의 표현을 사용하기도 하고, 오시는 성령의 관점에서는 "성령의 오심"이란 표현을, 그리고 수여자의 관점에서 "성령받음"과 "성령충만" 등의 표현을 자유롭게 사용하고 있는 것이다. 그러므로 우리가 신약의 다양한 언어 용법에서 관념과 뉘앙스와 강조점의 차이를 찾는 데서 멈추지 않고, 마치 다양한 언어 용법이 각각 다른 사건을 말하고 있는 것처럼 생각하여 각각 나른 의미를 찾으려고 노력하여서는 안될 것이다.[15]

---

15) 성령 사건과 관련하여 신약 저자들이 사용하고 있는 다양한 언어 용법에 관한 연구는 M.M.B. Turner, "Spirit Endowment in Luke/Acts: Some Lingustic Considerations," *Vox Evangelica* 12 (1981), 45-63; *Vox Evangelica* 9 : 56-69; *Vox Evangelica* 10: 24-42에서 찾아볼 수 있다.

3. 오순절 성령강림 사건은 단회적인 구원역사적 사건인가, 아니면 계속되어지는 구원적용의 사건인가?

한국 복음주의 신학계 내에서 이 논쟁을 크게 부각시킨 사람은 물론 총신대에서 교의학을 담당하고 있는 차영배 교수이다. 그는 오랫동안 오순절의 성령강림은 그리스도의 죽음과 부활 사건처럼 대표의 원리가 적용될 수 있는 "단회적인 구원역사적 사건"(*eventum historicum salutis*)이 아니고 어디까지나 반복될 수 있는 "개인 구원의 서정"(*ordo salutis*)의 사건임을 강하게 주장하였다. 이와 같은 차 교수의 주장에 대하여 서철원, 정규남, 고재수, 박형룡, 가핀(Gaffin) 등 여러 교수들과 1986년도 고신대 교수 연구보고서는 오히려 단회적인 구원역사적 사건임을 주장하였다. 어느 견해가 옳은지 쉽게 결정할 수 있는 문제는 아니다. 왜냐하면 사도행전 2장 본문 자체가 이 점과 관련하여 명시적으로 말하고 있지 않기 때문이다. 그러나 필자는 성령 사건을 말하는 신약성경 전체의 문맥과 가르침에 근거하여, 오순절의 성령강림 사건은 구원역사적 사건 혹은 구원적용의 사건 등 한 면으로만 볼 사건이 아니라 양면성을 동시에 지닌 사건이라는 점을 지적하고 싶다. 다시 말해서 오순절의 성령강림 사건은 "구원역사적 사건"이며, 동시에 또한 "구원적용의 사건"이라는 점이다. 그러므로 구원역사적 사건이라는 점에서 볼 때 오순절의 성령강림은 후대에 반복될 수 없는 독특성과 단회성을 지니고 있다는 주장이 정당하며, 구원적용의 사건이라는 점에서 볼 때 오순절의 성령강림은 후대에도 반복될 수 있는 사건이라는 주장이 정당하다고 볼 수 있을 것이다.[16]

16) 1993년도 고신대학원 교수회 "성령론 연구보고서"는 다음과 같이 1986년도 보고서와는 달리 오순절 성령강림의 양면성 즉 '구원역사적 성격'과 '구원적용적 성격'의 양면성을 인정하고 있다: "오순절 사건은 무엇보다도 일련의 구속사적 흐름 속에 일어난 사건이다. 즉 그리스도의 죽음과 부활과 승천에 연이어 일어난 사건으로서, 특히 그리스도의 승천과 밀접하게 관련되어 있다. 즉 오순절 성령강림은 구약과 그리스도 자신에 의하여 많이 예언된 사실로서 승천 후 열흘 만에 일어난 구속사적 사건이다. 그리스도의 탄생과 죽음과 부활 그리고 승천이 구속사역의 객관적 성취를 이룬 것이라면 오순절 성령강림은 이미 이룬

첫째, 오순절의 성령강림 사건은 어떤 점에서 구원역사적 사건인가?

오순절의 성령강림은, 십자가의 죽음과 부활을 통하여 자기 백성들을 위한 구속사역을 완수하신 부활한 예수께서 아버지로부터 새 시대를 위해 약속되어졌던 그 종말론적인 성령을 받아(행 2:17,18; 갈 4:6), 자신의 영으로 성령을 파송하였다는 점에서 이 사건은 독특하며, 구원역사에 있어서 그리스도의 오심과 병행되는 사건이다(갈 4:4-6). 복음서의 증거에 따르면, 십자가와 부활의 사건 전에도 예수 자신은 성령을 한없이 받았다(눅 3:22; 4:1,18; 참조 행 10:38; 요 3:34). 그러나 그 때에 예수는 그 성령을 자신의 영으로서 제자들에게 파송하여 그들 안에 영구적으로 거주하게 할 수는 없었다. 요한복음서 저자는 이 점과 관련하여 "예수께서 아직 영광을 받지 못하신 고로 성령이 아직 저희에게 계시지 아니하였다"(요 7:39)라고 증거한다. 뿐만 아니라 누가에 따르면, 예수는 부활 이후에 비로소 제자들에게 몇 날이 못되어 너희가 성령으로 세례를 받게 될 것이라 말씀하셨고(행 1:5), 요한복음서 14장과 16장의 고별설교에서도 성령 파송을 십자가 사건 이후에 주어질 미래적인 사건임을 밝히셨다(14:16, 26; 16:7,13).[17] 그리고 사도행전 저자 누가는 예수가 십자가와 부활의 사건 이후 높아졌을 때에, 비로소 아버지로부터 성령을 받아 그 성령을 파송하였다고 말하고 있으며(행 2:33), 바울도 로마서 1:3에서 예수가 부활 후 "성령의 능력을 가진 하나님의 아들이 되셨으며", 부활 사건 이후 "살려주는 영이 되셨으며"

객관적 구속사역을 주관적으로 적용하기 위하여 성령께서 오신 사건이다. 이런 점에서 오순절날에 오신 성령의 역사는 '구원적용의 역사'이며, 따라서 모든 '구원서정'은 '성령의 적용하시는 은혜'라고 말할 수 있다"(p. 4). 역시 차영배 교수도 최근에 "목회와 신학," 57 (1994). pp. 64-71에 수록한 "성령세례에 대한 쟁점"에서 "오순절 성령강림 사건이 유일 독특한 구원역사적 사건인 것은 사실이면서도, 개인의 구원역사 또는 구원의 서정과 더불어 이루어지는 교회를 세우는 데 그 목적이 있음을 염두에 두어야 한다"(p. 65)라고 말하면서 양면성을 인정하고 있는 것 같다.

17) 누가의 사도행전과 요한복음서 사이의 관계 문제에 관하여는 본서에 수록된 "요한과 성령," "고별설교에 나타난 보혜사/성령"을 참조하라.

(고전 15:45), "영이신 주님이 되셨음"(고후 3:17, 18)을 각각 증언하고 있다. 이처럼 신약성경은 한결같이 성령 파송을 부활하신 그리스도의 사역과 밀접하게 연결시킨다.

다시 말해서 누가나 바울은 구원역사에 있어서 예수의 십자가와 부활 사건 이후에 비로소 성령은 예수가 임의로 파송할 수 있는 "주(예수 그리스도)의 영"이 되셨으며(행 16:7; 롬 8:9; 고후 3:18; 빌 1:19; 갈 4:6), 그리고 예수는 이때에 한편으로 구약에서 메시야 시대의 백성들에게 약속되어졌던 그 종말론적인 약속(겔 36:27; 37:14; 요엘 2:28, 29)을 성취하기 위해, 또 한편으로 세례 요한을 통하여 주어진 약속(마 3:11 병행절)과 그의 제자들에게 준 자신의 약속(눅 24:49; 행 1:5) 등을 성취하기 위해, 오순절에 성령을 사도들을 중심한 사도적 교회(120명 성도)에게 파송하였다는 사실을 강조한다. 이처럼 오순절의 성령 파송은 새 시대를 여는 종말론적인 약속의 성취일 뿐만 아니라(행 2:2:16-20), 그리스도의 구속사역을 적용시키기 위한 전제가 되는 성령의 첫번째 파송으로서, 구원역사에 있어서 성자의 오심, 성부가 성자에게 성령을 파송한 사건 등과 대등한 구원역사적 사건이다.[18] 이 점은 예수 자신이 떠난 후 자신을 대신하여 다음 시대를 이끌어 갈 주역으로 소개하고 있는 점(요 14:16, 26; 16:7, 13; 행 1:8)과, 누가가 복음서 서두에서 예수에게의 성령강림을 예수의 메시야 사역의 근원과 출발점으로 삼고 있는 것과 똑같이 사도행전 서두에서 오순절의 성령강림을 신약 교회 사역의 근원과 출발점으로 삼고 있는 점에서 분명하다.

---

18) 물론 우리는 여기서 예수의 오순절 성령파송 이전에는 성령이 지상에 계시지 않았다거나 사람들을 통하여 역사하지 않았다고 생각하여서는 안될 것이다. 구약시대의 성도들은 물론 예수의 지상적 메시야 사역기간 동안에도 성령의 사역은 있었다. 그러나 그 동일한 성령께서 하나님의 종말론적 구원사역을 위해 예수의 영으로서 새롭게 파송된 것은 오순절 사건을 통해서 나타났다고 보아야 할 것이다. 이런 점에서 우리는 구원역사에 있어서 성령 사역의 "연속선"과 "불연속선"을 볼 수 있어야 할 것이다.

동시에 이 사건은 십자가와 부활을 통하여 교회의 머리와 주가 되신 그리스도께서 성령을 통하여 자기의 교회에 친히 찾아오신 구원역사적 사건이다(행 2:36; 고전 15:45; 고후 3:18; 엡 1:20-23; 빌 2:9-11; 골 1:18). 예수는 십자가 사건을 통하여 하나님의 백성, 곧 모든 신약 교회를 자신의 것으로 사셨다(행 20:28). 그런 다음 마치 성부 하나님께서 그의 아들을 이 땅에 보내시사 인성(人性)을 아들의 영원한 거처로 삼으시게 한 것처럼, 예수는 십자가와 부활의 사건을 통하여 아버지로부터 받은 성령을 자신의 영으로 파송하시어 자신의 몸된 교회를 성령이 거하시는 전(殿)이 되게 하셨다(고전 6:19). 그리하여 그리스도는 성령을 통하여 자신의 모든 구속의 은총을 교회에 공급하시게 되었을 뿐만 아니라, 또한 언제든지 자신의 교회에 친히 임재하실 수 있게 되어졌으며(마 18:20; 28:20; 요 14:18; 행 14:3; 18:9; 23:11 참조), 자신의 교회에 주권을 행사할 수 있게 되었다. 이처럼 오순절 사건을 통하여 성령과 높아지신 주님과 교회는 구원역사에 있어서 불가분의 관계를 갖게 되었다. 이런 점에서 오순절 사건은 모든 신약 **교회를 위한 반복될 수 없는 구원역사적 사건이다.**[19]

둘째, 오순절 성령강림은 어떤 점에서 반복될 수 있는 구원적용의 사건인가?

우리는 앞서 말한 바와 같이 오순절의 성령강림 사건 자체는 구원역사적 사건이지만, 그 파송된 성령은 또한 사도들을 포함하여 120명 성도들에게 충만히 임하셔서 그리스도께서 십자가와 부활을 통하여 그들을 위해 마련하신 충만한 구원역사의 몫을 실제적으로 할당하는 구원적용을 이루시고 친히 사도들의 선교 사역의 원천이 되었음을 주시해야만 할 것이다. 사도행전에서 볼 수 있듯이 오순절의 성령은 그들을 변화시

---

19) Cf. H. Bavinck, *Our Reasonable Faith: A Survey of Christian Doctrine*, trans. by H. Zylstra (Grand Rapids: Baker Book House, 1957), pp. 386-390.

켰으며, 방언을 하게 하였으며, 새로운 성취와 종말의 시대에 사는 자들임을 의식하게 하였으며, 담대히 복음을 증거하게 하였으며, 병을 고치고, 기사들을 행하게 하였으며, 말씀을 전담하게 하였으며, 교회를 세워나가게 하였다. 그러나 우리가 오순절의 성령강림에서 사도들이 아무리 중요한 비중을 가지게 되었다고 본다 할지라도, 그들이 모든 신약 교회를 대표하여 단 한번 성령을 받았다고 볼 수 있는 결정적인 증거를 신약성경에서 찾을 수 없다. 오히려 누가는 오순절 사건 이후에도, 즉 8장의 사마리아 사람들과 10장의 고넬료 가족들과 19장의 에베소 제자들에게도 동일하게 성령이 임하셨다고 말하고 있으며, 바울도 편지를 보낼 때마다 그의 수신자들이 동일한 성령을 받았음을 전제하고 있다. 이런 점에서 볼 때 우리는 사도들뿐만 아니라 그 다음 세대의 그리스도인들도, 즉 그리스도의 복음을 통하여 형성된 모든 지상의 개체 교회도 예루살렘의 교회처럼 동등하게 성령을 받았음을 인정하여야 할 것이다.

이 점과 관련하여 우리는 하나님의 구원역사에 있어서 그리스도의 구속사역과 그 구속사역의 적용을 서로 구분할 필요가 있다. 우리는 구원역사에 있어서 예수의 오시기 전과 오신 이후가 구분이 되는 것처럼, 예수의 십자가와 부활 사건 이전, 그리고 부활과 오순절의 성령강림 사건 이후를 서로 구분할 필요가 있다. 그리스도의 구속사역이 만민에게 충만하게 적용되는 복음의 시대는 부활과 오순절의 성령강림 이전인 낮아지신 예수의 신분 시기가 아니라, 오히려 예수께서 높아지신 신분의 시기라는 점이다. 다시 말하자면 충만한 새 시대와 종말의 축복은 그리스도의 종말론적인 죽음을 통한 옛 시대의 심판과 예수의 부활을 통한 새 시대의 도래를 통하여 비로소 가능하게 되었다. 그리고 그것은 종말론적인 성령을 통하여 그리스도의 재림 때까지 복음을 받아들이는 모든 자들에게 적용되어야 한다는 것이 바울을 위시한 신약 저자들의 일관성 있는 가르침이다.[20] 이런 점에서 우리는 예수의 제자들도 모든 신약 교

---

20) 물론 예수 그리스도의 오심과 그의 메시야 사역으로 말미암아 이미 새 시대가 시작되었고, 예수 그리스도를 통하여 사죄와 구원의 은총이 주어지기 시작

회 성도들처럼 예수의 부활 이전이 아니라 예수의 부활 이후 오순절의 성령강림을 통하여 비로소 예수의 죽음과 부활의 종말론적인 축복을 충만하게 할당받게 되었다고 말할 수밖에 없다.

물론 이 말이 오순절의 성령강림을 통하여 비로소 제자들이 구원받게 되었다는 말은 아니다. 예수의 제자들은 예수를 믿고, 따르고, 신앙고백을 함으로써 예수 생전에 이미 깨끗하게 되었고(요 13:10), 하나님 나라의 축복에 참여하게 되었으며(마 13:10, 16; 눅 16:16), 그리스도를 통하여 주어지는 사죄와 구원의 은총을 누리게 되었다. 그럼에도 불구하고 그들은 그리스도의 부활과 오순절의 성령강림 이전에는 구약의 성도들처럼 여전히 구속의 충만한 성취와 그 적용을 기대하는 약속의 시대를 완전하게 벗어나지 않았다(롬 3:25-26 참조). 비록 그들이 구약의 성도들과는 달리 오신 예수 그리스도를 통하여 선취적인 구원을 부분적으로 맛보았다고 말할 수는 있겠지만, 그럼에도 불구하고 그들도 그리스도의 죽음과 부활을 통하여 이루어질 충만한 새 시대와 구속의 적용은 여전히 기다려야만 했다.[21] 그러다가 그들은 약속되어졌던 오순절 성령강림을 통하여 비로소 그리스도의 놀라운 구속사건의 종말론적인 축복에 실제로 참여하게 되었다. 이것은 부활 전의 예수 시대와 부활 이후의 주와 성령의 두 시대를 동시에 살게 된 것은 사도들만이 누릴 수 있었던 특권이었다.

그러나 여기서 우리가 분명히 알아야 할 것은 이때에 사도들이 모든 시대의 성도들을 대표하여 구속의 적용을 받은 것은 아니라는 점과 그리스도께서 이루신 모든 부유한 축복이 단번에 그들에게 적용되어 그들

―――――
하였다는 사실을 우리는 부인하지는 않는다. 그러나 우리는 신약 교회를 위한 보편적인 새 시대의 구원의 선물은 예수 그리스도의 죽으심과 부활 그리고 오순절의 성령강림을 통하여 비로소 성취되기 시작하였다고 본다. 이와 같은 구원역사의 구분에 관하여는 본서에 수록된 "누가와 성령 2"를 참조하라.
21) 이것은 예수의 부활 이전과 부활 및 오순절 성령강림 이후에 있었던 제자들의 삶의 근본적인 차이를 찾아볼 수 있는 점에서도 확인되어진다.

이 완전한 상태에 도달한 것은 아니라는 점이다. 그리스도의 구속은 단번에 이루어졌지만, 그 구속의 적용은 그들을 포함하여 모든 시대의 성도들이 완전히 영광스러운 몸의 부활 때까지(고전 15:42-53), 영광스러운 그리스도의 형상을 완전하게 이룰 때까지 계속되어져야 하는 것이다(고후 3:18; 엡 4:15; 빌 3:13-14). 바로 이와 같은 계속적인 구속의 적용을 위해서 사도들 시대뿐만 아니라 그 후의 시대에서도, 그리스도 안에서, 그리스도의 몸된 교회를 위해서 주어진 성령은, 모든 시대의 개체 교회와 모든 성도들에게 계속해서 오셔야만 했던 것이다. 누가가 오순절의 성령강림 사건 이후에도 복음이 국경과 인종을 넘어갈 때마다 특별히 성령강림 사건들, 예를 들면 8장의 사마리아 사람들에게의 성령강림, 9장의 바울에게의 성령충만, 10장의 고넬료 가정의 성령강림, 19장의 에베소 사람들에게 성령 오심의 사건들을 특별히 보도하고 있는 이유도, 그리고 이미 한 번 성령세례를 받은 자들에게 새로운 성령 오심을 말하고 있는 이유도, 뒤에 다시 생각하겠지만, 사도 바울이 신약 교회의 성도들을 향하여 계속적인 성령의 충만을 말하고 있는 이유도, 계속해서 신약의 성도들이 성령을 따라 행하고 살아야 할 것을 명령하고 있는 이유가, 모두 이 점과 연결되어 있다고 볼 수 있는 것이다.

4. 중생과 성령세례는 동일한가, 아니면 성령세례는 중생 이후의 "제2의 은사"인가?

중생과 성령세례는 서로 같은가, 다른가? 이 문제 역시 우리가 중생을 어떻게 정의하느냐에 따라서 답변이 달라질 수 있기 때문에 중생이란 말 자체를 명확히 규명할 필요가 있다. 성령세례가 다양한 용어로 표현되고 있는 것과 마찬가지로, 신약에서 중생도 여러 가지 용어로 표현되고 있다. 사도 요한은 니고데모의 사건 가운데서 중생을 "물과 성령으로 다시 태어나는 것"(요 3:3, 5), "하나님께로서 난 자"(요 1:13)로, 베드로는 "성령으로 나거나 거듭나게 된 것"(벧전 1:3), 바울은 "새로운 창조"(고후 5:17, 엡 2:10), "성령에 의한 중생의 씻음과 새롭게 함"(딛 3:5), "예수 그리스도의 이름과 성령에 의하여 씻기어지고 거룩하게 되고 의롭게 되어진 것"(고전 6:11) 등으로 표현하고 있다. 이처럼 신약성경은 중생을 여러 가지 용어로 표현하고 있으나 한 가지 공통점은, 마치 어린아이가 새롭게 탄생하는 것처럼, 우리가 처음 복음을 통하여 예수 그리스도를 믿을 때 하나님께서 우리가 믿는 예수 안에서 성령을 통하여 우리에게 일으키시는 초기의 구원역사, 즉 우리의 옛 사람이 죽고 하나님의 자녀로서 새롭게 출생하는 것으로 보고 있는 점이다. 물론 성경은 이것을 중생, 의롭게 하심, 거룩하게 하심, 새롭게 하심 등으로 다양하게 표현하고 있다.

그런데 문제는 이미 우리가 살펴본 본문에서 드러나고 있듯이, 성경은 이 중생을 한결같이 성령에 의한 사역으로 말하고 있는 점이다. 따라서 우리는, 중생은 필연적으로 예수님의 편에서 성령의 파송을, 그리고 우리 편에서는 성령받음 곧 성령세례를 동시적으로 전제하고 있다고 말할 수밖에 없다. 다시 말해서 성령없는 중생, 성령세례 없는 중생은 불가능하다는 것이다. 이 점에서 바울은 그리스도인들을 처음부터 성령받은 자로 규정하고 있다. 바울은 분명히 로마 교인들이 성령받은 자들이며(롬 5:5, 8:15), 고린도 교인들이 성령받은 자들이며(고전 6:11, 12:3, 고후 1:22, 5:5), 갈라디아 교인들도 성령받은 자들이며(3:2), 에베소교인들도 성령받은 자들임을 전제하고 있다(1:13). 그래서 바울은 성령세례받은 자만이, 예수를 주님으로 고백할 수 있으며(고전 12:3), 하나님을 아버지로 부를 수 있다고 말하고 있으며(롬 8:15, 갈 4:6), "그리스도의 영이 없으면 그리스도 사람이 아니다"라고 말하고 있으며(롬 8:9), 그리스도의 몸된 교회의 구성원이 될 수 있다(고전 12:13)고 말하고 있다. 그 이유는 그리스도인에게 성령의 파송(성령세례) 없이는 그리스도의 구속사역을 적용시키는 근거가 되는 그리스도와 성도와의 연합이 불가능하고 중생, 칭의, 성화 등 모든 하나님의 창조적인 구원사역이 불가능해지기 때문이다. 이처럼 바울은 자연인은 예수를 믿기 전에는 죄와 허물로 죽은 상태에 있었지만, 자연인이 복음을 통하여 예수 그리스도를 믿을 때에, 그가 믿는 예수 때문에 중생, 칭의, 성화 등 하나님의 구원역사가 가능해졌다고 보고 있다. 따라서 바울은 그리스도인의 성령받음을 어디까지나 인간의 행위에 돌리지 않고 복음을 통한 예수 그리스도에 대한 믿음에 돌리고 있다(갈 3:2,5,14).

이상과 같은 신약성경의 가르침 때문에 전통적으로 중생과 성령세례는 서로 분리되지 않았다. 그래서 고신대 교수 연구보고서도 전통적인 입장을 따라 중생과 성령세례를 서로 분리하지 않는다. 그러나 안영복, 차영배 교수는 중생과 성령세례를 서로 구분하여 성령세례를 중생 뒤에 일어나는 체험적인 것으로 본다. 특별히 차 교수는 중생을 "좁은 의미의 중생"과 "넓은 의미의 중생"으로 나누고, 성령세례를 넓은 의미의 중생과 일치시킨다. 차 교수에 따르면 좁은 의미의 중생의 역사는 성령의 감화로 예수를 영접하고, 그를 믿게 되는 것, 하나님께로서 나는 것 (요 1:12-13), 예수를 그리스도로, 하나님의 아들로 알고 고백하는 것 (마 16:16, 17; 고전 12:3), 복음의 말씀으로 거듭나는 것(벧전 1:3, 23-25; 약 1:18), 성령으로 나는 일(요 3:3-15), 믿음으로 의롭게 되는 일 등을 가르키는 반면에, 넓은 의미의 중생의 역사는 "생명에 이르는 큰 회개를 가져오는 일(마 3:9,11), 성화, 영화롭게 되는 일(롬 8:30), 성령의 내주, 아버지의 약속을 받는 일, 복음을 증거하는 권능을 받는 일 등을 가르킨다. 차 교수에 따르면 전자는 그 시기를 정확하게 알 수 없지만 후자는 반드시 의식할 수 있는 체험적인 것이며, 양자 사이에는 또한 시차가 있다. 차 교수는 최근의 논문에서 자신의 주장을 옹호하기 위한 3가지 근거를 제시한다. 첫째로 부르심, 의롭다 하심, 영화롭다 하심 등 구원의 단계적인 순서를 보여주고 있다고 보는 로마서 8:30, 둘째로 예수 생전에 이미 중생하였지만 오순절에 다시 성령세례를 받은 예수의 제자들, 셋째 복음을 먼저 듣고 믿은 다음 다시 성령세례를 받았다고 생각되는 사도행전 8장의 사마리아 사람들과 사도행전 19장의 에베소 제자들의 경우이다.

※ 차영배 교수의 "선중생 후성령세례" 주장에 대한 반론 제기

첫째, 차 교수가 주장하고 있는 것처럼 "또 미리 정하신 그들을 또한

부르시고 부르신 그들을 또한 의롭다 하시고 의롭다 하신 그들을 또한 영화롭게 하였느니라"고 말하고 있는 로마서 8:30이, 과연 좁은 의미의 중생을 가르키는 의롭다 하심(칭의)과 넓은 의미의 중생, 곧 성령세례를 가르키는 성화 및 영화 사이에 시차적인 단계를 말하고 있는가? 필자의 본문 이해와 문맥의 분석(롬 8:28-39)은 차 교수의 주장을 뒷받침해주고 있지 않다는 것이다. 왜냐하면 본문의 중심 의도는 구원의 시차적인 단계를 보여주고 있다기보다, 오히려 하나님께서 예수 그리스도 안에서 신자들을 위해 이루신 모든 구원사역의 부유성과 확실성을 보여주는 데 있기 때문이다. 특별히 본문의 모든 동사가 똑같이 단순과거시제로 표현되고 있는 점과 각 동사 사이에 접속사 "또한 역시"로 번역될 수 있는 희랍어 "καὶ"로 연결하여 모든 동사가 동시적인 사건의 다양성을 말해주고 있기 때문이다. 바울이 소위 칭의와 성화를 서로 시차적으로 구분하지 않는다는 사실은, 고린도전서 6:11에서 분명히 드러나고 있다. 왜냐하면 이 본문에서 바울은 고린도 교인들의 정체성(Identity)과 관련하여, "너희는 우리 주 예수 그리스도의 이름과 우리 하나님의 성령 안에서 씻음과 거룩함과 의롭다 하심을 얻었느니라"고 말하면서, 성화를 오히려 칭의 앞에 두고 있기 때문이다.[22] 이 본문에서도 바울이 구원 순서의 시차가 있는 3단계를 말하고 있다고 볼 수 없는 이유는, 세 가지 동사가 다 같이 단순과거 수동태로 되어 있을 뿐만 아니라, 한 전치사구인 "예수 그리스도의 이름과 우리 하나님의 성령"이 동사를 모두 동등하게 수식하고 있기 때문이다. 이러한 본문의 구조를 통하여 바울은 중생, 칭의가 성화와 마찬가지로 동질의 성령 사역이기 때문에 서로 분리될 수 없다는 사실을 암시하고 있다. 이뿐만 아니라 바울은 고린도전서 1:30에서 고린도 교회 신자들을 가르켜, "너희들은 현재 하나님에 의해, 우리 모든 신자들을 위해 하나님으로부터 지혜와 의와 거룩함과 구속함이 되신 예수 그리스도 안에 있다"고 선언하면서, 신자는 그리스도와 한 몸을 이루면서 우리를 위하여 그리스도께서 이루신 모든

---

22) 이 본문에 대한 자세한 설명은 필자의 "바울과 성령," 『바울 연구 1』, pp. 129-130을 보라.

구원의 다양성에 참여하고 있다고 말하고 있다. 신자가 중생을 통하여 서로 분리될 수 없는 그리스도에게 연합되어 있다고 한다면, 그리스도가 성취하신 전체 구원의 사역에도 함께 연합되어 있다고 보아야 할 것이다.

차 교수는 중생(좁은 의미의)과 칭의를 이루는 성령과 성화와 영화를 이루는 성령을 서로 구분할 뿐만 아니라, 칭의를 가져오는 믿음과 성령세례를 받게 하는 믿음도 서로 구분한다. 그러나 필자가 보기에 신약성경은 성령도 믿음도 서로 구분하지 않을 뿐만 아니라, 믿음까지도 의와 성령세례를 받게 하는 전제적인 조건이라기보다 의와 성령세례 안에 포함되어 있는 한 요소임을 보여준다. 예를 들면, 로마서 1:16,17에서 바울은 하나님의 의를 복음 안에서 주어지는 하나님의 역동적인 구원행위로 볼 뿐만 아니라 믿음도 이 하나님의 구원행위의 산물로 보고 있다. 즉 "하나님의 의가 나타나서 믿음으로 믿음에 이르게 한다"라는 말은, 믿음을 통하여 하나님의 의가 이루어지는 것이 아니라 하나님의 구원역사가 이루어지면서 믿음의 역사가 동시적으로 일어난다는 사실을 일깨워준다. 그러므로 바울에게 있어서는 의와 믿음이 성령세례의 조건이 아니라, 오히려 하나님께서 예수 그리스도의 복음 안에서 성령세례를 통하여 일으키시는 구원역사의 부분이라고 보아야 할 것이다. 그렇기 때문에 바울은 차 교수가 주장하고 있는 것처럼, "믿음으로 의로워진 자가 다시 믿음으로 성령받는다고 말하지 않고, 오히려 양자를 서로 일치시킨다. 예를 들면 갈라디아서 2:16에서 우리는 율법을 통하지 않고 믿음으로 의로워진다는 사실을 강조한 다음 3:2, 4에서 똑같은 문장 구조 형태를 사용하여 믿음으로 성령받았음을 강조한다. 문장 구조상으로만 보더라도 양 본문의 율법의 행위와 믿음은 정확하게 서로 반위관계를 이루고 있기 때문에, 여기서 "의로워지는 것"과 "성령받는 것"(성령세례)을 서로 분리시킬 수 없다. 그 밖에 로마서 5:5에서도 문맥상으로 하나님의 의와 일치시킬 수 있는 하나님의 사랑이 신자에게 계속적으로 부어지는 것은 이미 부어지신 성령을 통해서임을 강조하고 있으며, 고린도후서 3:7, 9에서도 죽음과 정죄의 직분이 서로 일치를 이루고 있는 것처럼, 성령의 직분과 의의 직분이 서로 일치가 된다(3:8,9). 이상의 모든 구절들만 보더라도 성령세례가 칭의 이후의 사건이 아니라 동시적 혹은 선행적 사건이라는 사실을 강조해 준다.

그렇다면 중생과 성령세례 및 칭의의 관계는 어떠한가? 차 교수가 주장하고 있는 것처럼 여기서도 어떤 단계나 시차가 있는가? 이 문제에 관하여 결정적인 해답을 보여주고 있는 구절은 아마도 디도서 3:4-7일 것이다. 차 교수는 이 구절에 나타나는 중생을 넓은 의미의 중생(성화, 영화)으로 간주하고, 풍성히 부어주신 성령을 성령세례로 간주한다. 그러나 본문의 정확한 분석은 중생과 성령의 새롭게 하심(성화)과 의롭게 하심이 서로 분리되지 않고 모두 성령세례에 의해 주어진 하나님의 구원행위의 요소들로 나타난다. 즉 중생, 성화, 칭의가 구원의 단계적인 사건으로 제시되어 있는 것이 아니라 동일한 하나님의 구원행위를 다른 측면에서 본 부유성으로 나타난다. 본문의 명확한 의미를 밝히기 위해 한 문장으로 되어 있는 본문을 희랍어 성경으로부터 직역한다: "우리 구주 하나님의 자비하심과 사람 사랑하심이 나타났을 때, 그(하나님)는 우리가 행한 의로운 행위 때문에서가 아니라 오직 그의 긍휼하심을 좇아, 우리 구세주 예수 그리스도를 통하여 우리에게 풍성히 부어주신 성령에 의한 중생의 씻음과 새롭게 하심을 통하여 우리를 구원하셨나니, 이는 우리가 그의 은혜에 의해 의롭게 됨으로써 우리가 영생의 소망을 따라 후사가 되게 하려 하심이라."

문장 자체에서 분명히 볼 수 있는 것처럼, 풍성히 부어주신 성령 곧 성령세례는 하나님께서 일으키시는 중생과 성화와 칭의의 수단이 되고 있다. 그리고 성령세례를 통하여 이루어지는 중생과 성화와 칭의는 다같이 주동사가 가르키는 하나님의 구원행위를 수식하고 있다. 그러므로 문장 내용상은 물론 문법적으로만 보더라도 중생과 성화, 칭의를 시차적으로 구분하는 것과 칭의를 성령세례와 분리시키는 것은 다 같이 불합리하다. 더구나 신약의 가르침에 의하면, 이미 말한 바와 같이 중생은 근본적으로 새로운 출생이며(벧전 1:13, 23; 요 1:13, 3:3, 5), 그리스도 안에서의 새로운 창조이며(고후 5:17), 허물과 죄로 죽었던 자가 다시 살아나는 것이며(엡 2:1,5), 흑암의 권세에서 하나님의 아들의 나라로 옮겨지는 것이며(골 1:13), 예수 안에서 우리의 옛 사람이 죽고 새롭게 다시 사는 종말론적인 사건(롬 6:11)이다. 그러므로 예수의 종말론적인 십자가의 죽음과 부활의 구속사건 이후 그 구속사건의 종말론적인 적용을 위해 오시는 오순절의 약속된 성령 곧 부활하신 예수의 영의 사역 없이는 중생은 근본적으로 불가능하다. 뿐만 아니라 중생은 마치 어린아이가 출생하는 그때부터 이미 성장을 계속하고 있는 것처럼 성령의 지속적인 사역을 전제하고 있기 때문에 그 자체가 이미 성화를 내포하고 있다.

그렇다고 한다면 성령세례를 받은 자들에게는 성령이 다시 올 필요가 없는가? 필자는 이미 성령을 통한 구원의 적용은 단회적이지 않고 영광스러운 몸의 부활 때까지 계속되는 것임을 밝힌 바 있다. 이 문제와 관련하여 바울은 여러 서신에서 성령이 그리스도인들에게 한 번 주어진 다음 그 성령은 성도들을 떠나지 않고 그 안에 거주하며, 그리스도인의 모든 삶을 이끌어가고 있음을 강조한다. 바울은 특별히 현재형 동사를 사용하여 성령 사역의 지속성과 반복성을 강조하고 있다. 즉 성령은 이미 한 번 성령을 받은 신자들에게(갈 3:2) 또한 지속적으로 공급되고 있으며(갈 3:5), "그리스도인 안에 영속적으로 거주하고 있으며"(롬 8:9; 11, 고전 3:16; 딤후 1:14), "우리가 하나님의 자녀임을 증거하며"(롬 8:16) "성도의 연약함을 도와주며"(롬 8:26), "성도를 위해 간구하며"(롬 8:26, 27), "그리스도인들을 계속 거룩하게 하며"(롬 15:16), "그리스도인들에게 다양한 은사를 공급하며"(고전 12:7), "그들을 주님의 형상으로 변모하게 한다"(고후 3:18)고 강조한다. 그래서 바울에게 있어서 성령은 그리스도인의 새 생명의 근원일 뿐만 아니라 새롭게 출생한 그리스도인의 모든 삶의 실질적인 지배자가 된다.

그런데 성령의 계속적 내주와 성령의 다시 오심은 어떤 관계가 있는가? 성령이 한 번 오신 다음 떠나지 않고 계속 성도들에게 거주한다고 한다면 성령은 다시 오시지 않는가? 그리하여 그리스도인은 성령을 받기 위해 다시 기도할 필요가 전혀 없게 되어졌는가? 이 문제와 관련하여 신약성경은 성령이 임한 그리스도인에게, 즉 이미 성령세례를 받은 자들에게 성령이 다시 오실 수 있는 가능성을 열어 놓고 있다. 우리가 이미 살펴본 대로 사도행전 저자 누가는 여러 곳에서 이미 성령받은 자들이 다시 성령으로 충만해졌음을 말하고 있다. 예를 들면 오순절에 성령을 충만히 받은 베드로가 다시 성령으로 충만해졌으며(행 4:8), 이미 성령을 받은 예루살렘 교인들이 다시 성령으로 충만해졌으며(행 4:31), 이미 성령이 충만한 스데반이(행 6:3, 5) 다시 성령이 충만해졌다(행 7:55)고 각각 말하고 있다. 누가복음 11:13의 성령 주심에 관한 주님의 약속도 믿고 구하는 자들에게 관한 약속이다. 이뿐만 아니라 에베소서 5:18의 "너희는 오직 성령의 충만한 상태에 계속 머물러 있도록 하라"라는 현재 수동태 명령형도 성령을 받지 못한 자들에게 주는 것이 아니라 이미 성령을 받은 자들에게 성령의 계속적인 공급을 전제하고 있는 명령형이다. 데살로니가전서 4:7, 8과 갈라디아 3:5에서 바울은 신자들을 거룩하게 하기 위해 성령이 하나님으로부터 계속 주어짐을(현재시제) 분명하게 말하고 있다.

성령이 한편으로 그리스도인에게 주어졌고 그들을 떠나지 않고 계속 거주하고 있다는 사실과, 또 한편으로 성령의 계속적인 충만을 말하는 명령형을 우리가 어떻게 이해하여야 하겠는가? 실로 이 문제는 우리의 논리로서 충분히 설명할 수도 이해할 수도 없는 신비에 속한 일이다. 더구나 우리는 이러한 성경 구절이 이미 성도 안에 거주하고 있는 성령의 새로운 사역을 가르키고 있는지, 혹은 성령이 외부로부터 다시 주어지는 것을 가리키고 있는지를 정확히 알 수가 없다. 다만 우리가 말할 수 있는 사실은 성령은 인격적인 하나님이시며, 하나님으로서 초월하신 동시에 내재하시는 분이시라는 사실이다. 이 점에서 우리는 성령을 마치 물질처럼 생각해서 성령이 우리 인간 안에 갇혀 있는 어떤 무엇으로 생각해서는 안될 것이다. 그래서 우리 속에 내주하는 성령을 초월하신 성령으로부터 분리시키는 잘못을 범해서는 안될 것이다. 즉 내주하시는 성령의 관점에서 보면 성령의 오심은 우리 속에 거주하시는 성령의 새로운 사역의 시작으로 볼 수도 있을 것이며, 초월하시는 성령의 관점에서 보면 성도는 외부로부터 성령을 새롭게 공급받는 것으로 볼 수도 있을 것이다. 이처럼 관점의 차이에서 다르게 표현할 수 있으나 인격적인 성령이 결코 서로 분리될 수 없으며, 내주하시는 성령이 곧 초월하시는 성령이시므로 성령의 계속적인 내주나 성령의 새로운 충만, 새로운 오심이 내용에 있어서는 항상 동일하다고 보아야 할 것이다. 그러나 우리가 분명히 말할 수 있는 것은 전자나 후자나 다 같이 부활하신 주님의 파송이라는 점이다. 성령은 주님에 의해서, 주님 안에서만 새롭게 파송될 수 있다는 사실이다. 그러므로 결국 성령과 그리스도인과의 관계는, 즉 성령의 처음 오심, 내주, 계속적인 사역, 다시 오심, 새로운 사역의 시작 등은 결국 그리스도인과 그리스도와의 믿음의 관계에 의존하고 비례한다고 말할 수밖에 없다. 즉 복음을 통하여 우리의 믿음이 자라가면 자라갈수록 그리스도와 우리의 관계가 더 깊어지고, 그리스도와 우리의 관계가 깊어지면 깊어질수록 또한 성령과 우리와의 관계도 그와 같다는 것이다.

둘째, 차 교수는 중생과 성령세례를 구분하여야 할 근거로써 예수님의 제자들의 경우를 예로 든다. 즉 예수님의 제자들은 예수님 생전에 이미 중생한 자들이었으나, 오순절날 복음전도를 위해 능력의 성령세례를 다시 받은 것처럼 오늘 우리 크리스천들도 먼저 중생받고 그 다음에 성령세례를 받아야 한다는 것이다. 그러나 이러한 주장은 예수의 사도들의 독특성을 무시하는 것이다. 예수의 제자들은 예수가 육으로 계실 때 그에 의해 부름을 받고 훈련받았으며, 부활하신 주를 직접 목격하고, 신약 교회를 위해 독특한 사명을 부여받은 자들이다. 동시에 그들은 육으로 계신 예수 시대와 부활하신 주와 성령의 시대에 함께 속한 자들이다. 그리고 그들은 신약교회를 위해 예수의 전승을 보존하고 신약성경을 쓸 수 있는 특별한 은사를 받은 자들이다.[23] 그러나 그럼에도

---

23) 이런 점에서 필자는 사도들과 그 이후의 신약 교회 성도들이 서로 동일한

불구하고, 그들도 구속사의 적용면에서 볼 때, 신약의 성도들처럼 오순절날 성령이 보내졌을 때에 비로소 신약적인 의미의 충만한 중생을 체험하였다. 그렇기 때문에 약속과 성취의 두 시대를 동시에 산 사도들의 독특한 경우를 오순절 사건 이후 오직 성취의 시대에만 살고 있는 오늘 우리들에게 중생과 성령세례를 구분하는 근거나 모델로 삼을 수 없다고 보아야 할 것이다.

마지막으로 차 교수는 사도행전 8장의 사마리아 사람들의 경우와 19장의 에베소 제자들의 경우를 근거로 내세운다. 물론 이 사도행전 8장과 19장을 올바르게 해석하기란 쉬운 일이 아니다. 그렇기 때문에 오늘날 신약학계에서도 계속 논란의 대상이 되고 있다. 그러나 우리가 분명히 말할 수 있는 것은 누가가 사도행전에서 사마리아 사람들의 경우와 에베소 제자들의 경우를 통하여 중생과 성령세례가 다르며 양자 사이에 시차가 있다는 것을 보여주는 것이 그 근본 목적이라고 말할 수 없다는 점이다.[24] 만일 그것이 누가의 의도였다면 사도행전에 나타난 중요한 성령세례 사건, 즉 8장의 사마리아 사람들, 9장의 바울의 경우, 10장의 고넬료 가정, 19장의 에베소 제자들의 경우에 기계적인 일치가 있어야 하는데, 실질적으로는 전혀 그렇지 않기 때문이다. 예를 들면 사마리아 사람들의 경우에는 그들이 빌립의 전도를 믿고 주 예수의 이름으로 세례를 받은 다음 예루살렘으로부터 온 베드로와 요한의 기도와 안수가 있었을 때 성령을 받게 되었으며(행 8:12-17), 바울의 경우에는 다메섹 도상에서 부활하신 예수를 먼저 만났고, 사흘 후 아나니아의 안수를 통

성령을 받았다고 해서 모든 신약 교회 성도들이 사도들과 동일한 성령의 은사를 받있다고 주장하서는 안된나고 본다. 우리는 동일한 성령을 받는 것과 동일한 성령의 은사를 받는 것이 별개의 것임을 잊어서는 안될 것이다. 성령의 은사는 성령 자신의 자유의 영역에 속하기 때문에 동일한 성령을 받았지만 성령의 은사는 신자마다 얼마든지 다를 수 있다는 것이 성경, 특히 사도 바울의 일관적인 가르침이기 때문이다.

24) 필자는 이 문제를 본서에 수록한 "누가와 성령 2"에서 자세히 취급하고 있다.

하여 성령충만을 받게 되었으며, 그런 다음 세례를 받았으며(행 9:1-18), 고넬료 가정의 경우에는 베드로가 전파하는 복음을 듣는 중에 성령이 그들에게 부어졌고, 그런 다음 예수 그리스도의 이름으로 세례를 받았으며(행 10:44-48), 에베소 제자들의 경우에는 세례 요한의 세례를 받았던 그들이 바울이 전파하는 복음을 들은 다음 다시 주 예수의 이름으로 세례를 받았으며 그런 다음 바울이 안수할 때 성령이 그들에게 임하였다(행 19:1-6).

이처럼 본문을 깊이 살펴보면 이들 성령세례 사건들 사이에 기계적인 일치도 없을 뿐 아니라 교리적인 공식을 찾기도 힘들다. 그리고 사마리아 사람, 고넬료 가정, 에베소 제자들이 성령세례를 받기 전에 이미 중생한 자들이었는지에 관해서는 여전히 해석상의 논란이 남아있다. 필자가 보기에 초대교회 역사에 있어서 수없이 일어났을 것으로 생각할 수 있는 수많은 성령세례 사건들 중에 유독히 이러한 사건들을 누가가 사도행전에 기록한 것은 중생과 성령세례에 관한 공식을 보여주는 데 있는 것이 아니라, 오히려 어떻게 이러한 성령세례 사건들이 성령을 통하여 복음이 예루살렘에서 사마리아와 온 유대와 땅 끝까지 즉 복음이 성령의 역사를 통하여 인종과 국경을 넘는 데 결정적인 역할을 하였는가를, 어떻게 주님께서 말씀한 선교 확장의 말씀이 오신 성령을 통하여 성취되게 되었는가를 보여주는 데 있는 것 같다. 우리는 너무나 쉽게 어떤 성경 구절이나 사건에서 교리적인 공식을 찾으려는 경향이 있는데, 그보다 먼저 우리는 본문과 전후문맥을 통하여 저자가 말하고자 하는 중심의도를 파악하는 데 더 우선권을 두어야 할 것이다. 즉 1세기 유대사회에서 유대인들이 개처럼 싫어하고 원수처럼 증오했던 사마리아 사람들의 성령 사건과, 기독교 박해에 앞장섰던 바울/사울의 성령세례 사건, 이방인 고넬료 가정의 성령세례 사건, 희랍 문화권의 에베소 제자들의 성령세례 사건이 왜 사도행전에 기록되어졌으며, 이 사건들이 누가가 기록한 사도행전의 중심 주제와 목적과 어떤 관련을 가지고 있는가를 먼저 살펴야 하는 것이다.

물론 독자들 가운데 필자의 견해와 일치하지 않는 견해를 가지고 있는 분도 있을 것이며, 성령세례에 관한 연구보고서를 만든 고신대 교수들이나 혹은 여기에 반대를 제기한 안영복, 차영배 두 분의 교수들도 다 같이 필자의 글에 대하여 이의를 제기할 수 있을 것으로 생각한다. 필자는 결단코 자신의 견해가 절대적이라고 단정하지는 않는다. 성경 해석에 있어서 절대라는 말을 쓰는 것을 우리는 대단히 조심해야 할 것이다. 필자는 신약성경을 연구하면 연구할수록 "나의 해석이 성경적이고, 너의 해석은 비성경적이요"라는 말을 함부로 할수 없다는 사실을 더욱 절감한다. 자신의 해석이 아무리 옳다는 확신이 든다 할지라도 우리의 모든 성경해석이 성경 본문처럼 절대적일 수 없으며, 우리의 해석은 우리의 선입관, 우리가 처한 역사적 상황의 영향을 항상 입을 수 있기 때문에 늘 자기 비판이 필요하며, 아울러 다른 사람의 의견에 항상 귀를 기울일 수 있는 겸손의 자세가 필요하다는 것이다. 그렇기 때문에 누구든지 필자의 글에 대하여 지면으로 비판을 제기할 수 있으리라 생각한다. 그리고 필자는 이 논쟁이 논쟁을 위한 논쟁이 아니라 한국 교회의 성령론을 새롭게 정립하는 생산적인 계기가 될 수 있다고 여겨지면 언제든지 최선을 다해 답변을 할 것을 독자들과 금번의 논쟁에 관여하는 분들에게 약속을 드린다. 한 가지 아쉬운 것은 지면상 이 글에서 한국 교회 성령론의 근본 문제점과 거기에 관한 구체적인 대안을 싣지 못하는 것이다. 그러나 차후의 계속적인 논문에서 충분하게 언급될 수 있는 기회가 있으리라 본다. 성령론에 관심을 갖고 있는 분들을 위하여, 연구의 주제가 될 수 있도록 하기 위해 요점만 언급하고자 한다. 필자는 한국 교회 성령론의 가장 큰 문제는 첫째, 성령과 그리스도 혹은 복음의 말씀을 서로 분리시키는 것이다. 즉 오순절의 성령은 근본적으로 예수 그리스도의 영으로서 전적으로 그리스도를 증거하고 그리스도를 위한 사역이 주된 임무인데, 한국 교회가 이 점을 간과하는 일이다. 둘째, 성령의 윤리적이고 교회적이고 사회적인 면을 간과하고 지나치게 은사면만 강조함으로써 성령을 무속 종교화(샤머니즘화) 하는 점이다. 여기에 관한 해결책으로는 신약성경이 가르치는 본래의 성령론으로 돌아갈 뿐만 아니라, 일찍이 고린도 교회가 성령론 때문에 문제가 생겼을 때 그 해결책으로 십자가의 복음을 재강조하는 것처럼 한국 교회가 십자가의 복음을 회복하는 데 있다는 것이다. 이 문제에 관한 독자들의 계속적인 관심과 깊은 연구가 있기를 소망한다.

제 2 부

율 법

제2부

응 법

제1장

바울과 베드로 그리고 안디옥 교회 2

이한수 교수(총신대학원 신약학)의 비평에 대한 답변

필자는 재작년 가을 『바울연구 1』에 수록된 논문, "바울과 베드로 그리고 안디옥 교회"[1]에서, 그해 여름 "신학지남," 제59권 2집에 수록된 총신대학원 이한수 교수의 논문, "안디옥 사건과 바울의 이신칭의 복음"[2]의 내용 중에서, 필자가 동의할 수 없는 다음과 같은 두 가지 문제를 거론한 바 있다.

첫째, 이한수 교수는 갈라디아서 2:1~10에 수록된 바울의 두 번째 예루살렘 방문은 사도행전 11장에 수록되어 있는 바울의 예루살렘 부조 방문과 동일한 사건이며, 따라서 갈라디아서 2:11 이하에 뒤따라 나오는 안디옥 사건은 사도행전 15장에 수록되어 있는 예루살렘 방문 이전에 있었던 사건으로 규정하였다. 그러나 이 문제와 관련하여, 필자는 전통적인 입장을 견지하면서 갈라디아서 2장에 있는 바울의 예루살렘 방문과 사도행전 15장에 수록된 예루살렘 방문 사이에, 비록 바울과 누

---

1) 최갑종, "바울과 베드로 그리고 안디옥 교회," 『바울연구 I』 (서울: 기독교문서선교회, 1992/93), pp. 29-54.
2) 이 글은 변경없이 이한수 교수의 논문집 『바울신학연구』 (서울: 총신대 출판부, 1993), 99-149에 다시 수록되었다.

가 사이에 표현의 차이가 있다고 할지라도, 양 사건은 근본적으로 동일한 사건으로 보아야 하며, 안디옥 사건도 예루살렘 공의회 이전이 아니라 이후에 있었던 사건으로 보아야 한다는 점을 지적하였다.

둘째, 이한수 교수는 안디옥 사건을 해석함에 있어서, 최근의 바울연구에서 강하게 제기되면서 엄청난 논쟁을 불러일으키고 있는 두 가지 해석학적 열쇠들에 지나치게 의존하고 있다는 점을 지적하였다. 하나는 E.P. Sanders에 의해 제기된 내용, 곧 바울 당대의 유대교는 율법을 구원의 수단으로 삼는 율법주의적 종교가 아니라 오히려 하나님의 은총과 선택에 의해 언약백성이 된 유대인들이 언약백성의 신분을 유지하기 위해서 지키려고 했던 "언약적 신율주의"(Covenantal Nomism)였다는 점과, 또 하나는 James Dunn이 제기하고 있는 내용, 이른바 바울이 갈라디아서에서 거듭 믿음과 반위관계에 두면서 거부하고 있는 "율법의 행위"는, 율법 자체나 유대교 자체에 대한 거부를 가리키기보다, 오히려 바울 당대에 있어서 이방인 크리스천을 유대인들과 동등한 하나님의 백성으로 받아들이는 데 결정적인 걸림돌이 되었던 유대인들의 민족적, 종교적, 사회적 신분의 표지(Identity Markers)인 할례, 음식법, 정결법, 절기법 등을 가리키고 있다는 점이다. 이한수 교수는 이 두 가지 해석학적 열쇠들에 의존하면서, 안디옥 사건의 핵심적인 문제는 갈라디아 교회의 핵심적인 문제와 일치하는, 이방인 크리스천의 신분에 관한 문제임을 주장하였다.

필자는 이한수 교수의 두 번째 주장에 대해서도 세 가지 문제점을 지적하였는데, 첫째 Sanders가 제창한 "언약적 신율주의"가 다양성을 지녔다고 보이는 바울 당대의 유대교를 전체적으로 대변할 수 없다는 것, 둘째 Dunn의 율법에 대한 사회학적인 분석은 결국 예수의 종말론적이며 구속적인 죽음을 사회학적인 면으로 평가절하하는 위험이 있다는 것, 셋째 안디옥 사건의 핵심적인 문제는, 비록 결과적인 면에서 볼 때 갈라디아 교회의 문제와 서로 깊은 연관성이 있다고 할지라도, 근본적으로 이방인 크리스천들이 어떻게 하나님의 언약백성이 될 것인가 하는 신분의 확립에 관한 문제라기보다(신분의 문제와 직접적으로 연결되어 있는 할례의 문제는 2:1-10의 예루살렘 회의를 통해서 해소되었으므로), 오히려 아직도 유대교의 울타리 안에 있는 유대인 신자들이, 유대교에 따르면 여전히 죄인으로 간주될 수밖에 없는 이방인 신자들과 어떻게 함께 식탁을 같이할 수 있을 것인가 하는 교제에 관한 문제였다는 것이다.

『바울연구 I』를 통해 필자의 논문이 알려진 이후, 이한수 교수는 작년 봄에 "신학지남," 제62집에 수록된 논문 "예루살렘, 바울 그리고 이방 기독교인들"이란 논문[3]을 통해서, 필자의 비판을 "안디옥 사건을 전혀 오해한 것"[4] 규정하면서, 종전의 입장을 보다 자세하게 재천명하였다. 필자는 서로의 학문적 발전을 위하여 필자의 논지에 대한 자세한 지적은 물론, 자신의 입장을 보다 자세하게 다시 개진해 준 이 교수에게 감사를 느끼면서, 그 동안 시간이 허락하는 대로 국외와 국내에서 필자의 입장에 대한 이 교수의 비판이 과연 갈라디아서 본문 자체의 가르침을 볼 때 정당하며, 그의 주장이 최근의 바울 신학계에서 얼마나 지지를 받고 있는가를 자세하게 검토해 볼 수 있는 기회를 가졌다. 그러나 유감스럽게도, 필자 자신의 갈라디아서 본문 자체의 검토 결과는

---

3) 이 논문 역시 이한수 교수가 최근에 출판한 논문집 『바울신학연구』 (서울: 총신대학 출판부, 1993), pp. 41-98에 재수록되었다. 특별히 이 교수는 논문 가운데 "바울의 예루살렘 방문과 안디옥 사건"(pp. 52-58)이란 특주를 첨부하여, 자신의 입장을 자세히 개진하였으며, 56페이지 각주 12)에서 필자의 입장을 강하게 비판하였다. 이 교수의 논문에 대한 답을 하면서 필자는 그의 『바울신학연구』에 수록된 논문의 페이지를 사용하게 될 것이다.

4) 이한수, "예루살렘, 바울 그리고 이방 기독교인들," p. 56. 이한수 교수는 자신의 안디옥 사건 해석에 있어 중요한 비중을 차지하고 있는 Sanders와 Dunn에 대한 필자의 비평에 관하여는 직접적인 답변을 하지는 않았다. 그러나 그는 최근의 그의 『바울신학연구』, pp. 150-187에 Sanders와 Dunn이 주도하고 있는 새로운 바울 연구 전망 노선에 서 있는 J.M.G. Barclay의 논문, "바울과 율법: 최근의 논쟁들"을 수록함으로써 자신의 입장이 변함이 없다는 것을 간접적으로 표명하고 있는 것 같다.

이 교수의 주장이 정당하지도 않을 뿐 아니라, 이 문제와 관련된 대다수의 최근 연구들이 이 교수의 주장보다 오히려 필자의 주장을 지지하고 있다는 것을 거듭 확인하게 되었다.[5] 그래서 필자는 한편으로 표현의 부족으로 인한 오해를 피하기 위해, 또 한편으로는 필자의 주장을 더욱 분명하게 제시하기 위해, 종전의 논문을 수정 보완하면서 이 교수의 비평에 대한 답변을 제시하기로 하였다.[6] 이 글은 다음과 같은 세 가지 문제에 집중하여 전개될 것이다.

첫째, 갈라디아서 2:1-10과 사도행전 15장의 예루살렘회의 관계문제, 이를테면 양자가 근본적으로 서로 동일한 사건인가, 아니면 서로 다른 사건인가?

---

5) 예를 들면, E.P. Sanders, "Jewish Association with Gentiles and Galatians 2:11-14," *Studies in Paul & John. In Honor of J. Louis Martyn*, eds. R.T. Fortna & B.R. Gaventa (Nashville: Abingdon Press, 1990), pp. 170-188; Peter J. Tomson, "The Antioch Incident," *Paul and the Jewish Law* (Minneapolis: Fortress Press, 1990), pp. 222-230; E. Lohse, "St. Peter's Apostleship in the Judgment of St. Paul, the Apostle to the Gentiles: An Exegetical Contribution to an Ecumenical Debate," *Gregorianum* 72/3 (1991), 419-435; P.C. Bottger, "Paulus und Petrus in Antiochien: Zum Verstandnis von Galater 2.11-21," *NTS* 37 (1991), 77-100; Craig C. Hill, "Galatians 2 and Acts 15: The Relationship between the Churches of Jerusalem and Antioch," *Hellenistss and Hebrews. Reappraising Division within the Earliest Church* (Minneapolis: Fortress Press, 1992), pp. 103-147; N. Taylor, *Paul, Antioch and Jerusalem: A Study in Relationships and Authority in Earliest Christianity* (JSNT Suppl. 66; Sheffield: JSOT Press, 1992), pp. 123-44; D.J. Verseput, "Paul's Gentile Mission and the Jewish Christian Community: A Study of Narrative in Galatians 1 and 2," *NTS* 39 (1993), 36-58.

6) 이 교수의 비평에 대한 필자 자신의 입장을 다시 개진하는 이 글은 본래 금년 초에 영어로, "Once Again, The Incident at Antioch (Gal. 2:11-21): A Response to Prof. Dr. Han S. Lee"로 쓰여져서 이 교수에게도 전달되어졌다. 그리고 이 글을 한글로 다시 옮겨 본 논문집에 수록하면서, 필자 자신이 수정 보완하였다.

둘째, 안디옥 사건 그 자체, 이를테면 안디옥 사건은 근본적으로 어떻게 유대인 신자들이 이방인 신자들과 교제할 수 있는가 하는 교제의 문제인가, 아니면 어떻게 이방인 신자들이 할례와 관계없이 유대인들과 동등한 하나님의 백성이 될 수 있는가 하는 이방인 신자들의 신분문제인가?

셋째, 안디옥 사건은 처음부터 끝까지 갈라디아 교회의 문제와 동일한 사건인가, 아니면 비록 안디옥 사건이 결과적으로 갈라디아 교회의 문제와 깊은 연관성을 지니고 있다고 할지라도, 양자는 근본적으로 다른 사건인가?

1. 갈라디아서 2장과 사도행전 15장과의 관계문제

(1) 이한수 교수의 입장

이와 같은 세 가지 문제 중에서 먼저 첫번째 문제에 대한 이한수 교수의 입장부터 살펴보기로 하자. 첫째, 갈라디아서 2:1-10과 사도행전 15장과의 관계문제와 관련하여 이 교수는 먼저 갈라디아서 2:1-10에 나타난 바울의 예루살렘 방문과 회합을 사도행전 15장의 예루살렘회와 동일시할 수 없는 문제점을 지적하고, 그 다음 왜 갈라디아서 2장의 방문이 사도행전 11장의 바울의 예루살렘 부조 방문과 동일시하여야 하는 이유를 제시한다.

갈라디아서 2:1~10의 사건과 사도행전 15장의 사건을 서로 동일시할 수 없는 이유와 관련하여, 이 교수는 다음과 같이 다섯 가지 이유를 제시한다.

(1) 갈라디아서 2:2은 분명히 예루살렘에서 있었던 회의가 사적인 모임이었음을 말하는 반면에, 사도행전 15:22은 공적인 회의였음을 말한다. 갈라디아서 2장은 회의에서 바울이 담당한 능동적인 역할을 강조하는 반면, 사도행전 15장에서 그는 별로 중요한 역할을 담당하지를 못한다.

(2) 보다 중요한 차이점은 갈라디아서 2장은 사도행전 15장에서 이방인들에게 부과된 몇 가지 현실적인 사항들을("우상의 더러운 것과 음행과 목매어 죽인 것과 피를 멀리하라," 15:20) 전혀 언급하고 있지 않다는 사실이다. 흔히 주장되기를 이방인들에게 그런 조건들을 부과하는 것은 바울 편에서 전혀 용납할 수 없는 타협으로 생각되었기 때문에 바울이 갈라디아서에서 언급조차 하지 않았을 것이라고 한다. 그러나 이런 추측은 예루살렘 사도들이 가난한 자들을 기억해 달라는 부탁 이외에는 아무것도 "내게 더하여 준 것이 없었다"(2:6)는 바울 자신의 진술과 모순된다. 만일 바울이 회의석상에서 자신이 용납할 수 없던 조건들을 자신의 이방인 회심자들에게 부과했다면 "복음의 진리를 따라 행하는"(2:14) 일을 생명처럼 여기는 그가 그저 가만히 침묵하고 있었을 것으로 생각하기 어렵다.

(3) 만일 예루살렘 회의(갈 2장=행 15장)에서 유대인과 이방인 신자들 간의 현실적 교제를 가능케 하기 위한 몇 가지 최소한의 조건들이 합의되어졌다면, 어떻게 얼마 후에 안디옥 사건에서 그런 조건들이 마치 전혀 합의된 적도 없었던 것처럼 바울과 예루살렘 사도들 사이에 신학적 갈등과 균열이 존재할 수 있었는가? 야고보에게서 온 사람들에 대한 두려움 때문에 베드로와 바나바가 이방 기독교인들과 식탁 교제 나누기를 거부하는 안디옥 사건은(2:11-14) 사도행전 15장의 예루살렘 회의 이후의 상황에서는 전혀 이해하기가 불가능하다.

(4) 갈라디아서 2:1에서는 '다시'라는 말을 사용함으로써 바울의 두 번째 예루살렘 방문임을 시사하는 반면, 사도행전 15장은 사실상 그의 세 번째 방문에 대한 묘사이다. 갈라디아서 1:18-20의 여행과 일치하는 사도행전 9:26-29이 첫번째이고, 사도행전 11:30; 12:25의 부조 여행이 두 번째이고, 사도행전 15장의 방문이 세 번째이다.

(5) 이상한 점은 예루살렘 사도들의 편지가 안디옥, 수리아와 길리기아에만 보내졌고(15:23) 바울의 갈라디아 서신에서는 언급조차 되지 않는다는 점이다.[7]

---

7) 이한수, "예루살렘, 바울 그리고 이방 기독교인들," pp. 53-54.

갈라디아서 2:1-10의 사건과 사도행전 11:30의 부조 여행을 동일한 것으로 보아야 하는 이유에 관하여서, 이 교수는 다음과 같이 세 가지 이유를 제시한다.[8]

"이 견해는 바울이 예루살렘을 방문한 회수를 계산하는 문제를 잘 해결해 준다(위의(4)번). 갈라디아서가 사도행전 15장의 예루살렘 방문과 그 결정 사항들을 언급하고 있지 않은 것은 그것이 후자의 사건보다 먼저 기록되었기 때문일 것이다.

이 견해는 갈라디아서 2장과 사도행전 15장 사이의 차이점들을 설명해 준다(위의(1)과(2)번). 이들 두 기록들이 서로 다른 사건들을 묘사하고 있다고 간주하면 그들 사이의 차이점들을 애써 조화시키려고 노력하지 않아도 된다.

이 견해는 안디옥 사건이(2:11-14) 어떻게 해서 일어나게 되었는지 설명해 줄 수 있다. 바울과 예루살렘의 기둥 사도들은 전번 회의에서 (2:1-10) 이방인에게 할례 베푸는 문제들을 포함하여 복음의 핵심 내용에 대해서 이미 상호 합의한 것으로 생각했지만(2:6), 안디옥 사건을 계기로 그들간에 합의된 내용이 충분한 기초를 확보한 것이 아니라는 것이 드러나게 되었다. 할례 문제는 해결이 되었지만 이방 기독교인들이 유대인들과 같은 형제들로서 교제하기 위해서는 그들의 음식법이나 그들의 생활 관습들을 받아들여야 하는가 하는 새로운 문제가 터져나온 것이다. 만일 갈라디아서 2장의 회의가 사도행전 15장의 예루살렘 회의와 동일한 사건이라면, 이미 하나님의 백성으로서 이방인의 신분 문제가 해결되었음에도 불구하고 왜 여전히 안디옥 사건에서 그들의 신분 문제가 거론되는지 전혀 이해할 수가 없다."[9]

---

8) 이 교수는 자신의 주장에 뒷받침해줄 수 있는 학자들로서 W.M. Ramsay, *St. Paul the Traveller and Roman Citizen*, 1920; K. Lake, *Beginnings V*, 445ff; J.J. Gunther, *Paul: Messenger and Exiles*, 25; F.F. Bruce, "Galatian Problem. I. Autobiographical Data," *BJRL* 51 (1968-69), pp. 292-309; I.H. Marshall, *Acts*, 245 등을 든다.

9) 이한수, "예루살렘, 바울 그리고 이방 기독교인들," p. 55.

(2) 이 교수의 입장에 대한 답변

무엇보다도 우선적으로 우리는, 이 교수와 필자 사이에 제기된 이 문제는 사실상 많은 신약학자들의 논란과 관심의 대상이 되어 온 난제 중의 하나라는 것을 직시하고,[10] 갈라디아서 2장에 나오는 바울의 예루살렘 방문을 사도행전 15장의 사건과 일치시킬 수 있는 가능성과 똑같이, 이 교수가 주장하고 있는 갈라디아서 2장 초두에 나오는 바울의 예루살렘 방문을 사도행전 11장의 바울의 두 번째 예루살렘 부조 방문과 일치시킬 수 있는 가능성을 진지하게 생각해야 할 것이다. 특별히 스스로 성경 기록의 역사적 신임성을 견지하려고 힘쓰는 복음주의 입장에 서려고 하는 자들이라면, 바울이 자신의 사도직과 자신이 전파하는 복음의 신뢰성을 강조하는 문맥에서 "보라 내가 너희에게 쓰는 것은 하나님 앞에서 거짓말이 아니로라"(갈 1:20)고까지 말하면서, 갈라디아서 2장의 예루살렘 방문이 자신의 생애에 있어서 분명히 두 번째 방문임을 말하고 있는 점과, 신약의 저자들 가운데 누구보다도 역사적 예수와 초대교회의 상황을 역사적 관점에서 정확하게 기록하려고 하는 누가-행전의 저자인 누가가(참조, 눅 1:1-4), 바울의 부조 방문(행 11장)을 두 번째 예루살렘 방문으로, 할례 문제로 인한 예루살렘 방문(행 15장)을 세 번째 방문으로 제시하고 있는 점을 누구보다도 진지하게 생각해야 한다고 본다.

그러나 필자는 사도행전의 저자 누가나 갈라디아서 저자 바울이 다 같이 역사에 일어났던 사실들을 연대적 순서에 따라 정확하게 기록하였기 때문에, 바울과 누가의 기록은 다 같이 옳으며, 상호 보완적이며,

---

10) Cf. David R. Catchpale, "Paul, James and the Apostolic Decree," *NTS* 23 (1977), 428-444; Colin Hemer, *The Book of Acts in the Setting of Hellenistic History* (WUNT 49; Tübingen: J.C.B. Mohr, 1989), pp. 247; R.N. Longenecker, *Galatians* (WBC 41; Dallas: Word Books, 1990), pp. lxxiii-lxxxiii; R.H. Stein, "The Relationship of Galatians 2:1-10 and Acts 15:1-35: Two Neglected Arguments," *JETS* 17 (1974), pp. 239-42.

그래서 서로 모순되지 않고 상호 조화를 이루어야 한다는 식의 논리가—물론 필자는 이 교수를 포함하여 갈라디아서 2장과 사도행전 11장을 일치시키는 학자들이 모두 이와 같은 논리를 가지고 있다고 보지는 않지만—우리의 문제를 해결하는 결정적인 열쇠가 되어서는 안된다고 본다. 만일 우리가 성경의 모든 문제를 이런 논리로 접근한다고 한다면, 성경 중에서 서로 조화되지 않는 문제의 경우, 부득불 어느 하나가 옳으면 필연적으로 다른 어느 하나는 상대적으로 옳지 않다는 식의 이분법에 빠질 수밖에 없다. 예를 들어 마태복음 4장과 누가복음 3장에 기록되어 있는 예수의 시험 사건 순서 보도에 있어서, 성전 꼭대기에서 뛰어내리는 문제와 산 위에서 절하는 문제가 서로 다르게 나타나 있는데, 우리가 이것을 이분법으로 접근한다면 결국 누가의 기록이 옳든지, 아니면 마태의 기록이 옳든지 하는 결론을 내릴 수밖에 없다. 그러나 우리는 성경의 난제를 접근함에 있어서 우리 시대의 과학적이고 수학적인 논리를 먼저 세워놓고, 그 논리의 그물에 성경을 가져와서 성경 저자를 판단하기보다, 오히려 우리 자신이 성경 저자의 시대에 돌아가서 그들의 방법에 맞추어 성경의 저자들의 서술들을 고려하는 방식을 선택해야 한다고 본다. 이런 경우 우리는 우리의 잣대가 성경의 문제를 좌우하지 않게 될 뿐만 아니라 더 나아가서 마태의 본문을 접근하는 데 있어서 누가를 그 잣대로, 혹은 누가의 본문을 접근하는 데 있어서 마태를 그 잣대로 삼지 않을 수도 있게 된다. 그렇게 하는 경우 우리의 현대적 관점에서 볼 때 성경의 기록이 맞지 않지만 성경 저자의 관점에서 볼 때는 얼마든지 정당할 수 있으며, 따라서 마태나 누가가 다 같이 서로 그들의 기록에 있어서 옳을 수 있게 된다.

따라서 우리는 갈라디아서에 나타나 있는 바울의 예루살렘 방문과 사도행전에 나타나 있는 바울의 방문 문제를 접근하는 데 있어서, 사도행전의 순서나 내용이 반드시 갈라디아서의 순서나 내용과 일치해야 한다든지, 혹은 그 반대로 갈라디아서의 순서가 반드시 사도행전의 순서나 내용에 일치해야 한다는 논리에 매여서는 안 될 것이다. 우리가 어떤 문제를 비교하게 될 경우, 비교에 대한 우리의 평가는 비교하는 우리 자신이 어느 편의 관점에 서느냐, 어느 것을 기준으로 삼느냐에 따라 많은 영향을 받을 수 있다는 사실을 항상 염두에 두지 않으면 안된다. 오히려 우리는 갈라디아서의 저자가 사도행전의 저자가 아닌 것과 마찬가지로, 사도행전의 저자 역시 갈라디아서의 저자가 아니기 때문에 각 저자의 접근방식, 관점의 차이, 문학적 구성, 자료의 사용, 목적 등에 따라 동일한 사건이라도 얼마든지 다르게 기록될 수 있는 가능성을 염두에 두어야 할 것이다.[11] 오늘날 대부분의 학자들이 인정하고 있는 것처럼, 누가-행전이 오늘 우리 시대의 역사적 표기 방식을 따라 기록되었다기보다, 오히려 누가 당대의 역사적 표기 방식을 따라 기록되었을 뿐만 아니라, 또한 저자의 신학적, 문학적 의도에 따라 기록되었다는 것을 우리는 충분히 고려하여야 한다.[12] 우리는 이 점을 누가복음과 사도행전의 문학적 구조배열의 비교에서뿐만 아니라, 사도행전에 세 번이나 기록되어 있는 바울의 다메섹 사건에 대한 묘사가(행 9장, 22장, 26장) 서로 상당한 차이점을 보여주고 있는 데서도 쉽게 확인할 수 있다. 이 점에 있어서는 바울도 예외가 아니다. 오늘날 많은 바울 연구가들이 인정하고 있는 것처럼, 갈라디아서까지도 우리 시대의 신문기사 보도와 같은 방식으로 기록된 것이 아니라 바울 당대의 문학적 양식을 따라 기록되어진 상황적이고 논쟁적이며, 그리고 권면적인 편지라는 점을 잊어서는 안될 것이다.[13]

---

11) 예를 들면 마태와 누가의 주기도문 본문(마 6:9-13/ 눅 11:2-4)의 차이, 마태와 마가와 누가 및 바울 사도의 성만찬 제정 말씀 등의 차이에 관하여는 이와 같은 문제들을 고려하지 않으면 설명할 길이 없다.

12) 이 문제에 관한 필자의 보다 포괄적인 입장 제시는 필자의 "누가-행전 서문연구"(눅 1:1-4),『예수님의 비유연구』(기독교문서선교회, 1993), pp. 282-319를 참조하라.

13) 예를 들면, H.D. Betz, "The Literary Composition and Function of Paul's Letter to the Galatians," *NTS* 21 (1975): 353-79; James D. Hester. "The Rhetorical Structure of Galatians 1:11-2:14," *JBL* 103 (1984), 223-33; "The Use and Influence of Rhetoric in Galatians 2:1-14," *TZ* 42 (1986): 386-408; John M.G. Barclay, "Mirror-Reading a Polemical Letter: Galatians as a Test C," *JSNT* 31 (1987), 86-90; R.G. Hall, "The Rhetorical Outline for Galatians: A Reconsideration," *CBQ*

필자의 요지는 이것이다. 우리가 사도행전과 갈라디아서를 접근함에 있어서 우리 자신의 시대의 관점에서 접근할 것이 아니라 오히려 저자들 시대의 관점에서 접근해야 하며, 이 점과 관련하여 특히 갈라디아서와 사도행전이 쓰여진 문학적 특성이 충분하게 고려되어야 한다는 것이다. 물론 필자가 여기서 사도행전이나 갈라디아서의 역사적 신임성을 평가절하하자는 주장을 하는 것은 아니다. 단지 필자의 의도는 그 역사적 신임성이 우리 자신의 시대의 기준에 따라 이루어져서는 안된다는 것과 그 역사적 신임성은 어디까지나 갈라디아서나 사도행전의 문학적, 신학적 특성과 분리시켜서는 안된다는 것이다. 바로 이러한 문제와 관련하여 우리는 우리의 문제를 해결하는 데 있어서, 갈라디아서와 사도행전에 나타나 있는 바울의 예루살렘 방문의 횟수에 못지않게, 각 방문의 내용에 관한 서술이 중요하게 취급되어야 한다고 본다. 필자가 갈라디아서 2장에 나타나 있는 바울의 두 번째 예루살렘 방문을 사도행전 11장에 나타나 있는 바울의 두 번째 예루살렘 방문과 동일시하지 않고, 오히려 사도행전 15장의 세 번째 예루살렘 방문과 일치시키는 근본 원인도 바로 이와 같은 관점 때문이다. 이제 이 문제를 보다 자세히 살펴보도록 하자.

첫째, 이한수 교수의 시나리오에 따르면 바울과 바나바는 사도행전 11장에 나타나 있는 부조 방문 때에, 갈라디아서 2:1~10에 나타나 있는 회합을 가졌다. 그러나 우리가 분명하게 여기서 지적하고 넘어가야 할 것은, 사도행전 저자 누가는 부조 방문을 간단하게 언급하고 있는 11:27-30과 12:25에서 다음과 같이 갈라디아서 2장에 있는 그와 같은

---

106 (1987), 277-87; G.W. Hansen, *Abraham in Galatians: Epistolary and Rhetorical Context* (JSNT Suppl. 29; Sheffield: JSOT Press, 1989); J. Smith, "The Letter of Paul to the Galatians: A Deliberative Speech," *NTS* 35 (1989), 1-26; 홍인규, "The Structure of Galatians," *The Law in Galatians* (JSNT Suppl. 81; Sheffield: JSOT Press, 1993), pp. 18-73; Walter B. Russel, "Rhetorical Analysis of the Book of Galatians," *BS* 150 (1993): 341-62.

모임에 관한 그 어떤 암시나 언급을 하지 않고 있다는 점이다:

"그때에 선지자들이 예루살렘에서 안디옥에 이르니 그중에 아가보라 하는 한 사람이 일어나 성령으로 말하되 천하가 크게 흉년들리라 하더니 글라우디오 때에 그렇게 되니라 제자들이 각각 그 힘대로 유대에 사는 형제들에게 부조를 보내기로 작정하고 이를 실행하여 바나바와 사울의 손으로 장로들에게 보내니라"(11:27-30).

"바나바와 사울이 부조의 일을 마치고 마가라 하는 요한을 데리고 예루살렘에서 돌아오니라"(12:25).

이처럼 사도행전에 나타난 바울과 바나바의 부조 방문에 관한 누가의 서술에서는 갈라디아서 2:1-10의 방문에 관한 그 어떤 암시나 언급이 없다. 이뿐만 아니라 우리는 신약 자체나 혹은 신약 외의 그 어떤 곳에서도 바울의 부조 방문 때 갈라디아서 2장의 회합이 예루살렘에서 있었다는 것을 입증시켜줄 수 있는 자료를 찾을 수가 없다. 따라서 사도행전 11장이 침묵하고 있는 사실로부터 갈라디아서 2장에 나타난 회합이 있었다고 주장하는 것은, 소위 침묵의 논증을 활용하여 갈라디아서 2장으로부터 사도행전 11장을 재구성하는 것이다. 이런 경우, 바울의 예루살렘 부조 방문 때 왜 갈라디아서 2장의 회합이 있었는가를 입증시켜줄 증명의 짐이 그것을 반대하는 자에게보다 오히려 그것을 재구성하는 당사자에게 놓여 있다. 필자는 사도행전과 갈라디아서의 모든 본문과 문맥과 관련된 역사적 사실들을 고려해 볼 때, 사도행전 11장의 부조 방문과 갈라디아서 2장의 예루살렘 방문을 연대적으로나 내용적으로나 서로 일치시키는것이 사실상 불가능하다고 본다.

첫째, 갈라디아서 1:18에서 바울은 다메섹 사건의 체험 후 3년 만에 게바를 만나려고 예루살렘에 올라갔다고 말하고 있으며, 그런 다음, 2:1에서 "십사 년 후에 내가 바나바와 함께 디도를 데리고 다시 예루살렘에 올라갔노니"라고 말하고 있다. 설사 우리가 갈라디아 2:1의 "십사 년 후"를, 이한수 교수의 주장에 따라 바울의 회심 때부터의 햇수를 가리킨다고 보더라도,[14] 만일 우리가 대부분의 학자들의 주장과 같이, 바울의 다메섹 사건 체험의 연대를 아무리 이르게 잡는다 할지라도 A.D. 32년 이전까지 소급할 수는 없다고 한다면,[15] 갈라디아서 2장에서 말하는 "14년 후"의 바울의 예루살렘 방문 연대는 적어도 A.D. 46년 이전으로 잡을 수는 없다. 그런데 우리가 사도행전 11장과 12장에서 말하는 누가의 역사적 사실의 묘사에 신뢰성을 둔다면, 사도행전에서 말하는 바나바와 바울의 안디옥에서 예루살렘에로의 부조 방문의 출발은 적어도 A.D. 44년에 죽은 헤롯 아그립바 왕이(Josephus, Ant., 19. 343-52) 아직도 살아있을 때에 이루어졌고, 귀환은 아그립바 왕이 죽은 이후에 있었다고 말할 수 있다. 왜냐하면 누가는 사도행전 11:30에서 바나바와 바울의 예루살렘 부조 방문의 출발을 언급한 다음 12장에 와서, 헤롯 아그립바 왕이 요한의 형제 야고보를 칼로 죽인 사건과(12:1-2), 베드로를 옥에 가둔 사건과(12:3-19), 헤롯이 갑작스럽게 죽은 사건(12:20-23)을 각각 언급한 다음, 12:25에 와서 바나바와 바울이 부조의 일을 마치고 예루살렘에서 안디옥에 귀환한 일을 말하고 있기 때문이다.

물론 우리는 헤롯이 바나바와 바울이 예루살렘에 오는 도중이나 혹은 예루살렘에 도착하여 그곳에 체류하는 중에 야고보를 처형하고, 베드로를 옥에 가두고, 그런 다음 죽었는지 아니면 혹은 바나바와 바울이 예루살렘으로부터 안디옥에 귀환하고 있는 도중에 죽었는지 확인할 길은 없다. 하지만 적어도 누가의 서술양식에 따른다면, 헤롯 아그립바가 죽기 전에 이미 바나바와 바울이 예루살렘으로 부조 방문을 떠난 것만은 사실이다. 이처럼 사도행전 11장과 12장에 따르면, 부조 방문은 적어도

---

14) 이한수, "예루살렘, 바울 그리고 이방 기독교인들," p. 51: "필자는 바울의 사도직과 복음의 정당성이 그의 회심 사건과 깊이 연관되어 있기 때문에 여기서는 회심 이후 십사 년을 지칭한다고 보는 것이 옳다고 본다."

15) Cf. M. Hengel, "Christology and New Testament Chronology: A Problem in the History of Earliest Christianity," *Between Jesus and Paul* (Philadelphia: Fortress Press, 1983), pp. 30-46; 최갑종, 『바울 연구 1』, pp. 19-20.

A.D. 44년 이전에 이루어졌다고 볼 수 있는 반면에, 갈라디아서 2:1에 따르면, 바울의 14년 후의 예루살렘 방문은 적어도 A.D. 46년 이후에 이루어졌다고 볼 수 있다. 양 사건 사이에 놓여있는 이와 같은 연대적 차이는 이 교수의 주장을 사실상 불가능하게 만든다.

둘째, 갈라디아서 2장과 사도행전의 부조 방문을 동일시하는 이한수 교수의 시나리오에 따르면, 바나바와 바울이 부조 방문을 떠날 때 이미 안디옥 교회 안에는, 예루살렘 교회로부터 내려온 거짓된 형제들이 제기한 할례 문제로 인하여 이방인의 신분 문제가 제기되었으며, 그래서 바나바와 바울의 부조 방문 중에 바울이 예루살렘 교회의 지도자들을 만나, 갈라디아서 2:1-10이 보여주는 그와 같은 사적인 모임을 가졌다. 그런 다음 안디옥 사건으로 인해 안디옥 교회 안에 또다시 이방인 크리스천들의 신분 문제가 제기되었으며, 그래서 이 문제를 해결하기 위해 안디옥 교회는 사도행전 15장에 나타나 있는(이한수 교수에 따르면, 갈라디아서는 안디옥 사건 후에 그리고 사도행전 15장의 예루살렘 회의 이전에 쓰여졌으므로 사도행전 15장의 사건은 나타나지 않는다) 예루살렘 회의를 개최하기 위해 바나바와 바울을 다시 파송하였다.

하지만 우리가 사도행전에서 11장의 부조 방문 사건이 놓여있는 전후의 문맥을 자세히 살펴보면, 부조 방문 때는 안디옥 교회에서 할례 문제가 전혀 제기되지도 않았을 때이며, 바울의 본격적인 이방선교 여행 전[16]이었기 때문에, 갈라디아서 2장에 나타나 있는 그와 같은 문제가 안디옥 교회에 아직 제기될 상황이 아니었다라는 것을 발견하게 된다. 누가는 사도행전에서 바나바와 바울의 부조 방문을 언급하기 바로 직전의 문단에서(11:19-26), 안디옥 교회의 설립 배경과, 예루살렘 교회가 바나바를 안디옥 교회에 파송한 것과 바나바가 바울을 찾으러 다

---

16) 사도행전에 따르면 바울의 선교는 바울이 예루살렘에서 부조 방문을 마치고 안디옥 교회에 돌아온 이후 비로소 바나바와 바울이 교회의 파송을 받아 선교여행을 떠남으로써 본격적으로 시작되었다(행 13:1-3).

소에 간 것을 말하고, 그런 다음 "만나매 안디옥에 데리고 와서 둘이 교회에 일년 간 모여 있어 큰 무리를 가르쳤고 제자들이 안디옥에서 비로소 그리스도인이라 일컬음을 받게 되었더라"(26절)는 말로서 그 문단을 마감한다. 그런 다음 27절 초두에서 "그때에"라는 말과 함께 부조 방문을 말하는 새 문단을 시작한다. 이와 같은 누가의 서술양식과 내용은 우리로 하여금 바울의 안디옥 교회 목회사역 시작과 예루살렘 부조 방문 사이의 기간이 결코 길지 않았다는 생각을 하게 한다. 더구나 누가는 부조 방문 기간 중에 두 사람의 이름을 언급할 때는 항상 바나바를 바울 앞에 둠으로써(11:30; 12:25) 사실상 부조 방문 때는 바울보다 바나바가 안디옥 교회를 대변하여 주도권을 행사하는 중심적인 인물이었음을 암시한다.[17]

그러나 갈라디아서 2장에 따르면 그와 반대로 바나바보다 오히려 바울이 주도권을 행사하는 중심적인 인물임을 보여주고 있다. 무엇보다도 사도행전 11장의 부조 방문의 전후 문맥은 안디옥 교회 안에 갈라디아서 2장에서 말하는 그와 같은 할례 문제가 이미 제기되었다는 그 어떤 암시가 없다. 사실상 만일 당시 예루살렘에서 찾아온 거짓된 형제들 때문에, 안디옥 교회 안에 다수를 형성하고 있었다고 생각되어지는 이방인 신자들의 신분 문제가 제기되었다고 한다면, 안디옥 교회가 예루살렘 교회를 돕는 그와 같은 부조일도 불가능하였을 것이며, 누가도 부조일보다 더 중요한 이 문제에 관한 언급을 결코 빠뜨리지 않았을 것이다. 안디옥 교회가 부조를 결정하였다는 것은 당시 안디옥 교회 안에 별다른 문제가 없었으며, 안디옥 교회와 예루살렘 교회 사이도 좋았다는 생각을 하게 한다. 이뿐만이 아니다. 갈라디아서 2:2은 바울의 본격적인 이방 선교가 이미 시작되었음을 보여준다.[18] 그리고 갈라디아서

---

17) 누가는 바울의 제1차 이방선교 사역을 말하면서부터 비로소 서서히 바울의 이름을 바나바보다 먼저 언급하기 시작한다(행 13:43, 46). 그런 다음 15장의 예루살렘 회의 파송에서는 주로 바울의 이름이 바나바보다 선행하고 있다(참조, 행 15:2).

18) 혹자는 갈라디아서 2장에서 말하는 이방선교가 안디옥 교회 안에서의 바

2:9의 선교 대상 분할에 관한 언급은 바울과 바나바가 이미 교회의 파송을 받아 공식적으로 제1차 선교활동을 시작하였다는 사실을 전제하고 있는 것 같다.[19] 그러나 부조 방문 중에는 선교 대상의 분할을 언급할 시점은 아직 아니었다.

셋째, 누가에 따르면 사도행전 11장의 부조 방문은 처음부터 끝까지 부조 방문 그 이상도 그 이하도 아니다. 바나바와 바울이 교회의 파송을 받은 주목적은 어디까지나 안디옥 교회의 부조를 예루살렘 교회의 장로들에게 전달하는 것이었다(11:30). 그래서 누가는 12:25에서 "바나바와 바울이 부조의 일을 마치고 마가라 하는 요한을 데리고 예루살렘에서 돌아오니라"고 말하고 있다. 반면에 바울에 따르면 갈라디아서의 예루살렘 방문의 주목적은, 할례주의자들이 제기한 바울 자신의 복음의 정당성과 사도성의 문제와 관련하여, 바울이 예루살렘 교회 지도자들의 지지를 획득하는 것이었다. 갈라디아서 2:10이 부조 문제를 암시하는 것 같지만, 그것은 어디까지나 부수적인 문제였을 뿐이며, 바울은 자신이 그 일을 이미 힘써 행하였다(ἐσπούδασα)고 말하고 있다. 이처럼 사도행전 11장의 바울의 부조 방문과 갈라디아서 2장의 바울의 예루살렘 방문은, 그 내용상 너무나 판이하기 때문에, 양 방문을 동일한 사건으로 보려고 하는 자는 이러한 차이점들에 대하여 충분한 답변을 제시할 수 있어야 할 것이다. 그러나 이미 말한 것처럼, 침묵의 논증 이상을 제시하는 것은 사실상 불가능하다.

나바와 바울의 목회를 가리키는 것으로 생각할 수 있겠지만, 우리는 안디옥 교회는 이방인과 유대인 신자들의 혼합 교회였을 뿐만 아니라, 예루살렘 교회가 바나바를 안디옥 교회에 파송하였으므로(행 11:22), 안디옥 교회는 사실상 바울의 순수한 이방선교 대상으로 보기 힘들며, 오히려 어느 정도 예루살렘 교회의 통제와 선교의 영역 아래 있었다고 보아야 할 것이다. 안디옥 교회가 할례 문제로 인해 바울과 바나바를 교회의 대표자로 삼아 예루살렘 교회에 파송한 점도 간접적으로 이를 지지해 준다.

19) Hengel, *Acts and the History of Earliest Christianity* (London: SCM Press, 1979), p.119.

넷째, 이미 우리가 언급한 바와 같이 누가에 따르면, 바울과 바나바가 부조 방문을 위해 예루살렘으로 출발한 그 당시에는 요한의 형제 야고보가 순교하기 전이었다. 물론 방문 여행 중에 야고보가 순교당하였을 가능성을 완전히 배제할 수는 없겠지만, 누가가 야고보의 순교기사를 부조방문 후에 배치하고 있기 때문에, 그리고 부조 방문 기간이 2년 이상이나 긴 기간이 되었다고는 볼 수 없기 때문에, 부조 방문 당시 야고보가 아직 살아있었을 가능성은 매우 크다. 그러나 갈라디아서 2:9에 있는 예루살렘 교회의 기둥들의 언급에서 예수의 형제 야고보만 언급되어 있을 뿐 요한의 형제 야고보는 빠져 있다. 그렇기 때문에 갈라디아 2장에 나타나 있는 사건이 야고보의 순교 전보다 오히려 이후에 있었다고 하는 것이 훨씬 더 설득력이 있다.

다섯째, 이한수 교수는 갈라디아서 2:1-10의 사건과 2:11-14의 안디옥 사건과 사도행전 11장의 부조 방문과 사도행전 15장의 예루살렘 방문 사건에서 제기된 문제는 근본적으로 동일한 문제 곧 이방인 신자들이 유대인들의 율법과 할례 문제와 관계없이 유대인들과 동등한 하나님의 백성이 될 수 있는가 하는 것으로 본다. 우리는 이미 사도행전 11장과 갈라디아서 2:1-10의 사건이 동등한 사건이 될 수 없다는 점을 지적하였다. 그렇다면 갈라디아서 2:1-10과 2:11 이하의 안디옥 사건은 서로 동일한 문제에서 기인한 사건인가? 이 문제는 우리가 곧 보다 자세히 다루겠지만, 필자의 입장은 두 사건이 결코 동일한 주제를 다루고 있지는 않다는 것이다. 이를테면, 갈라디아서 2:1-10은, 할례 문제와 함께, 바울이 이방인들에게 전파하고 있는 그의 복음과 사도직의 진정성을 제시함으로써 결국 이와 불가분의 관계를 갖고 있는 이방인들의 신분 문제를 직접 다루고 있지만, 갈라디아 2:11 이하에 나타나 있는 안디옥 사건은, 근본적으로 유대인 신자들이 어떻게 유대인들의 음식법을 준수하지 않는 이방인 신자들과 함께 교제할 수 있는가 하는 문제였다. 사실상 두 사건이 동일한 문제를 가리킨다고 하는 것은 한 번 결정되고 합의된 사항들을 계속 파기하게 함으로써, 예루살렘 교회 지도자들은 물론 바나바와 안디옥 교회의 유대인 신자들로 하여금 엄청난 자기 모순을 범하는 이율배반자로 만들고 만다.

　이뿐만 아니라, 이한수 교수의 주장은 안디옥 교회 안에 동일한 할례 문제로 인한 이방인의 신분 문제가 최소한도 안디옥 교회에서 세 번이나 반복되었다는 결론을 내리게 하는데, 이것이 과연 초대교회 상황에서 가능할 수 있었던 일인가? 안디옥 사건에서 바울은 베드로를 공중 앞에서 책망하였는데, 안디옥 사건으로 인해 개최된 사도행전 15장의 회의에서 베드로가 "우리가 저희와 동일하게 주 예수의 은혜로 구원받는 줄을 믿노라"(15:11)고 말하면서 그렇게 강하게 바울을 지지하는 것이(15:7-11) 타당하였겠는가? 베드로가 안디옥 사건에서 보였던 자신의 위선적인 행동을 회개하였기 때문에 그렇게 하였는가? 또 안디옥 사건으로 인해 사실상 안디옥 교회는 유대인 신자들과 이방인 신자들이 서로 분리되었다고 볼 수 있으며, 심지어 바나바까지도 베드로의 행동에 동참하였는데, 어떻게 안디옥 교회가 이방인들의 신분 문제를 해결하기 위해 바울과 바나바를 다시 함께 예루살렘 교회에 파송할 수 있었겠는가? 사도행전의 저자 누가는 오히려 사도행전 15:1-2에서, 어떤 사람들이 안디옥 교회에 와서 "너희가 모세의 법대로 할례를 받지 아니하면 능히 구원을 얻지 못하리라"고 가르쳤을 때에, 분명히 바나바가 바울과 같은 편에 서서 이들과 다투고 변론하였다고 말하고 있는데, 그렇다면 바나바 역시 베드로처럼 안디옥 사건 직후 자신의 잘못을 통감하고 바울 편으로 급히 선회하였는가? 하지만 우리는 한편으로 사도행전 15장에서 안디옥 교회 자체의 분리나 바울과 베드로, 바나바 사이의 불화에 대한 그 어떤 언급이나 암시도 전혀 발견할 수 없으며, 또 다른 한편으로 이 교수가 동일한 문제를 다루고 있다고 보는 갈라디아서 2장의 안디옥 사건에서는 사도행전 15장 초두에 나타난 할례파들의 가르침을 전혀 발견할 수 없다. 이 교수는 안디옥 사건 이후의 관점에서만 사도행전 15장의 회합을 이해할 수 있다고 보고 있지만,[20] 오히려 필자는 이상의 간략한 지적만을 염두에 둔다 할지라도, 안디옥 사건은 그 전에

---

20) 이한수, "예루살렘, 바울 그리고 이방 기독교인들," p. 54.

있었던 갈라디아서 2:1-10과 사도행전 15장의 예루살렘 회합을 전제할 경우에서만 이해할 수 있다고 본다.

이리하여 우리는 이 교수의 입장과는 달리, 비록 갈라디아서 2장에 나타난 바울의 예루살렘 방문과 사도행전 15장 사건 사이에 상당한 표현의 차이가 있으며, 그것을 완전하게 조화시키는 것은 불가능하다고 할지라도,[21] 두 방문 사건이 결국 동일한 문제를 다루고 있다고 본다. 무엇보다도 두 방문 사건이 동일한 문제로 시작되었을 뿐만 아니라, 동일한 주제를 다루고 있다는 점을 볼 때 이것을 부인하기는 어렵다. 이와 함께 사도행전 15장의 누가의 보도와 갈라디아서 2장의 바울의 보도 사이에 적지 않은 일치점이 있다. 예를 들면 누가의 보도도 바울의 보도처럼 공의회에 앞서 바울과 예루살렘 교회의 지도자들과의 사적인 모임이 있었을 가능성을 배제하지는 않는다(행 15:4). 바울도 예루살렘 교회의 기둥을 소개할 때, 예수의 형제 야고보를 먼저 소개함으로써 야고보가 공의회를 주도한 가장 핵심적인 인물이었다는 누가의 보도와 일치를 보여주고 있다. 그리고 이 교수가 강력하게 호소하고 있는 내용, 즉 바울이 소위 예루살렘 회의에서 이방인들에게 요구되어진 내용들을 바울이 갈라디아서 2장에서 기록하지 않은 것은, 그것이 할례처럼 직접적으로 이방인의 신분에 관한 문제가 아니었을 뿐만 아니라, 자신의 사도직과 복음의 신적인 기원과 아울러 예루살렘 사도들로부터의 독립성을 강조해야 하는 갈라디아 서신에서는 불필요한 것으로 여겨졌기 때문이었을 것으로 생각할 수도 있다.

따라서 필자는 우리가 비록 모든 난점들을 다 해결할 수는 없다고 하더라도,[22] 전통적인 견해에 따라 사도행전 15장의 예루살렘 공의회와

---

21) 이미 우리가 언급한 바와 같이, 우리가 그것을 억지로 조화시킬 필요는 없다. 성경의 신뢰성과 권위가 성경의 내용이 우리의 논리나 조화의 구조 안에 들어올 때만이 지켜질 수 있다고 하는 생각 그 자체가 잘못된 것이다.
22) 최근에 사도행전과 갈라디아서 사이의 난점들을 집중적으로 취급한 Craig C. Hill, "Galatians 2 and Acts 15: The Relationship between the

갈라디아서 2장 초두에 나타난 사건을 동일한 것으로 보고 싶다.[23] 우리는 성경 저자들이 동일한 사건을 묘사하는 데 기계적으로 정확하게 일치해야 한다고 볼 필요는 없다. 공관복음서 저자들이 동일한 사건이나 예수님의 말씀을 그들 개개인의 독자들의 상황과 신학적 이유로 인해 조금씩 다르게 표현할 수 있었던 것처럼 누가와 바울도 동일한 사건을 보는 관점에 따라 서로 다르게 구성할 수도 있는 것이다.[24] 이미 언급한 바가 있지만, 우리는 누가 자신이 사도행전에서 바울의 다메섹 개종 사건을 세 번이나 수록하면서(9장, 22장, 26장) 그 내용들이 정확하게 일치하지 않는 점에 유의해야 할 것이다. 우리는 성령께서 신약 저자들에게 이와 같은 창조적인 구성의 자유를 주실 수 있었다는 점을 염

Churches of Jerusalem and Antioch," *Hellenists and Hebrews* (Minneapolis: Fortress Press, 1992), pp. 103-147과 Nicholas Taylor, *Paul, and Anioch and Jerusalem: A Study in Relationships and Authority in Earliest Christianity* (JSNTSup: 66; JSOT Press, 1992)에서 양쪽 이론의 장단점을 자세히 검토한 뒤에 결국에 가서는 갈라디아서 2장의 예루살렘 방문과 사도행전 15장을 일치시키고 있다.

23) Hill, "Galatians 2 and Acts 15," pp. 115-117; 그레샴 메이천(김남식 역), 『바울 종교의 기원』(한국로고스 연구원, 1988), pp. 115-132; 브루스 M. 메츠거 (나채운 역), 『신약성서 개설』(대한기독교서회, 1983, 1990), pp. 216-218; R.H. Stein, "The Relationship of Galatians 2:1-10 and Acts 15:1-35: Two Neglected Arguments," *JETS* 17 (1974), pp. 239-42; M. Hengel, *Acts and the History of Earliest Christianity* (Philadelphia: Fortress Press, 1985), pp. 111-117; 신성종, 『신약역사』(개혁주의 신행협회, 1985, 88), pp. 262-268; A.T.M. Wedderburn, "The 'Apostolic Decree' Tradition and Redaction," *NovT* 34/4 (1993), pp. 375-377; H. Ridderbos, *The Epistle of Paul to the Churches of Galatia* (London: Morgan & Scott, 1954), p. 95; Betz, *Galatians*, pp. 81-82; F. Mussner, "Gal 2,1-10 und Apg 15 (Apostelkonzil)," *Der Galaterbrief* (Basel: Herder, 1988), pp. 26-32; Alex T.M. Cheung, "A Narrative Analysis of Acts 14:27-15:35: Literary Shaping in Luke's Account of the Jerusalem Council," *WTJ* 55 (1993), pp. 137-54..

24) 이 문제에 관하여는 필자의 "공관복음서 문제," 『1세기 문맥에서 본 주기도문 연구』 (성광문화사, 1985, 92), pp. 46-57, 111, n. 6을 보라.

두에 두면서 우리의 학문적 방법론의 안경으로 신약 저자들의 방법론을 제안하지 않도록 조심해야 할 것이다.

2. 안디옥 사건(갈 2:11-14)

두 번째 제기되어야 할 문제는 안디옥 사건의 핵심적인 내용은 무엇인가 하는 것이다. 이 문제와 관련하여 이한수 교수는 필자가 안디옥 사건을 잘못 이해한 것으로 단정하고 있기 때문에, 먼저 필자가 2년 전 『바울연구 1』에서 제시한 핵심적인 내용을 그대로 인용 소개하고, 그 다음 이 글을 이 교수가 어떻게 인용하면서 비판하였는지를 살펴보겠다. 그런 다음 이 교수의 비평에 대하여 구체적인 답변을 제시하도록 하겠다.

"…예루살렘 공의회 이후 베드로가 예루살렘에서 안디옥 교회를 방문하였다. 갈라디아서 본문은 베드로가 왜 이때 안디옥 교회를 방문하였는지에 관하여 전혀 설명하고 있지 않기 때문에 우리가 정확하게 아는 것은 사실상 불가능하다. 그러나 사도행전을 통하여 우리는 다음과 같은 추측을 할 수 있다. 사도행전 10장, 11장에 보면 베드로가 기도 중에 계시를 받아 가이사랴에 사는 로마 군대 백부장 고넬료 집을 방문하여 고넬료에게 복음을 전파하고 세례를 베푼 사건을 보게 된다. 당시만 하더라도 유대인이 이방인의 집을 방문하여 같이 음식을 함께 먹고 교제하는 것은 모세의 율법을 어기는 금지사항이었다. 그래서 베드로는 고넬료 집을 방문하자마자 고넬료에게 이렇게 말하였다: "유대인으로서 이방인을 교제하는 것과 가까이하는 것이 위법인 줄 너희도 알거니와 하나님께서 내게 지시하사 아무도 속되다 하거나 깨끗하지 않다 하지 말라 하시기로 부름을 사양치 아니하고 왔노라"(행 10:28). 그러나 베드로가 고넬료 가정을 방문하고 전도한 다음 예루살렘으로 돌아갔을 때에 예루살렘 교회의 유대인 크리스천들이 베드로를 무할례 집에 들어가 음식을 함께 먹었다고 비난하였다. 그때 베드로는 자신을 비난하는 유대인들에게 자신이 기도 중에 본 하나님의 계시와, 고넬료 가족들에게 세례를 줄 때에 성령이 강림한 사실을 이야기하면서, 이 모든 일이 하나님의 인도하심에 의해 이루어졌다고 변증하였다. 그래서 베드로는 그들에게 결론적으로 "그런즉 하나님이 우리가 주 예수 그리스도를 믿을 때에 주신 것과 같은 선물을 저희에게도 주셨으니 내가 누구관대 하나님을 능히 막겠느냐"(행 11:17) 라고 담대하게 말하였다.

이 사건 이후 베드로는 이방인 크리스천들과 교제하는 일에 보다 개방적인 생각을 갖게 되었을 뿐만 아니라 나아가서 이방인들에게 복음을 전하는 문제도 고려하게 된 것 같다.[25] 어쨌든 고넬료 가정을 전도한 이후 이방인 크리스천들에게 새로운 관심을 갖게 되었고, 최근의 예루살렘 교회 회의를 통하여 이방인들에게 할례 없는 복음을 전할 수 있는 신학적인 토대가 확립된 이후, 베드로는 이방인들과 유대인 크리스천으로 구성된 안디옥 교회를 찾아오게 된 것 같다. 안디옥 교회를 방문한 베드로는 그곳에 있는 유대인들은 물론 이방인 신자들과도 교제를 나누었다. 아마도 그는 함께 예배도 드렸었고, 주의 만찬도 함께 나누었고 교회적 애찬도 함께 참여한 것 같다. 그러나 당시 예루살렘 교회의 유대인 크리스천 입장에서 볼 때, 예루살렘 교회의 중요한 지도자 중의 한 사람인 베드로가 안디옥에 가서 이방인 크리스천들과 함께 음식을 먹는 것은 납득할 수 없는 일이었다. 물론 예루살렘 공의회를 통하여 예루살렘교회는 이방인들은 유대인들처럼 할례를 받지 않아도 크리스천이 될 수 있는 신학적 결정을 한 바 있다. 그러나 예루살렘 공의회를 통하여 유대인 크리스천들이 유대종교의 법을 벗어나서 이방인들과 함께 자유롭게 교제하고 음식을 먹는 문제는 결정된 바 없었다. 게다가 예루살렘 교회의 상당한 유대인들 크리스천들 의식 속에는 할례를 받고 율법을 지키는 유대인 크리스천들만이 참된 하나님의 언약의 백성이며 소위 일등 크리스천에 속한 자라는 의식을 여전히 갖고 있었다. 반면에

---

25) I Clement 5:2, 7은 베드로가 바울과 함께 로마에서 선교 활동을 하다가 순교한 것으로 언급되어 있다. 그리고 고린도전후서에서 베드로의 추종자들이 언급되고 있는 것을 보아 베드로가 이방선교에 관여했을 가능성은 크다.

그들은 할례와 율법을 지키지 않는 이방인 크리스천들은 여전히 죄인의 그룹에 속하며 이등 크리스천이라는 생각을 불식하지 않았다. 그래서 그들은 이방인 크리스천들을 신자로 인정은 하였다 할지라도 그들을 자신들과 동등한 자로 생각하거나 그들이 자기들과 함께 음식을 먹을 수 있는 권리를 가진 것으로는 생각하지 않았다.[26]

이런 상황 가운데서 예루살렘 교회의 지도자인 베드로가 예루살렘 유대인 크리스천들의 통념을 깨고 안디옥 교회에 찾아가서 이방인 크리스천들과 함께 거리낌없이 음식을 먹은 일은 놀라운 사건이었다. 이방인 크리스천들에게는 커다란 기쁨이었으며, 안디옥 교회 안에 있는 두 그룹인 유대인 크리스천들 그룹과 이방인 크리스천들 그룹 사이에 있는 보이지 않는 장벽을 제거하고 교회의 아름다운 일치를 만들어 주는 계기가 되었을 것이며 그 교회의 목회자들인 바울과 바나바에게도 커다란 격려가 되었을 것이다. 왜냐하면 베드로의 행동은 갈라디아서 3:28에서 바울이 주장하고 있는 "유대인이나 헬라인이나 종이나 자주자나 남자나 여자 없이 다 그리스도 예수 안에서 하나이니라"는 복음의 진리를 사실상 모범적으로 실천하는 행동이었기 때문이다.

그러나 당시 예루살렘 교회의 대표적 지도자인 야고보로부터 파송을 받은 유대인 크리스천들이 안디옥 교회에 찾아오자마자 베드로의 행동은 갑작스럽게 달라졌다. 즉 그들이 오기 전에는 이방인 크리스천들과 함께 거리낌없이 음식을 먹다가 그들이 왔을 때 음식 먹는 일을 중단하고 자리를 떠났던 것이다. 베드로가 자리를 떠나자마자 함께 음식을 먹고 있던 안디옥 교회의 유대인 크리스천들도 자리를 떠나게 되었고 심지어 바울과 함께 안디옥 교회를 목회하고 있던 바나바까지도 베드로의 행동에 동참하게 되었다. 이와 같은 베드로의 행동은 바울은 물론 특히 베드로와 함께 음식을 먹고 있던 이방인 크리스천들에게 커다란 충격을

---

[26] 이한수 교수는 이 고딕체 부분을, "예루살렘, 바울 그리고 이방 기독교인들," p. 56 n. 12 에서 필자의 글로부터 직접 인용하여 문제를 삼았다.

주었을 것이 분명하다. 왜냐하면 베드로의 행동은 이방인 크리스천들은 여전히 이등 크리스천들에 불과하다는 것을 입증해 주고 있으며,[27] 결과적으로 할례와 관계없이 예수 그리스도에 대한 믿음으로 유대인과 이방인의 동등성을 확립한 예루살렘 공의회의 결정 자체가 허구적임을 보여줄 수도 있었기 때문이었다. 이뿐만 아니라 지금까지 안디옥 교회의 신앙과 생활 원리인 그리스도 사건에 기인한 칭의와 은혜교리 자체를, 다시 말해서 바울에 의해 확립된 복음의 진리 자체가 위협을 당하는 일이기도 하였다.

베드로의 행동은 안디옥 교회의 유대인 크리스천들에게도 지금까지 이방인 크리스천들과 한 교회 안에서 거리낌없이 교제해 왔던 그들의 행동을 수치스럽게 생각하도록 하는 계기를 만들었다. 그래서 결과적으로 안디옥 교회의 평화가 순식간에 깨어지고 교회의 혼란이 일어나게 되었다. 바로 이와 같은 상황 곧 바울이 2:14 초두에서 베드로의 면책 이유로 제시하고 있는 것처럼 베드로가 이미 예루살렘에서 일치를 보았던 "복음의 진리를 따라 바로 행하지 아니하였으므로" 바울은 모든 사람들 앞에서 베드로를 다음과 같이 공개적으로 책망하였다. "네가 유대인으로서 이 안디옥에 와서 유대인처럼 생활하지 않고 오히려 이방인 크리스천들처럼 생활하다가 이제 예루살렘으로부터 유대인 크리스천들이 왔다고 해서 이방인 크리스천들과 교제를 끊음으로써 이방인 크리스천들이 유대인처럼 생활하지 않는 이상 참된 교제의 대상이 될 수 없는 것처럼 외식적인 행동을 하느냐? 너는 네 편의에 따라 유대인이면서도 이방인처럼 생활하기도 하였는데 왜 이제 이방인들을 억지로 유대인들처럼 생활하도록 강요하느냐?"(갈 2:14) 특별히 여기서 바울이 지적하는 것은 베드로 그 자신이 확신하고 있는 그 복음의 진리와 일치하지 않는 일관성없는 행동, 상황주의적이며 위선적인 행동이다. 베드로는 일찍이 이방인 고넬료 가정을 전도할 때 "아무도 속되다 하거나 깨끗지

---

27) F.F. Bruce, *The Epistle to the Galatians* (Grand Rapids: Eerdmans, 1982), p. 133.

않다 하지 말라"(행 10:28)는 계시를 받았다. 그리고 예루살렘 회의에서 "유대인이나 이방인이나 다 같이 동일하게 구원받는다"(행 15:11)는 사실을 천명하였다. 바울이 갈라디아서 2:6에서 말한 대로 복음의 진리에 있어서는 아무런 차이가 없었고, 더할 것도 없었고, 그래서 서로 교제의 악수를 하였다.

사실상 누가가 전하는 예루살렘 공의회 석상에서의 베드로의 선언은 구원 문제에 있어서 유대인의 특권을 완전히 배제하는 것이었다. 구원 문제에 있어서 유대인과 이방인이 서로 다른 길이 있다거나 혹은 안디옥 교회를 요란하게 한 유대주의자들의 주장처럼 이방인이 먼저 유대인이 되어야 하는 것이 아니라 모든 인종적, 사회적, 민족적 특권과 기득권이 배제되고 유대인이나 이방인이나 구분없이 오로지 주 예수의 은혜로 구원받는다는 것이었다. 바로 이와 같은 복음의 진리를 따라 베드로는 안디옥에 와서 이방인들과 거리낌없이 식탁 교제를 가졌었다. 그는 처음에는 그가 확신하고 있는 그 복음의 진리를 따라 분명하게 행동하였다. 복음이 내포하고 있는 새로운 신분에 부합하는 새로운 삶을 모범적으로 나타내었다. 이 점에서 바울과 베드로 사이에는 아무런 차이가 없었다. 그러나 그 후 베드로는 야고보로부터 온 사람들을 의식하여 그 스스로 복음의 진리와 역행하는 행동을 하였던 것이다.[28] 뿐만 아니라 베드로 자신의 한 사람의 행동은 마치 전염병처럼 주위의 사람들에게까지 확산되었던 것이다. 그래서 바울은 서로가 일치하고 있는 복음의 진리를 재천명함으로써 그의 위선적인 행동을 스스로 책망하도록 하고, 곁들여 그의 행동은 바울과 베드로가 함께 반대하는 유대주의자들의 주장, 곧 구원 문제에 있어서 유대인들의 특권을 주장하는 그들의 주장을 본의아니게 허용하게 되는 위험성을 지적하였다. 그것이 비로 갈라디아서 2:15-21에 나타나 있는 것이다."[29]

---

28) 이한수, "안디옥 사건과 이신칭의 복음", p. 124.
29) 최갑종, 『바울연구 1』, pp. 44-48.

(1) 이한수 교수의 필자에 대한 비평

이미 앞서 말한 바와 같이 이한수 교수는 그의 논문 "예루살렘, 바울 그리고 이방 기독교인들"의 특주 '바울의 예루살렘 방문과 안디옥 사건'에서 필자가 『바울연구 I』에서 "안디옥 사건 그 자체는 이방인들이 어떻게 유대인들과 동등한 신분이 되느냐 하는 문제이라기보다 오히려 유대인들이 이방인들과 어떻게 식탁 교제를 가질 수 있느냐 하는 문제"라는 점과 그리고 필자가 F.F. Bruce에 의존하여[30] "베드로의 행동은 이방인 크리스천들이 여전히 이등 크리스천들에 불과하다는 것을 입증해 주고 있다"라고 한 점과 관련하여, 안디옥 사건을 전혀 오해한 것이라고 비평하고 있다. 직접 이 교수의 말을 인용해 보자:

"최갑종 교수는 여기서 두 가지 오류를 범한 것으로 여겨진다. 하나는 안디옥 사건의 본질을 잘못 파악한 것이다. 이 사건의 본질은 언약 백성의 울타리 안에서 일류 신자 또는 이류 신자를 구분하는 것이 아니라 할례나 유대의 음식법을 지키지 않는 자들이, Sanders의 표현을 빌린다면, 아직 언약 백성의 울타리 안에 '들어와 있지 않다'(getting in)고 여기는 데 있다. 때문에 바울 사도는 그의 이신칭의 교리를 다시 한번 개진함으로써(2:16ff) 그들의 신분을 확증하려고 한다. 뿐만 아니라 바울이 갈라디아의 위기를 해결하려고 하면서 초두에 안디옥 사건을 부각시킨 것은 안디옥 사건의 본질이 사실상 갈라디아의 위기의 핵심과 유사하기 때문이었다. 안디옥 사건을 통해 그의 이신칭의 복음의 기원과 본질을 개진함으로써 바울은 갈라디아 교회의 위기를 해결하려고 한 것이다. 갈라디아 교회나 안디옥 교회나 위기에 봉착한 것은 이방 기독교인들을 과연 하나님의 언약백성의 신분으로 여겨줄 수 있는가 하는 문제에 대해 그들이 혼선에 빠졌기 때문이다. 둘째로, 적어도 이방 기

---

30) Bruce, *The Epistle to the Galatians*, p. 133: "The trouble was, however, that Cephas's concern for the weaker brethren in Jerusalem conflicted with Paul's concern for the Gentile brethren in Antioch, who were being made to feel like second-class citizens."

독교인들을 '여전히 이방 죄인들'로 취급하여 그들과 함께 식탁 교제하기를 거부한 것은 그들을 하나님의 백성으로 여길 수 없다는 전제가 깔려 있다. 주지하듯이 유대인들에게 식탁 교제는 커다란 종교적 의미가 있었고 같은 하나님의 백성이 아니고서는 그들은 부정한 이방인들과 식탁을 함께하려고 하지 않았다. '이방 죄인'이란 표현이나 '식탁 교제 거부'와 같은 행위가 바로 뒤에 이신칭의 구원론과 연결된 것은 안디옥 사건이 기독교 내의 일류 또는 이류 신자들 간의 논쟁이 아니라는 것을 시사한다."[31]

(2) 이 교수의 비평에 대한 답변

이 교수는 두 가지 문제를 필자에게 제시하였는데, 첫째는 안디옥 사건 자체에 관한 해석과 관련하여 이 사건은 근본적으로 이방인들이 어떻게 하나님의 백성으로 받아들여질 수 있는가 하는 신분 문제라는 것과, 둘째는 안디옥 사건과 갈라디아 교회의 사건은 근본적으로 동일한 문제를 가지고 있었다는 것이다.

답변에 들어가기 전에 우리가 먼저 염두에 두어야 할 두 가지 사실이 있다. 그것은,

첫째, 우리가 안디옥 사건 자체에 접할 수 있는 유일한 자료는 갈라디아서 2:11-14에 제시되어 있는 바울 자신의 보도뿐이라는 점이다. 우리는 이 사건에 직접 연류되었던 베드로나 바나바 혹은 예루살렘이나 안디옥 교회의 신자들 편에서 기록한 보도를 일체 가지고 있지 못하다는 점이다. 물론 우리가 당시 제삼자 편에서 이 사건을 중립적 입장에서 보고 객관적으로 제시하고 있는 기록도 가지고 있지 못하다.

둘째, 우리가 바울이 전하는 이 사건의 역사적 신뢰성을 부인할 수는 없다고 할지라도, 갈라디아서에 제시되어 있는 이 사건은 갈라디아서에서 이 사건을 제시하고자 하는 바울 자신의 신학적, 문학적, 특별히 수

---

31) 이한수, "예루살렘, 바울 그리고 이방 기독교인들," p. 56. n. 12.

사학적인 의도를 떠나서 생각할 수 없다는 것이다.[32] 다시 말해서 바울은 갈라디아서 2장에서 마치 신문 기자처럼, 안디옥 사건을 정확하게 객관적으로 제시하는 것이 그의 주목적이 아니었다고 하는 점이다. 만일 그가 안디옥 사건을 객관적으로 정확하게 제시하는 것이 그의 주된 의도였다고 한다면, 그는 적어도 야고보에게서 온 사람들이 누구였으며, 그들이 베드로에게 무엇을 전달하였으며, 베드로가 바울의 책망을 듣고 어떤 반응을 보였으며, 바나바와 바울 사이에 어떤 문제가 야기되었으며, 안디옥 교회는 이 사건을 계기로 어떻게 되었는가에 관하여 언급을 해야만 했다. 사실상 우리는 베드로가 공중 앞에서 바울의 책망을 듣고 꿀먹은 벙어리처럼 한마디도 변명을 하지 않았다고 생각하기는 어렵다. 그러나 바울은 이러한 문제에 관하여는 일체의 언급을 하지 않고 있다. 갈라디아 교인들이 이 안디옥 사건을 너무나 잘 알고 있기 때문에 바울이 의도적으로 자세히 말하고 있지 않다고 보아야 하겠는가? 필자는 오히려 이러한 문제들에 대한 자세한 보도를 하는 것이 바울 자신의 의도가 아니었기 때문에 바울이 말하고 있지 않다고 보고 싶다.

우리가 안디옥 사건을 갈라디아서에서 만난다면, 우리는 갈라디아서의 안디옥 사건을 바울이 갈라디아서를 쓰게 되는 주목적, 당시 갈라디아 교회의 상황 그리고 갈라디아 교회의 문제를 해결하려는 바울 자신의 전략 등의 문제를 떠나서, 다시 말하면 안디옥 사건 자체의 텍스트를 갈라디아서의 콘텍스트를 떠나서, 생각해서는 안될 것이다. 만일 우리가, 바울이 갈라디아서를 쓰게 된 주목적이, 유대주의자들이 바울이 개척한 갈라디아 교회에 찾아와서, 바울 자신의 사도직과 복음의 진정성을 훼손시키고, 그리고 그들에게 유대인들처럼 할례를 받아야만 하나님의 백성이 된다는 거짓된 복음을 가르침으로써 갈라디아 교회 신자들의 참된 신분과 삶을 혼란하게 하고 있기 때문에, 이 문제를 해결하기 위해 썼다고 한다면, 우리는 바울의 안디옥 사건 보도를 이러한 갈라디

---

32) James Dunn, "Echoes of Intra-Jewish Polemic in Paul's Letter to the Galatians," *JBL* 112/3 (1993), pp. 468-470.

아 교회의 문제와 바울의 의도를 떠나서 생각할 수 없다는 것이다.[33]

이것은 결국 갈라디아서에 나타나 있는 바울의 안디옥 사건보도로부터 우리가 실제적으로 일어났던 역사적인 사건 그 자체를 재구성하는데는, 한편으로 어느 정도 한계가 있을 수밖에 없다는 것과 바울의 기록으로부터 역사적 사건 그 자체를 재구성하기 위해서는 본문에 대한 세심한 과학적, 문학적, 역사적, 사회적 관찰과 비평이 병행되어야 한다는 사실을 일깨워 준다.

이러한 두 문제들을 염두에 두면서, 먼저 안디옥 사건 자체부터 생각해보자. 우리는 이 문제에 접근하면서 사건 그 자체와 그 사건이 가져다주는 결과를 어느 정도 구분해서 생각해야 하며, 사건 그 자체를 재구성할 경우 후자보다 전자에 더 비중을 두어야 한다.[34] 갈라디아서 2:11 이하의 본문 자체에 대한 문학적 분석을 시도해보면, 사건 그 자체의 보도는 사실상 2:11-13에 한정되고, 14절 이하는 사건에 대한 바울 자신의 평가와 해석이라는 것을 알 수 있다. 그런데 11-13절에 보면, 야고보에게서 어떤 사람들(즉 할례자들)이 안디옥에 와서 베드로를 위시하여 안디옥 교인들에게 무엇을 요구하였는가에 관해 전적으로 침묵하고 있다. 이것은 사도행전 15장에서 안디옥 교회를 찾아온 유대주의자들이 "모세의 법대로 할례를 받지 아니하면 능히 구원을 얻지 못하리라"고 주장하면서 안디옥 교회 이방인 신자들의 신분 문제를 직접 거론한 것과는 분명히 차이가 있다. 갈라디아 본문은 그들이 무엇 때문에, 누구를 만나기 위해 왔으며, 그들이 와서 누구에게 어떤 요구를 하였으며, 어떤 행동을 하였는가에 관해서 구체적으로 말하지 않는다. 다

---

33) Tomson, "The Antioch Incident" (Gal 2:11-14), p. 226: "It is not possible to see the Antioch Incident as isolated from the Galatian conflict."

34) 안디옥 사건과 예루살렘 회의 이슈가 다르다고 보는 Dunn도, "The Incident at Antioch," pp. 148-155에서 갈라디아서 2:14-15를 안디옥 사건을 재구성하는 근거로 삼는 실수를 범하고 있다.

만 갈라디아서 2:12의 본문에서 바울이, 저들이 안디옥에 왔을 때, 당시 이방인 크리스천들과 음식을 같이 먹고 있었던 베드로가 "그들을 두려워하여 점차로 자리를 떠나 이방인들과 자신을 격리시켰다"(12절의 두 미완료동사, ὑπεστελλεν, ἀφώριζεν 참조)라고 말하고 있는데, 이것은 적어도 우리에게 두 가지 사실을 암시해 주고 있다고 볼 수 있다.

첫째, 저들의 방문 목적이 안디옥 교회 이방인 크리스천들과 직접적으로 관련되어 있다기보다 오히려 그 동안 안디옥 교회에서 있었던 베드로의 행동과 직접 연관되어 있었다는 것과,

둘째, 베드로의 행동 역시 직접적으로 이방인들과 연관되어 있다기보다 오히려 야고보로부터 파송받은 자들과 연관되어 있다는 것이다.

만일 야고보에게서 온 자들의 방문 목적이 사도행전 15장의 경우에서처럼 이방인 신자들을 직접적으로 염두에 둔 것이라면, 그들은 먼저 이방인 신자들에게 할례의 요구를 해야 할 것이고, 만일 그렇게 하였을 경우에는 사도행전의 경우에서처럼 베드로가 아닌 바울이 직접적으로 그들과 부딪쳤을 것이다.[35] 또한 베드로의 행동이 이방인 신자들 때문에 일어난 것이라고 한다면, 베드로의 행동(두 미완료)의 이유를 설명해주는 "그가 할례자들을 두려워하여"라는 이유 분사절은 쓸모없는 것이 되고 말 것이다. 분사절은 베드로의 행동이 자신과 이방인 신자들과의 관계에 관련되어 있다기보다 자신과 할례자들과 관련되어 있다는 사실을 가르쳐 주고 있기 때문이다.

이와 같은 본문의 언급은 처음부터 안디옥 사건이, 이한수 교수가 지적하고 있는 것처럼 이방인 신자가 어떻게 유대인들과 동등한 하나님의 백성이 될 수 있는가 하는 이방인의 신분에 관한 문제가 아니며, 오히

---

35) Cf. E.P. Sanders, "Jewish Association with Gentiles and Glatians 2:11-14," p. 171: "…it is not likely that James the one who would 'compel' Gentiles to be circumcised"(Gal 2:3; 6:12).

제1장 바울과 베드로 · 217 ·

려 필자가 종전에 주장한 것처럼, 언약의 백성인 유대인이 어떻게 식탁법을 무시하고 이방인들과 식탁을 같이할 수 있는가 하는 유대인들의 식탁 교제에 관한 문제임을 보여준다.[36] 추측하건대, 예루살렘 교회의 지도자인 야고보는, 안디옥 교회에서 이루어지고 있는 베드로의 행동을 듣고, 그의 자유스러운 행동이 이방인과 구분되는 유대인의 정체성과 특성을 무너뜨리는 것으로 간주되어,[37] 예루살렘 교회에서 불만이 제기되고 있다는 것을 다음과 같은 말로써 넌지시 알려주고 싶었는지도 모른다: "당신은 우리들이 예루살렘에서 이방인들이 유대인들처럼 살지 않아도 하나님의 백성이 될 수 있다는 것을 동의했다고 해서, 이것이 마치 유대인들이 유대인들의 삶의 방식을 버리고 이방인처럼 살아도 된다는 것을 동의한 것은 아니라는 사실을 상기해야 할 것이오."[38]

만일 이 교수가 지적한 것과 같이 베드로의 행동이 직접적으로 이방인의 신분과 관련되어 있었다면, 이른바 베드로가 자리를 떠난 주된 동기가 안디옥 교회의 이방인 신자들이 유대인처럼 할례를 받지 않고 율법을 지키지 않는 이상 여전히 언약백성이 아닌 죄인으로 있을 수밖에 없다는 사실을 지적해주는 데 있었다고 한다면, 13절의 "외식"(ὑπόκρισις)이

---

36) Taylor, *Paul, Antioch and Jerusalem*, p. 131.
37) 오늘날 여러 학자들이 주장하고 있는 것처럼, 바울 당대에 유대인들과 이방인들 사이의 식탁 교제를 둘러싸고, 유대인들 사이에 이방인들과의 식탁 교제 자체를 강하게 거부하고 있는 보수파와 반대로 어느 정도 허용하고 있는 개방파가 공존하였다고 한다면, 디아스포라보다 유대인들의 정체성을 지키는 문제에 있어서 훨씬 더 보수주의 입장에 서 있었던 예루살렘의 유대인 신자들이 베드로의 개방적인 행동에 문제를 제기할 수 있었다는 것은 충분히 이해할 수 있는 일이기도 하다. 이 문제에 관하여는 Sanders, "Jewish Association with Gentiles and Galatians 2:11-14," pp. 170-188; Tomson, "The Antioch Incident," pp. 222-236을 보라.
38) Hill, "Galatians 2 and Acts 15," p. 141; 역시 Sanders, "Jewish Association with Gentiles and Galatians 2:11-14," p. 186: "James worried that too much fraternization with Gentiles would have bad results, and that Peter's mission would be discredited if he were known to engage in it himself."

라는 말도 무의미해진다. 왜냐하면 여기에 사용되고 있는 "외식"이라는 말은 무지나 혹은 개인적인 신념을 가리키기보다 오히려 알고 있거나 믿으면서도 알거나 믿고 있는 그대로 행동하지 않는 것을 말하기 때문이다. 다시 말해서 바울이 사용하고 있는 본문의 언어들을 볼 때, 베드로는 이방인들이 할례나 율법의 행위와 관계없이 예수 그리스도를 믿음으로 유대인들과 동등한 하나님의 백성이 되었다는 것을 믿고 있으면서도, 야고보로부터 파송된 자들 때문에 그와 같은 외식적인 행동을 하였다고 볼 수 있다.[39] 만일 베드로가 처음부터 이방인의 신분에 관한 의심이 있었다고 한다면, 그는 처음부터 이방인 신자들과 자리를 같이하지도, 음식을 같이 먹지도 않았을 것이다.[40]

이처럼 안디옥 사건의 본질이 이방인의 신분에 관한 문제가 아니라는 점은 13절에 있는 안디옥 교회의 유대인 신자는 물론 바나바까지 베드로의 외식적인 행동에 동참하였다는 점에서 더욱 분명해진다. 만일 바나바를 위시하여 안디옥 교회의 유대인 신자들이 처음부터 같은 교회에 소속되어 있었던 이방인 신자들을 단순히 그들이 유대인이 아니라는 점 때문에 그들을 자신들과 동등한 하나님의 백성으로 인정할 수 없는 전제를 가지고 있었다고 한다면, 그것은 그 동안 바나바와 함께 안디옥 교회를 목회하였던 바울의 목회 사역을 모두 무위로 돌리는 것이 될 것이고, 동시에 2:1-10에 있는 바울과 바나바가 함께 예루살렘에 가서 복음의 일치를 서로 확인한 것까지도 무의미한 것으로 만들게 되고 만다. 안디옥 교회의 유대인 신자들을 위시하여 바나바가 베드로의 위선적인 행동에 동참하였다는 사실은, 그들에게 있어서는 베드로의 행동이 갈라디아 교회의 이방인 신자들에게 할례를 받아야만 유대인들과 동등한 하나님의 백성이 된다고 하는 신분의 문제라기보다 오히려 유대인의 정체성을 잃지 않으려는 유대인의 신분 문제였음을 생각하게 한다. 우리가

---

39) Hills, "Galatians 2 and Acts 15," p. 110.
40) Dunn, "Echoes of Intra-Jewish Polemic in Paul's Letter to the Galatians," p. 476.

상식적으로 생각하더라도 야고보에게서 온 자들 때문에, 베드로를 위시하여 바나바와 유대인 신자들이 그 동안 한 교회 안에서 이방인 신자들을 자신들과 동등한 하나님의 백성으로 간주하면서 그들과 교제하다가 순식간에 돌변해서 그들이 할례를 받지 아니하는 한 자신들과 동등한 하나님의 백성이 아니라고 말할 수 있겠는가?

그렇다면 우리는 이제 안디옥 사건 그 자체는 이방인의 신분과 전혀 무관하다고 보아야 하는가? 필자는 비록 베드로, 바나바, 유대인 신자들이 직접적으로 이방인 신자들의 신분 문제를 염두에 두고 그와 같은 위선적인 행동을 하지 않았다고 한다 할지라도, 이방인의 사도로 부름을 받은 바울의 입장에서 볼 때 베드로의 행동은 바울 복음의 훼손과 그 복음에 근거한 이방인의 신분 문제를 무효화시키는 위험을 지니고 있었다고 본다. 즉 베드로의 외식적인 행동은 안디옥 사건에 앞서 예루살렘에서 바울과 바나바 일행이 베드로를 위시한 사도들과 합의한 그 복음의 진리, 유대인이나 이방인이나 차별없이 율법의 행위에 의하지 않고 오직 예수 그리스도를 믿음으로 동등한 하나님의 백성이 되는 복음을 무효화하여 복음에 의해 마련된 유대인 신자와 이방인 신자의 동등성을 깨뜨리는 위험을 가지고 있었다.[41] 말하자면 비록 이방인 신자들이 예수 그리스도를 믿음으로 기독교 공동체 안에 들어오기는 하였으

---

41) John Ziesler, *The Epistle to the Galatians* (London: Epworth Press, 1992), p. 18: "만일 예루살렘 회합이, 바울의 관점에서, 이방인들이 유대인들과 동등한 하나님의 백성이 되기 위해서 할례를 받을 필요가 있느냐 없느냐 하는 문제를 해결하기 위한 것이라고 한다면, 안디옥 사건은 우선적으로 유대인들이 언약백성의 규범적 규칙들을, 특별히 음식법을 계속해서 마땅히 지켜야 하는가에 관한 문제였다. 하지만 후자의 문제는 전자와 무관하지 않고 오히려 그것의 적용이기도 하다. 만일 유대인 신자들이 이방인 신자들과 충분한 식탁 교제를 가질 수가 없다고 한다면, 그것은 바로 서로 충분한 교제를 가질 수 없는 두 그룹의 신자들을, 사실상 대응하는 두 종류의 하나님의 백성을 가져오게 하는 것이다. 이런 경우 자연히 율법을 준수하는 유대인 신자 그룹은 율법을 준수하지 않는 이방인 신자 그룹보다 더 나은 하나님의 백성이라는 감정을 가지지 않을 수 없게 된다."

나, 유대인들과 동등한 하나님의 백성이 아니라 그들과 비교해서 상대적으로 신분이 낮은 "이등 크리스천"으로 간주하는 위험이 있었다는 것이다.[42] 바로 이와 같은 위험성을 바울은 내다보았기 때문에 베드로를 향해, "책망받을 일을 한 자"(2:11), "외식한 자"(2:13), "복음의 진리를 따라 바로 행하지 아니한 자"(2:14a), "이방인을 유대인답게 살게 하려고 한 자"(2:14b) 등의 말로 공중 앞에서 면책하였을 뿐만 아니라, 다시 한번 예수 그리스도의 십자가의 죽음과 부활을 통해 주어진 "이신득의 복음"을 다시 한번 천명(갈 2:15-21)하게 된 것이다.[43]

이한수 교수는 필자가 F.F. Bruce가 사용한 "이등 크리스천"이라는 표현을 문제삼아 마치 필자가 안디옥 사건을 이방인의 신분 문제와 전혀 무관한 것으로 보고 있는 것처럼 비평하고 있는데, 우선 이것은 오히려 이 교수가 필자의 의도를 두 가지 점에서 오해한 것이다. 첫째, 이 교수가 인용하고 있는 다음과 같은 필자의 글, "예루살렘 교회의 상당한 유대인들 크리스천들 의식 속에는 할례를 받고 율법을 지키는 유대인 크리스천들만이 참된 하나님의 언약의 백성이며 소위 일등 크리스천에 속한 자라는 의식을 여전히 갖고 있었다. 반면에 그들은 할례와 율법을 지키지 않는 이방인 크리스천들은 여전히 죄인의 그룹에 속하며 이등 크리스천이라는 생각을 불식하지 않았다. 그래서 그들은 이방인 크리스천들을 신자로 인정은 하였다 할지라도 그들을 자신들과 동등한 자로 생각하거나 그들이 자기들과 함께 음식을 먹을 수 있는 권리를 가

---

42) Hills, "Galatians 2 and Acts 15," p. 142: "The immediate practical result would be divided church in which the Gentiles would find themselves in some vaguely inferior position-a situation at least some of them would probably not have accepted. Yet unity in this case could be achieved only through Gentile recognition of the law of the Jews. Therefore, Peter by virtue of his his practical example was, according to Paul, compelling the Gentiles to live Jews."
43) D.J. Verseput, "Paul's Gentile Mission and the Jewish Christian Community: A Study of the Narrative in Galatians 1 and 2," NTS 39 (1993), pp. 51-57.

진 것으로는 생각하지 않았다"는[44] 안디옥 사건 당시의 베드로, 바나바 그리고 안디옥 교회의 유대인 신자들의 의식을 말하고 있는 것이 아니라, 오히려 예루살렘 교회의 상당한 유대인 신자들의 의식에 관하여 말하고 있다는 점을 간과하고 있으며, 둘째, 필자가 이미 『바울연구 1』에서 분명히 말하고 있는 다음과 같은 글, "이와 같은 베드로의 행동은 바울은 물론 특히 베드로와 함께 음식을 먹고 있던 이방인 크리스천들에게 커다란 충격을 주었을 것이 분명하다. 왜냐하면 베드로의 행동은 이방인 크리스천들은 여전히 이등 크리스천들에 불과하다는 것을 입증해 주고 있으며, 결과적으로 할례와 관계없이 예수 그리스도에 대한 믿음으로 유대인과 이방인의 동등성을 확립한 예루살렘 공의회의 결정 자체가 허구적임을 보여줄 수도 있었기 때문이었다. 이뿐만 아니라 지금까지 안디옥 교회의 신앙과 생활 원리인 그리스도 사건에 기인한 칭의와 은혜교리 자체를, 다시 말해서 바울에 의해 확립된 복음의 진리 자체가 위협을 당하는 일이기도 하였다"[45]에서도 볼 수 있는 것처럼, 베드로의 행동은 결과적으로 다음과 같은 신분의 문제, "유대인 신자 = 참된 하나님의 백성 = 일등 크리스천"/ 이방인 신자 = 죄인들 = 이등 크리스천"이라는 문제를 불러일으켰기 때문이라는 점을 말하고 있기 때문이다. 다시 말해서 안디옥 사건이 결코 이방인의 신분 문제와 무관하다고 말하고 있지 않기 때문이다. 다만 필자가 강조한 것은 우리가 안디옥 사건을 해석할 때 그 사건 자체와 그 사건이 가져온 결과를 구분해서 생각하여야 한다는 것이다.

다음으로 둘째 문제를 살펴보자. 이한수 교수는 안디옥 사건과 갈라디아 교회 사건은 본질상 같은 "이방 기독교인들의 신분의 문제," 즉 두 사건은 다 같이 유대인들처럼 할례나 율법을 지키지 않는 이방인 신자들을 유대인들과 동등한 하나님의 백성으로 받아들일 수 있는가 하는

---

44) 이한수, "예루살렘, 바울 그리고 이방 기독교인들," p. 56 n. 12; 최갑종, 『바울 연구 1』, p. 45.
45) 최갑종, 『바울 연구 1』, p. 46.

문제라는 것을 주장하였다. 이 문제에 관한 답변은 사실상 첫번째 문제에 대한 답변으로서 어느 정도 해답이 주어졌다고 보지만 좀더 부연해서 말하겠다. 결론적으로 말해서 필자는 안디옥 사건과 갈라디아 교회 사건 사이에는 분명히 상호 공통점이 있으나 동시에 차이점도 있다고 본다.

먼저 공통점을 살펴보자. 안디옥 교회도 처음에 할례와 율법과 관계없이 예수 그리스도에 대한 믿음이 하나님의 백성이 된다는(구원 문제) 복음의 진리가 교회의 출발점과 발전과 통일성의 토대가 되었다.[46] 한 때 예루살렘에서 온 유대주의자들이 할례 문제를 제기함으로써 잠깐 동안 교회 안에 혼란이 있었으나, 이 문제는 예루살렘 회의(갈 2장, 행 15장)를 통해 해결되었다. 즉 예루살렘 회의를 통해서 이방인들은 유대인들의 사회적, 종교적, 민족적 신분 표지인 할례나 율법과 관계없이 오직 예수 그리스도를 믿음으로 유대인들과 동등한 하나님의 백성이 되는 복음의 진리가 세워졌던 것이다. 그러나 베드로가 안디옥에 체류하고 있는 동안 야고보로부터 보냄을 받은 할례파들 때문에 일어난 안디옥 사건으로 인해, 결과적으로 안디옥 교회의 이방인의 신분 문제가 다시 야기되고 교회의 통일성이 깨지는 위험을 갖게 되었다. 그리고 복음에 의해 더 이상 유대인과 이방인 사이에 장벽 역할을 할 수 없다고 여겨졌던 옛 시대의 산물인 율법의 굴레가 새 시대에서도 여전히 유효한 것처럼 생각하게 하였다.

갈라디아 교회도 바울이 안디옥 교회에서 전파하였던 동일한 복음에 의해 시작되었으나 예루살렘 교회에 소속을 둔 유대주의 순회 전도단에 의해 전파된 거짓된 복음에 의해 갈라디아 교인들의 신분 문제가 다시 제기되고 교회의 통일성이 깨지는 위험을 갖게 되었다. 그리고 할례와 율법이 갈라디아 교인들의 신분과 삶을 결정하는 중요한 것으로 부각되

---

46) 안디옥 교회의 형성 배경에 관하여는 최갑종, "바울과 베드로 그리고 안디옥 교회," 『바울연구 1』, pp. 29-42를 보라.

어졌다. 이처럼 양 교회의 토대가 되었던 복음의 진리가 다 같이 훼손되고, 교인들의 신분 문제가 제기되고, 유대주의 복귀의 위험이 초래하고 있다는 점에서 안디옥 사건과 갈라디아 교회 사건 사이에는 분명히 공통점이 놓여 있다. 바울이 갈라디아서 1장에서 자신의 사도직과 복음의 신적인 기원을 말하고 이어 3장에서 거론되는 갈라디아 교회의 문제를 직접 거론하지 않고 오히려 2장에서 안디옥 교회의 문제를 먼저 거론한 것은, 그리고 안디옥 교회의 문제를 사실상 갈라디아 교회의 문제를 접근해가는 바울 자신의 논리적 근거로 삼는 것은, 안디옥 교회의 문제가 갈라디아 교회의 문제와 직접적으로 연관성을 지니고 있다고 보았기 때문이다.[47]

다음으로 차이점을 살펴보자. 갈라디아 교회에 찾아온 유대주의자들은 처음부터 바울이 전파한 것과는 다른 복음을 전파하였다. 즉 그들은 예수 그리스도를 믿는 믿음만이 하나님의 백성이 되는 유일한 조건이라는 점을 부인하였다. 그들은 갈라디아 교인들이 할례를 위시하여 유대인의 모든 율법을 지킴으로써 사실상 유대인화되지 않는다면 하나님의 백성이 될 수도 없으며, 아브라함의 후손이 누리는 축복에 참여할 수 없다고 가르쳤다. 다시 말해서 갈라디아 교회를 혼란하게 한 자들은 처음부터 직접 갈라디아 교인들의 신분 문제를 거론하였다. 그러나 이미 우리가 살펴본 대로 안디옥 교회의 경우는 다르다. 갈라디아서 2:11 이하에서 바울은 야고보에게서 온 자들을 직접 비난하지도 않고, 그들의 주장을 직접 반박하지도 않는다.[48] 더구나 이들은 안디옥 교인들의 신분 문제를 직접 거론하지도 않았으며, 안디옥 교회의 이방인 신자들에게 할례나 율법의 행위들을 지킬 것을 직접 요구하지도 않았다. 따라서 우리가 이들을 갈라디아 교회를 혼란하게 한 유대주의자들과 동일시하

---

47) 이 문제에 관하여는 홍인규 교수의 *The Law in Galatians* (JSNTSup; 81; Shefield: JSOT Press, 1993), pp. 34-38을 보라.

48) 이 점에서 바울은 2:11의 "야고보에서 온 자들"과 2:3-4에서 그가 할례를 강조하는 자들을 가리켜 말한 "거짓된 형제들" 사이에는 분명한 구별을 하고 있다.

기는 힘들다. 우리는 이들을 바울의 복음을 거부하는 자들로 보기보다 오히려 시인한 자들로 보아야 할 것이다. 아마도 우리는 이들을 이방인들의 신분 문제와는 관계없이, 당시 점증하고 있는 유대 민족주의 대두와 함께 유대인들의 민족적, 종교적 정체성을 유지하려고 하는 예루살렘 교회의 다수파에 속하는 보수주의적인 유대인 신자들로 보아야 할 것이다.[49] 다시 말하면 갈라디아 교회를 혼란하게 하는 자들은 신앙과 행위에 있어서 다 같이 바울과는 일치하지 않는 자들이었다고 한다면, 야고보로부터 안디옥 교회에 파송된 이들 할례파들은 할례와 율법과 관계없이 예수 그리스도에 대한 믿음만이 새로운 메시야 시대에 있어서 하나님의 백성의 신분을 결정한다는 신앙의 원리 문제에 대하여서는 예루살렘에서 바울의 일행과 의견의 일치를 이미 보였을 것이다. 그러나 그들은 비록 바울의 복음에는 동의하였지만, 그 복음이 사실상 유대인들이나 이방인들의 구별없이 모든 믿는 자들의 전삶의 새로운 스타일을 요구하고 있다는 것을, 다시 말해서 인종적, 문화적, 종교적인 장벽의 철폐를 요구하고, 삶의 변화까지 요구하고 있다는 것을 감지하지는 못하였다. 하지만 바울의 관점에서 볼 때, 신앙과 삶을 분리하는 것은 사실상 예수 그리스도의 종말론적인 십자가와 부활 사건에서 출발하고 있는 복음 그 자체를 훼손하는 것으로 간주될 수밖에 없었으며, 따라서 합의된 신분 자체까지 무효화시키는 것으로 여겨질 수밖에 없었을 것이다.[50] 이런 점에서 안디옥 사건은 사실상 새로운 신분과 삶을 지향하는 바울 복음 자체의 시범적 케이스이기도 한 것이다. 바울이 안디옥 사건을 귀결하는 갈라디아서 2:21에서 예수 그리스도 안에서 주어진 새로운 삶을 살지 않고, 여전히 유대인의 삶의 스타일을 고수하려고 하는 것은, 사실상 여전히 율법을 통하여 의를 추구하는 것이며, 나아가서 그리스도의 죽음을 헛되이 하는 것이라고 결론내리고 있는 이유도 이 때문이다.

---

49) Cf. Dunn, "The Incident at Antioch," pp. 130-136.
50) Cf. Barclay, "The Antioch Episode and Justification by Faith," *Obeying the Truth: A Study of Paul's Ethics in Galatians* (Edinburgh: T. & T. Clark, 1988), pp. 76-83.

… · 225 ·

제2장

홍인규 교수의 *The Law in Galatians* [1] 에 대한 요약과 평가[2]

서울 개혁신학연구원 신약학 교수로 재직하고 있는 홍인규 교수께서 1991년 Stellenbosch University에, 자신의 박사학위 논문으로 제출하였던 *The Law in Galatians*가[3], 한국 사람으로는 처음으로 세계적으로 권위있는 신약학 잡지 중의 하나인 *Journal for the Study of the New Testament*(*JSNT*)의 1993년도 부록으로 추천, 출판되었다.[4] 필

---

1) *JSNT* Supplement Series 81; Sheffield: JOST PRESS, 1993.
2) 이 글은 지난해 "목회와 신학," 10월호와 11월호 부록에 "새로운 바울 이해"라는 제목으로 실렸는데, 상당한 부분이 누락되어 여기에 다시 전면 게재하기로 하였다.
3) 홍인규 교수는 1981년에 미국으로 유학가 Reformed Theological Seminary에서 M.Div. 학위를 마쳤으며, 다시 1985년에 남아공화국 내에서 신약학 분야로 가장 우수한 학교로 알려져 있는 Stellenbosch University에 가서 7년 간 그곳의 신약학 교수들인 H.J.B. Combrink, B.C. Lategan과 그 학교에 초빙되었던 J.Lambrecht 박사 등의 가르침하에 신약신학을 전공하였으며 (Th.M., Th.D. 과정) 마침내 1991년 10월, 지난 10년 이래 세계 신약학계의 가장 뜨거운 쟁점 중의 하나로 계속 부각되어 오고있는 바울의 율법 문제를 갈라디아서를 중심으로 연구한 그의 논문이 통과되어 Stellenbosch University로부터 신학박사 학위(Th.D.)를 취득하였다.
4) 홍 교수는, 금번에 출판된 책은 그의 논문을 두 차례에 걸쳐서 약간 수정 보완한 것이라는 사실을 필자에게 전화로 알려 주었다.

자는 깊은 관심을 가지고 이 책을 주의깊게 읽어 보았는데, 최근의 바울 신학의 가장 중요한 쟁점인 바울의 율법관 문제는 물론, 바울 신학의 모든 중요한 쟁점들을 새로운 각도와 방법론을 가지고 접근하여, 독창적인 해결책을 제시하고 있는 획기적인 연구 서적으로 판단되어, 한국교계와 신학계에 소개하는 바이다.

먼저 이 책의 핵심적인 내용들을 항목별로 소개하고, 그 뒤에 필자의 의견을 첨부하고자 한다. 핵심적인 내용 소개는, 비록 필자의 주관적인 이해와 해석의 한계를 완전히 벗어나지 못하겠지만, 가능한 한 홍 교수의 주장을 그대로 반영하기 위해 일인칭을 사용하여 요약하는 형식을 취하게 될 것이다. 그러나 홍 교수의 말을 직접 전달하려고 할 경우에는 페이지를 첨부하는 인용 형식을 취함으로써 홍 교수 자신의 말과 필자의 요약을 서로 구분할 것이다.

Ⅰ. 논문의 요약

1. 논문의 의도(Introduction, pp. 11-15)[5]

율법은 바울의 신학과 윤리학에 있어서 여러 다른 주제들과 밀접한 연결을 가지고 있는 중심적인 주제이기 때문에, 바울의 율법관에 대한 올바른 이해는 그의 전사상을 연구하는 데 필수적이다. 그렇지만 이 문제는 대단히 복잡하고 어려운 문제로 부각되어져 왔다. 그 주된 이유는, 우선 바울서신 자체가 한편으로 율법에 관하여 대단히 부정적인 측면에서 말하고 있으며, 또 다른 한편에서는 그 반대로 대단히 긍정적인 측면에서 말하고 있기 때문이다. 예를 들면 바울은 한편으로, "의는 율법으로부터 주어지지 않는다"(갈 2:16; 3:11; 롬 3:28), "율법은 약속보다 열등하다"(갈 3:15 이하), "율법은 범죄(갈 3:19)와 죄를 증가시킨다"(롬 5:20; 7:5,8-13), "율법은 생명을 가져다 주지 못한다"(갈

---

[5] 홍 교수는 논문의 서론 부분에서 논문을 쓰게 된 역사적 상황과 필요성에 관하여 간략하게 언급하고 있다.

3:21), "신자는 율법에 대하여 죽었으며(갈 2:19; 롬 7:4), 율법으로부터 해방되었다"(갈 3:25; 5:1; 롬 7:6), "그리스도는 율법의 마침이다"(롬 10:4)라고 말하고 있으며, 또 다른 한편으로 바울은 "율법은 거룩하며(롬 7:12), 신령하며(롬 7:14), 진리와 지식의 근본이다"(롬 2:20), "계명은 생명을 위한 것이다"(롬 7:10; 갈 3:12), "신자는 믿음을 통하여 율법을 확립한다"(롬 3:31), "모든 율법은 사랑으로 성취된다"(갈 5:14; 롬 13:8, 10; 갈 6:2; 롬 8:4)라고 말하고 있기 때문이다.

지난 수세기 동안 이와 같은 양면성의 문제를 해결하기 위한 수많은 연구들이 나타났다. 그러나 유감스럽게도 통일된 해결책에 도달하지 못하고, 다음과 같은 다양한 의견만이 학계에 제시되어 논의가 계속되고 있을 뿐이다.[6]

(1) 많은 성경학자들은 바울의 율법 사용에 대한 구분을 함으로써, 예를 들면 율법주의적 율법과 하나님의 뜻의 표현으로서의 율법(Burton, Cranfield, Moule, Ladd 등) 사이에,[7] 제의(祭儀)적 율법과 도덕적 율법 사이에(Haufe, Kaiser, Schreiner)[8] 혹은 모세의 토

---

[6] 홍 교수의 논문 자체는 풍부한 학자들의 이름과 책들을 첨부하고 있지만 지면상 특별한 경우를 제외하고는 생략하는 점을 아쉽게 생각한다.

[7] E.D. Burton, *A Critical and Exegetical Commentary on the Epistle to the Galatians* (Edinburgh: T. & T. Clark, 1921), pp. 443-60; C.E.B. Cranfield, "St. Paul and Law," *SJT* 17 (1964), pp. 43-68; C.F.D. Moule, "Obligation in the Ethic of Paul," Farmer, Moule and Niebuhr (eds.), *Christian History and Interpretation: Studies Presented to John Knox* (Cambridge: Cambridge University, 967), pp. 389-406; G.E. Ladd, "Paul and the Law," J.M. Richards (ed.), *Soli Deo Gloria: New Testament Studies in Honor of William Childs Robinson* (Richmond, VA: John Knox), pp. 50-67.

[8] C. Haufe, "Die Stellung des Paulus zum Gesetz," *TLZ* 91 (1966), pp. 171-78; W.C. Kaiser, *Toward Old Testament Ethics* (Grand

라와 메시야적 토라 사이(Davies, Longenecker)⁹⁾를 구분함으로써, 율법에 대한 바울의 어떤 불일치한 현상을 해결하려고 했다.

(2)어떤 학자들은 율법에 관한 바울의 사상적 발달을 전제함으로써 불일치 문제를 조화시키려고 했다. 예를 들면 **Hübner**는 바울이 갈라디아서에서 율법에 대한 극단적인 부정적인 입장에 섰다가 예루살렘 교회로부터 심한 비판을 받고 율법 문제를 재고하게 되었고, 그 결과 로마서에서 율법에 대한 긍정적인 자세가 나타나게 되었다고 본다(역시 Wilckens).¹⁰⁾

(3) Sanders는 갈라디아서에서 로마서까지에로의 직접적인 발달은 인정하지 않고, 그 대신 로마서 안에서의 내적인 긴장과 불일치를 발견한다. 그는 이와 같은 문제들은 바울의 신학적인 추론이 "문제에서 해결을 찾기보다 오히려 해결에서 문제에로," 말하자면 율법에 대한 바울의 사상은 인간의 문제에 대한 분석에서 유래된 것이 아니라, 그리스도만이 유일한 구원의 길이라는 결론을 내린 다음 그 밖의 다른 길을 생각하게 된 점에서 왔다고 보고 있다.¹¹⁾ 반면에 **Räisänen**은 근본적인

Rapids: Zondervan, 1983), pp. 307-14: T.R. Schreiner, "The Abolition and Fulfillment of the Law in Paul," *JSNT* 35 (1989), pp. 47-74.

9) W.D. Davies, *Paul and Rabbinic Judaism: Some Rabbinic Elements in Pauline Theology* (London: SPCK, 1948), pp. 71-72, 136-46: R. Longenecker, *Paul, Apostle of Liberty: The Origin and Nature of Paul's Christianity* (Grand Rapids: Baker, 1964/76), pp. 128-32, 183-96.

10) **H. Hübner**, *Law in Paul's Thought: A Contibution to the Development of Pauline Theology* (SNTW: Edinburgh: T. & T. Clark, 1986), pp. 48-149: U. Wilckens, "Zur Entwicklung des paulinischen Gesetzesverst ndnisses," *NTS* 28 (1982), pp. 154-90: "Statements on the Development of Paul's View of the Law," M. Hooker and Wilson (eds.), *Paul and Paulism: Essays in Honor of C.K. Barrett* (London: SPCK, 1982), pp. 17-26.

11) E.P. Sanders, *Paul and Palestinian Judaism: A Comparison of Patterns of Religion* (London: SCM Press, 1977), pp. 442-47: *Paul, the*

불일치와 모순과 긴장을 발견하면서, 이와 같은 바울의 개인적인 신학적 문제들은 바울의 선교 문맥에서 율법에 대한 이방인 크리스쳔의 관점을 내면화한 데서 왔다고 본다.[12]

(4) Dunn은 바울의 율법에 대한 일반적인 자세는 긍정적인데, 율법이 바울 당대의 유대사회에서 유대인들과 이방인들을 서로 구분하는 유대인들의 민족적 사회적 정체성의 보류, 이른바 할례, 음식법, 절기 등 "율법의 행위"가 될 때 바울은 단호하게 이에 대해 부정적인 자세를 취했다고 본다.[13]

(5) Westerholm은 율법과 믿음(율법/그리스도)의 반위관계를 주창한 M. Luther의 관점에 서서, 바울은 유대인들에게 생명의 길로 간주되었던 모세의 율법을, 율법을 완전하게 지킬 수 없는 인간의 무능력 때문에 오신 예수 그리스도에 의해 완전히 사라지게 되었다는 사실을 강조하기 위해서 율법에 대한 부정적인 자세를 취했다고 본다. 그래서 그는 크리스쳔은 더 이상 율법의 계명들을 준수해야 할 의무를 갖지 않고 오직 내적인 성령의 가르침을 따라서 살게 된다고 본다.[14]

이와 관련하여 나는 내 자신의 논문의 취지와 그 필요성을 다음과 같이 천명한다:

"내 생각으로는, 앞서 제시한 그 어느 해결책도 만족스럽지 못하다.

Law, and the Jewish People (Philadelphia: Fortress Press, 1983), pp. 74-75.

12) H. Räisänen, Paul and the Law (WUNT; Tübingen: Mohr, 1983), pp. 11-12.

13) J.D.G. Dunn, "The New Perspective on Paul," BJRL 65 (1983), pp. 95-122; "Works of the Law and the Curse of the Law (Galatians 3:10-14)," NTS 31 (1985), pp. 523-42.

14) S. Westerholm, Israel's Law and the Church's Faith: Paul and his Recent Interpreters (Grand Rapids: Eerdmans, 1988), pp. 108, 142.

바울과 율법에 관한 주제는 여전히 문제로 남아 있어 만족스러운 해결책을 위해서는 보다 과학적인 탐구가 요구된다. 이러한 상황이 나로 하여금 바울의 율법에 관한 주제를 최근의 해석학적인 발달의 빛에서 새롭게 접근할 수 있게 하는 계기를 마련하였다. 내가 확신하는 것은 바울의 율법관에 대한 그 어떤 포괄적인 취급이라 할지라도, 그것은 당연히 개별 서신에 나타나 있는 그의 율법 주제에 대한 총괄적인 연구에 기반을 두어야 한다는 것이다. 왜냐하면 개별 서신은 특수한 사회적 상황에서 특수한 형식의 답변을 필요로 하는 자들을 대상으로 쓰여졌으며, 따라서 개별 서신은 마땅히 독자적으로 이해되어져야 하는 것이다. 주제의 복잡성 때문에 나의 연구는 율법의 문제가 처음으로 다루어지고 있는 갈라디아서에 한정될 것이다. 내가 보기에 지금까지 그 누구도 갈라디아서에 제시되어 있는 바울의 율법관을 진지하게 탐사하려고 시도한 사람은 없는 것 같다"(p. 15).

먼저 이 책 전체의 개요를 간략하게 살펴보도록 하자. 이 연구서적은 모두 7장으로 구성되어 있다. 책의 전반부를 구성하고 있는 첫 장에서부터 셋째 장 중에서, 첫 장은 갈라디아서 전체의 구조적 분석을, 둘째 장은 갈라디아서 전체를 이끌어가는 바울의 중요한 신학적 전망을, 그리고 셋째 장은 갈라디아서에 나타나 있는 바울의 반대자들의 쟁점과 그들의 정체성(Identity)을 각각 취급하고 있으며, 후반부를 구성하고 있는 넷째 장에서부터 일곱째 장 중에서, 넷째 장은 갈라디아서에 나타나고 있는 "율법"($\nu o \mu o s$)은 시내산에서 이스라엘 백성에게 주어진 모세의 율법 전체를 가르키는 일종의 단위로 사용되고 있다는 점을 규명하고 있다. 그리고 다섯째 장에서 일곱째 장은 갈라디아서에 나타나고 있는 율법의 세 가지 주요한 용도 즉 첫째, 율법은 하나님의 언약적 공동체에 들어가는 요구사항이 아니라 오히려 시내산 언약의 의무 사항으로 사용되고 있다는 점을 둘째, 하나님의 구원역사에서 율법이 지니는 부정적인 용도를 마지막 셋째, 신자의 삶의 영역에서 율법이 지니는 적극적인 용도를 각각 취급하고 있다.

2. 갈라디아서의 구조와 신학적인 전망(pp. 18-96) [15]

(1) 갈라디아서의 구조(pp. 18-73)

갈라디아서에 나타나 있는 바울의 율법관에 대한 우리의 연구는 갈라디아서의 구조에 대한 분석으로부터 시작하고자 한다. 그 이유는 두 가지 사실 때문인데, "한편으로는 전체 본문의 구조가 각 부분의 의미와 기능을 좌우하며, 말과 구와 문장은 임의로 만들어지는 것이 아니라 저자가 자기 사상을 독자들에게 전달하기 위해 미리 생각한 구조에 따라 선택되고 배열되기 때문이며, …다른 한편으로는 표면적인 구조는 저자가 자신의 사상을 구축하기 위해 선택된 양식이기 때문에 그 양식에 대한 주의깊은 조사를 통하여 저자가 전개시키는 논쟁의 중요한 전망들을 쉽게 포착할 수 있기 때문이다"(p. 18).

바울이 갈라디아서를 쓸 때 붓이 흘러가는 대로 아무렇게 쓰지 않고 자신의 의도를 독자들에게 전달하려는 뚜렷한 목적과 계획을 가지고 썼다고 하는 점은, 한편으로는 갈라디아서 자체가 보여주고 있는 문학적인 현상들, 예를 들면 단어나 구의 반복, 병행 대구법, 교차 대구법, 반위관계 등의 문학적인 기교들 때문에, 또 다른 한편으로는 갈라디아서가 일종의 신학적인 논문 형식을 취하고 있기보다 오히려 고대 희랍-로마 사회에서 멀리 떨어져 있는 단체나 사람들과의 의사소통을 위해 널리 활용되었던 서신의 양식을 취하고 있기 때문에 부정하기 힘들다. 신약의 저자들 중에 누구보다도 수준 높은 희랍-로마와 히브리적 교육 배경을 가진 바울이 자기 당대의 통용되는 문학적인 기교들, 특별히 가장 많이 활용되었던 수사학적인 기교들을 활용하였다고 보는 것은 자연스

---

15) 본래 논문에는 첫 장에서 "갈라디아서의 구조"를, 둘째 장에서 "바울의 전망"을 취급하고 있으나 자세한 구조 분석에 대한 소개는 너무나 전문적이고 많은 도표를 요구하기 때문에 핵심적인 요점만을 소개하기로 하고, 둘째 장인 "바울의 전망"과 함께 한 장으로 묶었다.

러운 일이다. 그러나 문제는 갈라디아서를 형성하고 있는 바울의 중요한 문학적인 구조가 무엇인가 하는 것이다.

갈라디아서에 나타나 있다고 생각되는 바울의 문학적인 구조를 추적함에 있어서 흔히 구조주의가 빠질 수 있는 위험, 예를 들면 연구자가 먼저 어떠한 구조를 설정해놓고 연구의 대상을 그 구조와 일치시키는 위험에 빠질 수 있다는 점을 먼저 경계하지 않을 수 없다. 우리는 이와 같은 위험을 갈라디아서에 관한 유명한 주석을 쓴 H. Betz[16]에게서도 발견한다. Betz는 고대 희랍 – 로마 사회에서 널리 통용되었던 세 가지 대표적인 수사학적 형태인 "법정적"(judicial), "설득적"(deliberative), "시위적"(epideictic) 유형 중에서 일종의 변증적 서신 형태를 취하고 있는 갈라디아서는 법정적 수사학 유형에 속한다고 보았다.[17] 그러나 Betz의 이러한 분석은, 이미 D.E. Aune, G. Kennedy, R.G. Hall, J. Smit 등에 의해 지적된 것처럼,[18] 일종의 "설득적"인 서신의 유형을 보여주고 있는 갈라디아서 5:1-6:10의 권면적 부분을 올바르게 설명할 수 없다. 따라서 우리는 갈라디아서에서 바울은 어떤 특정적인

---

16) H.D. Betz, *Galatians: A Commentary on Paul's Letter to the Churches in Galatia* (Hermeneia; Philadelphia: Fortress Press, 1979).

17) Betz, *Galatians*, pp. 14-25; "The Literary Composition and Function of Paul's Letter to the Galatians," *NTS* 21 (1976), 353-79. Betz의 주장은 역시 J.D. Hester, "The Rhetorical Structure of Galatians 1:11-2:14," *JBL* 103 (1984), 223-33; B.H. Brinsmead, *Galatians-Dialogical Response to Opponents* (SBLDS; Chicago: Scholars Press, 1982), 42-55에서도 발견된다.

18) Aune, "Review of Hans Dieter Betz, Galatians: A Commentary on Paul's Letter ro the Churches of Galatia," *RelSRev* 7 (1981), 323-28; G. Kennedy, *New Testament Interpretation through Rhetorical Criticism* (Chapel Hill: University of North Carolina Press, 1984), 144-152; Hall, "The Rhetorical Outline for Galatians: A Reconsideration," *CBQ* 106 (1987), 277-87; J. Smit, "The Letter of Paul to the Galatians: A Deliberative Speech," *NTS* 35 (1989): 1-26.

수사학적 유형에 매여 있지 않고 오히려 그 자신의 특수한 상황에서 특수한 목적을 효과적으로 달성하기 위하여 전통적인 수사학적 유형과 서신의 양식을 혼합하고 있다고 보는 입장을 취하고자 한다. 우리는 이제 갈라디아서의 문학적인 구조를 발견함에 있어서, 어떤 특수한 유형을 먼저 설정해 놓고 그 유형에 갈라디아서를 가져가는 방법을 취하지 않고, 남아의 신학계에서 발전된 "화법 분석"(discourse analysis) 방법[19]을 갈라디아서에 적용시켜 갈라디아서 그 자체가 가지고 있는 고유한 문학적인 구조를 귀납적으로 추적할 것이다.

우리가 사상의 최소 단위이며, 동시에 문법적으로 그 자체 하나의 독립적인 문장을 형성하고 있는 콜론(colon)과 몇 개의 콜론으로 이루어진 단위 문단(pericope)을 중심으로 갈라디아서를 전체적으로 분석해 본 결과 다음과 같은 갈라디아서의 전체적인 문학적 구조를 발견하였다.[20]

---

19) 홍 교수 자신의 설명에 따르면, "화법 분석"은 일명 "콜론 분석"(colon analysis)으로도 불리워지는데, 이것은 독립적인 문장의 형태를 취하고 있는 콜론을 분석의 핵으로 삼아 문단이나 혹은 본문 전체의 구조를 귀납법적으로 추적해 가는 것을 가르킨다(pp. 19-20). 필자는 최근에 화란의 자유대학교에서 구약학 분야의 박사학위 논문을 쓰고 있는 친구로부터, 이 "화법 분석"이 화란에서 맨 처음 시도되었다는 점을 들은 바 있다.
20) 홍 교수는 자기 책의 상당한 부분(pp. 26-66)을 할애하여, 갈라디아서 전체의 희랍어 본문에 관한 문법적, 구조적 분석을 하고 있다. 필자는 이 부분이 갈라디아서의 전체적인 구조에 대한 홍 교수의 입장을 이해하는 데 있어서 중요한 비중을 차지하고 있음에도 불구하고, 너무 전문적이기 때문에 여기에 자세히 소개하지 못하고 분석의 결과와 설명만을 소개하는 것을 아쉽게 생각한다. 홍 교수는 이 귀납적인 문법적, 구조적 분석을 토대로 하여 자신의 주장을 전개시키고 있기 때문에 갈라디아서를 보다 전문적으로 연구하려 하거나 홍 교수의 강조점을 파악하려 할 경우에는 이 부분을 결코 지나치지 않아야 할 것이다.

· 234 · 성령과 율법

1.	1.1-5	서언(Prescript)
2.	1.6-10	명제(Proposition): 그리스도의 복음 외에 다른 복음은 없다
	1.11-2.21	설화(Narration)
3.	1.11-12	바울 복음의 신적인 기원
4.	1.13-24	전파하도록 하는 사명의 위임과 바울 자신의 직접적인 응답
5.	2.1-10	예루살렘 교회가 바울의 복음과 사도직의 타당성을 시인함
6.	2.11-21	바울이 게바(베드로)를 책망함
		a) 율법의 행위가 아닌 오직 그리스도에 대한 믿음에 의한 의
		b) 율법으로부터의 해방과 하나님께 대한 새로운 삶
	3.1-4.31	논증(Argument)
7.	3.1-14	율법의 행위가 아닌 오직 그리스도에 대한 믿음의 의
8.	3.15-22	율법과 약속
9.	3.23-29	더 이상 율법의 지배 아래 있는 종이 아닌 오직 하나님의 자녀
10.	4.1-7	더 이상 세상의 초보적인 영들의 지배 아래가 아닌 오직 하나님의 자녀
11.	4.8-20	바울이 율법으로부터 자유로운 상태에 있기를 간청
12.	4.21-31	하갈의 자녀가 아닌 오직 사라의 자녀
	5.1-6.10	권면(Exhortation)
13.	5.1-12	할례가 아닌 오직 믿음
14.	5.13-24	육체가 아닌 오직 성령
15.	5.25-6.10	자만이 아닌 오직 사랑
16.	6.11-18	결언(Postscript)

먼저 갈라디아서 내용의 핵심적인 사항들을 요약하면 다음과 같다:

1. 1.1-5
   서언. 서언은 두 가지 사상의 노선인 바울의 사도직의 신적인 기원과 그리스도의 구속사건의 종말론적인 특성을 소개한다.
2. 1.6-10
   바울은 거짓된 교사들에 대한 저주의 선언과 함께 그리스도의 복음 외에 다른 복음이 없음을 천명한다.
3. 1.11-12
   바울의 복음은 사람에게 연유된 것이 아니고, 오직 예수 그리스도의 계시를 통하여 받은 것이다.
4. 1.13-24
   바울은 하나님의 아들에 대한 계시와 그 하나님의 아들을 이방인들에게 전파하는 사명을 받았을 때, 어떤 인간적인 충고나 위임을 추구하지 않고, 즉시 독립적인 선교를 시작하였다.
5. 2.1-10
   14년 후 바울은 예루살렘에 올라가서 그가 전파한 복음을 예루살렘 사도들에게 제시하였다. 그들은 바울 복음의 타당성과 그의 사도직을 인정하였다.
6. 2.11-21
   바울은 게바가 이방인들과 함께 음식을 먹다가 할례자들에 대한 두려움 때문에 자리를 피한 게바를 보고, 그를 책망하였다:
   a)이방인들을 유대인화하려는 게바의 행동은 그리스도 안에서 모든 인류를 의롭게 하시는 하나님의 행위를 반대하는 것이다.
   b)율법을 회복시키려는 게바의 행동은 그리스도께서 사람들을 율법으로부터 해방시켜 하나님에 대하여 새 삶을 살도록 하시는 행위와 배치되는 것이다.
7. 3.1-14
   사람은 그 누구도 율법의 행위를 통하여서는 의롭게 될 수 없고, 오직 율법의 저주를 담당하신 그리스도에 대한 믿음을 통해서만이 의로워질 수 있다.
8. 3.15-22
후대에 주어진 율법은 약속을 무효화시킬 수 없다. 율법은 다만 범죄를 산출할 뿐이다. 결과적으로 성경은 신자들이 그리스도에 대한 믿음을 통하여 약속을 받도록 하기 위해 모든 사람을 죄 아래 가두었다.
9. 3.23-29
이제 믿음(그리스도)이 온 이후, 신자들은 더 이상 몽학선생(소년 인도자)과 같은 율법의 통제를 받는 종이 아니라 하나님의 아들들이다.
10. 4.1-7
하나님의 아들의 구속에 근거하여 성령을 받음으로써, 신자들은 더 이상 세상의 초등 원리 아래 있는 종이 아니라 하나님의 아들들이다.
11. 4.8-20
바울은 하나님으로부터 다시 세상의 초등 원리에게로 되돌아가고 있는 갈라디아 교인들을 염려하면서, 그들이 자신처럼 율법으로부터 자유로운 신분을 유지할 것을 권면한다.
12. 4.21-31
신자들은 예루살렘을 대변하는 계집종 하갈의 자녀들이 아니고, 위로부터 오는 예루살렘을 대변하는 자유의 여인 사라의 자녀들이다.
13. 5.1-12
그리스도께서 신자들을 자유롭게 하셨으므로, 갈라디아 교인들은 더 이상 의를 얻기 위해 할례를 받아서는 아니되며, 다만 믿음에 의해 살아야 한다.
14. 5.13-24
신자들은 자유에게로 부름을 받았으므로, 갈라디아 교인들은 더 이상 육에게 자신들을 복종시켜서는 아니되며, 다만 성령에 의해 걸어야 한다.
15. 5.25-6.10
신자들이 성령에 의해 산다면, 그들은 이제 헛된 영광을 추구하여서는 아니되며, 다만 서로의 짐을 지고 모든 사람들에게 선을 행하여야 한다.

16. 6.11-18

결언. 이 부분은 서신 전체의 핵심적인 사항의 요약과 최종적인 권면과 축복을 포함하고 있다.

다음으로 갈라디아서의 구조적 문단의 연관관계를 요약하면 다음과 같다.

문단 4(1.13-24)-5(2.1-10)는 부과적인 귀결(additive consequential)이다. 바울은 하나님의 아들에 대한 계시와 그를 전파할 사명을 받자마자 즉시 이 사명을 수행할 독립적인 위치를 취했다(1:13-24). 그 후에 그의 복음과 사도직은 예루살렘 교회 당국자들에 의해 인정되었다.

문단 4,5,6(2.11-21)은 부과적인 비귀결(additive non-consequential)이다. 복음의 진리 때문에 바울이 게바를 반대한 문단 6은 내용적으로 볼 때, 아마도 연대적으로는 문단 4, 5에 이차적이라고 할지라도 문단 4, 5에 비귀결적이다. 문단 4, 5, 6(1.13-2.21)은 1.13의 ηκουσατε에서 시작된 서신의 전개 부분을 구성한다. 이 부분의 통일성은 반복적으로 나타나고 있는 1.15; 2.11의 ὅτε와 1.18, 21; 2.1의 επειτα에 의해 강화된다.

문단 3(1.11-12), 4-6은 결과-이유(result-reason)이다. 문단 3(1:11-12)은 1.13-2.21의 전개 부분의 논제이다. 바울 복음의 신적인 기원을 가르키는 문단 3(1:11-12)은 문단 4, 5, 6에 의해 입증된다. 여기서 바울 복음과 그의 사도직은 서로 불가분의 관계로 결합되어 있다.

문단 6a(2.14b-17b)와 6b(2.18-21b)는 부가적 귀결(additive consequential)이다. 이방인을 유대화하려는 게바의 행위는 하나님께서 그리스도 안에서 모든 인류를 의롭게 하시려는 역사(2.14b-17b)를 반대하는 것이다. 그리고 율법을 회복시키려는 그의 행위는 그리스도께서 신자들을 율법의 노예 상태에서 해방시켜 하나님과의 관계에서 새로운 삶을 살도록 하는 역사(2.18-21b)와 배치된다.

문단 8(3.15-22)은 약속과 관련하여 율법의 구원역사적 목적을 설명한다. 그것은 일종의 부록역할을 하면서 그 다음에 나오는 율법의 지배 아래 있는 노예상태와 그리스도 안에 있는 양자의 상태에 관한 토론의 길을 준비한다.

문단 9(3.23-29)-10(4.1-7), 12(4.21-31)는 부과적인 상등(additive equivalent)이다. 세 문단은 모두 기본적으로 똑같이 신자는 율법의 노예가 아닌 그리스도 안에서 하나님의 자녀라는 사실을 논증한다. 율법 아래 있는 노예상태와 세상의 초보적인 영들 아래 있는 상태와 하갈로 대변되는 현재의 예루살렘에 소속되는 것은 모두 동일한 것이다. 반면에 하나님의 자녀들은 자유로운 여자 사라의 자녀와 동일하다.

문단 11(4.8-20)은 바울이 갈라디아 교인들에게 자신처럼 율법으로부터 자유로운 상태에 계속해서 머물러 있도록 간청하는 부분이다. 이 부분은 5.1-6.10의 권면적 부분의 선행어구 역할을 하고 있다.

문단 7(3.1-14)-9(3.23-29)-12(4.21-31)는 부가적인 귀결(additive consequential)이다. 신자는 율법의 행위로 의로워진 것이 아니고 오직 그리스도에 대한 믿음으로 의로워졌다(3:1-14). 그리고 이제 그들은 더 이상 율법의 노예가 아닌 하나님의 자녀이다(3:23-4:31).

문단 14(5.13-24)-15(5.25-6.10)는 총칭적-특수적(generic-specific)이다. 5.13-24에 있는 육체에 복종하지 말고 성령에 의해 살라는 훈계는 5.25-6.10에 있는 자만하지 말고 서로의 짐을 져서 모든 사람을 위해 선을 행하도록 하라는 권면 부분에서 구체화되고 있다.

문단 13(5.1-12)-14-15는 부가적인 귀결(additive consequential)

이다. 갈라디아 교인들은 의를 위해 할례를 받아야 하는 것이 아니라 오히려 믿음으로 살아야 하며(5.1-12), 육체를 따라 살 것이 아니라 성령을 따라 걸어야 한다(5.13-6.10).

문단 7(3.1-14)-12(4.21-31)-13(5.1-12)-15(5.25-6.10)은 기반-추론(basis-inference)이다. 3.1-14에 있는 이신칭의의 논증은(문단 7) 5.1-12(문단 13)에 있는 칭의를 위한 할례를 거부하는 훈계의 기반을 제공한다. 반면에 신자는 율법의 노예가 아닌 하나님의 자녀라는 3.23-4.7(문단 9-10)과 4.21-31(문단 12)는 5.13-6.10(문단 14-15)에 있는 육체를 따라 살지 말고 성령을 따라 걸어야 한다는 권면의 기반이 된다. 이 점에서 율법 아래 있는 노예상태는 육체 아래 있는 실존(참조 5.18)과 상응한다고 볼 수 있다. 사실상 율법과 육체는 현재의 악한 시대의(참조 1.4) 옛 통치자들이다. 이리하여 바울은 옛 통치 세력으로부터 해방된 하나님의 자녀들로 하여금 새 시대의 세력인 성령을 따라 걸어야 할 것을 촉구하고 있다.

문단 6a(2.14b-17b)-6b(2.18-21b)-7(3.1-14)-15(5.25-6.10)은 총칭적-특수적(generic-specific)이다. 안디옥에서 바울이 게바에게 한 말(문단 6ab)은 이런저런 면에 있어서 3.1-4.31에 있는 논증부분과 5.1-6.10의 권면 부분을 총괄하는 요약의 역할을 하고 있다. 2.14b-17b(문단 6a)에 있는 이신칭의의 단순한 주장은 3.1-14(문단 7)에서 보다 자세히 논증되며 거기에 기반하여 5.1-12(문단 13)이 주어진다. 반면에 2.18-21b(문단 6b)는 3.23-4.7과 4.21-31(문단 9,10,12)에 있는 논증 부분과 5.13-6.10(문단 14,15)에 있는 상응하는 권면 부분에서 자세히 설명되고 있다. 이러한 관계는 나음과 같은 형태를 보여준다:

    바울이 게바에게 한 말(2.14b-21)
      A) 문단 6a(2.14b-17b): 이신칭의
      B) 문단 6b(2.18-21): 하나님께 대한 새 삶

논증적 부분(3.1-4.31)
   A´) 문단 7(3.1-14): 이신칭의
   B´) 문단 9,10,12(3.23-4.7; 4.21-31): 그리스도 안에서 양자됨
권면적 부분(5.1-6.10)
   A″) 문단 13(5.1-12): 칭의를 위한 할례는 없다
   B″) 문단 14,15(5.13-6.10): 성령을 따라 걸으라

이상과 같은 형태는 갈라디아 서신에 나타나 있는 바울의 논증이 두 가지 측면에서 전개되고 있다는 사실을 분명히 보여준다. 첫번째 측면(A, A´, A″)은 칭의의 길과 관련되어 있으며, 두 번째 측면(B, B´, B″)은 의로워진 신자의 새로운 실존과 관련되어 있다.

문단 3(1.11-12)-6a(2.14b-17b)-15(5.25-6.10)은 기반-추론(basis-inference)이다. 설화 부분(1.13-2.21b)의 논제(1.11-12)는 그리스도의 복음에 대한 바울의 전체적인 설명(2.14b-6.10)이 서 있는 기반이다. 이것은 이신칭의와 그리스도 안에서의 새로운 실존에 대한 바울의 신학이 다메섹 도상에서 부활하신 그리스도가 바울에게 나타나신 사건(1.12,15-16)에 연유하고 있다는 것을 뜻한다.

문단 2(1.6-10), 3(1.11-12)-15(5.25-6.10)은 총칭적-특수적(generic-specific)이다. 그리스도의 복음 외에 다른 복음이 없다는 1.6-10의 중심 사상은 1.11-6.10에서 다시 취급되면서 특수한 의미가 주어진다. 따라서 1.6-10이 서신 전체의 명제(proposition)이다. 서신 전체의 목적은 갈라디아 교인들로 하여금 거짓된 복음을 거부하고 그리스도의 복음에 굳게 서 있도록 설득하려는 데 있다. 바울은 그들에게 율법의 행위에 의한 의대신 그리스도에 대한 믿음에 의한 의를 선택할 것과(2.14b-17b; 3.1-14; 5.1-12), 육체에 복종하기보다 성령에 의해 살 것을(5.13-6.10) 촉구하고 있다. 결언(postscript)에서 바울은 가장 분명하고 날카롭게 갈라디아 교인들이 마땅히 취하여야 할 행동의 방향을 보여주고 있는데 그것은 할례 대신 그리스도의 십자가를 선택하라

(6.12-16)는 것이다. 서신이 보여주고 있는 이와 같은 목적은 설득적 수사학의 의도, 말하자면 청중으로 하여금 어떤 미래적 행동을 취하도록 설득시키는 것과 정확하게 일치한다. 따라서 우리는 갈라디아서가 일종의 설득적 작품이라고 규정할 수 있다.[21]

---

21) 홍인규 교수의 갈라디아서 전체의 구조적 분석에 접한 후, 필자는 갈라디아서의 구조에 관련된 두 가지 중요한 논문을 접하게 되었다. 하나는 홍인규 교수가 공부한 남아의 바울 신약학자들이, 즉 G.M.M. Pelser, A.B. du Toit, M.A. Kruger, H.R. Lemmer, J.H. Roberts 등이 공동으로 만든 "Discourse Analysis of Galatians" (Addendum to *Neotestamentica* 26/2, 1992)이며, 또 하나는 미국 탈보트 신약학 교수인 Walter B. Russell *Bibliotheca Sacra* 150 (1993), 341-361, 416-439에 발표한 논문 "Rhetorical Analysis of the Book of Galatians"이다. 남아 학자들의 "Discourse Analysis of Galatians"는 갈라디아서를 22개의 문단들(pericopes), 이를테면, 1. (1.1-5); 2. (1.6-9); 3. (1.10-12); 4. (1.13-24); 5. (2.1-10); 6. (2.11-21); 7. (3.1-5); 8. (3.6-14); 9. (3.15-18); 10. (3.19-22); 11. (3.23-29); 12. (4.1-7); 13. (4.8-11); 14. (4.12-20); 15. (4.21-31); 16. (5.1-12); 17. (5.13-15); 18. (5.16-26); 19. (6.1-6); 20. (6.7-10); 21. (6.11-17); 22. (6.18)로 나누고 있다. 이 분석에 따르면, 갈라디아서는 크게 A(1), B(2), C(3-16), D(17-20), E(21), F(22) 부분으로 나뉘는데, A는 갈라디아서의 서문으로서 바울 복음의 신적인 기원을, B는 갈라디아서의 기본적인 전제인 복음은 오직 하나(바울이 전파하는 복음)뿐이라는 점을, C는 갈라디아서의 첫번째 주요 부분으로서 다시 세 부분으로 나뉘는데, C 1(3-6)는 바울 복음의 진정성을 입증하는 첫번째 논증, 바울은 자신의 복음과 사명을 여러 사람의 중개를 통하여 받지 않고, 하나님으로부터 받았다는 사실을, C 2(7-12)는 바울 복음의 진정성을 입증하는 두 번째 논증, 갈라디아 교인들은 율법을 지킴으로써가 아니라 복음을 믿음으로써 성령을 체험하였다는 사실을, C 3(13-16)는 두 번째 논증의 귀결 부분으로서 갈라디아 교인들이 그들에게 주어진 자유에 굳게 머물러 있어야 한다는 사실을 각각 말하고 있으며, D(17-20)는 갈라디아서의 두 번째 주요 부분으로서 갈라디아 교인들이 그들에게 주어진 자유를 사랑으로 서로 봉사하는 데 활용할 것을 권면하고 있으며, E(21)는 결론적인 언급으로서 바울이 친필로 갈라디아 교인들에게 육체를 자랑하는 할례주의자들에게 복종하지 않아야 할 것을 부탁하고 있으며, 서신의 마지막 부분인 F(22)는 축복을 언급하고 있다. 반면에 Russell 교수는 갈라디아서를 크게 네 부분으로 즉 I. 서신의 서문, 인사(1.1-5), II. 서신의 명제: 유대주의자들의 복음이 아닌 바울이 전파하는 복음만이 참

(2) 바울의 전망(pp.74-96)

이미 우리의 구조 분석에서 살펴본 대로, 갈라디아서에서 바울은 그의 반대자들이 전파한 복음과 자신이 전파하는 그리스도의 복음을 여러 면의 관점에서 날카로운 반위관계에 둔다. 예를 들면 율법의 행위에 의한 의/예수 그리스도에 대한 믿음의 의(2:15-16; 3:1-14; cf. 5:1-12); 율법의 저주/아브라함의 축복(3:6-14); 율법의 노예/그리스도 안에서의 양자됨(3:23-4:7; cf. 2:18-21); 하갈의 자녀/사라의 자녀(4:21-31); 육체의 예속/성령을 따라 사는 삶(5:13-6:10); 육체의 일/성령의 열매(5:19-23); 할례/그리스도의 십자가(6:12-14) 등이다. 그런 다음 바울은 독자들에게 전자를 거부하고 후자를 선택하도록 촉구하고 있다. 그렇다면 "바울은 어떠한 전망에서 갈라디아 교인들로 하여금 이러한 선택을 하도록 설득하고 있는가? 달리 말한다면 바울이 반대자들의 복음과 더불어 싸우려고 하는 그리스도의 복음에 대한 그 자신의 이해가 무엇인가?"(p. 74)

우리는 갈라디아서에 나타나 있는 바울 논증의 근본적인 근거는 서언 부분에 처음으로 제시되어(갈 1:4), 계속 다양한 관점에서 설명되다가, 마침내 결언 부분에서 다시 거론되는(6:14-15) 그리스도의 구속으로 본다. 그리스도의 구속사건이 갈라디아서 전체를 이끌어가는 바울의 핵심적인 전망과 출발점이 되고 있다는 사실은 서신의 중요한 내용의 전개와 발달의 전환점에서 나타나고 있는 그리스도의 구속에 관한 다음과 같은 다섯 가지 본문의 그룹에서, ① 1:4, ② 3:13-14, 25; 4:4-5, ③ 5:1a, 13a, ④ 6:14, ⑤ 1:11-12, 15-16에서 엿볼 수 있다.

된 복음이다(1.6-10), III. 명제에 대한 증명(1.11-6.10), IV. 서신의 결론(6.11-18)으로 나눈다. 그리고 그는 사실상 갈라디아서 전체를 구성하는 명제에 대한 증명 부분(III)에 관하여는, 바울 복음의 진정성과 우위성을, 역사적 사실을 통하여 입증하는 A(1.11-2.21)와 성경의 성취에 대한 경험을 통하여 입증하는 B와 신자의 삶을 통하여 입증하는 C로 각각 나누고 있다.

① 갈라디아서 1:4

갈라디아서 1:4은 그리스도의 속죄적 죽음과 그 목적을 밝혀주는 중요한 구절로 알려져 있는데, 우리는 이 구절에서 바울의 종말론적 구원론의 특징을 발견한다. 말하자면 그리스도의 죽음은 "종말론적 구원의 사건"이기 때문에 그리스도의 죽음과 부활을 통하여 이 악한 현세상을 대변하는 죄(3:22)와 율법(2:19; 3:13, 23ff)과 세상적 영들(4:3, 9)과 육(5:16ff)의 세력들이, 비록 "아직"도 완전한 정복을 기다리고 있으며, 그래서 영향력은 "아직"도 현존한다 할지라도 근본적으로 "이미"정복되었으며, 오는 시대가 "이미" 현세상 가운데 침투하였다는 것이다. 그리하여 신자들은 비록 현세상에 살고 있다고 하더라도 현세상의 통치 영역에 속하지 않고, 오히려 성령을 통하여 이미 오는 세상의 통치 영역에 속하고 있으며, 이미 새 시대의 생명을 경험하고 있으면서 종말론적인 완성을 기다리고 있다. 우리는 예수 그리스도의 종말론적인 구속 사건을 통하여 신자가 "아직"의 영역이 아닌 "이미"의 영역에 속하고 있다는 바울의 신학적 전망이 갈라디아 서신 전체를 관통하는 바울의 논증 기반을 형성하고 있다고 본다.

② 갈라디아서 3:13-14, 25; 4:4-5

우리는 각 구절들이 비록 표면적인 차이점을 보여준다 할지라도 그리스도의 구속과 그 의미를 규명해 주고 있는 점에서는 다 같이 일치하고 있다고 본다. 그러나 우리는 이 구절들로부터 바울이 그리스도의 구속을 일차적으로 율법의 저주 아래 있는 이스라엘 백성을 구속하기 위한 제한적인 의미로 사용하고 있다는 사실을 발견한다. 그 근거를 3:13에서 바울이 자신을 포함하여 유대인을 지칭하는 "우리"(ἡμεῖς)와 "이방인"(ἔθνη)을 분명히 서로 구분하여 사용하고 있으며, 이러한 구분은 3:25의 "우리"(εσμεν)와 4:4-5의 "율법 아래 있는 자들"(ὑπο νομον)에서도 나타나고 있는 점에서 볼 수 있다. 이 구절들에서 바울은 그리스도의 구속사건을 이방인과 직접 연결시키기보다 오히려 율법을 온전히 지키지 못하여 율법의 저주 아래 있는 유대인들과 연결시키고 있다.

그렇다면 그리스도께서 그것으로부터 이스라엘 백성을 구속하신 그 "율법의 저주"(ἡ κατάρα τοῦ νόμου)는 무엇이며, 이스라엘 백성들은 무엇 때문에 이와 같은 율법의 저주 아래 있게 되었는가? 우리는 바울이 그리스도의 십자가의 죽음을 율법의 저주와 연결시키기 위해 신명기 27:26을 인용한 3:10을 눈여겨 보아야 할 것이다. 바울이 3:10에서 MT나 LXX역의 본문을 그대로 인용하지 않고 MT와 LXX에서 찾아볼 수 있는 "이 율법"을 의도적으로 "율법의 책"으로 바꾼 것은 토라의 어떤 부분이라도 불순종하는 경우에는 저주를 초래한다는 사실을 강조하기 위함일 것이다. 말하자면 이스라엘 백성들은 율법을 받기 전에 이미 출애굽 사건을 통하여 하나님의 언약 백성의 특별한 신분 상태에 놓여 있었다(신 26:17-18; 27:9). 그런 다음 하나님은 그들이 출애굽 사건을 통하여 주어진 하나님의 구원의 은총에 응답하여 구원받은 하나님의 거룩한 언약 백성으로서의 삶을 살도록 하기 위해서 시내산에서 모세를 통하여 이스라엘 백성에게 율법을 주셨다. 따라서 "율법은 이스라엘 백성들이 하나님과의 언약관계에 들어가기 위한 선결조건이 아니라, 오히려 그 반대로 언약관계의 결과이다"(p. 81). 언약과 율법은 일종의 "직설법-명령법의 관계"(a kind of indicative-imperative relationship)이며, 따라서 유대인들에게 있어서 율법에 대한 순종은 흔히 주장되어왔던 것처럼 하나님의 언약백성이 되기 위해서나 혹은 의와 구원을 얻기 위한 율법주의적 동기에서가 아니라, 오히려 하나님과의 언약관계를 계속 유지하고 그 언약 속에 주어진 모든 축복을 향유하기 위한 언약백성의 의무였다. 그렇지만 만일 언약백성들이 율법을 범하게 되는 경우에 그들은 바로 그 율법을 통하여 심판과 죽음과 하나님과의 단절을 초래하는 하나님의 저주 아래 놓여지게 된다.

갈라디아서 3:10에서 바울이 의도하고 있는 것은 "하나님의 언약의 백성으로서 유대인들은 하나님과 그들과의 언약관계를 계속 유지하기 위해서 율법에 순종하여야 함에도 불구하고, 모든 유대인들은 언약의 율법이 부과하는 모든 계명을 지키는 데 실패함으로써 이제 그들은 율법의 저주 아래 놓여있게 되었다"(p. 82)는 점이다. 그러나 예수 그리스도의 구속사건은 유대인들에게 주어졌던 이와 같은 언약적 율법의 저주를 제거하였다. 그렇다면 어떻게 일차적으로 언약적 관계에서 이해되어져야 할 예수 그리스도의 구속사건이 이방인들과 연결되는가? 우리는 갈라디아 3:22-23에서 죄의 지배 아래 있는 자와 율법의 지배 아래 있는 자가, 4:3-9에서는 세상의 초보적인 영들의 지배 아래 있는 것과 율법의 지배 아래 있는 것이 각각 서로 병행관계에 있는 점에 근거하여, 바울에게 있어서는 "율법의 예속 아래 있는 유대인들의 비참은 죄와 세상의 초보적인 영들의 지배 아래 있는 모든 자들의 우주적인 비참을 대표하고 있다"(p. 83)고 본다.[22] 다시 말하면 "율법의 백성인 이스라엘은 전인류의 대표적 표본 역할을 한다"(p. 83f)는 것이다. 마찬가지로 우리는 그리스도께서 친히 율법 아래 나시고, 십자가의 죽음을 통하여 친히 율법의 저주를 받으신 것은 그 자신의 범법이나 죄 때문이 아니라, 율법의 저주 아래 있는 이스라엘을 구속하시기 위함인 동시에, 율법의 저주와 동등한 죄와 세상의 초보적인 영들의 지배 아래 있는 이방인들을 구속하기 위함으로 본다. 바로 이와 같은 그리스도의 구속사건 때문에 이방인들도 유대인들과 동등한 구원에 참여할 수 있게 되었으며, 유대인과 이방인 사이에 가로막혀 있었던 종교적, 사회적인 장벽들이 제거당하게 된 것이다:

"이제 바울이 그리스도 사건을 율법을 어겨 언약의 저주 아래 처해 있는 유대인들을 구원하기 위한 종말론적인 구속사건으로 이해하고 있다는 것이 명약관화하다. 그리스도는 그들을 위하여 저주가 되어지심으로 그들을 구속하셨다. 이 유대인의 구속은 동시에 그리고 동등한 면에서 이방인들의 구속이기도 하다. 왜냐하면 유대인은 모든 인류의 대변자로 작용하기 때문이다. 자신의 비천한 성육과 고난을 통하여 그리스

---

22) 이 점에서 홍 교수는 T.L. Donaldson, "The 'Curse of the Law' and the Inclusion of the Gentiles: Galatians 3.13-14," *NTS* 32 (1986), p. 103. "이스라엘의 비참은 우주적 비참의 한 특수한 양식이다"를 인용한다.

도는 스스로 율법의 저주 아래 있는 이스라엘뿐만 아니라 죄와 사탄적 세력의 지배 아래 있는 이방인들과 완전하게 동일시하셨다. 특별히 십자가에서 그리스도는 모든 죄인들의 대표자로서 그들을 대신하셨다. 실로 그는 모든 인류의 대신자이며, 대표자이다! 이리하여 그리스도 안에서 이방인들은 유대인들과 함께 아브라함의 축복, 이른바 이신득의(3:8-9,14), 양자됨(3:26; 4:5)과 성령(3:14; 4:6)의 축복을 누릴 수 있게 되었다. 그리스도 안에서 시내산 언약의 집행 아래 존재하였던 유대인과 이방인 사이의 옛 장벽이 무너졌다(3:26-29; cf. 엡 2:14-16). 그리스도를 통하여 하나님과 모든 인류 사이에 이제 새 언약이 확립되었다(cf. 4:21-31; 6:15)"(p. 86).

③ 갈라디아서 5:1a, 13a

우리는 바울에게 있어서 그리스도의 구속(indicative)이 5:1-6:10에 있는 권면 부분(imperative)의 근거가 되고 있다는 사실을 5:1a,13a에서 발견한다. 즉 5:1a의 그리스도께서 그의 구속을 통하여 마련하신 자유가 5:1-12의 바울의 권면의 내용인 율법의 노예상태로 인도하는 할례를 받지 않아야 한다는 근거로 작용하고 있으며, 역시 그리스도의 모든 구속을 총괄하고 있는 13a의 자유(indicative)는 5:13-6:10에 있는 갈라디아 교인들이 육체의 소욕에 복종하지 않고 오직 성령에 의해 살아야 한다는 권면(imperative)의 기반으로 작용하고 있다.

④ 갈라디아서 6:14

우리는 갈라디아서의 결언 부분(postscript)인 6:14의 내용, 즉 예수 그리스도의 십자가를 통하여 세상은 신자에게, 신자는 세상에 대하여 십자가에 처하게 되었다는 언급을 갈라디아서의 서언 부분(prescript)에서 그리스도의 종말론적인 구속사역을 말하고 있는 1:4과 병행되는 것으로 본다. 따라서 갈라디아서 6:14의 핵심적인 십자가 사상은 사실상 신자는 예수 그리스도의 십자가의 구속을 통하여 옛 시대를 대변하고 있는 이 세상에서 해방되어 주님의 나라로 옮겨졌다는 것이다.

⑤ 갈라디아서 1:11-12, 15-16

이처럼 우리는 그리스도 사건에 대한 바울의 구속사적이고 종말론적인 이해가 갈라디아서에 나타나고 있는 바울 자신의 모든 전개와 논증과 권면 부분의 기반이 되고 있다고 본다. 그렇다면 이제 문제는 바울이 갈라디아서에서 그의 서신의 기반으로 삼고 있는 그리스도 사건에 대한 이와 같은 이해를 어떻게 갖게 되었는가 하는 문제, 곧 바울 복음의 기원 문제가 대두된다. 우리는 이 문제에 대한 해답을 바울 자신이 그의 복음의 신적 기원을 다메섹 사건에서 주어진 하나님의 아들의 계시에 두는 유명한 본문으로 알려져 있는 갈라디아서 1:11-12, 15-16에서 찾을 수 있다. 이 구절들과 관련하여 우리는 이 초대교회의 복음 전승에 대한 지식과 복음 자체에 대한 이해를 구분하여야 할 것이다. 전자는 다메섹 사건 이전에 이미 바울이 가지고 있었으나, 후자는 전적으로 다메섹 사건에서 주어진 주관적이면서도 객관적인 하나님의 아들의 계시에 기원하고 있다고 보아야 할 것이다. 다시 말하면 바울은 다메섹 사건 이전에 기독교인들 박해에, 특별히 스데반을 중심한 헬라계 유대인 크리스천들을 박해하는 데 앞장을 섰다는 것은, 그들이 전파하는 복음 전승을 그가 알았지만 그들이 믿고 전파하는 복음 전승, 이른바 "예수가 약속된 메시야이며, 예수의 죽음과 부활의 사건이 성전과 율법의 역할을 대체하였다. 따라서 이제 유대인이나 이방인의 구분없이 모든 사람은 예수 그리스도에 대한 믿음을 통해서 구원에 이르게 된다"는 주장은 거짓되며, 이러한 거짓된 주장은 유대 종교와 민족의 정체성을 심히 위협하는 것으로 보았다는 것을 뜻하고 있다. 토라에 정통한 바울의 눈으로 볼 때 거짓된 메시야로 자처하다가 오히려 토라의 저주를 받아 십자가의 처형을 당한 예수가 메시야일 수도, 하나님의 아들일 수도, 그리고 그가 부활할 수도 없었다는 것이다. 그러나 다메섹 도상에서 그가 거짓된 메시야로 핍박했던 예수가 하나님의 아들로 그에게 계시되었을 때, 바울은 이 모든 초대교회의 복음 전승이 옳았으며, 예수가 과연 그리스도이시며, 하나님의 아들이시며, 그가 부활하셨으며, 그가 하나님의 아들로서 십자가에 처형을 당한 것은 그가 율법을 범하였기 때문이 아니라 오히려 율법의 저주 아래 있는 그의 백성을 대신해서 당하신 것임을 깨닫게 되었다. 다메섹 사건을 통한 그리스도의 인격과 그의 구속사역에 대한 올바른 이해가 그의 복음과 그의 신학 전체를 좌우하였으며, 그런 점에서 바울의 복음의 기원은 다메섹 사건에 연유한다. 그러나 우리는 다메섹 사건을 바울 복음과 그의 신학의 처음과 마지막으로 보지는 않는다. "다메섹에서의 계시는 바울 신학의 발달에 있어서 결정적 역할(the major role)을 하였다. 다메섹 사건의 빛 아래서 바울은 자신이 초대 기독교 공동체로부터 받았던 예수 그리스도에 관한 복음 전승(the kerygmatic traditions)을 재해석하였다. 따라서 갈라디아 사람들에게 제시하였던 그의 복음은 그 전승의 단순한 재현이라기보다, 오히려 다메섹 계시의 빛 아래서 이루어진 전승에 대한 그 자신의 독특한 해석이다"(p. 94)라고 본다. 이런 점에서 "바울의 복음은 그 자신의 다메섹 체험에서 근원하고 있다고 말할 수 있다"(p. 95).

우리는 또 갈라디아서 1:16b에 근거하여 다메섹에서 주어진 하나님의 아들의 계시와 그 아들에 관한 복음을 이방인에게 전파하도록 하는 그 자신의 사도적 직무의 소명을 서로 분리시키지 않고 오히려 일치시켜야 한다고 본다. 즉 바울은 "사도적 직무의 소명을 하나님의 아들의 계시의 부분으로 믿고 있다"(p. 95). 이 점에서 우리는 김세윤 교수[23]와 전적으로 의견을 같이한다. 따라서 다메섹 사건을 바울의 개종의 관점에서 보기보다 오히려 "바울 자신이 자신의 소명을 유대적 종말론적 세계 선교의 관점에서 이해한 사건"이라는 관점에서 보아야 할 것을 제안한다.

3. 반대자들의 주장과 정체성(pp. 97-120)

(1) 출발점(pp. 97-110)

바울은 갈라디아서를 통하여 간접적으로 자신이 개척한 갈라디아 교회를 혼란하게 한 자신의 반대자들과 씨름하고 있기 때문에, 우리가 갈

---

23) S. Kim, *The Origin of Paul's Gospel* (WUNT; Tübingen: Mohr, 2nd ed. 1984), pp. 58-66.

제2장 바울과 율법 · 249 ·

라디아서에 나타나 있는 바울의 주장을 전체적으로 이해하기 위해서는 그들의 주장과 그들의 정체성을 알지 않으면 안된다. 그렇다면 우리는 어떻게, 어떠한 근거에 의해 그들의 주장과 정체성을 재구성할 수 있는가? 우리가 그들 자신의 문헌을 가지고 있지 못한 이상 우리는 갈라디아서 자체의 구조나 본문의 분석을 통하여 간접적으로 그들의 주장과 정체성을 규명할 수밖에 없다. 이러한 문제와 관련하여 우리 자신의 입장을 여덟 가지 항목으로 제시한다.

① 바울은 갈라디아서에서 두 종류의 적대자나 혹은 두 종류의 문제와 씨름하고 있는 것이 아니라, 오히려 한 종류의 적대자와 한 종류의 문제와 싸우고 있다고 보아야 한다. 이 점은 이미 우리가 갈라디아서의 구조 분석에서 살펴본 바와 같이 갈라디아서가 전체적으로 하나의 중심 주제, 이른바 참된 하나님의 백성의 신분과 삶을 결정하는 것은 오직 바울이 전파한 그리스도의 복음이라는 주제를 중심으로 통일성을 이루고 있는 점을 볼 때 부정하기 어렵다.

② 갈라디아서는 전체적으로 바울의 반대자들의 주장에 대한 바울 자신의 반응이다. 이 점은 갈라디아서 전체를 구성하고 있는 반위관계, 예를 들면 반대자들의 복음/그리스도의 복음(1:6-10); 율법의 행위에 의한 의/그리스도에 대한 믿음에 의한 의(3:1-14, cf. 2:15-17); 율법의 지배 아래 있는 노예/그리스도 안에서의 양자됨(3:23-4:7, cf. 4:21-31, 2:18-21); 할례/믿음(5:1-12); 육/성령(5:13-6:10); 할례/그리스도의 십자가(6:12-16) 등을 볼 때 부정할 수 없다.

③ 갈라디아서의 논제 부분(1:6-10)에서 바울이 반대자들의 주장을 다른 복음으로 규정한 것을 볼 때, 반대자들은 예수를 메시야로 믿으며, 그리고 자신들의 **복음**이 참된 복음임을 주장하는 크리스천임이 분명하다.

④ 비록 할례 문제가 3,4장의 논증 부분에서 직접 취급되지 않는다 할지라도 3,4장을 그 기반으로 삼는 5,6장의 권면 부분에서 거듭 할례 문제가 제기되고 있는 것은(5:2-3, 6:12-13), 반대자들이 갈라디아 교인들에게 요구한 할례 문제가 바울과 그의 반대자들 사이의 중심적인

이슈 중의 하나였음이 분명하다.

⑤ 갈라디아서 구조의 중심 부분으로 볼 수 있는 3,4장의 논증 부분에서 바울은 사실상 그와 자신의 반대자들 사이의 가장 핵심적인 문제인 "누가 아브라함의 참된 후손인가?" 하는 문제를 다루고 있음이 분명하다. 모름지기 반대자들은 스스로 자신들이 속하여 있다고 보는 사라-이삭-시내산 언약-현재의 예루살렘 교회의 계열이 참된 아브라함의 후손이라고 주장한 반면에, 바울은 반대자들의 논증과 용어를 활용하여 오히려 율법의 지배 아래 있는 그들은 종의 여인 하갈의 후손들이며, 그리스도 안에 있는 자유로운 신자들이 자유의 여인 사라의 자녀들이라는 사실을 강조한다. 이런 관점에서 하갈과 사라의 알레고리는 반대자들의 신학에 대한 바울의 반증의 절정으로 볼 수 있다.

⑥ 우리는 이미 구조 분석에서 갈라디아 2:14b-21에 있는 베드로에게 대한 바울의 진술이 사실상 3, 4장의 논증 부분과 5:1-6:10에 있는 권면 부분의 요약이라는 점을 지적하였는데, 그렇다면 우리는 이 점에서 안디옥에서 있었던 바울과 베드로의 갈등에 내포되어 있었던 문제는 본질상 갈라디아 교회에 있었던 문제와 동일한 것으로 생각하여야 할 것이다. 즉 바울의 관점에서 볼 때, 이방인들로 하여금 유대인화할 것을 강요하는 베드로의 행동은 갈라디아에서 있었던 거짓된 교사들의 선동과 성질상 같은 것으로 보아야 한다.

⑦ 갈라디아서에서 논증 부분의 기반을 형성하는 전개 부분(1:11-2:21)에서 바울이 자신의 복음의 신적인 기원과 그 자신의 사도직의 독립성을 강조하고 있는 점을 볼 때, 바울의 복음과 그의 사도직의 타당성이 그의 반대자들에 의해 의문시되었다는 것을 뜻한다.

⑧ 바울이 갈라디아서에서 그리스도의 종말론적인 구속사건에 근거하여 옛 시대와 새 시대, 율법과 그리스도 사이의 불연속성(discontinuity)과 그로 인한 유대인과 이방인 사이의 동등성을 특별히 강조하고 있는 점을 볼 때, 바울의 반대자들은 이와 반대로 양자 사이의 연속성(continuity)과 유대인과 이방인의 차별성을 강조하고, 그로 인하여 이방인들이 유대인들의 축복에 동참하기 위하여는 유대인화하는 것, 말하자면 할례를 위시하여 모든 율법을 지켜야 한다고 주장하였음

이 분명하다.

(2) 반대자들의 주장과 정체성(pp. 110-120)

① 반대자들의 주장

전통적으로 많은 신학자들이 먼저 반대자들의 정체성을 규명하고 그 다음에 그들의 주장을 살펴보았지만, Betz가 지적하고 있는 것처럼,[24] 바울 자신이 갈라디아서 그 어느 곳에서도 그의 반대자들의 정체성을 직접적으로 거론하여 말하고 있지 않기 때문에 먼저 그들의 주장을 규명하고 그 다음 그들의 정체성을 규명하는 귀납법적 방법을 취해야 한다. 그렇다면 갈라디아서에서 발견할 수 있는 그들의 핵심적인 주장은 무엇인가? 바울의 종말론적이고 구속사적인 복음에 반대하는 그들의 출발점은 무엇인가? 무엇 때문에 그들이 바울의 복음을 불완전한 복음으로 간주하며, 완전한 구원과 하나님의 백성의 신분을 위해서 할례를 위시한 율법의 준수를 요구하였는가? 그리고 그들이 이러한 주장을 제기할 수 있었던 근거는 무엇인가?

바울이 논증의 핵심 부분인 갈라디아 3장에서 아브라함의 믿음과 사라/하갈의 알레고리를 언급하고 있는 것을 볼 때, 바울의 반대자들은 자신들의 주장의 근거를 아브라함에 대한 유대신학의 해석에 두었다고 추론할 수 있다. 이미 알려진 바대로 유대신학에서 아브라함의 행위는 모든 유대인들이 따라가야 할 하나님에 대한 완전한 순종의 실례로 간주되었다(Jub. 11:15-17; 12:1-14; 18:1-16; 23:10). 유대신학은 창세기 26:5에 근거하여 아브라함은 하나님의 법을 완전히 지킴으로써 의인이 되었다고 보았으며(1 Macc. 2:52), 창세기 15:6이 말하는 아브라함의 믿음도 창세기 22:1-18에 근거하여 오히려 일종의 공로적 성취로 해석하였으며, 아브라함의 순종과 선행에 근거하여 하나님은 아브라함에게 약속들, 예를 들면 그의 후손의 번창(창 12:2; 13:16; 15:5; 17:4-5; 18:18; 22:17), 그와 그의 후손을 통하여 모든 민족이 누릴 축복(창 12:3; 18:18; 22:18), 그의 후손에 대한 땅의 증여(창 12:7;

---

24) Betz, *Galatians*, p. 5.

13:15; 15:18; 17:8), 영원한 언약(창 17:7) 등을 주셨다고 보았다 (Sir. 44:19-21). 따라서 유대신학에 따르면 아브라함의 약속을 누리기 위해서는 첫째 아브라함의 후손이 되어야 하며, 둘째는 아브라함과 같이 율법에 대한 순종이 요구되었다.

바울의 반대자들은 이와 같은 유대신학에다 율법의 시내산 언약을 아브라함의 언약의 성취와 완성이라는 것과, 예수는 율법을 폐지하기 위해서가 아니라 오히려 보증하고 해석하기 위해 새 모세로 오신 메시야이며, 성령도 율법에 대한 순종을 정진시키기 위해 오셨으며, 할례받은 유태인 신자들로 구성된 예루살렘 교회가 새로운 메시야적 공동체의 중심이라는 주장들을 첨부하였다. 이리하여 그들은 우리가 이미 언급한 바와 같이, "사라-이삭-시내산 언약-예루살렘 계열"만이 아브라함에게 주어진 약속을 향유할 수 있는 참된 아브라함의 후손이라는 주장을 만들었다. 이러한 주장에 근거하여 그들은 이방인들이 아브라함에게 주어진 하나님의 약속, 이른바 그와 그의 후손을 통하여 모든 민족이 복을 누리게 될 것이라는 그 축복의 약속에 참여하기 위해서는, 유대인들처럼 할례를 받고, 모든 율법을 지킴으로써 아브라함의 후손이 되어야 한다는 지침을 만들었다. 반대자들의 이와 같은 지침이 갈라디아 사람들에게 전달되었을 때, 한편으로 그들의 설득력 있는 주장에 의해, 또 다른 한편으로 당시 갈라디아 사람들이 처해 있었던 사회적 소속감의 요구 때문에 적지 않은 갈라디아 사람들이 설복을 당하였고 그로 인해 갈라디아 교회 안에 갈등과 분리의 현상이 일어나게 되었다(참조, 갈 5:13-14; 6:1-2).

② 반대자들의 정체성

그렇다면 이와 같은 주장과 지침을 만들 수 있는 바울의 반대자들은 어떤 사람들인가? 우리의 갈라디아 구조와 관련하여 끌어내었던 논증에 비추어 볼 때 우선 바울의 반대자들이 두 그룹, 이른바 외부로부터 온 율법주의적 유대주의자와 갈라디아 교회 내에서 일어난 반율법주의적 신령파라는 주장이든(Lütgert), 혹은 갈라디아 교회 자체 내에서 일어난 율법회구파와 자유주의파라는 주장이든(Bruce) 관계없이 두 그룹이 아니라 오히려 한 그룹임이 분명하다.

다음으로 갈라디아서에서 이 반대자들이 2인칭으로 소개되는 갈라디아 신자들과는 달리 3인칭으로 언급되고 있는 점을 볼 때, 이들은 갈라디아 교회 자체에서 일어난 자들이 아니라 오히려 갈라디아 지역이 아닌 외부로부터 온 자들임이 분명하다.

마지막으로 그들이 비록 바울이 전한 복음과는 다르다고 할지라도 복음을 전했다는 사실과 그리스도를 믿었다는 것과 그들이 사라-이삭-시내산 언약-예루살렘 계열을 아브라함의 참된 후손으로 보았다는 것과 그들이 갈라디아 사람들에게 할례와 모든 율법 준수를 요구한 점을 볼 때, 그들은 이방인 크리스천이나 혹은 일반 유대교인이 아니라 유태인 크리스천임이 분명하다.

이제 만일 우리의 주장대로 바울의 반대자들이 유대인 크리스천들이 분명하다고 한다면, 이제 남은 문제는 그들과 예루살렘 교회와의 관계이다. 우선 이들의 배후에 베드로를 위시한 예루살렘 교회 지도자들이 서 있다는 바우어의 주장은[25] 갈라디아서에서 베드로와 야고보, 요한 등 예루살렘 교회 기둥들이 바울의 복음과 사도직을 받아들였으며(갈 2:1-10), 바울이 예루살렘 지도자들은 물론 야고보에서 온 자들까지도 전혀 비난하지 않은 점, 예루살렘 교회 기둥들이 거짓된 형제들과 완전히 구분되고 있는 점 그리고 거짓된 형제들의 주장이 사도들에 의해 지지를 받지 못한 점 등을 볼 때 받아들여질 수 없다. 그럼에도 불구하고 바울이 갈라디아서 1-2장과 4:25-26에서 예루살렘을 거듭 언급하고 있는 점을 볼 때, 반대자들이 예루살렘 교회와 어떤 관련을 맺고 있음이 분명하다. 가장 타당성 있는 주장은 사도행전 15장의 증거를 감안하여, 이미 여러 학자들이 지적한 바와 같이(예를 들면 Ridderbos, **Kü**

---

[25] F.C. Baur, *Paul, the Apostle of Jesus Christ* (London: Williams & Norgate, 1876), pp. 12ff.

mmel, Longenecker, Bruce, Sanders), 예루살렘 교회 내에서 율법을 강조하는 우파(the right-wing party)에 소속되어 있는 순회 전도단으로 보는 것이다.

4. 율법에 대한 바울의 견해(pp. 122-188)

1. Νομος에 대한 바울의 용법(pp. 122-124)

갈라디아서에는 "율법"을 지칭하는 희랍어 νομος가 모두 32번(로마서에는 72번) 나타난다. 어떤 학자들은 정관사가 첨부되어 있는 ὁ νομος와 관사가 없는 νομος 사이에 의미의 차이가 있다고 보고 있지만(예를 들면 전자를 모세의 율법으로, 후자를 일반법으로 보는 Lightfoot[26] 혹은 전자를 모세의 율법으로 후자를 모든 종류의 율법주의로 보는 Stamm[27]. 그러나 바울의 다른 서신의 경우에서처럼 갈라디아서에서도 전자나 후자가 의미상의 차이없이 상호교환적으로 사용되고 있는 점을 볼 때(갈 3:11-12, 23-24), 이러한 주장은 받아들여질 수 없다.

다른 바울의 서신에서와 마찬가지로, 갈라디아서에서 νομος는 3:21b에서 "일반 신적인 법"과 4:21b에서 모세오경에 나타나 있는 "하갈의 이야기"로 사용되고 있는 두 곳을 제외하고는, 전폭적으로 시내산에서 모세를 통하여 이스라엘 백성에게 주어진 모세의 율법을 가르키는 것으로 사용되고 있다. 그리고 바울이 νομος를 사용할 때 항상 단수로 사용하고 있는 점을 볼 때, 그는 모세의 토라를 제의적 율법과 윤리적 율법의 구분없이 완전한 한 단위로 사용하고 있음이 분명하다. 그러나 바울은 이 한 단위의 율법을 갈라디아서에서 세 가지 다른 차원에서 이

---

26) J.B. Lightfoot, *St. Paul's Epistle to the Galatians* (London: Macmillan, 1880), p. 118.

27) R.T. Stamm, "The Epistle to the Galatians," G.A. Buttrick (eds.), *The Interpreter's Bible*, X (New York: Abingdon Press, 1953), p. 482.

해하고 있는데, 첫째는 시내산 언약의 의무사항으로서의 율법이며, 둘째는 노예화하는 권세로서의 율법이며, 마지막 셋째는 사랑의 표현으로서의 율법이다.

(2) 시내산 언약의 의무규정으로서의 율법(pp. 125-148)

① 율법은 입회 요구사항이 아니다.

갈라디아 교회를 방문한 바울의 반대자들은 갈라디아 교인들에게 아브라함에게 주어진 약속을 누리기 위해서는 아브라함의 참된 후손이 되어야 하고, 아브라함의 참된 후손이 되기 위해서는 예수 그리스도에 대한 믿음 외에 유대인들처럼 할례를 받고, 모세의 모든 율법을 준수하여야 한다는 것을 전파하였다. 요약해서 말하자면 할례와 율법을 통하여 이방인의 신분이 아닌 유대인의 신분이 되어야 비로소 참된 하나님의 백성인 아브라함의 후손이 된다는 것이었다. 이러한 가르침은 바울이 일찍이 갈라디아 교인들에게 전한 복음의 내용, 이른바 "오직 예수 그리스도를 믿음으로 하나님의 백성이 된다"는 가르침과는 정면적으로 배치되는 것이었다.

바울의 입장에서 볼 때 반대자들의 주장, "하나님의 백성(아브라함의 후손) = 예수 그리스도에 대한 믿음 + 할례, 모세의 율법"은 사실상 믿음 자체를 무력화하는 것이며, 나아가서 믿음의 내용과 근거인 예수 그리스도의 종말론적이고 구속사적인 죽음을 무효화하는 것이며, 예수 그리스도 사건을 유대인과 이방인의 구분없이 전인류를 위한 유일한 구원의 근거가 되게 하신 하나님의 은혜를 폐지하는 것이었다(참조 갈 2:21; 5:4; 롬 4:14). 따라서 이제 바울은 갈라디아 교인들과 반대자들을 향해 무엇 때문에 반대자들의 가르침이 부당한 것인가를 규명하여야 할 필요성을 갖게 되었다. 문제의 핵심은 결국 하나님의 구원역사에 있어서 할례와 율법의 기능 문제, 곧 반대자들의 주장의 신학적인 보루인 아브라함과 시내산 언약의 역할 문제로 귀착된다.

바울은 먼저 아브라함의 경우를 재검토한다. 이미 우리가 언급한 바와 같이, 반대자들은 유대신학에서 이해되어진 창세기에 근거를 두고 (특히 창 15:6; 22:1-18) 아브라함은 할례를 위시하여 하나님께 대한 전폭적인 순종의 행위를 통하여 하나님의 백성의 선조가 되었다고 보았다. 그들의 관점에서 볼 때 아브라함의 믿음은 순종과 분리된 별개의 것이 아니라 순종의 실제적인 한 부분이었다. 사실상 아브라함은 이미 존재했던 율법에 대한 전폭적인 순종(믿음을 내포한)으로 인한 공로를 통하여 의인이 되었으며, 하나님의 약속을 받았다. 그러나 바울은 반대자들과 동일한 성경을 가지고 전혀 다른 각도에서 아브라함의 경우를 접근하고 해석하였다. 즉 바울은 갈라디아서 3:6에서 창세기 15:6에 나타나 있는 아브라함의 믿음에 전혀 공로적 사상이 내포되어 있지 않다고 보았다. 원래의 문맥에서 볼 때 창세기 15:6의 "아브라함의 믿음"은 15:5에서 주어진 하나님의 약속에 대한 "전폭적인 수납"(the total acceptance of God's promise)이며, 그것은 오히려 하나님의 은총에 대한 인간의 합당한 응답이었으며, 따라서 소위 공로적 행위와는 정반대의 것이었다.

계속해서 바울은, 율법이 430년 후에 주어졌다고 하면서(갈 3:17), 반대자들과는 달리 아브라함의 믿음은 전혀 율법과는 관련이 없었다는 사실에 주목한다. 그렇게 함으로써 바울은 반대자들의 주장의 성경적 근거가 잘못임을 입증한다. 오히려 성경 본문의 본래 의미에 근거하여 바울은 적극적으로 아브라함은 자신만이 오직 믿음으로 의롭게 되었을 뿐만 아니라, 또한 모든 사람들이 믿음으로 의롭게 되는 표본이 되었다고 주장하였다. 따라서 바울에게 있어서는 유대인이나 이방인의 구분없이 오직 믿음만이 하나님의 백성이 되는 유일한 길이다. 아브라함의 실례는 구속역사의 시초부터 하나님께서 율법이 아닌 믿음만을 의의 유일한 수단이 되게 하셨다는 것을 보여준다.

그렇다면 이 믿음은 어떤 믿음인가 하는 것이 다시 문제가 된다. Howard는 의(義)의 수단이 되어진 아브라함의 그 "믿음"을 "약속을 성취하시는 하나님의 신실한 행위"로,[28] Hays는 "그리스도 자신의 믿음, 곧 죽음에 이르기까지의 신실한 순종"[29]으로 간주함으로써, 다 같이 믿음이 인간 편에서의 행위임을 반대한다. 그러나 이러한 견해는 세 가지 이유 때문에, 첫째, 아브라함의 믿음은 인간의 공로나 자랑은 전적으로 배제하고 있지만 그럼에도 불구하고 그것은 분명히 약속의 하나님에 대한 아브라함 편에서의 전적인 신뢰라는 점과 둘째, Dunn이 이미 주장한 바와 같이[30] 갈라디아서에서 항상 믿음은 크리스천의 믿음을 가르키며, 심지어 관사없이 사용되고 있는 "그리스도의 믿음"(πιστις Χριστοῦ, 갈 2:16.) "예수 그리스도의 믿음"(πιστις Ἰησοῦν Χριστοῦ, 2:16), "하나님의 아들의 믿음"(πιστις τοῦ υἱοῦ τοῦ θεοῦ, 3:22)도 주격 소유격이 아닌 목적 소유격으로 보아야 하기 때문이며 셋째는, 갈라디아 3:2,5에서 볼 수 있는 바와 같이 "믿음의 들음"(ακοη πιστεως)이 인간의 행위임을 분명히 가리키는 "율법의 행위"(εργα νομου)와 나란히 사용되기 때문이다. 따라서 갈라디아서에서 바울이 말하는 믿음은 하나님의 행위에 대한 어디까지나 인간 편에서의 응답으로 보아야 할 것이다.

반대자들과 갈라디아 교인들에게 대한 바울의 두 번째 논증은 갈라디아 교인들의 성령 체험으로부터 이끌어낸다. 즉 갈라디아 교인들이 "율법의 행위"와 관계없이 "믿음의 들음"으로 인해 약속된 양자의 영을 받았다는 사실이 이미 하나님께서 갈라디아 교인들을 율법과 관계없이 아

---

28) G. Howard, *Paul: Crisis in Galatia: A Study in Early Christian Theology* (SNTSMS; Cambridge: Cambridge University Press, 1979), p. 57.

29) R.B. Hays, *The Faith of Jesus Christ: An Investigation of the Narrative Structure of Galatians 3:1-4:11* (SBLDS; Chicago: Scholars Press, 1983), pp. 201-202: cf. "ΠΙΣΤΙΣ and Pauline Christology: What is at Stake?" *Society for Biblical Literature Seminar Papers*, 1991, p. 726.

30) J.D.G. Dunn, "Once More, ΠΙΣΤΙΣ ΧΡΙΣΤΟΥ," *Society for Biblical Literature Seminar Papers* (1991), pp. 730-44.

브라함의 자녀와 하나님의 백성으로 받아들였으며, 그래서 그들이 성령을 통하여 이미 약속된 아브라함의 모든 축복에 참여하고 있다는 것을 보여주고 있다는 것이다(갈 4:6; cf. 4:28-29). 여기서 바울은 두 가지 점을 특별히 강조하고 있는데, 첫째는 갈라디아 교인들은 율법의 행위나 율법없이 혹은 율법 외부에 있을 때 오직 바울이 전파하는 그리스도의 복음에 대한 응답에 의하여 성령을 받았기 때문에 반대자들이 주장하는 율법-성령의 연결은 타당하지 않다는 것과, 둘째는 성령이 사실상 일찍이 아브라함에게 주어진 종말론적인 땅의 약속을 포함하여 모든 약속의 총체임을 뜻하는 "그 약속의 성령"(갈 3:14)이라고 부름으로써 성령을 받은 갈라디아 교인들은 사실상 아브라함에게 약속된 종말론적인 땅의 약속을 포함하여 모든 약속의 축복에 이미 참여하고 있다는 점이다.

이와 같은 두 가지의 중요한 논증 즉 "아브라함의 믿음에 의한 의"에 대한 논증과 갈라디아 교인들의 "믿음에 의한 성령의 체험"에 대한 논증을 통하여 바울은 반대자들의 논증의 기반을 허물어 버린다. "바울에게 있어서는 믿음만이 아브라함의 합법적인 후손이 되는 것과 아브라함의 약속에 참여하는 유일한 길이다. 이것이 처음부터 하나님께서 의도하신 구원의 수단이었다. 이것은 하나님께서 율법을 통한 그의 첫번째 시도가 실패하자 모든 인류를 구원하시려는 하나님의 두 번째 시도가 아니다. 율법은 결코 하나님의 백성이 되기 위한 조건으로 계획되어진 적이 없다"(p. 132). 그렇다면 율법은 어떤 의도로, 무엇 때문에 주어졌는가?

② 율법은 시내산 언약에 머물러 있도록 하기 위한 조건이다.

이 문제에 관한 바울의 견해를 알아볼 수 있는 중요한 구절은 바울이 신명기 27:26을 인용하여 율법의 행위에 속한 자, 곧 율법책에 기록된 모든 것을 행하지 않는 자는 저주 아래 있다고 말하고 있는 갈라디아서 3:10이다.

어떤 학자들은(Burton, Bring, Cosgrove, Fuller)[31] 본문에 나타나 있는 "율법의 행위"를 인간이 하나님의 호의를 얻기 위한 공로적 선행으로 보며, 또 어떤 학자들(Dunn, Tyson, Lambrecht, Hamerton-Kelly)[32]은 이것을 이방인들과 구별되는 유대인의 정체성과 관련되어 있는 할례, 음식법, 절기 등과 같은 특수한 율법의 준수로 보며, Gaston은 율법이 가져오는 활동 등으로 보고 있지만[33] 이러한 주장들은 다음과 같은 이유로 당연히 거부되어야 한다. 첫째, 만일 율법의 행위를 인간의 공로적 선행으로 본다면 공로적 선행이 저주를 가져온다는 것이 될 것이고, 인간의 공로적 선행 추구 때문에 그리스도께서 죽으신 것이 되며, 둘째는 갈라디아서 2:16, 21; 3:11; 5:4에서 볼 수 있는 바와 같이 바울은 율법의 행위와 율법을 상호교환적으로 사용하고 있기 때문이다. 그리고 셋째는 이미 우리가 언급한 바와 같이 대조되는 믿음과 마찬가지로 율법의 행위도 율법에 대한 인간의 순종을 가르키기 때문이다. 따라서 우리는 율법의 행위를 "율법에 일치해서 수행되어져야

---

31) Burton, *Galatians* (ICC), p. 120; R. Bring, *Commentary on Galatians* (Philadelphia: Muhlenberg, 1961), pp. 120ff; "Das Gesetz und die Gerechtigkeit Gottes: Eine Studie zur Frage nach der Bedeutung des Ausdruckes τελος νομου in **Röm**. 10:4," *StTh* 20 (1966), pp. 21ff; C.H. Cosgrove, "The Mosaic Law Preaches Faith: A Study in Galatians 3," *WTJ* 41 (1978-79), pp. 146-48.

32) Dunn, "The New Perspective on Paul,", pp. 107-111; "Works of the Law," pp. 527-32; J.B. Tyson, "Works of the Law' in Galatians," *JBL* 92 (1973), pp. 423-31; J. Lambrecht, "Gesetzesverst ndnis bei Paulus," K. Kertelge (ed.), *Das Gesetz im Neuen Testament* (Freiburg: Herder, 1986), pp. 114-115; R.G. Hamerton-Kelly, "Sacred Violence and the Curse of the Law (Galatians 3.13): The Death of Christ as a Sacrificial Travesty," *NTS* 36 (1990), p. 108; "Sacred Violence and Works of Law': Is Christ then an Agent of Sin?' (Galatians 2:17)," *CBQ* 52 (1990), p. 62.

33) L. Gaston, "Works of Law as a Subjective Genitive," *SR* 13 (1984), pp. 39-46; *Paul and Torah* (Vancouver: University of British Columbia Press, 1987), pp. 100-106.

할 행위"로 보는 전통적인 입장을 여전히 정당한 것으로 본다.

그렇다면 율법의 행위 때문에 저주를 초래한다는 말은 무슨 뜻인가?
Sanders는 갈라디아서 3:10에서 바울이 신명기 27:26을 인용한 것은 율법은 완전하게 지켜질 수 없다는 사실을 말하기 위함이 아니고 단순히 율법이 저주를 연결시키기 위함으로 보고 있으며,[34] Wilckens, Moo, **Hübner** 등 여러 학자들은 누구든지 율법을 완벽하게 지킬 수만 있다면 믿음과 마찬가지로 율법의 행위를 수단으로 하여 의에 이를 수 있는데 현실은 그 누구도 완벽하게 지키지 못하기 때문에 저주를 초래한다는 사실을 일깨워주기 위함으로 보고 있다.[35] 그러나 이러한 주장 역시 거부되어야 한다. 첫째, Sanders의 주장과는 달리 바울은 본문과 문맥에서 하나의 가상적인 상황을 염두에 두고 말하고 있는 것이 아니라, 갈라디아 교회의 실제 상황과 관련하여 인간은 완전한 순종을 요구하는 율법을 완전하게 지키지 못하였기 때문에 율법의 저주 아래 놓여 있게 되었고, 바로 이 율법의 저주 때문에 그리스도께서 십자가를 통해 저주의 죽음을 당하셨다고 말하고 있기 때문이다. 둘째, 율법을 완벽하게 지킬 수만 있다면 의에 이를 수 있다고 주장하는 것은 결국 율법을 믿음과 동등한 의와 구원의 수단으로 만드는 것이 되는데, 이것은 갈라디아서 전체를 통하여 오직 믿음만이 의의 수단이라는 바울의 핵심적인 주제와 배치되기 때문이다. 그렇다면 이 본문과 문맥을 통하여 바울이 의도하고 있는 것은 무엇인가?

바울의 관점에서 볼 때 율법은 처음부터 의(義)나 혹은 언약백성이

---

34) Sanders, *Paul, the Law and the Jewish People*, 21-24.
35) U. Wilckens, "Zur Entwicklung des paulinischen *Gesetzesverständnis*," NTS 28 (1982), pp. 165-172; D.J. Moo, "Law', Works of the Law', and Legalism in Paul," WTJ 45 (1983), pp. 96-99; H. **Hübner**, *Law in Paul's Thought: A Contribution to the Development of Pauline Theology* (SNTW; Edinburgh: T. & T. Clark, 1986), pp. 18-20.

되기 위한 전제 조건으로 주어진 것이 아니라, 오히려 하나님께서 일찍이 아브라함에게 주신 언약에 신실하시기 위하여 애굽의 노예상태에 있었던 그의 후손들을 구원하셔서 언약백성이 되게 하신 다음에 그들이 하나님 앞에서 하나님의 거룩한 백성으로 살도록 하기 위해서 모세를 통하여 시내산에서 그들에게 율법을 주셨다. 따라서 언약이 율법보다 선행하며 율법은 언약의 결과이다. 하나님의 선취적인 언약의 행위에 의해 언약백성이 된 이스라엘 백성들은 이제 그 언약의 결과로 주어진 율법에 대한 준수를 통하여 그 언약 속에 머물러 있어야만 했다. 바울이 갈라디아 3:12에서 인용된 레위기 18:5, "율법을 준행하는 자는 율법에 의해 살리라"는 말은 "율법을 준행함으로써 오는 세상의 축복(영생)에 들어간다는 뜻이 아니고, 언약 안에 있는 삶, 말하자면 하나님과의 언약관계에 머물러 있는 삶을 가르킨다"(p. 140). 이 언약관계 안에 머물러 있는 자는 이 언약 속에 내포된 영생의 축복을 누릴 수 있다. 따라서 "율법에 대한 순종은 축복을 획득하게 하는 것이 아니라 언약을 유지하게 하며, 그 언약의 축복을 누릴 수 있게 한다"(p. 140). 그렇지만 언약백성의 의무 규정인 율법에 불순종하게 되는 경우, 그것은 사실상 언약을 파기하는 것이 된다. 이러한 언약의 파기는 율법의 수여자이신 하나님의 저주 곧 하나님과 그의 거룩한 공동체로부터의 단절과 언약 속에 주어진 축복의 몰수와 마침내 죽음을 가져온다.

바울이 볼 때 모든 이스라엘 백성들은 그들이 언약백성의 의무인 모든 율법을 완전하게 지키는 데 실패하였으므로 율법의 저주 아래 있게 되었다. 이것이 바로 갈라디아 3:10을 위시하여 13, 22, 23절과 4:4-5이 정확하게 뜻하고 있는 것이다. 그러나 바울은 다메섹 사건을 통하여 "그리스도께서 친히 우리(이스라엘 백성)를 위하여 저주가 되심으로, 우리를 율법의 저주로부터 구속하셨다"(갈 3:13)라는 사실을 깨닫게 되었다. 이미 우리가 말한 바와 같이 여기서 말하는 율법의 저주는 모든 이방인의 죄와 사탄의 세력으로부터 오는 저주를 대변하며, 여기서 말하는 우리 곧 이스라엘 백성은 전인류를 대표하기 때문에 그리스도의 구속사건은 유대인은 물론 모든 이방인도 아브라함의 후손이 되어 아브라함의 축복에 참여할 수 있게 하였다. 그리스도의 구속사건은 사실상 창세기 12:3에 나타난 아브라함에 대한 하나님의 우주적 약속 "땅에 사는 모든 민족이 너를 인해 복을 누리게 될 것이다"의 성취였다(갈 3:8). 이처럼 바울은 갈라디아 3:10-13에서 율법을 언약의 관점에서 이해한다.

"바울의 반대자들도, 비록 그들이 이방인인 갈라디아 교인들에게 아브라함의 참된 후손에 가입하기 위한 수단으로 율법 준수를 요구하였다 할지라도, 율법을 언약의 구조 속에서 이해하였다. 그들은 자신들이 아브라함의 신실한 순종 때문에 하나님에 의해 선택되어 하나님과의 언약 관계 속에 들어가게 되었으며, 따라서 그들은 그 언약 가운데서 살기 위하여 마땅히 언약을 지켜야 한다는 것을 믿었다. 그들에게 있어서 그리스도는 율법을 확립하고 시내산 언약을 강화하기 위해 오신 새로운 모세였다. 그러나 그들은 이스라엘이 그들의 불순종에 의해 언약을 깨뜨렸으며, 그리스도께서 그들 위에 있는 율법의 저주를 제거하시기 위해 십자가 위에서 죽으셨으며 그리고 그로 인해 새로운 하나님의 백성을 창조하는 새 언약을 제정하셨다는 사실을 깨닫는 데 실패하였다"(p. 144). 그러나 우리가 여기서 간과하지 않아야 할 사실은 바울 자신과 바울의 반대자들이 율법을 동일하게 언약의 관점에서 보았다는 사실은, 흔히 많은 사람들이 그렇게 믿고 있는 것처럼 바울 당대의 유대교가 율법의 행위를 통하여 공로를 쌓아 의와 구원에 이르고자 하는 율법주의적 종교(a religion of work-righteousness)가 아니라 오히려 최근에 Sanders가 밝혀준 것처럼 언약에 계속 머물러 있기 위해서 율법을 지키려고 힘썼던 "언약적 신율주의"(Covenantal Nomism)[36]였다는 점이다.

---

36) Sanders, *Paul and Palestinian Judaism*, p. 75: "언약적 신율주의는 하나님의 계획 속에서 어떤 사람의 자리가 언약의 기초 위에서 확립되어지고, 그 언약은 그 사람의 합당한 응답으로써 하나님의 계명에 대한 순종을 요구하고, 동시에 하나님은 범죄에 대한 속죄의 수단을 공급한다는 견해이다."

③ 이스라엘의 독특성의 상징으로서의 율법

이미 우리가 언급한 바가 있지만 바울의 율법관에 대한 최근의 추세 중의 하나는 율법에 대한 바울의 비판의 핵심이 바울 당대 율법이 지니고 있었던 사회적인 기능이었다고 보는 것이다. Dunn이 이러한 추세를 주도하고 있다. Dunn에 따르면 바울은 율법이나 혹은 선행 자체를 비판한 것이 아니라 다만 "율법의 행위", 이른바 할례, 음식법, 안식일 준수 등을 통하여 유대민족의 우월성과 하나님의 총애하는 특수한 백성임으로 자처하게 하는 율법의 사회학적 기능에 대하여 비판하였다. 따라서 Dunn에게 있어서 그리스도께서 우리를 그로부터 구속하신(갈 3:13) 그 율법의 저주(갈 3:10)는 "하나님의 은총과 약속을 민족적인 면으로 제한하는 모든 자들, 곧 율법을 하나님의 백성을 이방인들로부터 구분하는 경계선으로 취급하는 자들에게 주어지는 저주이다."[37]

그러나 Dunn의 주장은 우리는 다음과 같은 점에서 받아 들여질 수 없다고 본다.

첫째, 이미 우리가 여러 번 언급한 바와 같이 바울에게 있어서 "율법의 행위"는 율법의 어떤 특수한 부분을 행하는 것을 뜻하지 않고 전체 율법에 의해 요구되어지는 행위를 가르킨다.

둘째, Räisänen이 관찰한 대로[38] 율법에 대한 바울의 비판은 단순히 율법의 특수한 사회적 기능에 한정된 것이 아니고 율법 전체에 대한 것이다.

셋째, 그리스도의 죽음을 유대인들의 율법에 대한 민족중심적인 이해의 잘못과 관련시키는 것은 바울의 의도와 맞지 않는다. 유대인들의 근본 잘못과 그들이 율법의 저주를 자초한 것과 그로 인하여 그리스도의 죽음이 요청된 것은 단순히 유대인들의 사회학적인 문제 때문만이 아니라 그들이 율법 전체을 완전히 지키지 못하였기 때문이었다.

---

37) Dunn, "Works of the Law and the Curse of the Law (Galatians 3:10-14)," *NTS* 31 (1985), 536.
38) **Räisänen**, "Galatians 2.16 and Paul's Break with Judaism," *NTS* 31 544, 548.

그렇다고 해서 우리는 Dunn이 제창한 율법이 지니고 있는 사회학적 기능 자체를 부정해서는 안될 것이다. 왜냐하면 율법이 이스라엘 백성에게 언약백성의 삶을 위해서 주어졌다는 것은 율법이 이스라엘을 언약백성으로서의 신분을 유지하게 하고, 그들을 다른 민족과는 구별되게 하는 사회학적 기능이 고유하다는 것을 보여주기 때문이다. 예를 들면 토라에 있는 제의적 율법은 이스라엘 백성에게 고유한 것이며, 할례는 언약백성의 강력한 상징의 역할을 하고 있다. 하지만 바울의 입장에서 볼 때 그리스도는 그 자신의 종말론적이며 구속사적 죽음을 통하여 시내산 언약 대신 새 언약을 제정하심으로써 모세의 율법이 지녔던 사회학적 기능을 무력화시켰기 때문에 율법을 또다시 유대인과 이방인을 서로 분리시키는 근거로 삼을 수 없는 것이다. 그렇게 한다는 것은 안디옥 사건에서 나타나 있는 것처럼 복음의 진리를 거부하는 것이 되며, 그리스도의 십자가의 죽음을 헛되이 하는 것이 된다.

(2) 노예화하는 세력으로서의 율법(pp. 149-169)

우리는 지금까지 바울의 반대자들과 갈라디아 교회의 상황과 관련된 바울의 세 가지 중요한 논증을 살펴 보았다. 첫째는 아브라함의 믿음에 관한 논증이며, 둘째는 아브라함의 약속의 성취로서 갈라디아 교회의 성령 체험에 관한 논증이며, 셋째는 시내산 언약의 의무 규정으로서의 율법과 이스라엘 백성들의 율법준수와 그로 인한 저주의 초래에 대한 논증이다. 이러한 논증들을 통하여 바울은 그의 반대자들의 핵심적인 주장인 "사라-이삭-시내산 언약-예루살렘 = 참된 아브라함의 후손"의 논리적 근거를 차례차례 무너뜨린다. 그러나 바울은 여기서 멈추지 않는다. 이미 우리가 살펴본 대로 바울의 반대자들이 펴는 주장의 논리적 원천은 결국 율법 문제이다. 그들은 아브라함 때 이미 율법이 존재하였으며, 아브라함은 그 율법에 대한 순종을 통하여 언약의 약속을 받았으며, 그 언약의 약속이 시내산 언약으로 구체화되었으며, 그 언약의 약속을 따라 메시야가 새 모세로 와서 율법을 다시 확증하였으며, 성령도 그 율법의 순종을 강화하기 위해 왔다고 보았다. 이처럼 반대자들의 신학의 뿌리에는 하나님의 모든 구원역사를 총괄하는 율법이 자리잡고 있다. 이제 바울은 하나님의 구원역사에 있어서 율법의 진정한 목적을 재규명함으로써 반대자들의 신학의 핵심적인 뿌리를 제거한다. 그것이 바로 반대자들이 믿고 있는 것처럼 율법이 죄를 제거하고, 이스라엘을 죄로부터 보호하는 것이 아니라 오히려 율법이 죄와 제휴하여 죄를 조장하고 결국 그로 말미암아 이스라엘을 예속하는 세력이 된다는 것이다.

① 율법과 죄

바울은 갈라디아 3:18까지의 논증에서 마지막으로 약속과 율법의 불연속성을 확립한 다음 19절 이하에서 "그렇다면 율법은 무엇 때문에"(3:19a, τί οὖν ὁ νόμος)라는 질문과 함께 하나님의 구원역사에 있어서 율법의 기능, 목적 및 의미를 규명한다. 이 질문에 대한 바울의 답변은 3:19b에 있는 τῶν παραβάσεων χάριν προσετέθη("범법함을 인하여 더한 것이라"〈개역판〉; "죄를 밝히시려고 덧붙여 주신 것입니다"〈표준 새번역〉)에 나타나 있다.

어떤 학자들에게 있어서 이 구절은, 마치 유대 신학에서 토라가 죄에 대한 보호막으로 이해되어온 것과 유사하게, 율법은 범법함 때문에 더해진 것(우리말 개역성경)으로 이해되어져 왔으나(예를 들면, Keck, Lull), 우리가 구태여 대다수의 학자들과 같이(Cranfield, Eckert, Betz, Ebeling, Fung) 바울의 다른 서신의 본문에 호소하지 않더라도 (롬 3:20; 4:15; 5:13, 20; 7:5, 7-24; 고전 15:56), 다음과 같은 본문의 전후문맥을 고려해 볼 때, 본문은 오히려 율법이 "범법함을 산출시키기 위한 목적으로 더하여졌다"라는 의미로 이해되어져야 할 것이다.

첫째, 갈라디아서 3:8-14의 문맥에 보면 먼저 약속이 주어졌고, 그 다음에 율법이 주어졌고, 그 율법으로 인해 이스라엘에게 저주가 임했고, 마침내 그리스도께서 십자가의 죽음을 통해 율법의 저주를 제거함으로써 약속이 실현되어졌음을 말하고 있다. 따라서 문맥을 볼 때 "율법은 범죄를 예방하기 위해서가 아니라 '오히려 범죄를 산출함으로써' 약속이 그리스도를 통하여 그 성취에 도달할 수 있도록 하기 위해 왔다"(p. 150)고 보아야 할 것이다.

둘째, 3:21에서 바울이 율법이 약속을 거스릴 수 없다고 하면서 율법에 대한 부정적인 평가를 하고 있는 것은 반대자들의 긍정적인 평가를 전제하고 있는 것이다. 따라서 3:21에 있는 율법의 의미를 반대자들의 긍정적인 평가와 동일시하는 것은 바울의 의도일 수가 없다.

셋째, 3:23에서도 바울은 분명히 "우리가 믿음이 오기까지 율법의 지배 아래 있었다"고 하면서 율법의 부정적인 속박을 말하고 있기 때문이다.

마지막 넷째, 3:19b에서 율법과 함께 사용되고 있는 "범법함"은 법적인 용어로서 실제적인 범법행위를 가르키고 있기 때문에 율법이 범법을 예방하고 있는 것으로 볼 수가 없다.

그렇다면 율법이 어떻게 범죄를 산출하는가 하는 의문이 제기될 수 있다. Hübner는 3:19b에 있는 "천사를 통하여"라는 말에 근거하여 율법은 사탄적 천사로부터 기원하고 있기 때문에 율법은 부정적인 기능을 갖게 되었다고 주장하지만[39], 그러나 우리의 견해는 율법의 기원이 천사가 아니라 오히려 하나님으로 보아야 한다는 것이다. 일종의 신적 수동태로 볼 수 있는 "더해졌다"(προσετεθη)는 천사가 아닌 하나님께서 율법을 주신 것을 뜻하고 있으며, 갈라디아서의 다른 본문에서도 율법의 신적 기원을 암시하고 있기 때문이다(갈 1:14; 3:10; 5:14; 6:2). 그리고 소위 "천사를 통하여"라는 말은 율법의 기원이 천사에게 있다는 것을 뜻하기보다 오히려 바울이 자기 당대에 천사가 하나님의 조력자라는 전승을 활용하고 있다고 보아야 할 것이다. 물론 우리가 율법이 하나님에 의해 죄를 산출하기 위해 주어졌다고 해서 마치 하나님이 죄에 대하여 책임이 있다는 것으로 이해하여서는 아니될 것이다. 오히려 비록 율법이 죄의 권세와 제휴하는 부정적인 기능을 가지고 있다고 하더라도 여전히 율법은 하나님의 손에서 그의 구속 계획의 성취에 이바지하고 있다는 것으로 이해하여야 할 것이다. 즉 율법은 모든 사람으로

---

39) Hübner, *Law in Paul's Thought*, pp. 26-29.

하여금 옛 시대의 강력한 세력인 죄의 지배 아래 가둠으로써(3:22), 그들로 하여금 새 시대를 위한 그리스도의 종말론적인 구속을 절대적으로 필요로 하게 하는 것이다.

② 율법의 멍에

바울은 3:15-22에서 율법과 죄와의 제휴 관계를 언급한 다음, 3:23-4:7에서 율법의 노예화하는 예속과 그리스도 안에서의 양자됨과의 반위 관계를 다룬다. 바울은 인간의 이 노예적인 멍에 상태를 "율법 아래" (ὑπὸ νόμον) 있는 상태로(3:23; 4:4-5), "소년 인도자 아래"(ὑπὸ παιδαγωγόν) 있는 상태로(3:25), "후견인과 청지기 아래"(ὑπὸ ἐπιτρόπους καὶ οἰκονόμους) 있는 상태로(4:2), 그리고 "세상의 초보적인 영들 아래"(ὑπὸ τὰ στοιχεῖα τοῦ κόσμου) 있는 상태로 (4:3) 각각 표현하고 있다. 이 모든 표현은 3:22의 "죄 아래"(ὑπὸ ἁμαρτίαν)라는 표현과 함께 율법이 범죄를 산출함으로써 인간을 노예화하는 기능과 관련되어 있다.

a. 어떤 사람들은 율법 아래 있는 유대인의 상태를 마치 율법이 이스라엘을 보호해주는 것과 같은 적극적인 의미로 이해하지만(Gordon, Michel, Cosgrove), 우리가 이미 말한 바와 같이 "율법 아래"와 "죄 아래"가 서로 병행을 이루고 있는 점을 볼 때 바울이 "율법 아래"라는 표현을 이스라엘을 예속하는 부정적인 의미로 사용하고 있음을 부정할 수 없다. 이 점은 갈라디아서 3:13a과 병행을 이루고 있는 4:4b-5a에서 그리스도께서 율법의 저주 아래 있는 그의 백성을 구속하기 위하여 저주를 받으셨다는 표현에서 분명해진다. 왜냐하면 양 본문은 다 같이 율법의 저주 아래 있는 유대인의 부정적인 상태를 전제하고 있기 때문이다(Ridderbos, Betz, Bruce, Lategan).

b. 바울 당대의 로마-희랍 사회에서 주인의 아들을 학교에 데리고 가는 종을 가르키는 "소년 인도자 아래"라는 표현도 이 점에 있어서 예외가 아니다. 본래 소년 인도자는 주인의 아들이 완전히 성장할 때까지 그를 보호하고 통제하고 그의 자유를 제한하는 적극적인 역할을 하게끔

되어 있었지만, Lull과 Young의 연구를 통해서 밝혀진 바와 같이[40] 바울 당대의 소년 인도자는 대부분 오히려 주인의 아들을 위협하고 때리는 부정적인 역할을 하였다. 따라서 바울이 율법과 관련하여 소년 인도자의 상징을 사용한 목적은 그리스도 이전(혹은 그리스도 없는)의 유대인의 곤경 상태, 곧 율법의 노예화되어 있는 부정적인 상태를 생생하게 묘사하기 위함이었다고 보아야 할 것이다.

c. 갈라디아서 4:2에 있는 "후견인과 청지기"도 바울 당대에 주인의 아들이 성장할 때까지 가사와 가정의 경제권을 아들 대신 행사함으로써 결국 주인의 아들의 자유로운 결정을 제한하였다. 따라서 바울이 같은 문맥에서 "후견인과 청지기 아래"라는 말을 "소년 인도자의 아래"라는 말과 함께 사용하고 있는 것은 다 같이 율법의 예속화하는 기능을 묘사하기 위함임이 분명하다.

d. 그렇다면 "초보적인 영들 아래"라는 말도 동일한 의미로 사용되고 있다고 볼 수 있는가? 물론 "초보적인 영들"이라는 말에 관하여는, (a) 그리스도 이전에 사람들의 삶을 지배했던 종교적인 초등 교훈(율법을 포함하여)으로 보기도 하고(Lightfoot, Burton, Ridderbos, Carr, Belleville), (b) 이방인들이 신들로 섬겼던 우주의 원리들(Howard), (c) 갈라디아 사람들이 그들의 삶을 위협하는 것으로 두려워했던 세력들로(Schweizer), (d) 세상에서 하나님께 반대하는 율법과 육의 세력들로(Bandstra), (e) 영적인 존재로 경외되었던 별들로(Schlier), (f) 인간을 통제하는 것으로 생각되어졌던 자연과 천체의 제반 요소들(Betz), (g) 천사들로(Reicke), (h) 유대인의 율법을 포함하여 사람들이 그들의 신으로 섬겼던 모든 실체 등(Delling, Essser, Bruce, Fung) 여러 가지로 해석되어 왔으나, 우리의 견해로는 Betz가 파악한 대로 이교도 세계에서 신들로 섬겨졌던 천체와 우주의 요소들로 보는 것이 가장 타당하다고 본다. 바울에게 있어서 그들은 이 악한 현세상을 주관하는 사탄적

---

40) D.J. Lull, "The Law was our Pedagogue': A Study in Galatians 3:19-25," *JBL* 105 (1986), pp. 481-98; N.H. Young, "Paidagogos: The Social Setting of a Pauline Metaphor," *NovT* 29 (1987), pp. 150-76.

세력들로서 율법과 함께 이 악한 세상을 주관하는 노예화하는 세력들이었다.

e. 마지막으로 바울은 갈라디아서 5:16-18에서 율법 아래 있는 상태를 육체에 복종하는 것과 관련을 시키는데, 같은 문맥에서 육체가 새 시대를 주관하는 세력인 성령과 반위관계에 있는 것을 볼 때(5:19-21), "바울에게 있어서는 육체도 율법과 같이 옛 시대의 노예화하는 세력임이 분명하다"(p. 166).

결론적으로 볼 때, "율법 아래 매여있는 것은 그리스도 오시기 이전의 유대인들의 상황을 대변하는 것이다. 이와 같은 유대인들의 특수한 노예상태는 죄와 사탄적 세력과 육체 아래 있는 모든 인간의 보편적 비참을 대변한다. 그렇지만 이것이 그리스도의 구속에 대한 서곡이 된다"(p. 166).

③ 율법의 멍에로부터의 자유

바울은 율법 아래있는 상황과 소년 인도자 아래 있는 상황을 연관시킨 다음 3:25에서 "그러나 믿음이 온 이후 우리는 더 이상 소년 인도자 아래 있지 않다"라고 선언한다. 갈라디아서에서 "믿음의 옴"은 "그리스도의 오심"과 병행하기 때문에(3:19,24; 4:4), 이 말은 사실상 그리스도의 오심과 더불어 율법의 지배가 종국에 이르렀다는 것을 가르킨다.

바울은 갈라디아서 4:4b에서 그리스도의 출생과 관련하여 그리스도께서 율법 아래, 말하자면 율법의 저주 아래 나셨다고 말함으로써, 그리스도는 출생 때부터 친히 유대인들이 율법을 지키지 못함으로 인해 초래하였던 그 율법의 저주를 친히 담당하셨다는 사실을 강조한다. 따라서 이 겸비의 성육은 그리스도의 구속사역의 중요한 첫번째 단계이다. 이 단계를 시작으로 하여 그리스도는 오해와 멸시와 배척과 고난과 마침내 십자가의 죽음과 그로 인한 하나님으로부터의 버림까지 당하심으로써 모든 인간의 비참과 율법의 저주를 친히 담당하셨다. 그리스도께서 그의 백성을 대신해서 율법의 저주를 담당하심으로써 그는 자기 백성을 율법의 저주로부터 구속하셨다(갈 3:13). "이와 같은 유대인들의 구속은 우주적인 결과, 이른바 모든 사람들을 죄와 사탄적 세력과 육체의 세력으로부터 구속하는 결과를 가져왔다. 왜냐하면 유대인은 모든 인류의 대표자로 작용하기 때문이다. 사실상 그리스도는 그의 성육, 고난 그리고 죽음에서 친히 유대인은 물론 이방인들과도 일치시키셨다" (p. 168). 이와 같은 그리스도의 구속사건 때문에 유대인은 물론 이방인들도 율법을 위시한 옛 세계의 세력에 대하여 죽었으며, 그 죽음을 통하여 그들로부터 해방되었다. 구조적으로 갈라디아서 3:23-4:7과 병행하는 2:18-21에서 이 점이 보다 분명히 제시되고 있다. 2:19에서 바울은 "내가 율법을 통하여 율법에 대하여 죽었으며, 그 결과 하나님에 대하여 살게 되었다"라고 선언하고 있는데, 이것은 바울 자신의 개인에게만 해당되는것이 아니라 유대인 크리스천 전체를 대변하는 말이다. 율법을 통하여 율법에 대하여 죽었다는 것은 그리스도께서 자기 백성을 대신해서 율법의 저주를 담당하시고 십자가에 죽으셨기 때문에, 그들이 이제 믿음으로 그 그리스도의 종말론적인 사건에 참여하여 실제적으로 율법의 정죄와 세력으로부터 해방되었다는 것을 뜻한다(참조 롬 6:6; 7:4).

바울에게 있어서 율법의 세력으로부터의 해방은 옛 세계로부터 새 세계에게로의 종말론적인 이전(移轉)을 뜻하며(cf. 7:1,4; 6:14), 동시에 죄와 사탄적 세력과 육체의 세력 등과 같은 다른 옛 세력들로부터의 이전도 포함한다. 바로 이와 같은 이전이 모든 신자들로 하여금 "하나님께 대하여 살 수 있는" 가능성을 열었다. 여기 하나님께 대하여 산다는 것은 하나님의 주권에 의해 사는 삶, 곧 새 세계의 세력인 성령을 따라 사는 삶을 가르킨다. 따라서 이제 성령을 따라 사는 삶이 어떤 것인가 하는 문제가 다시 대두된다.

(3) 사랑의 표현으로서의 율법(pp. 170-188)

(1) 율법과 사랑

우리가 지금까지 살펴본 대로 율법의 두 가지 특징적인 기능 곧 시내산 언약의 의무 규정과 노예화하는 세력으로서의 두 기능은 그리스도의 구속사역에 의해 종식되었다. 그렇다면 자연히 문제가 되는 것은 율법은 이제 여히 크리스쳔의 삶과는 무관하며, 새 시대에 있어서 율법의 자리는 전혀 없는가 하는 문제가 제기된다. 어떤 학자들이 주장하는 것처럼(Drane, **Hübner**) 갈라디아서에 나타나 있는 바울의 율법에 대한 자세는 완전히 부정적인가?

이 질문에 대한 우리의 답변은 그렇지 않다는 것이다. 왜냐하면 크리스쳔의 삶을 본격적으로 거론하는 5, 6장의 권면 부분에서 바울은 사랑의 표현으로서 율법에 대한 새로운 의미를 부여하고 있기 때문이다. 이 문제에 대한 우리의 출발점이 되는 본문은 갈라디아서 5:14의, "모든 율법은(ὁ πᾶς νομος) 너의 이웃을 네 몸처럼 사랑하라는 이 한 말에 성취되어졌느니라"(πεπληρωται)와 6:2의 "서로 짐을 지라 이로써 너희는 그리스도의 법을(τον νομον του Χριστου) 성취하게 될 것이니라"(αναπλρωσετε)는 바울의 권면이다.

만일 이 두 구절에 나타나 있는 율법이 지금까지 바울이 말한 율법과 동일한 것이라면, 이 구절에서 보여지는 율법은 지금까지 바울이 말한 율법의 부정적인 면과 대조해 볼 때 대단히 긍정적인 측면에서 말해지고 있다고 하지 않을 수 없다. 우리가 이 문제를 어떻게 이해할 것인가? **Räisänen**이 제안한 것처럼[41] 바울은 이 점에서 스스로 모순을 범하고 있는가? 아니면 바울은 여기서 지금까지 말해온 율법과는 다른 종류의 율법을 말하고 있는가? 아니면 동일한 율법의 다른 차원을 말하고 있는가?

먼저 5:14부터 살펴보자. **Hübner**는 만일 우리가 5:14에 있는 "모든 율법"(ὁ πᾶς νομος)을 5:3이 말하는 "전체 율법"(ὅλος ὁ νομος)과 동일시하는 경우 후자는 부정적인 측면에서, 반면에 전자는 긍정적인

---

41) **Räisänen**, *Paul and the Law*, pp. 62ff.

측면에서 말하는 모순을 가져오기 때문에, 후자는 모세의 율법을 반면에 전자는 모세의 율법이 아닌 신자에게 합당한 사랑의 한 명령을 가르키는 것으로 보아야 한다고 주장하지만,[42] 우리의 견해로는 전통적으로 이해되어 왔던 것처럼 동일한 모세의 율법을 가르키는 것으로 보아야 한다고 본다. "물론 5:3은 신자는 전체 율법을 지켜야 할 의무 아래 놓여있지 않다는 것을 암시하고 있는 것처럼 보인다. 그렇지만 우리는 바울이 여기서 율법을 모세의 언약적 관점에서 말하고 있다는 것을 염두에 두어야 할 것이다. 이 율법은 옛 언약의 의무 규정이다. 왜냐하면 5:3에 있는 바울의 경고의 본질적인 의미는 바로 다음과 같기 때문이다: 시내산 언약에 참여하기 위해 할례를 받는 자는 누구나 율법의 저주 아래 떨어지지 않기 위해서 율법의 모든 요구를 지켜야만 한다(참조 갈 3:10). 그러나 믿음에 의하여 그리스도의 은혜에 의존하는 신자는, 이미 언급한 바대로 이와 같은 의무 규정으로부터 해방되었다(참조 5:4). 그렇지만 이것이 하나님의 뜻의 표현인 율법이 신자의 윤리적 삶에서 전혀 어떤 역할도 가질 수 없다는 것을 말하는 것은 아니다. 이리하여 나는 5:14에 있는 '모든 율법'이 모세의 율법을 가르키는 것으로 해석한다고 해서 필연적으로 5:14을 5:3과 갈등관계에 두게 되는 것이 아니라고 본다"(p. 172). 뿐만 아니라 5:14에서 "모든 율법"에 바로 이어 바울이 율법에 대한 표준적인 유대적 총강으로 알려진 레위기 19:18을 인용하고 있는 것은 바울이 말하는 모든 율법이 모세의 율법임을 부정할 수 없게 한다.

다음의 문제는 갈라디아 6:2의 "그리스도의 법"에 관한 것이다. 이미 잘 알려져 있는 바대로 이 구절에 관하여 다양한 해석들이 제시되었다. 예를 들면 Davies는 그리스도의 법을 "메시야의 법", 즉 "새로운 메시야적 토라"로,[43] Stuhlmacher는 시내산 토라와 대조되는 종말론적인

---

42) **Hübner**, *Law in Paul's Thought*, pp. 36ff.
43) W.D. Davies, *Paul and Rabbinic Judaism: Some Rabbinic Elements in Pauline Theology* (London: SPCK, 1948), pp. 142ff: *Torah in the Messianic Age and /or the Age to Come* (JBLMS:

"시온-토라"로,[44] Dodd는 "예수의 어록"으로,[45] 어떤 학자들은 (Gutbrod, Furnish, Beker, Fung, Bruce, Hameton-Kelly)[46]은 5:14의 "사랑의 계명"을 가르키는 것으로, 또 어떤 학자들은(Guthrie, Räisänen, Hays, Longenecker, Burton)[47] "크리스천의 삶을 다스리는 원리" 등으로 보고 있지만, 우리의 견해로는 오히려 5:14과 마찬가지로 "모세의 율법"을 가르키는 것으로 본다(역시 Sanders, Barclay, Kertelge).[48] 주된 이유는 6:2에서 "그리스도의 법"과 연결

Philadelphia: Society of Biblical Literature, 1952), pp. 92-93.

44) P. Stuhlmacher, *Reconciliation, Law, and Righteousness: Essays in Biblical Theology* (Philadelphia: Fortress Press, 1986), pp. 114ff., 125ff.

45) C.H. Dodd, "ἔννομος Χριστοῦ" in J.N. Sevenster and W.C. van Unnik (eds.), *Studia Paulina: In Honorem Johannis de Zwaan* (Haarlem: Bohn, 1953), pp. 100-109.

46) W. Gutbrod, "Νομος," *TDNT IV*, p. 1076; V.P. Furnish, *Theology and Ethics in Paul* (Nashville: Abingdon Press, 1968), p. 64; J.C. Beker, *Paul the Apostle: The Triumph of God in Life and Thought* (Philadelphia: Fortress Press, 1980), p. 105; R.Y.K. Fung, *The Epistle to the Galatians* (NICNT; Grand Rapids: Eerdmans, 1988), pp. 288-89; F.F. Bruce, *The Epistle of Paul to the Galatians: A Commentary on the Greek Text* (NIGTC; Exeter: Paternoster Press, 1982), p. 261; Hamerton-Kelly, "Sacred Violence and Works of Law," pp. 66-70.

47) D. Guthrie, *Galatians* (NCB; London: Marshall, Morgan & Scott, 1973), p. 143; **Räisänen**, *Paul and the Law*, p. 80; R.B. Hays, "Christology and Ethics in Galatians: The Law of Christ," *CBQ* 49 (1987), pp. 175-76; R. Longenecker, *Galatians* (WBC; Dallas: Word Books, 1990), pp. 275-76; Burton, *Galatians* (ICC), p. 329.

48) Sanders, *Paul, the Law, and the Jewish People*, pp. 97-98; J.M.C. Barclay, *Obeying the Truth: A Study of Paul's Ethics in Galatians* (SNTW; Edinburgh: T. & T. Clark, 1983), pp. 131-32; K. Kertelge, "Freiheitsbotschaft und Liebesgebot im Galaterbrief," H. Merklein (ed.), *Neues Testament und Ethik: Für R. Schnackenburg* (Freiburg: Herder, 1989), p. 333.

되어 있는 "너희가 짐을 서로 지라"는 명령은 사실상 5:14에서 "전체 율법"과 연결되어 있는 "네 이웃을 네 몸과 같이 사랑하라"는 일반적 명령의 한 특수한 표현에 지나지 않기 때문에, "전체 율법"이 "모세의 율법"을 가르키는 이상 "그리스도의 율법"도 당연히 동일한 "모세의 율법"을 가르켜야 하는 것이다.

우리가 그리스도의 법을 모세의 율법을 가르키는 것으로 볼 때 다시 제기되는 질문은 왜 바울이 단순히 율법이란 말을 사용하지 않고 "그리스도의 법"이라는 말을 사용하고 있는가 하는 문제이다. 이 질문과 관련된 답변은 다음과 같이 바울이 한편으로는 반대자들의 논증을 무디게 하고, 또 다른 한편으로는 자신의 복음이 반-율법주의적이 아님을 나타내기 위한 논쟁적인 관점에서 사용하고 있다는 것이다: "반대자들의 논증의 재구성 부분에서 이미 언급한 바 있지만, 반대자들은 갈라디아 교인들이 하나님의 언약의 공동체 가운데 들어가기 위해서는 모세의 율법을 당연히 받아들여야만 한다는 그들의 주장을 강화하기 위하여 율법과 그리스도를 결합하였다. 바울은 이방인들에게는 율법이 일종의 입회 요구사항이라는 그들의 거짓된 신학을 단호하게 거부하였다. 그러나 바울은 율법과 그리스도가 화해될 수 있는 실재라는 그들의 주장에는 동의한다. 반대자들은 그리스도께서 모세의 율법을 폐지하기 위해서가 아니라 오히려 승인하고 재해석하기 위해서 왔다(참조, 마 5:17)고 전파했다. 물론 바울은 반대자들의 이러한 선언에 대하여는 전적으로 동의하지는 않지만 그러나 적어도 그리스도께서 율법을 완전히 철폐하지는 않았으며 따라서 율법이 어떤 면에 있어서(반대자들의 주장과는 달리 신자의 윤리적 문맥에 있어서) 신자들에게 여전히 타당하다는 사실에 관하여는 인정한다. 만일 이것이 사실이라면, 우리는 아마도 바울이 '그리스도의 법'이란 표현을 반대자들의 설교로부터 차용하였다고 말할 수 있을 것이다"(p. 177).

이처럼 우리가 "모든 율법"과 "그리스도의 법"이 다 같이 모세의 율법과 관련되어 있다고 볼 때, 그 율법이 그리스도의 사랑을 통하여 성취된다는 5:14과 6:2의 해석문제가 다시 제기된다. 이 문제를 해결하기 위한 열쇠는 두 본문에 다 같이 사용되고 있는 "성취하다"(5:14의 πληροω와 6:2의 αναπληροω는 의미상의 차이를 찾아볼 수 없는 동의어이다)라는 말이다.

어떤 주석가들(Schlier, **Räisänen**, **Hübner**, Thielman, Ridderbos, Burton, Cole)[49]은 "성취하다"(πληροω)를 "행하다"(ποιεω)와 동의어로 보고 있지만, 바울은 Betz의 지적대로[50] 율법을 "행하는 것"과 "성취하는 것" 사이에 분명한 구별을 한다. "바울에게 있어서는 시내산 언약의 집행 아래 있는 유대인들은 율법의 모든 가르침을 "행하여야만 하는" 의무를 지녔다(갈 3:10, 12: 5:3; 롬 10:5). 이와 대조적으로 새 언약의 집행 아래 있는 신자들은 이와 같은 의무 아래 있지 않고 오히려 사랑을 통하여 "성취하여야만" 한다. 율법을 "행하는 것"은 할례자인 유대인의 주된 과업이며, 이것은 크리스천에게는 요구되지 않는다. 사실상 크리스천은 결코 율법을 행하도록 명령을 받지 않는다"(p. 178).

그렇다면 사랑을 통하여 율법을 "성취한다"라는 말은 무슨 뜻인가?

---

49) H. Schlier, *Der Brief an die Galater* (KEK: **Göttingen**: Vandenhoeck & Ruprecht, 1971), p. 245; **Räisänen**, Paul and the Law, pp. 63-4 n.104; **Hübner**, *Law in Paul's Thought*, p. 49 n.81; F. Thielman, *From Plight to Solution: A Jewish Framework for Understanding Paul's View of the Law in Galatians and Romans* (NovTSup; Leiden: Brill, 1989), p. 82; H.N. Ridderbos, *The Epistle of Paul to the Churches of Galatia* (NICNT; Grans Rapids: Eerdmans, 1953), p. 201 n.4; Burton, Galatians (ICC), pp. 294-95; R.A. Cole, *The Epistle of Paul to the Galatians: An Introduction and Commentary* (TNTC; Leicester: Inter-Varsity Press, 1965,1983), p. 156.

50) Betz, *Galatians*, p. 275. 역시 S. Westerholm, "On Fulfilling the Whole Law (Gal. 5:14)," SEA 51-52 (1986-87), p. 233; J.M.G. Barclay, *Obeying the Truth*, p. 139.

Furnish[51], NEB, JB, TEV, NIV는 "성취하다"라는 말을 로마서 13:9의 "요약하다"(ανακεφαλαιοω)라고 보고 있지만, 바울은 로마서 13:8-9에서 이 두 단어를 구별되게 사용하고 있으며, 그 밖의 신약과 LXX역과 고대 희랍 문헌에서 이 두 말이 동의어로 사용되고 있지 않기 때문에 이러한 주장은 받아들여질 수 없다. 따라서 우리의 견해로는 "율법이 사랑을 통하여 성취된다는 진술은, 율법의 요구의 진정한 목적 혹은 의미는 사랑을 통하여 만족된다는 것을 뜻하고 있는 것으로 본다" (p. 179). 여기서 우리는 사랑은 율법 전체를 폐지하거나 대체하거나 흡수하지 않고 오히려 "율법을 그 올바른 전망에 둔다"는 사실을 보게 된다. "바울에게 있어서 율법은 궁극적으로 사랑의 표현이다"(p. 179). 물론 율법의 어떤 부분, 예를 들면 할례나 유대인의 음식법 혹은 유대인과 이방인을 구분하는 유대 민족적 특성들에게 관한 것 등은 크리스천에게 더 이상 해당되지 않는다. 사실상 이러한 것들을 요구하는 것은 사랑의 실천에 방해되며 더 나아가서 복음의 진리에 어긋난다. 이처럼 크리스천에게 모든 율법이 해당된다는 것은 아니지만 그럼에도 불구하고 사랑은 율법의 진정한 목적과 의미를 성취하기 때문에 사랑은 원리적으로 모든 율법을 성취한다고 말할 수 있는 것이다. 따라서 이 문제에 관한 우리의 최종적인 입장은 다음과 같다:

"a. 옛 언약에 있어서 율법의 준수는 출애굽 사건에서 계시된 하나님의 구원하신 은총에 대한 응답이었다.

b. 새 언약에 있어서 이웃을 사랑한다는 것은 그리스도 사건에 계시된 하나님의 구원하신 은총에 대한 신자의 응답이다.

c. 그러므로 이웃을 사랑하는 것은 전체적으로 율법의 종말론적인 성취이다"(p. 182).

② 율법과 성령

사랑이 모든 율법의 성취라고 할 때 다시 제기되는 문제는 어떻게 이 사랑이 이루어질 수 있는가 하는 것이다. 여기에 대한 바울의 답변은

---

51) V.P. Furnish, *Theology and Ethics in Paul* (Nashville: Abingdon Press, 1968), p. 200.

갈라디아서 5:22에서 "사랑은 성령의 열매"라고 하면서 성령이 율법의 성취인 사랑을 가능하게 한다고 진술한다. 성령이 사랑을 하도록 도와주는 것이 아니라 오히려 성령이 사랑을 가능하게 하는 내적인 근원과 힘이라는 것이다(참조, 갈 5:6; 롬 5:5). "이리하여 율법은 결국 성령의 능력의 지배 아래있는 신자의 삶 안에서 그 성취를 갖게 된다"(p. 183). 이 점은 바울이 갈라디아서 5:22-23a에서 성령이 산출한 열매들을 언급한 다음에 바로 이어(5:23b) "율법은 이와 같은 일들(성령의 열매들)을 반대하지 않는다"고 한 점에서 분명해진다. 이러한 부정적 진술은 사실상 "성령의 열매는 율법의 참된 의도를 완전하게 만족시킨다는 사실을 강조하는 말이다"(p. 185).

그렇지만 우리는 성령이 신자들로 하여금 율법이 어떤 것이든지 정죄를 선언할 수 없는 열매들을 산출할 수 있도록 자동적으로 보증해 주는 것은 아니라는 사실을 유념해야 할 것이다. 갈라디아 5:13은 옛 시대의 악한 세력인 육체가 이미 성령 체험을 한 갈라디아 교인들의 도덕적 생활의 중대한 위협이 되고 있다는 것을 보여준다. 육체의 세력이 십자가 위에서 그리스도에 의해 격퇴를 당했음에도 불구하고(참조, 5:24) 완전히 제거당하지는 않았기 때문에, 새 시대 안에서도 성령의 저항 세력으로서 여전히 영향력을 발휘하고 있기 때문이다. 갈라디아서 5:17이 보여주고 있는 것처럼 새 시대의 신적인 세력인 성령의 오심은 신자들로 하여금 육체와 성령 사이의 양립할 수 없는 갈등 속으로 인도한다.

갈라디아서 5:17은 "성령-육체의 갈등 가운데서" 신자들은 중립상태로 머물러 있을 수 없다는 것을, 즉 육체를 섬기든지 아니면 성령을 따르든지 자유로운 도덕적인 선택의 결단을 하여야 한다는 것을 보여준다(참조, 5:17b). 물론 이 말이 마치 육체와 성령 사이에 완충지대가 있어서 승리의 선택이 전적으로 신자에게 좌우된다는 뜻은 아니다. 그리스도는 자기 백성을 이미 육체의 주관자를 포함하여 현재의 악한 세대로부터 이미 해방시켰다(갈 1:4). 신자는 그리스도의 십자가에 참여함으로써 육체에 대하여 못박혔다(5:24). 그 결과로서 신자는 이제 성령 안에서 산다(2:1-5; 5:25).

"이러한 신학적 기반 위에서 바울은 5.16a에서 갈라디아 교인들에게 육체의 욕심에 저항하기 위하여 '성령을 좇아 행하라'(πνευματι περιπαπειτε)고 명령한다. 이것은 전형적인 바울의 직설법-명령법 관계이다. '성령을 좇아 행하는 것은' 성령의 인도를 따라야 할 중차대한 결단을 포함한다. 성령은 옛 시대의 악한 세력인 육체의 세력을 격퇴할 수 있는 메시야 시대의 신적인 능력이다. 만일 신자가 스스로 성령의 인도하고 통제하는 세력에 복종한다면 그는 육체의 욕심을 채우지 않게 할 것이다(5:16b)"(p. 187).

성령은 신자에게 육체의 욕심을 저항할 수 있는 힘을 공급할 뿐만 아니라 이미 말한 바와 같이 사랑이 그 주된 특징인 성령의 열매를 산출하는 힘을 공급한다(5:22-23). 그렇게 함으로써 성령은 신자들로 하여금 십자가에서 나타난 하나님의 은총, 곧 그의 사랑(롬 5:5)에 대한 응답을 하게 한다. 신자가 성령의 힘에 의해 이웃을 섬기고 사랑함으로써 하나님의 사랑에 응답할 때 그 사랑이 모든 율법의 성취가 된다. 바로 이 때문에 바울은 5:18에서 만일 신자가 성령의 인도를 받게 되면 그는 율법의 저주 아래 있지 않다고 말하고 있는 것이다.

5. 결론(pp. 189-197)

지금까지의 우리의 연구가 정당하다고 한다면 우리의 연구에 근거하여 다음의 사실을 재천명할 수 있다.

(1) 바울은 유대종교의 율법을 잘못 제시하고 있는 것이 아니다.

바울은 자기의 독자들에게, Räisänen이 주장하고 있는 것처럼 자기 당대의 율법을 언약백성의 의무규정으로 삼는 "언약적 율법주의" (Covenantal Nomism, Sanders)인 유대종교를 마치 율법을 구원의 수단으로 삼는 율법주의적 종교로 완전히 잘못되게 묘사하고 있는 것이 아니라, 오히려 그 자신이 철저히 언약적 율법주의의 입장에 서서 말하고 있다는 사실이다. 바울이 유대교를 포함하여 율법에 대하여 부정적인 자세를 취한 근본 이유는, 유대교가 율법주의적 종교나 율법이 의와 구원의 수단이 되어 있었기 때문이거나(전통적인 해석), 혹은 당대의 유대종교가 아무런 문제가 없음에도 불구하고 단지 구원은 그리스도 안에서만 가능하다는 사실을 확신했기 때문이거나(Sanders), 혹은 율법이 유대종교로 하여금 하나님의 구원역사를 특수한 민족에게 한정시키는 사회학적 기능 때문(Dunn, Wright, Barclay)이 아니라 "바울이 그리스도의 사건의 빛 아래서 그리스도께서 유대인들이 그들의 범죄 때문에 그들에게 떨어졌던 율법의 저주를 감당하심으로써(갈 3:10, 13) 아브라함에게 주어진 우주적인 구원의 약속(창 12:3; 갈 3:8)을 성취시키셨으며, 그로 말미암아 모든 인류와 더불어 새 언약을 재정하셨기 때문이다. 바울에게 있어서 옛 언약은 율법을 지키는 데 실패한 이스라엘에 의해 파기되었기 때문에 더 이상 타당하지 않다"(p. 193).

(2) 갈라디아서에 나타나 있는 바울의 율법관은 완전히 부정적인 것은 아니다.

Hübners는 바울의 초기 서신인 갈라디아서에서는 율법이 전적으로 부정적으로만 묘사되어 있는 반면에, 후기 서신인 로마서에서는 갈라디아서와 대조적으로 긍정적인 면이 많이 나타나 있다는 점에 근거하여 두 서신 사이에 율법에 관한 진화론적인 발달이 있다고 보고 있다. 하지만 이미 우리가 살펴본 대로 바울은 갈라디아서 권면 부분에서 성령의 능력 가운데서 이루어지는 사랑은 모든 율법의 성취라고 말하면서 새 시대에 있어서도 율법의 타당성을 분명히 말하고 있기 때문에 Hübner의 주장은 온당치 않다. 로마서와 갈라디아서에 묘사되어 있는 율법이 정확하게 동일하지 않은 것은 율법에 관한 바울 자신의 사상적 발달 때문이 아니라 로마서와 갈라디아서의 수신자와 그들의 상황이 서로 다르기 때문에 강조점의 차이에 기인한다고 보아야 할 것이다.

(3) 갈라디아서에 있는 율법에 관한 바울의 취급이 모순을 가지고 있는 것은 아니다.

Räisänen은 갈라디아서 자체 안에서도 율법에 대한 바울의 묘사가

서로 불일치하고 서로 모순을 범하고 있다고 보고 있지만 우리의 견해로는 상호 모순처럼 보이는 것은 이미 우리가 말한 바와 같이 바울이 동일한 율법을 다른 전망에서 보고 있기 때문이다. 예를 들면 언약적 전망에서 바울은 율법 준수를 언약에 머물러 있기 위한 조건으로 본다(갈 3:12). 그렇지만 그는 구원역사적 전망에서 율법의 역할을 존재하는 상황을 최악의 나쁜 상황으로 만들기 위해 범죄를 산출하는 것으로 보고 있다(3:19b).

"이 모든 것은 바울의 율법에 대한 Räisänen의 접근이, 비록 그의 주장이 가끔 인상적이긴 하지만, 너무나 단순해서 바울의 부유한 사상을 붙잡는 데 실패하고 있다는 것을 보여준다. 우리의 결론은 갈라디아서에 나타나 있는 바울의 언급은 상호 모순되지 않는다는 것이다. 만일 우리가 바울의 다른 서신에 나타나 있는 동일한 주제를 접근하는 데 있어서 각 서신의 전체적인 수사학적 구조와 상황, 역사적, 사회적 문맥과 다양한 신학적 전망을 고려한다면, 우리는 바울의 불일치에 관한 대부분의 책임전가(설사 모든 것을 해결할 수는 없다고 하더라도)가 실질적으로는 아무런 근거가 없다는 것을 깨닫게 될 수 있을 것으로 믿는다"(p. 197).

Ⅱ. 논문에 대한 평가

이 글에서 필자는 홍 교수의 논문 전반에 관하여, 보다 자세하고 전문적인 평가를 하려고 시도하기보다, 다만 세 가지 문제만을 간단히 언급하려고 한다.[52] 첫째는 저서의 역사적 의의와 중요성에 관하여, 둘째, 셋째는 비록 필자가 홍 교수의 주요한 논점 중 많은 부분에 의견을 같

---

52) 필자가 이 글을 "목회와 신학"지에 수록한 1993년 11월까지 홍인규 교수의 눈문에 대한 세계 학계의 평가는 아직 나타나지 않았으며, 그 후 필자는 미국에 갔다가 지난 3월에 다시 귀국하였는데, 귀국할 때까지도 홍 교수의 논문에 대한 서평은 나타나지 않았다. 아마도 금년 말이나 내년 초에는 세계 주요 신학잡지에 서평이 실릴 것으로 기대된다.

이하고 있다고 할지라도, 그중에 특별히 의견을 달리하거나 의문이 있는 두 문제에 관하여 의견을 제시하려고 한다.

1. 저서의 역사적 의의와 중요성

우리가 홍 교수의 금번 저서를 올바르게 이해하고 평가하기 위해서는, 이 저서의 근간이 되고 있는 그의 박사학위 논문의 출발점, 다시 말하면 홍 교수가 무엇 때문에 이 논문을 쓰게 되었으며, 이 논문이 결론적으로 의도하는 것이 무엇인가를 먼저 알아야 할 것이다. 결국 이 문제는 우리로 하여금 현금의 신약학계, 특별히 바울 신학 분야에서 지난 10년 간 계속해서 뜨거운 쟁점으로 부각되어온 바울의 율법 이해와 관련된 논쟁의 현장으로 달려가지 않을 수 없게 한다. 필자가 보기에 홍 교수의 논문은, 모든 우수한 연구 논문들이 그러하지만, 오늘 우리 시대의 바울 신학 현장과 완전히 격리된 장소에서 쓰여지지 않았다. 오히려 홍 교수는 오늘 우리 시대의 바울 신학 현장 가운데 서서, 누구보다도 오늘 우리 시대의 바울 신학의 논쟁점과 문제점을 예리한 눈으로 분석하고, 독창적인 해결책을 제시하고 있다. 다시 말하면 그의 논문은 단순히 오늘 우리 시대의 바울 신학의 논쟁점이나 문제점만을 지적하는 데 멈추지 않고, 자기 나름대로의 해결책과 대안까지 제시하고 있다는 데 중요한 의미가 있다. 이와 함께 칭찬받을 만한 그의 논문의 독창성은, 문제의 접근방식과 해결책의 추구가 논쟁적 혹은 변증적이지 않고 철저히 갈라디아서 본문 중심의 주경학적이라는 점에 있다. 우리가 홍 교수의 논문을 높이 평가해야 할 이유가 바로 여기에 있다고 하겠다. 그렇다면 홍 교수의 논문의 *Sitz im Leben*으로 볼 수 있는 오늘 우리 시대의 율법과 관련된 바울 신학의 쟁점은 무엇인가?

이미 저자가 그의 서문에서 간단히 언급하고 있는 바와 같이, 종교개혁시대 이후 전통적으로 대다수의 신학자들은, 바울이 그의 서신(특별히 로마서와 갈라디아서)에서 강하게 제시하고 있는 "이신득의의 교리", 즉 바울이 율법(혹은 율법의 행위)을 통해서 의를 추구하는 것을 강하게 거부하고, 이와 대조적으로 예수 그리스도를 믿음으로 의로워진 다는 사실을 강하게 천명하고 있는 점과 관련하여, 바울의 적대자들을 포함하여 바울 당대의 유대교는, 율법을 의와 구원의 수단으로 삼아, 율법을 지킴으로써(율법의 행위) 의와 구원에 도달하려는 "율법주의적 종교"(Legalism)로, 반면에 바울이 제창한 이신득의의 교리를 따르는 기독교를 "은혜의 종교"로 각각 이해하였다.[53] 많은 수의 기독교(특별히 신교) 신학자들은 바울의 이와 같은 이신득의의 교리적 관점에서 유대 교를 혹평하여, 사실상 "반유대교"(Anti-semitism)가 독일을 중심으로 서구 사회에 깊이 뿌리내리게 하는 간접적인 역할을 하였으며, 반면에 유대교 신학자(랍비)들은 기독교 신학자들이 유대교를 완전히 잘못 이해하고 있다고 반박하였다. 그래서 사실상 오랫동안 기독교와 유대교 사이에 대화가 단절되었다.

그러다가 20세기에 들어와서 서구 사회가 지난날의 "반유대교"의 잘 못에 대하여 깊은 자성을 하게 되면서, 기독교와 유대교 사이에 새로운 대화가 시작되었고, 기독교 신학자들은 이제 유대교 자체의 문헌을 통해서 유대교를 이해하려고 노력했으며, 동시에 유대교 신학자들도 또한

---

53) 예를 들면, M. Luther, *Luther's Works* (ed. J. Pelikan; St. Louis: Concordia, 1963-1964) 26:126-131; J. Calvin, *Calvin's Commentaries* (ed. D.W. & T.F. Torrance; Grand Rapids: Eerdmans, 1961) 8:78-79; 11:53-55; W. Sandy & A.C. Headlam, *Romans* (ICC), 76,94; E.D. Burton, *Galatians* (ICC) ,120,164; A. Nygren, *Romans*, 142-143, 162-165; O. Kuss, **Römerbrief**, 1:108-109;, 175-177; C.K. Barrett, *Romans* (HNTC), 70-71, 82-83; F.J. Leenhardt, *Romans*, 96-97; 108-111; D. Guthrie, *Galatians* (NCB), 87-88,96-98; J. Murray, *Romans* (NICNT), 107, 122-123; Cranfield, *Romans*, 197-198; L. Morris, *Romans*, 171-172; E. **Käsemann**, *Romans*, 89,102-103; H. Schlier, *Galater* (KEK), 91-92, 132-135; O. Michel, **Römer** (KEK), 101-102; G.S. Duncan, *Galatians* (MNTC), 65-66, 92-96; F.F. Bruce, *Galatians* (NIGTC) ,137-138, 157-161; F. Mussner, *Galaterbrief* (HthKNT), 230-231; R.Y.K. Fung, *Galatians* (NICNT), 113-114; T.R. Schreiner, "Works of Law' in Paul," *NovT* 33/3 (1991), 217-244.

신약성경을 통해서 기독교를 이해하려고 했다.

이와 같은 새로운 움직임이 진행되는 동안, 현재 미국 Duke대학교의 신약학 교수로 있는 E.P. Sanders가, 1977년 그의 세심한 연구 서적인 *Paul and Palestinian Judaism: A Comparison of Patterns of Religion*[54]를 통해서 바울 당대의 유대교와 바울의 반대자들이 신봉했던 것은, 전통적으로 많은 학자들이 믿어 왔던 바와 같이, 하나님 앞에서 "율법의 행위"(혹은 인간의 공로나 선행)를 통하여 자신의 의를 추구한 일종의 "율법주의적 종교"나 "행위 구원적 종교"가 아니라, 오히려 하나님의 은혜로운 선택과 언약에 의해 주어진 하나님의 백성의 신분을 유지하기 위해서, 말하자면 하나님의 언약적 백성 가운데에 들어가기 위해서가 아니라("not getting in"), 오히려 하나님의 언약적 공동체 가운데 머물러 있기 위해서("but staying in") 율법을 지키려고 한 "언약적 신율주의"(Covenantal Nomism)임을 주창하였으며, 이로 말미암아 소위 신약학계에 바울 신학에 대한 새로운 전망이 대두되었으며,[55] 따라서 바울의 율법 해석에 관한 전통적 입장은 새로운 전망을 주창하는 자들에 의해 극심한 반대에 부딪히게 되었다.

Sanders는 바울 당대나 주후 2-3세기의 유대종교 문헌에 관한 광범위한 연구에 근거하여 전통적인 입장은 이와 같은 역사적 문헌들의 가르침과는 일치하지 않으며, 따라서 그것은 역사적 연구의 결과라기보다 오히려 기독교를 무조건 "백"으로, 반면에 유대교를 "흑"으로 보려는 소위 "반유대교"(Anti-semitism)의 산물이라는 주장을 제기하였다. 따라서 Sanders에게 있어서 바울서신에 나타나는 율법의 이중적 표현은

---

54) 이 책은 1977년 미국 Philadelphia에 있는 Fortress Press에 의해 출판되었으며, 독일어로 번역 소개되기도 하였다. 이 책에 의해 E.P. Sanders는 세계 신약학계에 널리 알려지게 되었다.

55) 예를들면, Dunn, "The New Perspective on Paul," *BJRL* 65 (1983), pp. 95-122; *Jesus, Paul and the Law* (Louisville: Westminster/John Knox Press, 1990), pp. 183-214를 보라.

전통적으로 믿어왔던 것처럼 바울 당대의 유대교와 바울의 반대자들이 율법주의적 종교를 추구하였다는 그 점에서 온 것이 아니라, 오히려 바울이 유대교와는 다른 패턴의 기독교 구원관을 제시하려는 데서 오게 된, 말하자면 바울은 "곤경에서 해결을 추구한 것이 아니라 오히려 해결에서 곤경"(from solution to plight rather than from plight to solution)을 만나게 된 어쩔 수 없는 표면적 불일치로 이해되었다.[56] 다시 Sanders 자신의 다른 말로 바꾼다면 "바울이 유대교에서 발견한 잘못은 그것이 기독교가 아니다"라는 것이었다.[57]

이와 같은 Sanders에 의한 바울 당대 유대교의 새로운 발견은, 이미 홍 교수의 저서에서도 소개되어 있는 바와 같이, 비록 Sanders의 바울의 율법관의 문제와 그 해결책에 대하여는 전적으로 지지는 하지 않았지만, **Räisänen**, Dunn, F. Watson, T.D. Gordon, J.M.G. Barclay, W.S. Campbell, R.G. Harmerton-Kelly, J. Lambrecht 등으로부터 적극적인 지지를 받았다. 그렇다고 해서 Sanders의 새로운 발견에 대한 유보 혹은 반대를 표명한 학자들이 없었던 것은 아니었다. Cranfield, **Käsemann**, Bruce, Morris, Fung, G. Klein, D.J. Moo, Westerholm, F. Thielmann, T.R. Schreiner, D.A. Hagner, 김세윤 교수 등 여러 신학자들은 여전히 전통주의 입장을 고수하면서 새로운 바울 신학의 전망을 주창하는 자들에 대한 비판을 제기하고 있다.[58] 따라서 오늘날 세계의 신약학계는 바울의 율법관과 바울 당대 유대교의 재구성 문제와 관련하여 마치 춘추전국시대를 방불하리 만큼 격렬한 논쟁을 계속해 오고 있다.[59]

---

56) Sanders, *Paul, the Law, and the Jewish People* (Philadelphia: Fortress Press, 1983), 150; *Paul and Palestinian Judaism*, 442-447.

57) Sanders, *Paul and Palestinian Judaism*, p. 552.

58) 여기에 대한 최근의 간략한 요약을 위하여는 Donald A. Hagner, "Paul and Judaism. The Jewish Matrix of Early Christianity: Issues in the Current Debate," *BBR* 3 (1993): 111-130을 보라.

59) 최갑종, "바울과 율법," 『바울연구 1』 (기독교문서선교회, 1992.93), pp. 55-60과 거기에 수록되어 있는 참고 문헌과 김세윤, "부록: 바울 연구에 있어서

홍 교수는 자신의 논문 서문에서 밝히고 있는 바와 같이, 바울의 율법관에 대한 전통적 입장과 해결책뿐만 아니라 새로운 전망과 그 해결책 등 그 어느 쪽에도 만족하지 못하고(p.15), 로마서와 함께 바울의 율법관 이해에 근간이 되고 있는 갈라디아서의 수사학적인 구조, 역사적, 사회학적인 문맥, 다양한 신학적인 전망들에 대한 분석을 통하여, 바울 자신의 진정한 목소리를 되찾으려 한다. 그렇다면 홍 교수가 그 자신의 독특한 주경학적인 연구를 통하여 발견한 핵심적인 주장은 무엇인가? 이미 우리의 요약에서 분명히 보여지고 있는 것처럼, 그것은 바울 자신과 바울의 반대자를 위시하여 바울 당대의 유대교가 다 같이 "언약적 신율주의"(Sanders의 표현을 빌려서 말하자면) 입장에 서 있다는 것이다. 그러나 바울은 다메섹 사건을 통하여 예수 그리스도의 종말론적인 구속적 죽음과 부활 사건에 대한 이해를 통하여 성취된 하나님의 새 언약의 구조, 즉 유대인, 이방인 구분없이 오직 예수 그리스도를 믿음으로 의롭게 되는 새로운 신학적인 전망을 가지게 된 반면에, 바울의 반대자들은 여전히 옛 언약을 중심하고 있는 유대신학의 전망에, 말하자면 율법의 준수가 여전히 언약백성의 신분을 유지하도록 하여 유대인들로 하여금 언약 가운데 주어진 축복을 향유할 수 있게 하는 필수적인 의무사항으로 보는 전망에 서 있었다는 것이다.

다시 말해서 홍 교수에 따르면 바울은, 유대인들이 율법을 완전하게 지키지 못함으로 인해 옛 언약은 사실상 파기되었으며, 율법을 불순종한 유대인들에게 오히려 율법의 저주가 임했다. 그러나 바로 이 때문에 예수는 친히 율법의 저주를 받으심으로써, 율법의 저주로부터 유대인들을 구속하셨을 뿐만 아니라 그로 말미암아 모든 이방 민족에게도 아브라함의 축복이 미치게 되는 새 언약시대를 도래하게 하셨으며, 이제는 옛 언약의 단절(Discontinuity)을 보게 되었다. 반면에 바울의 반대자들은 그리스도 안에 나타난 새 언약을 어디까지나 옛 언약의 계승과 발전으로 보았기 때문에, 옛 언약의 항구적인 연속(Continuity)을 주장

격렬한 논쟁의 한 중심," 『예수와 바울』(참말사, 1993), pp. 413-437을 보라.

할 수밖에 없었던 것이다.

이처럼 양자가 다 같이 언약 구조라는 입장에 서 있긴 하였지만 내용상으로는 서로 판이한 신학적인 전망을 가지고 있었기 때문에, 바울의 반대자들은 이방인들에게 참된 아브라함의 후손과 축복에 동참하기 위해서는 유대인들이 계승하고 있는 옛 언약의 구조 속에 들어와야 할 것을 요구하게 되었고, 바울의 입장에서 볼 때 이러한 요구는 사실상 바울의 선교 내용인 그리스도의 복음 자체를, 즉 새 언약시대를 도래하게 하신 예수 그리스도의 구속사건 자체를 무효화시키는 것으로 여겨졌다. 하지만 바울의 반대자들의 입장에서 볼 때는 오히려 바울의 주장이 언약종교인 유대교와 유대인들의 정체성까지도 위협하는 것으로 간주되었다고 볼 수 있었다. 바로 여기에 양자 사이의 깊은 신학적, 역사적, 사회학적인 갈등과 균열이 야기된 것이다. 홍 교수에 따르면 바울은 갈라디아서를 한편으로는 자신의 사도직과 복음을 훼손하는 반대자들의 거짓된 신학을 반박하고, 또 한편으로는 그렇게 함으로써 갈라디아 교인들이 더 이상 그들의 거짓된 신학에 유혹되지 않고 바울이 전파한 그 복음의 진리 위에 굳게 서 있도록 하기 위해 썼다고 보고 있다. 그가 갈라디아서를 문학적인 성격상 설득적 편지로 규정한 이유가 바로 여기에 있다.

홍 교수의 논문의 독특한 점은, 홍 교수가 바울과 바울 당대의 유대교를 "언약적 신율주의" 관점에서 접근하고 있다는 점을 감안해 볼 때, 그는 분명히 최근의 바울 신학 논쟁과 관련하여 전통적 입장에 서지 않고, 오히려 Sanders의 연구에 의해 촉진된 새로운 바울 연구의 전망에 서 있다. 그러나 그는 바울의 반대자들의 요구사항은 사실상 이방인 사도의 바울의 입장에서나 갈라디아 교인들의 입장에서 볼 때는 언약적 신율주의라기보다 오히려 일종의 "율법주의"(이 점은 자신의 책에서는 분명히 언급되어 있지 않지만 필자가 홍 교수와의 대화를 통해서 확인하였다)로 이해될 수밖에 없었다는 것이다. 말하자면 바울이 "율법의 행위로 말미암아 의로워지지 않고 오직 예수 그리스도를 믿음으로 의로워진다"라고 주장할 때, 바울의 그러한 주장은 전통적으로 그렇게 생각해 온 것처럼, 바울 당대의 유대교나 바울의 반대자들의 신학이 율법이나 행위를 통해서 의나 구원을 추구하는 율법주의적 종교나 신학이라는 의미에서 말한 것이 아니고(오히려 그들의 종교와 신학은 철저히 언약적 신율주의였다!), 다만 이방인 사도인 바울과 갈라디아 교인들의 입장에서 볼 때, 다시 말해서 예수 그리스도만이 새 시대에 있어서 한 사람의 신분과 행위를 결정하는 절대적인 근거와 수단이라는 점에서 볼 때, 그들의 주장은 이방인 신자들에게 대한 율법주의적 요구사항으로 보여질 수밖에 없었다는 것이다.

바로 이 점에서 홍 교수는 한편으로는 전통적 바울 전망과 새로운 바울 전망을 다 같이 떠나고 있으며, 또 다른 한편으로는 양자를 종합하면서 새로운 제3의 길을 걷는다고 볼 수 있다. 그러나 필자의 관점에서 볼 때 이것이 양자의 문제와 오해를 단숨에 해결할 수 있는 대단히 독창적인 해결책이긴 하지만, 바로 그 점에서 홍 교수의 해결책이 참으로 바울 자신의 관점을 그대로 반영하고 있느냐 하는 의문을 가지지 않을 수 없게 한다는 것이다. 왜냐하면 이와 같은 홍 교수의 제안은 그 출발점에 있어서 Sanders가 제안한 "언약적 신율주의"가 바울 당대의 유대교 신학의 근간이 된다는 사실을 전제하고 있는데, 과연 역사적으로 바울 당대의 유대교가 언약적 신율주의였느냐 하는 것이다. 다시 말하자면 Sanders에 의존하고 있는 홍 교수의 바울 당대 유대교의 재구성이 참으로 역사적 타당성을 가지고 있느냐 하는 것이다.

2. "언약적 신율주의" 혹은 "율법주의"와 바울의 반대자들의 신학 문제

바울의 반대자들과 바울 당대의 유대교가 전통적으로 생각해왔던 것처럼 "율법" 혹은 "율법의 행위"를 사실상 "의"나 "구원"에 들어가기 위한 수단으로 삼은 일종의 "율법주의"(Legalism)였는가? 아니면 Sanders에 의해 주창된 대로 하나님의 은혜와 선택에 의해 이미 하나님의 백성이 된 이스라엘 백성들이 하나님의 백성으로서의 신분을 유지하기 위한 당연한 의무사항이었다고 보는 "언약적 신율주의"(Covenantal Nomism)였는가? 아니면 금번에 홍 교수가 제안한 대로 반대자들과 유대인 입장에서는 당연히 "언약적 신율주의"였으나, 다메섹 사건을 통해서 이방인의 사도가 되어진 바울과 그의 이방인 크리스천 입장에서 볼 때, 그들이 하나님의 언약백성이 되는 조건으로서 예수 그리스도에 대한 믿음 외에 "할례"와 "율법 준수"를 요구하였기 때문에, 그러한 요구가 일종의 "율법주의"로 보여졌는가?

우선적으로 우리가 고백하지 않을 수 없는 것은, 이 문제에 대한 해답은 우리 중에 그 누구도 절대적인 확신을 가지고 말할 수 없을 만큼 참으로 어렵다는 점이다. 그러면서도 이 문제는 바울 신학은 물론 우리의 복음서 해석의 전체 방향을 좌우할 만큼 대단히 중요하다는 점이다. 만일 예수와 바울이 그 안에서 성장했고 동시에 그들의 비판의 대상이 되었던 당대의 유대교가 "율법주의적 종교"가 아니고 "언약적 신율주의"라고 한다면, 이미 그러한 작업이 신학계 전반에 걸쳐서 나타나고 있지만, 지금까지의 바울서신과 복음서에 대한 전통적인 해석들이 엄청나게 달려져야만 한다. 따라서 이처럼 중요한 문제를 이 서평에서 전반적으로 취급한다는 것은 사실상 불가능하다. 그렇기 때문에 이 문제에 관한 한 이제 필자가 지금까지 견지하고 있는, 물론 앞으로 더 깊은 연구를 통해서 달라질 수는 가능성을 열어두면서, 입장만을 간단히 제시하도록 하겠다.

필자의 입장 제시와 함께, 미리 전제해 두어야 할 몇 가지 사항이 있다.

첫째, 바울의 반대자들이 예수 그리스도를 오신 메시야로 신봉한 유대인 크리스천임에는 분명하지만, 율법 문제와 관련하는 한 그들과 율법을 그 근간으로 삼고 있는 유대교와 서로 분리할 수는 없다는 점이다. 따라서 그들에 대한 바울의 비판 곧 그들의 율법관에 대한 바울의 비판은, 사실상 바로 유대교와 율법 자체에 대한 비판을 함께 함축하고

있다고 보아야 한다는 점이다.[60]

둘째, 주후 70년 이전의 예수와 바울 당대의 유대교가, 우리가 전통적으로 생각해 왔거나, 혹은 새로운 바울 연구자들이 제시하고 있는 것처럼, 결코 획일적이지 않았다는 점이다.[61] 이미 오늘날 기독교 신학자들은 물론 유대교 신학자들도 인정하고 있는 바와 같이, 예루살렘 성전이 멸망당한 후 주후 2세기에 접어들면서 유대교는 바리새파 중심의 일종의 규범적 종교가 되었지만 70년 이전에는 바리새파, 에센파, 사두개파, 열심파, 헤롯파, 묵시파 등 다양한 종파와 사상들이 유대 종교와 사회를 구성하고 있었다.[62] 이 점은 현존하는 제한된 주후 1세기 이전의 유대교 문헌들, 예를 들면 쿰란 문헌들, 유대역사가 조셉푸스의 글, 구약가경들, 묵시 문헌들과 최근의 고고학적인 발굴들을 관찰해 볼 때 부인할 수 없다. 따라서 주후 2세기 이후의 규범적인 유대 랍비 문헌들을 중심으로 다양성을 지닌 주후 70년 이전의 유대교를 재구성하는 데 있어서는 필연적으로 한계가 있을 수밖에 없고, 또한 연구자 자신의 선입관과 해석이 상당한 영향을 미칠 수 있다는 점을 인정하지 않을 수 없다는 점이다.[63]

---

60) Cf. F.F. Bruce, "Paul and the Law in recent research," *Law and Religion*, ed. B. Lindars (Cambridge: James Clarke, 1988), pp. 124-5.
61) 예를 들면 Sanders 자신도 인정하고 있는 것처럼(*Paul and Palestinian Judaism*, pp. 421-22), 제4에스라 문서는 강한 율법주의적 경향성을 보여주고 있다.
62) J. Andrew Werman & William Scott Green, "Judaism in the Greco-Roman Period," *The Anchor Bible Dictionary* Vol. 3(New York: Doubleday, 1992), pp. 1037-1054.
63) 이 점과 관련하여 미국 예일대학교 신약학 교수인 N.A. Dahl은 Sanders, *Paul and Palestinian Judaism*에 대한 비판적 서평(*Religious Studies Review* 4/3 (1978), pp. 153-157에서 Sanders의 Covenantal Nomism도 엄밀한 의미에서 역사적 발견이라기보다 오히려 신학적 판단의 산물이라는 점을 지적하고 있으며, 역시 최근에 M.A. Seifrid, *Justification by Faith: The Origin and Development of a Central Pauline Theme*

셋째, 주후 70년 이전의 유대교 상황을 재구성하는 데 있어서 우리가 주후 2세기 이후의 규범적인 유대교의 자료보다 현존하는 제한된 주후 70년 이전의 유대교 자료들을 우선적으로 활용하여야 하겠지만, 그럼에도 불구하고 우리의 현존하는 주후 1세기 이전의 유대 문헌들을 통해서 당시의 다양한 상황을 재구성한다는 것은 극도로 어렵고 한계를 지니고 있다는 것이다. 우선 자료가 너무나 제한되어 있고, 그 제한된 자료도, 마치 오늘 우리 시대의 어느 한 종파가 한국 사회 전체를 대변할 수 없고, 어느 한 사상가나 문인이 오늘 다원화된 우리 사회를 전체적으로 대변할 수 없는 것처럼, 이러한 한계를 지닐 수밖에 없다는 것을 인정하지 않을 수 없다는 것이다. 예를 들면 쿰란 문헌이 당대의 유대 상황을 이해하는 데 극도로 중요한 문헌이기는 하지만, 쿰란 문헌은 당대에 있어서 전체 유대 사회와 고립되어 어느 특정한 지역에서 특정한 사상과 특정한 생활 원리에 따라 살았던 한 특수한 유대 종파라는 한계를 결코 벗어날 수는 없는 것이다.[64]

넷째, 바울의 반대자나 혹은 예수와 바울 당대의 유대교 상황을 재구성하는 문제와 관련하여, 현재 우리가 가지고 있는 바울 자신의 서신들이나 혹은 복음서 자료가 주후 70년 이전의 유대교 상황을 재구성하는 데 있어서 현존하는 유대교 자료 못지 않게 귀중한 역사적 자료로서의 가치를 지니고 있다는 점은 인정되어야 한다는 것이다. 이것은 비록 바울의 서신이나 복음서 등이 비록 유대교 입장에서 유대교의 상황을 대변하고 있는 유대교 문헌이 아니고, 기독교 신앙의 관점에서 쓴 기독교

(NovT. Supplements 68; Leiden: E.J. Brill, 1992), p. 57와 Peter J. Tomson, *Paul and the Jewish Law: Halakha in the Letters of the Apostle of the Gentiles* (Compendia Rerum Iudaicarum ad Novum Testamentum; Minneapolis: Fortress Press, 1990), pp. 15-17에서 Sanders의 방법론을 문제삼으면서, 그의 1세기 유대교의 재구성이 역사적이라기보다 신학적, 언어학적 선입관에 좌우되었다는 점을 다 같이 지적하고 있다.

64) Hershel Shanks (ed.), *Understanding the Dead Sea Scrolls* (New York: Randum House, 1992)에 수록된 논문들을 보라.

의 문헌이라고 할지라도, 그 안에 기록되어 있는 유대교에 관한 언급은 당대의 다른 유대교의 문헌 못지 않은 역사적 자료로 활용되어야 한다는 것을 말한다.[65] 물론 그 반대의 경우에서도 마찬가지이다. 즉 유대인들도 주후 1세기의 유대교를 재구성하는 데 있어서, 바울서신과 복음서 등이 그들의 고유한 유대교적 문헌과 동등한 역사적 가치를 지닌 문헌으로 받아들여져야 하는 것을 말한다. 다행스러운 것은 오늘날 기독교 신학자들이 고대의 유대교 문헌연구에 심혈을 기울이는 것과 마찬가지로 오늘날 유대교 학자들이 기독교 문헌연구에 심혈을 기울이고 있다는 것이다.[66] 이러한 새로운 방향의 전환은 양쪽의 편견을 축소시키고 가능한 한 주후 1세기의 정확한 역사적 상황을 재구성하는 좋은 계기가 되리라 본다. 어쨌든 이 점에서 우리가 유념해야 할 사실은, 흔히 주장되어 왔던 것처럼, 바울의 서신이나 복음서가 일종의 "반유대교" 입장에서 유대교를 완전히 잘못 묘사하고 있기 때문에 그들은 아무런 역사적 가치를 지닐 수 없다는 그런 편견을 가져서는 안된다는 것이다. 다시 말해서 비록 보는 관점의 차이는 있을 수도 있겠지만, 마치 Räisänen이 주장하는 것처럼 바울이 자기 당대의 유대교를 완전히 왜곡되게 말하고 있다고 성급하게 속단해서는 안된다는 것을 뜻한다.

이상과 같은 네 가지 사실을 염두에 두면서, 이제 필자의 입장을 간략하게 제시하겠다. 이미 필자는 작년에 출판한 『바울연구 1』에 수록된 두 논문, "바울과 율법"(pp. 55-75), "바울과 인간,"(pp. 77-94)에서 바울의 율법관에 한 필자 자신의 입장을 간략하게나마 표명하였으므로, 여기서는 우리가 제기한 핵심적인 질문, 말하자면 예수와 바울 당대의 유대교가 "언약적 신율주의"인가, 아니면 "율법주의"인가 하는 문제에

---

65) 김세윤 교수는 이 점과 관련하여 The Origin of Paul's Gospel (WUNT 2/4: Tübingen, 1984), p. 347. n.14에서 Sanders가 예수와 바울 당대의 유대교를 재구성하는 데 있어서 보다 후대의 유대교 자료에 의존하면서도 상대적으로 신약의 자료들을 등한시하고 있음을 강하게 비판하고 있다.

66) Cf.J. Neusner, Jews and Christians: The Myth of a Common Tradition (SCM Press, 1992).

초점을 맞추어 필자의 입장을 제시하도록 하겠다.

필자는 홍 교수를 위시하여 오늘날 많은 신구약 학자들이 주장하고 있는 것처럼, 구약성경에 나타난 율법은 근본적으로 율법주의가 아니라 언약적 신율주의라는 점에서는 전폭적인 지지를 표명한다. 출애굽기와 신명기는 시내산 언약은 하나님의 출애굽 구속사건에서 출발하였으며, 율법은 그 언약의 전제조건이 아니라 결과임을 분명히 보여준다. 다시 말하면 율법은 언약백성의 신분을 확립하기 위해서 주어진 것이 아니라, 하나님의 선택과 은혜로운 구속사건을 통해서 이미 확립된 주어진 그 신분을 유지하기 위해서, 즉 언약백성으로서의 거룩하고 구별된 삶을 위해서 주어졌다는 것이다.[67] 이런 점에 있어서 구약성경을 그 기반으로 삼고 있는 유대교가 근본적으로 율법주의적 종교가 아니라 언약적 신율주의라고 한 Sanders의 주장은 옳다. 이와 관련하여 이번에 홍 교수가 강하게 천명한 것처럼 바울의 율법관도 근본적으로 언약적 신율주의라는 것도 필자는 전폭적인 지지를 표명한다. 왜냐하면 바울도 갈라디아서와 로마서에서 명백하게 제시하고 있는 것처럼 아브라함이 율법이 아닌 하나님의 약속에 대한 믿음으로 의로워졌으며, 그 아브라함처럼 유대인과 이방인의 구분없이 예수 그리스도에 대한 믿음을 가진 모든 자들이 바로 구원의 축복을 누리는 새로운 신분 곧 아브라함의 후손인 하나님의 자녀가 되지만, 예수 그리스도 안에서 믿음으로 구원받은 자는 또한 믿음으로 살아 그들의 새로운 신분을 계속 유지하여야 한

---

67) 여기에 관한 결정적인 한 예로 십계명의 서문을 들 수 있다. 출애굽기 20:2과 신명기 5:1-6의 십계명 서문은 십계명에 앞서 하나님께서 이루신 이스라엘 백성의 출애굽 구원사건과 언약을 먼저 말하고 있다. 이 문제에 관한 포괄적인 취급을 위해서는 R.E. Clements, *Old Testament Theology: A Fresh Approach* (Atlanta: John Knox Press, 1978); Paul Hanson, *The People Called: The Growth of Community in the Bible* (San Francisco: Harper & Row, 1986); W. Kaiser, *Toward an Old Testament Theology* (Grand Rapids: Zondervan, 1978), pp. 111-21; "God's Promise Plan and His Gracious Law," *JETS* 33 (1990), 289-302을 보라.

다는 확고한 원리에 서서 말하고 있기 때문이다.

　바울이 아무리 이신득의의 교리를 강조했다고 할지라도, 그것이 결단코 그가 신자의 삶을 신분과 분리했다는 것을 뜻하는 것은 아니다. 그의 서신에서 직설법과 명령법이 항상 함께 나오는 사실, 그의 기독론, 종말론 등이 윤리론과 고립되어 있지 않고 오히려 윤리의 문맥에서 나타나고 있는 사실이 이를 극명하게 보여준다. 이런 점에 있어서 바울과 구약 사이에는 분명히 연속선이 있다.

　그러나 우리가 여기서 결단코 간과하지 않아야 할 사실은, 구약과 바울의 율법관이 근본적으로 언약적 신율주의라고 하는 것과, 예수와 바울의 관점에서 볼 때, 당대의 유대교가 참으로 구약의 가르침에 일치하는 언약적 신율주의에 확고하게 서 있었다고 여겨졌느냐 하는 것은 전혀 별개의 문제라는 점을 지적하고 싶다. 사실상 가장 단순한 논리로 생각한다 할지라도, 만일 바울 당대의 유대교가 확고하게 구약이 가르치는 언약적 신율주의를 견지하고 있었다고 한다면, 율법에 관련하는 한 바울과 당대 유대교 사이에는 근본적인 차이가 있을 수 없을 것이며, 또한 다메섹 사건 이전의 바울과 이후의 바울 사이에도 근본적인 차이를 생각할 수 없을 것이다. 그러나 현존하는 복음서와 바울 서신은 예수와 바울이, 한편으로 아무리 하나님의 백성들에 대한 거룩한 의지의 표현으로서 율법을 높이 평가하였다고 할지라도, 또 다른 한편으로 당대의 유대교적 율법 이해를 분명히 비판하였다는 점을 인정하지 않을 수 없게 한다. 필자는 바울과 예수에 의해(만일 복음서가 예수 당시의 상황을 어느 정도 그대로 반영하고 있는 역사적 신임성을 지니고 있다고 볼 때) 당대 유대교가 비판되었다고 하는 것은, 단순히 당대의 유대교가 율법을 완전하게 지키지 못했다는 그 점에만 국한되어 있지 않다고 본다. 다시 바울의 경우를 두고 보다 구체적으로 말한다면, 바울의 율법 비판은 마치 Sanders가 말한 것처럼 바울 당대의 유대교가 구원은 예수 그리스도 안에서만 가능하다고 보는 기독교가 아니었기 때문이거나, Dunn이 주장하고 있는 것처럼 바울 당대의 유대교가 지나친 민

족적, 종교적 배타성을 지녀 이방인들의 선교에 장애가 되기 때문만도 아니라는 것을 뜻한다.[68]

필자가 말하고자 하는 요지는 바로 이것이다. 다메섹 사건을 체험한 크리스천 바울(역시 예수의 경우에서도)의 입장에서 볼 때, 자기 당대 유대교는 구약성경이 가르치는 언약적 신율주의에서 이탈하여, 어느 정도 율법주의적 경향으로 기울어졌다고 보아졌다는 것이다. 이것은 홍교수가 금번에 주장하고 있는 것처럼, 단순히 유대교와 이방인 개종자의 관계와 혹은 바울의 반대자들인 유대교 크리스천인들과 바울의 이방인 크리스천들 사이에서만 율법주의적 경향을 지녔다는 것만은 아님을 의미한다. 바울과 예수의 눈에서 볼 때, 그것은 보다 본질적인 문제였다. 쉽게 말하자면 바울과 예수 당대의 적지 않은 유대인들에게, 물론 당시의 모든 유대교 신자들이 다 그랬다고 볼 수는 없겠지만, 특별히 바울과 예수 당시의 유대교를 주도하였던 바리새파 사람들과 그들의 추종자들에게 있어서는, 율법의 준수가 언약백성의 신분을 유지할 뿐만 아니라 오는 시대에 들어갈 수 있는 자격을 갖추는 것으로 여겨졌다는 것이다.[69]

우리는 이와 같은 암시를 이미 복음서와 사도행전 자체의 가르침에서도 발견할 수 있다. 예를 들면 예수를 찾아 온 청년은 예수에게 "선생님 내가 무엇을 하여야 영생을 얻으리이까"라고 물었으며, 이 질문에 대하여 예수는 먼저 질문자가 가지고 있는 유대교 사상을 따라 계명 준

---

68) Cf. R.H. Gundry, "Grace, Works, and Staying Saved in Paul," *Bib* 66 (1985), pp. 1-38, esp. 16; Hagner, "Paul and Judaism," pp. 126-127.

69) 이 점은 최근에 발표된 쿰란 문서 MMT (4Q Miqsat Maaseh ha-Torah)가 예수 당대의 바리새파가 우리의 복음서에서 묘사되고 있는 것처럼, 일종의 의식적 종교 형태를 가지고 있다고 비판하고 있는 점에서도 확인되어진다. L.H. Schiffman, "New Light on the Pharisees," *Understanding the Dead Sea Scrolls*, ed. H. Shanks (New York: Randon House, 1992), pp. 217-224.

수부터 물었다(막 10:17-22; 마 19:16-22; 눅 18:18-23). 우리가 이 구절에 관한 자세한 주석을 여기서 할 수는 없지만, 그 청년이 추구한 영생이 오는 세상의 축복 혹은 구원을 뜻하고 있다는 사실을 부인하기 어렵다.[70] 역시 사도행전의 저자 누가도 예루살렘 공회를 취급하는 사도행전 15장에서, 안디옥 교회를 혼란하게 한 유대주의자들의 주장, "너희가 모세의 법대로 할례를 받지 아니하면 능히 구원을 얻지 못하리라"(15:1)에 대하여, 베드로가 "우리가 저희와 동일하게 주 예수의 은혜로 구원받는 줄을 믿노라"(15:11)라고 답변하였다는 사실을 제시함으로써, 주후 1세기 유대인 크리스천들에게 있어서도 율법 준수 문제가 구원 문제와 직결되어 있었다는 사실을 암시하고 있다. 따라서 예수와 바울 당대에 율법 준수는 현시대에 있어서 그들의 민족적 정체성은 물론 오는 시대의 축복에 참여할 수 있는 조건이 되었으며, 바로 그런 점에서 율법은 그들의 자랑의 근거가 되었다고 보아야 할 것이다.[71]

물론 다메섹 이전의 유대인 바울과 바울의 반대자를 포함한 유대교인들은 철두철미 이것을 전혀 "율법주의"라고 생각하지 않았을 수도 있다. 그러나 율법과 예루살렘 성전을 대체하기 위해 보내심을 받았다고 하는 메시야적 자의식을 가진 예수의 관점에서 볼 때, 우리가 특별히 그의 비유들, 예를 들면 "포도원의 비유"(마 20:1-16), "바리새인과 세리의 기도 비유"(눅 18:9-14)에서 볼 수 있는 바와 같이, 예수 당대의 언약적 신율주의는 이미 공로주의적 경향을 지니고 있었으며,[72] 다메섹 사건을 통하여 복음을 발견하고 이방인의 사도로 부름을 받은 바울의 눈으로 볼 때도, 자기 당대의 유대인들의 율법으로 인한 그들의 자랑 (롬 2:23; cf. 롬 3:27; 4:2) 배후에는, 이미 율법주의적 경향성이 놓

---

70) Cf. I.H. Marshall, *Commentary on Luke* (Grand Rapids: Eerdmans, 1978), p. 442.

71) Cf. T.R. Schreiner, "Works of Law' in Paul," *NovT* 33/3 (1991), pp. 232-238.

72) 이 문제에 관하여는 최근에 필자가 출판한 『예수님의 비유 연구』(기독교문서선교회, 1993)에 수록되어 있는 비유 연구 논문들을 참조하라.

여 있었던 것으로 여겨질 수밖에 없었다는 것이다.[73] 이 점은 빌립보서 3:4-9에 있는 바와 같이 바울 자신이 다메섹 사건 이전의 율법 학자로서의 바울을 "율법의 의를 추구한 자"로, 반면에 다메섹 사건 이후의 자신을 "예수 그리스를 믿음으로 주어지는 의를 가진 자"로 표현하고 있는 점과 로마서 9:30-10:1~3에서 이방인들은 믿음으로 하나님의 의에 도달한 반면에, 유대인들은 율법을 통하여 자기의 의를 추구하였기 때문에 하나님의 의에 도달하지 못하였다고 말하는 점에서 분명히 드러나고 있다.

따라서 필자는 바울이 로마서와 갈라디아서에서 "율법의 행위(혹은 율법)에 의하지 않고 오직 예수 그리스도에 대한 믿음으로 의롭게 된다"라는 주장을 말할 때, 비록 이러한 주장들의 주대상이 바울의 반대자나 혹은 그들의 유혹을 받고 있는 이방인 크리스천들을 대상으로 하였다고 할지라도, 바울의 주장은 홍 교수가 제안하고 있는 것처럼, 바울 당대 유대교와는 관계없이 바울 자신의 관점이나 혹은 그렇게 생각하는 이방인 크리스천들만의 관점만을 대변한다고는 보지 않는다. 필자는 그러한 바울의 표현은 단순히 가상적 혹은 수사학적 표현이 아니라 오히려 역사적 구체성을 가진, 이를테면 분명히 율법의 행위로 의로워지려고 하는 사람이나 혹은 실제적으로 현재 그러한 사상을 가지고 있는 사람들에게 한 말로 본다. 다시 말하자면, 바울은 바울의 반대자 그들 자신들이 그렇게 믿고 있기 때문에 또한 다른 사람들에게도 그것을 강요하는 자들에게 한 말로 본다. 우리가 갈라디아서의 상황을 두고 말한다면, 바울이나 혹은 바울의 반대자들과 유대교 신자들에게 있어서 "의"가 현세상과 오는 세상의 종말론적 구조와 관련되어 있는 종말론적인 개념이라고 볼 때,[74] 바울의 반대자들이 갈라디아 교인들에게 율법

---

73) Gerd Theissen, "Judaism and Christianity in Paul," *Social Reality and the Early Christians: Theology, Ethics, and the World of the New Testament* (Minneapolis: Fortress Press, 1992), pp. 221-227. 특히 p. 222. n. 29를 보라.

74) 최갑종, "바울과 종말," "예수와 바울," 『바울연구 1』, pp. 203-232, 233-258를 보라.

의 행위를 "의"를 위한 필수조건으로 제시했다는 것은, 이미 그들 자신들에게 있어서도 율법의 행위가 오는 시대의 의를 위한 조건으로 받아들여지고 있었다는 것이다. 그렇다고 한다면 다메섹 사건을 통하여 구약을 재발견한 바울의 관점에서 볼 때, 당대 유대인들이 인식하든 인식하지 못하든 관계없이, 바울 당대의 유대교는 구약에서 제시하는 참된 언약적 신율주의에서 어느 정도 이탈한 것이 분명하였다. 왜냐하면 그들은 하나님께서 본래 의도하신 하나님의 구속의 은총에 대한 언약백성의 신실한 응답으로서의 율법을 오히려 하나님의 은총을 얻기 위한 수단으로 오용하였기 때문이다. 이와 같은 필자의 주장은 갈라디아서에서 바울과 그의 반대자들과의 논쟁이 그리스도 사건으로부터 오는 새 언약에 근거한 언약적 신율주의에 대한 출애굽 사건으로부터 오는 옛 언약에 근거한 언약적 신율주의와의 논쟁만이 아니라, 더 근원적으로 하나님께서 본래 율법을 통하여 의도하신 것을 다시 회복시키려는 참된 언약적 신율주의에 대한 거짓된 언약적 신율주의의 논쟁으로까지 볼 수 있다는 것을 의미한다.

이제 마지막으로 남아 있는 문제는, 바울과 예수 당대의 유대교가 언제부터 구약에 나타나 있는 언약적 신율주의에서 이탈하여 어느 정도 율법주의적 경향을 지니게 되었는가 하는 문제이다. 필자는 이 시작을 이스라엘 백성들이 바벨론에서 돌아와서 에스라를 중심으로 제2성전 시대를 개막한 이후부터라고 보고 싶다.[75] 이미 이스라엘 역사에서 볼 수 있듯이, 바벨론 포로 이후 이스라엘 나라는 계속해서 페르시아, 희랍, 로마 등 강대국의 지배와 박해를 받았다. 이러한 박해의 시대 동안 유대인들은 한편으로 그들에게 주어진 박해를 그들의 선조들이 율법을 지키지 못한 하나님의 심판으로 이해하였기 때문에, 또 다른 한편으로는 거대한 강대국과 그들의 문화, 특히 헬레니즘의 위협으로부터 유대인들

---

[75] Cf. Gutbrod, "Νομος," *TDNT IV*, pp. 1043-1059; 필자의 출판되지 않은 논문 "The Reforms of Nehemiah and Ezra as the Origin of Judaism," The University of Denver & Iliff School of Theology, 1994을 보라.

의 정체성을 지키기 위해 종전에 보지 못했던 율법에 대한 강한 열심들이 나타났다. 동시에 이 박해의 시대 동안 메시야 사상과 현시대와 오는 시대를 나누는 종말론과 묵시론이 강하게 나타나면서 자연히 율법에 대한 강한 열심과 결탁하기 시작했다. 그리고 이러한 결탁을 통하여 현시대 동안에 율법에 대한 열심은 오는 메시야 시대의 신분과 축복을 결정한다는 사상이 싹트기 시작했다. 이렇게 되자 본래 이미 주어진 하나님의 은총과 언약에 의해 언약백성이 된 자들에게 있어서, 그 은총과 언약에 대한 언약백성의 합당한 응답이었던 율법이 메시야 시대와 오는 시대에 들어가기 위한, 그리고 그 시대의 축복을 누리기 위한 조건으로 점차적으로 이동되기 시작하였다.

이처럼 율법이 메시야 사상과 종말론과 제휴하게 될 때, 율법은 언약백성의 요구사항이라는 한계를 이미 넘어서서 소위 율법주의적 경향을 지니지 않을 수 없게 된 것이다. 이러한 종교적 현상들은 단순히 유대교만의 특유한 현상이 아니고 불교를 포함하여 여타 종교에게까지도, 심지어 우리 한국적 기독교 안에서도 얼마든지 찾아볼 수 있다. 사실상 내세지향주의적 혹은 기복주의적 혹은 잘못된 종말사상을 가진 신자들 가운데서는 얼마든지 율법주의적 경향성을 발견할 수 있지 않은가?[76] 따라서 현재까지 필자가 견지하고 있는 입장은, 바울의 반대자들의 사상적 보루인 바울과 예수 당대의 유대교는 순수한 언약적 신율주의가 아니라 어느 정도 율법의 행위를 통하여 의를 얻으려고 하는 율법주의적 경향을 지녔다는 것이다. 이런 점에서 바울의 복음은 구약의 재발견이며, 하나님의 은총의 재발견인 것이다. 바울의 다메섹 사건의 체험이 이러한 발견을 가능하게 하였고, 이 발견 때문에 그는 자기 당대의 유대교와 부딪치지 않을 수 없었으며, 이방인들을 위한 선교에 헌신하지 않을 수 없었던 것이다.[77]

---

76) 우리는 이 점에서 모든 종교에서 발견되는 원리(이상)와 현실의 괴리가 바울 당대 유대교 안에서도 있었을 가능성을 깊이 고려하여야 할 것이다.

77) D.J. Harrington, "Paul and Judaism," *BR*, April (1993), pp. 19-25, 52.

3. "우리"= 유대인 및 "너희"= 갈라디아 교회(이방인) 문제

홍 교수의 논문에 대하여 필자가 가지는 또 하나의 의문점은, 그가 자신의 논리적 전개에 있어서 대단히 중요한 비중을 차지하고 있는 "우리"(유대인)의 문제와 구원은 사실상 "너희"(이방인)의 문제와 구원을 대변한다는 사상이다.

이미 홍 교수의 저서에 대한 필자의 요약에서도 여러 번 언급되어 있지만, 홍 교수는 갈라디아서 3:13-14, 23-29; 4:3-7의 본문에서 "우리"와 "너희"의 날카로운 대조가 나타나고 있다는 점을 착안하여, 전자는 언약적 율법 아래 있는 바울 자신을 포함한 유대인들을 가르키고, 반면에 후자는 언약적 율법과 직접 관련이 없는 이방인 갈라디아 교인들을 가르키는 것으로 본다. 그리고 그는 이와 같은 구분에 근거하여, 예수 그리스도의 속죄적 죽음에 대한 독특한 해석을 전개시킨다. 즉 갈라디아서 3:13에서 예수 그리스도께서 율법의 저주 아래 있는 "우리를" 구속하기 위하여 "우리를" 대신하여 율법의 저주를 받으셨다는 것은, 예수께서 일차적으로 언약적 율법을 완전하게 지키지 못하여 율법의 저주 아래 있게 된 유대인들의 저주를 대신 담당하시고 십자가에 죽으심으로 그들을 율법의 저주로부터 구속하셨다는 것이다. 그런 다음 홍 교수는 "우리"(유대인)가 사실상 "너희"(이방인)를 대표(혹은 대변)하기 때문에, 율법으로부터 오는 이 유대인들의 저주와 비참은 율법과 병행관계에 있는 죄와 이 세상의 초보적인 영들과 육체로부터 오는 저주와 비참 아래 있는 모든 사람들을 대변하며, 율법의 저주로부터 유대인들을 구속하기 위한 그리스도의 사역은 또한 죄와 사탄의 세력으로부터 모든 이방인들을 구속하기 위한 대표적 사역으로 본다. 여기서 홍 교수는 로마서 5장에 있는 "아담/전인류", "마지막 아담 = 예수 그리스도/구속받은 모든 사람"으로 표현되는 "대표의 원리"가 마치 갈라디아서의 "율법과 유대인/죄, 초보적인 영들, 육체와 이방인"의 저주와 구속의 관계에 적용될 수 있는 것으로 본다. 말하자면 한 사람 아담의 범죄가 아담 자신의 범죄는 물론 전인류의 범죄를 대변하고 있으며, 반면에 두 번째 아담(혹은 마지막 아담)으로 오신 한 분 예수 그리스도의 죽음과 부활이 모든 사람을 대변하는 종말론적인 죽음과 부활을 가르키는 것처럼, 율법 아래 있는 유대인들의 범죄와 저주는 죄 아래 있는 모든 이방인들의 범죄와 저주를 대변하고 있으며, 율법의 저주로부터 유대인들의 구속은 사실상 죄 아래 있는 전인류의 구속을 대변한다는 것이다. 이 문제와 관련된 홍 교수의 주장을 직접 들어보자:

"이제 바울이 그리스도 사건을 율법을 어겨 언약의 저주 아래 처해 있는 유대인들을 구원하기 위한 종말론적인 구속사건으로 이해하고 있다는 것이 명약관화하다. 그리스도는 그들을 위하여 저주가 되어지심으로 그들을 구속하셨다. 이 유대인의 구속은 동시에 그리고 동등한 면에서 이방인들의 구속이기도 하다. 왜냐하면 유대인은 모든 인류의 대변자로 작용하기 때문이다. 자신의 비천한 성육과 고난을 통하여 그리스도는 스스로 율법의 저주 아래 있는 이스라엘뿐만 아니라 죄와 사탄적 세력의 지배 아래 있는 이방인들과 완전하게 동일시하셨다. 특별히 십자가에서 그리스도는 모든 죄인들의 대표자로서 그들을 대신하셨다. 실로 그는 모든 인류의 대신자이며 대표자이다! 이리하여 그리스도 안에서 이방인들은 유대인들과 함께 아브라함의 축복, 이른바 이신득의(3:8-9,14), 양자됨(3:26; 4:5)과 성령(3:14; 4:6)의 축복을 누릴 수 있게 되었다. '그리스도 안에서' 시내산 언약의 집행 아래 존재하였던 유대인과 이방인 사이의 옛 장벽이 무너졌다(3:26-29; cf. 엡 2:14-16). 그리스도를 통하여 하나님과 모든 인류 사이에 이제 새 언약이 확립되었다(cf. 4:21-31; 6:15)"(p. 86).

홍 교수가 주장하고 있는 것처럼, 바울이 유대인과 이방인과의 관계 문제로 야기되었다고 볼 수 있는 갈라디아 교회의 문제에 대한 해결을 시도하면서 과연 로마서에서 적용시킨 "대표의 전망"에서 접근하고 있는가? 문제의 관건은 바울이 갈라디아서에서 과연 홍 교수의 주장처럼 "우리"와 "너희"를 엄격하게 구분하여 "우리"라는 표현을 율법 아래 있는 "유대인"만을 가르키는 "배타적인 의미"("in the exclusive sense,"

p. 79)로 사용하고 있는가 하는 것이다.

　다음에 제시하는 우리의 간단한 조사에서도 살펴볼 수 있는 바와 같이(물론 앞으로 보다 더 심도 깊은 연구가 진행되어야 하겠지만), 바울은 갈라디아서에서 "우리"라는 말을 다양한 관점에서 사용하고 있기 때문에, 특별히 많은 경우에 "우리"라는 표현 속에 자신과 어떤 대상을 일치시키는 수사학적인 관점에서 사용하고 있기 때문에, 특수한 본문에 나오는 "우리"와 "너희"라는 표현을 근거로 하여 유대인과 이방인 사이에 대표의 원리를 찾는 것은 무리가 있는 것 같다.

　(1) 서언 부분(Prescript)인 1:3에서 바울은 처음으로 서신의 수신자인 갈라디아 교인들을 "너희"로(1:3), 그리고 그들에게 은혜와 평강을 주실 하나님을 "우리의 아버지 하나님"으로 표현한다. 그리고 주 예수 그리스도의 사역을 설명하고 있는 4절의 분사절에서 그리스도는 "'우리의 아버지'이신 하나님의 뜻을 따라 현재의 악한 세대로부터 '우리를' 건지시려고 '우리의 죄를' 대신하기 위하여 자신을 내어주셨다"라고 말하고 있다. 이 구절에서 바울은 "우리"라는 말을 어떤 관점에서 사용하고 있는가? 바울은 그의 서신들의 인사말과 결언 부분에서 종종 "우리 하나님 아버지", "우리 주 예수 그리스도"라는 말을 사용하고 있는데, 다섯 가지 가능성을, 예를 들면 ① 바울 자신을 수사학적 면에서 복수로 표현하여, ② 바울이 자신과 동역자를 포함하여, ③ 자신과 유대인 신자를 포함하여, ④ 자신과 갈라디아 교인들을 일치시켜, ⑤ 초대교회에서 통용되었던 신앙고백적 표현으로서 사용하였을 가능성 등(이 경우에는 모든 신자가 사실상 "우리"라는 말 속에 포함된다)을 생각할 수 있다. 필자는 다섯 가지 가능성 중에서 마지막 경우가 가장 가능성이 크다고 보고 싶다. 그 이유는 유대인, 이방인 구분없이 초대교회에서 "우리의 아버지"라는 표현은 주기도문의 서언을 통하여 일종의 신앙고백적 표현처럼 널리 사용되었다고 볼 수 있기 때문이다. 베드로서신의 저자가 동일한 표현을 편지의 서두에서 사용하고 있는 점도(벧전 1:3; 벧후 1:1) 이에 대한 증거가 된다. 이럴 경우에는 "우리"라는 표현에서

인종적, 인칭적 차이를 찾는 것은 사실상 무의미하다.

　필자의 주장은 홍 교수가 갈라디아서의 가장 핵심적인 구절 중의 하나로 간주하는 4절에서 더 강한 뒷받침을 얻는다. 4절에서 바울은 그리스도의 구속사역을 "우리"와 직접 연결시키면서 "우리 죄를 위하여"라는 표현을 사용하고 있다. 그런데 여기 "우리 죄를 위하여"라는 표현은, 바울이 초대교회의 중요한 케류그마 전승을 인용하고 있는 고린도전서 15:3의 "성경대로 그리스도께서 '우리 죄를 위하여' 죽으시고"에서 엿볼 수 있는 것처럼, 초대교회의 중요한 신앙고백적 표현으로 볼 수 있다. 이처럼 이미 고린도 교회에서까지 "우리 죄를 위하여"라는 전승이 널리 알려졌다고 한다면 "우리"라는 표현을 어떻게 유대인에게만 한정되는 배타적인 용어로 사용할 수 있겠는가?

　(2) 논제 부분인 갈라디아서 1:6-10에서 바울은 "우리"라는 말을 세 번(1:8, 8, 9), "너희"라는 말을 모두 여섯 번(1:6, 7, 8, 8, 9, 9) 사용하고 있다.[78] 여기서 "너희"(갈라디아 교인들)와 대조되는 "우리"는 문맥적으로 볼 때 갈라디아 교인들에게 복음을 전파한 바울 자신을 가리키는 것이 분명하다. 왜냐하면 1:8의 "우리가 너희에게 전파한 복음"이라는 말은 11절의 "내가 전파한 복음"과 병행 관계에 있기 때문이다.

　(3) 설화 부분인 갈라디아서 2:1-10에서 바울은 "우리"라는 말을 일곱 번 사용하고 있는데(2:4, 4, 4, 5, 9, 10). 여기서 "우리"라는 말은 9절의 "…야고보와 게바와 요한도 나와 바나바에게 교제의 악수를 하였으니, 이는 '우리는' 이방인에게로, '저희는' 할례자에게로 가게 하려 함이라"라는 말을 볼 때, 바울 자신이나 혹은 바나바와 디도를 포함하여 예루살렘에 올라간 바울 일행을 가리키고 있는 것 같다.

---

　78) 필자는 NA26판 희랍어 성경을 본문으로 삼아 2인칭 복수 대명사와 2인칭 복수 동사를 중심으로 확인하였다.

(4) 같은 설화 부분에 들어 있는 바울과 베드로의 안디옥 논쟁에서 "우리"라는 말이 네 번 사용되고 있는데(2:15, 16, 16, 17), 여기서는 15절의 "우리는 본래 유대인이요 이방 죄인이 아니로되"라는 어구가 보여주고 있는 것처럼, "우리"라는 표현이 바울과 베드로를 포함하여 사용되고 있거나, 이방인 신자와 구분되는 유대인 신자들을 가리킨다고 볼 수 있다.

(5) 논증 부분인 3장에서 갈라디아 교인들을 가르키는 "너희"라는 말은 열네 번(3:1, 2, 3, 3, 4, 5, 5, 7, 26, 27, 27, 28, 29, 29), "우리"라는 말은 일곱 번(3:13, 13, 14, 23, 24, 24, 25) 사용되고 있다. 우리가 표면적으로 볼 때 홍 교수가 지적하고 있는 것처럼 3장에서 바울은 "너희"와 "우리"를 엄격하게 구분하여 사용하고 있는 것 같다. 그러나 3장의 "우리"를 홍 교수가 지적하고 있는 것처럼 바울을 포함하여 율법 아래 있는 유대인 일반을 가리킨다고 결론 내리기에는 몇 가지 난점들이 있다. 첫째, 핵심적인 구절인 3:13-14에서는 "우리"와 "너희"의 직접적인 구분이 나타나지 않고 그 대신 "이방인들"이라는 말이 "우리"와 함께 나타나고 있는 점이다. 둘째, 13절에서 바울은 구약 신명기 27:26을 인용하면서 "그리스도께서 우리를 위하여 저주를 받은 바 되사 율법의 저주에서 우리를 속량하셨다"라고 말한 다음 14절에서 그 목적이나 혹은 그 결과를 말하는 14절의 두 개의 ἵνα구절이 정확하게 서로 병행관계를 유지하고 있기 때문이다. 다시 말해서 첫번째 ἵνα구절인 14a은 "아브라함의 그 축복이 그리스도 예수 안에서 이방인들에게 미치게 하기 위해서" 그리고 두 번째 ἵνα구절인 14b은 "우리가 그 믿음을 통하여 성령의 약속을 받기 위해서"라고 표현되어 있는데, 여기서 사실상 14절의 "이방인들"과 14절의 "우리"라는 말이 각각 완전히 다른 대상을 가리킨다고 보기 힘들다는 이유는, 이미 홍 교수 자신이 거듭 강조하고 있는 것처럼, "아브라함의 그 축복"은 사실상 "성령의 약속"을 가리키고 있으며, 이 성령의 약속은 3:2-5에 언급되어 있는 갈라디아 교인들("너희")이 받은 성령과 관련되어 있다고 볼 수 있기 때문이다. 따라서 자연스러운 독법은 3:13, 14의 "우리"라는 표현 속에는 갈라디

아 교인들이 포함되어 있다고 보는 것이다.

이렇게 볼 때 문제는 3:23-29에 있는 "우리"와 "너희"의 엄격한 구분의 사용이다. 같은 문단에서 어떻게 동일한 대상을 "우리"와 "너희"라는 말로 구분하여 사용할 수 있겠는가? 따라서 이 부분은 사실상 홍 교수의 주장을 강하게 뒷받침해주고 있는 것 같다. 그러나 우리가 여기서 "너희"는 바울이 갈라디아 교인들을 자신과 분리해서 말할 때, 그리고 "우리"는 자신과 갈라디아 교인들을 서로 일치시키기 위한 바울의 수사학적인 표현으로 볼 수는 없을까? 우리는 유사한 수사학적인 용법을 바울이 쓴 에베소서(물론 에베소의 바울의 저작권에 대한 의문이 있긴 하지만)에서 찾아볼 수 있다. 즉 에베소서 2:1-16에 보면 "우리"와 "너희"가 상호 교차적으로 사용되고 있기 때문에 "우리"에서 "너희"를 분리시키는 것은 사실상 불가능하다. 2:5에는 직접 "우리"와 "너희"가 일치를 이루고 있고, 2:18에는 이방인과 유대인이 함께 "우리"라는 말로 표현되어 있기 때문이다. 따라서 우리는 갈라디아서 3:23-29에 나타나 있는 "우리"와 "너희"라는 구분도 바울의 수사학적인 용법일 가능성을 생각하지 않을 수 없는 것이다. 사실상 필자가 보기에 바로 이어 나오는 갈라디아서 4, 5, 6장에 나타나 있는 "우리"와 "너희"의 사용은 바울이 갈라디아서에서도 이러한 수사학적인 표현을 사용하고 있다는 인상을 강하게 뒷받침해주고 있는 것 같다.[79]

(6) 4장에 보면 바울은 "우리"라는 표현을 여덟 번(4:3, 3, 3, 5, 6, 26, 31), "너희"라는 표현을 서른두 번(4:6, 8, 9, 9, 10, 11, 11, 12, 12, 12, 12, 13, 13, 14, 14, 14, 14, 15, 15, 15, 15, 16, 16, 17, 17, 17, 18, 19, 19, 20, 20, 21, 28) 사용하고 있다. 이 장에서 우리의 관심을 끄는 것은 4장의 앞 부분과 마지막 부분에서 "우리"와 "너희"가 함께 나란히 나오고 있는 점이다. 그런데 우리가 본문의 흐름

---

[79] Cf. William J. Dalton, S.J., "The Meaning of 'We' in Galatians," *Australian Biblical Review* 38 (1990), pp. 33-44.

을 주의깊게 살펴보면 여기에 나오는 "우리"와 "너희"를 엄격하게 구분하기가 사실상 힘들다. 예를 들면 4절에서 바울은 3:13의 경우에서처럼 그리스도가 율법 아래 나신 것을 말하고 5절에서는 역시 3:14과 동일한 ἵνα절을 두 번 사용하고 있다. 그런데 바울은 4:5b의 ἵνα구절에서 "'우리로' 아들의 명분을 얻게 하려 하심이라"고 말하고, 바로 이어 4:6a의 이유절에서 "'너희가' 아들이기 때문에"라는 말을 사용함으로써 사실상 "우리"와 "너희"를 서로 일치시키고 있다. 이 점은 그 다음에 나오는 주절인 4:6b에서 "하나님이 그 아들의 영을 우리 마음 가운데 보내사 아바 아버지라 부르게 하셨느니라"에서 다시 확인되어진다. 왜냐하면 5절의 "우리의 아들됨"과 6, 7절의 "너희의 아들됨"이 논리적으로나 문장의 흐름 면에서나 서로 분리시킬 수 없기 때문이다.

이 점은 다시 4:22 이하의 사라와 하갈의 자녀의 논쟁 부분에서 더 구체적으로 드러난다. 예를 들면 4:28에서 바울은 "'너희'(갈라디아 교인들)는 이삭과 같이 약속의 자녀라"고 말한 다음, 31절에서 "그런즉 형제들아 '우리'는 계집종의 자녀가 아니요 자유하는 여자의 자녀니라"고 말하고 있는데, 31절의 "우리"라는 말 가운데 30절의 "너희"가 포함되었다고 하는 것은 31절의 "형제들아"라는 호칭을 볼 때 부정하기 어렵다.

(7) 갈라디아서의 권면 부분이 시작되는 5장에서도 "우리"라는 말 가운데 "너희"라는 말이 포함되고 있다는 사실이 확인되어진다. 5장에서는 "우리"라는 표현이 모두 여섯 번(5:1, 5, 5, 25, 25, 26) 그리고 "너희"라는 표현이 모두 스물아홉 번(5:1, 1, 2, 2, 2, 4, 4, 4, 7, 7, 8, 10, 10, 10, 12, 13, 13, 13, 15, 15, 15, 16, 16, 17, 17, 18, 18, 20) 사용되고 있다. 5장에서 "우리"라는 말 가운데 "너희"가 포함되어 있다는 것은 5장의 서두와 마지막을 장식하는 5:1과 25, 26절에서 분명히 드러난다.

첫째 5:1b에서 두 번에 걸쳐 주어지는 명령형, "그러므로 너희는 확고하게 서라" 그리고 "너희는 다시 종의 멍에를 메지 말라"는 5:1a의 직설법 "그리스도께서 자유를 위하여 우리를 자유롭게 하셨다"에 의존하고 있다. 만일 직설법의 대상 "우리"에 명령법의 대상 "너희"가 포함되어 있지 않다면 명령법은 아무런 의미가 없다.

둘째, 5:25b과 26절에 있는 두 권유적 가정법, "우리 또한 성령으로 걸읍시다", "우리가 헛된 영광을 구하는 자들이 되지 맙시다"는 25a에 있는 조건절 "만일 우리가 성령으로 산다면"과 연결되어 있다. 그런데 두 권유적 가정법 속에 "너희"(갈라디아 교인들)가 포함되어 있음은 두 말할 나위도 없다. 바울은 여기서 자신을 갈라디아 교인들과 일치시키는 수사학적 표현을 쓰고 있다.

(8) 갈라디아서의 마지막장인 6장에서는 "우리"라는 표현이 일곱 번 (6:9, 9, 10, 10, 14, 18, 18), "너희"라는 표현이 열두 번(6:1, 1, 1, 1, 2, 2, 7, 11, 11, 12, 13, 13) 사용되고 있다. 6장에서도 바울이 "너희"를 포함시켜 "우리"라는 표현을 쓰고 있음을 부정하기 힘들다. 예를 들면 바울은 6:1-8까지 갈라디아 교인들을 "너희"라는 말로 표현하다가 6:9 이하에 가서 "우리"라는 말로 바꾸어 갈라디아 교인들에게 권유적 명령, "우리가 선을 행할 때 우리 낙심하지 맙시다"(6:9a), "그러므로 우리가 기회를 가지는 대로 우리가 모든 이들에게 선한 일을 행합시다"(6:10a)라고 한다.[80]

따라서 이상과 같은 갈라디아서에서 보여지는 바울의 "우리"와 "너희"의 용법은 홍 교수의 주장을 충분하게 뒷받침해 주지 않는 것 같다.

---

80) 홍 교수가 제기한 문제와 관련하여 Joseph P. Brusswell, "The Blessing of Abraham' versus 'The Curse of the Law' : Another Look at Gal 3:10-13," *WTJ* 53 (1991), pp. 73-91에서 "유리"=유대인, "너희" = 이방인의 구분을 인정하면서도 율법 아래 오신 예수 그리스도는 사실상 율법을 어긴 "죄인들"(이방인)로 취급되어 십자가의 처형을 당하였으므로 예수가 십자가에서는 유대인, 이방인의 구분없이 양쪽을 다 포함하고 있다는 재미있는 주장을 하였다.

홍 교수의 저서가 필자 편에서 볼 때, 이상과 같은 두 가지 문제를 불러일으키긴 하였지만, 이것이 홍 교수가 오랫동안 심혈을 기울여 완성한 그의 연구서의 권위와 내용을 약화시키는 근거로 작용하여서는 안 될 것이다. 오히려 필자와 홍 교수의 논점을 다 같이 다시 한번 검토하여 우리 모두가 참으로 바라는 바울의 진정한 목소리를 되찾을 수 있는 계기로 삼아야 할 것이다.[81] 아마도 금년 말 혹은 내년에 가서 홍 교수의 저서에 대한 세계 신학계의 반응들이 주어지리라 보지만, 필자의 판단으로는 찬사와 함께 반대를 동시에 일으키는 중요한 연구서로 인정받으리라 본다. 이 중요한 연구서가 완성되기까지 심혈을 기울인 홍 교수에게 다시 한번 찬사와 경의를 표하며, 영어를 읽을 수 있는 분에게는, 특별히 바울 신학에 관심을 가지고 있는 분에게는 필독을 권유한다.

---

81) 홍 교수는 필자의 문제제기 부분 중에 "우리"와 "너희"의 구분 문제에 관하여는 직접 읽고 다음과 같은 자신의 입장을, 첫째 자신도 처음에는 필자와 같은 입장에 섰었으나, 갈라디아서를 보다 깊이 연구하는 중에 현재의 입장으로 전환하였으며, 둘째 자신이 주장하는 갈라디아서 3:13-14, 23-29; 4:3-7 부분을 제외하는 그 밖의 갈라디아서 부분에서는 바울이 그의 서신에서 종종 그렇게 하는 것처럼 "우리"와 "너희"를 상호 교환적으로 사용하고 있다는 점을 인정한다는 것과, 셋째 이 문제는 현금의 신약학계에서 계속 심각한 논의가 되고 있는 문제라는 것, 넷째 자신의 입장은 예수 그리스도의 구속사건으로부터 아담과 그의 모든 후손들을 분리시키는 것이 아니라 오히려 율법 아래 있는 이스라엘의 범죄와 그들의 구속을 통하여 아담의 범죄로 인한 죄의 세력이 얼마나 심각하다는 것과 동시에 예수 그리스도의 구속이 얼마나 크고 위대하다는 것을 보여주고 있다는 점을 각각 표명하였다.

제3장

갈라디아서의 관점에서 본 종교다원주의[1]

모든 분야의 거짓된 우상 타파를 추구하는 포스트모더니즘(Post-Modernism)의 등장과 함께, 지난 80년대 이후부터 John Hick, Paul Knitter, Raimundo Panikkar, Stanley Sarmartha, John B. Cobb 등[2]에 의해 기독교 세계 안에 포스트모더니즘 시대의 선교 및

---

1) 이 글은 본래 1992년 11월 부산 고신대학교 축제 때에 발표한 논문인데 수정없이 그대로 여기 다시 수록한다.
2) 이들은 세계 기독교계 안에서 종교다원주의를 이론화하고 확장시키는 데 주도적인 역할을 하고 있는 학자들이다: John Hick, *God has many names* (Philadelphia, 1982); *The Myth of Christian Uniqueness: Toward a Pluralistic Theology of Religion* (New York, 1987); *Problems of Religious Pluralism* (London, 1987); *An Interpretation of Religion: Human Response to the Transcendent* (New Haven: Yale University Press, 1989); Paul F. Knitter (변선환 역), *No Other Name?* (오직 예수의 이름으로만?) (서울: 한국신학연구소, 1987); Raimundo Panikkar, "The Invisible Harmony: A Universal Theory of Religion or a Cosmic Confidence in Reality?" *Toward a Universal Theology of Religion*, ed. L. Swilder (New York: Orbis Books, 1987); Stanley Samartha, "The Lordship of Jesus and Religious Pluralism," G. Anderson & T. Stransky, eds., *Christ's Lordship and Religious Pluralism* (New York: Orbis Books, 1981), pp. 20ff; "예수 그리스도의 주권과 종교다원사회," 신학

신학 방법론으로 종교다원주의(The Religious Pluralism)가 소개되어 그 수용성 여부를 둘러싸고 학자들 사이에 찬반 논의가 계속되고 있다. 1970년 이후부터 타종교와의 대화를 가장 적극적으로 모색해왔던 "세계기독교 교회협의회"(W.C.C.)는 이미 1990년 스위스 바아르에서 있었던 "바아르 선언"(The Baar Statement)을 통하여 종교다원주의를 포스트모더니즘 시대의 적합한 선교방법론으로 채택함으로써 가장 발빠른 변신을 보였다.[3]

한국 기독교 안에는 1984년 전감신대학장이며 조직신학자인 변선환 교수가 한국 기독교 100주년 기념 신학자 대회에서 "타종교와 신학"이란 논문 발표를 통해,[4] 1977년부터 그 자신의 토착화 신학의 방법론으로써 "오직 기독 안에만 참된 구원이 있다"고 보는 "종교배타주의"(기독교의 유일성 주장)를 거부하고 "기독교 밖에도 구원이 있다"고 보는 "종교포용주의"(기독교의 우월성 주장)를 선택해왔으나[5] 이제 다시 종교포용주의를 거부하고 "모든 종교가 기독교와 동등한 구원을 가지고

사상, 39 (1982), pp. 679-689; John B. Cobb, Jr., *Beyond Dialogue: Toward mutual transformation of Christianity and Buddhism* (Philadelphia: Fortress Press, 1982); "Beyond Pluralism'," *Christian Uniqueness Reconsidered*, Gabin D'Costa, ed (New York: Orbis Books, 1990), 80-98.

3) 예를들면 "바아르 선언문," 웨슬리 아리아라자 (김덕순 역), 『성서와 종교간의 대화』(서울: 감리교신학대학 출판부), p. 168f.에서 W.C.C.는 다음과 같은 선언을 통하여 종교다원주의를 공식적으로 채택하였음을 알린다: "우리는 종교 전통의 다원성을, 하나님께서 각 나라와 민족과 관계하시는 다양한 방식의 결과일 뿐만 아니라 인류의 다양성과 풍성함이 표현된 것으로 이해한다…종교의 다원성 속에 현존하시는 만유의 주로서의 하나님을 신앙한다면, 그분의 구원 사역이 어느 특정한 대륙, 문화, 민족에 국한된다는 편협한 사고를 더 이상 고집할 수 없을 것이다…종교다원성은 극복해야 할 장애가 아니다. 오히려 하나님께서 모든 것 가운데 모든 것이 되실(엡 4:6; 롬 11:36) 때를 대망하는 우리 기독교인들에게는 하나님과 이웃을 보다 깊이 만날 수 있는 호기인 셈이다."

4) 변선환, "타종교와 신학," "신학사상," 47 (1984/겨울), pp. 687-717.

5) 변선환, "교회 밖에도 구원이 있다," "월간 목회," (1977/7); "기독교 밖에도 구원이 있다," "월간 목회," (1977/9).

있다"고 보는 "종교다원주의"(기독교의 상대성 주장)를 채택하였음을 선언함으로써 종교다원주의를 가장 빠르게 수용하였다. 그리고 변 교수 자신이 한국 기독교 학회장으로 재임하였던 2년 동안(1990,91년) 종교다원주의와 직접적으로 관련된 주제를, 즉 1990년에는 "종교다원주의와 신학적 과제"라는 주제를, 1991년에는 "복음과 문화"라는 주제를 학회의 연구 발표 주제로 각각 선택하게 함으로써, 종교다원주의를 한국 교계에 널리 확산시키는 데 앞장을 섰다.[6]

그 반동으로 한국 복음주의 신학회도 1991년에 "그리스도의 유일성과 종교다원화"를 연구 주제로 선택하여 종교다원주의를 비평하는 논문들을 발표하였으며,[7] "기독교 사상"지와 "목회와 신학"지 등 교계의 여러 잡지들도 1991년부터 현재까지 종교다원주의와 관련된 논문이나 특

---

6) 1990년도 학회 모임에서 발표되었던 논문들은 그 이듬해인 1991년도에 『종교다원주의와 신학적 과제』라는 제목으로 대한기독교서회를 통해 출판되었다. 이 논문집에 수록된 주요 논문으로는 유동식, "한국 종교와 신학적 과제," (pp. 11-33), 성종현, "신약성서적 입장에서 본 기독교와 한국재래종교,"(pp. 69-90), 박종천, "종교다원주의와 신학의 탈서구화."(pp. 126-158), 이원규, "종교다원주의 상황과 한국교회: Peter L. Berger의 사회학적 이론을 중심으로,"(pp. 159-190) 등이 있다. 한편 1991년도 학회에서 발표된 논문들은 1992년 『복음과 문화』라는 제목으로 역시 대한기독교서회를 통해 출판되었다. 종교다원주의와 관련하여 이 논문집에는 비판적 입장에 서있는 이종성, "통전적 신학의 입장에서 본 하나의 해석," (pp. 15-74), 김지철, "한국문화신학은 십자가의 거침돌을 제거했는가?"(pp. 146-173)와, 긍정적 입장에서 다룬 이정배, "다원주의 기독론과 토착화 신학."(pp. 75-119), 심일섭, "탈토착화냐 재토착화냐,"(pp. 174-194)가 수록되어 있다.
7) 1991년도 복음주의학회에서 발표되었던 논문들은 1992년도 한국 복음주의 신학회 논문집 제11집, 『성경과 신학: 특집 그리스도의 유일성과 종교다원화』라는 제목으로 기독지혜사에 의해 출판되었다. 여기에 수록된 주요 논문으로는 전호진, "복음주의 관점에서 본 종교다원주의,"(pp. 12-34), 김지철, "바울의 십자가 신학과 종교다원주의,"(pp. 98-121), 김시열, "한국 교회의 현실 속에 나타난 전통문화와 기독교,"(pp. 180-206), 김명훈, "종교다원주의 사회에서의 종교 간의 대화 모델로서의 신중심주의 모델이론 비판,"(pp. 240-263) 등을 들 수 있다.

집들을 계속해서 싣고 있다.[8] 게다가 1991년 11월 종교 다원주의를 제창하는 변 교수와 "포스트모더니즘"을 기독교 신학의 방법론으로 채택한 감신대의 홍정수 교수가 다 같이 소속 교단인 감리교단에서 출교되었으며, 이 사건에 대한 찬반 논의가 즉시 매스컴을 타고 널리 전파됨으로써 이제 종교다원주의는 비단 기독교인뿐만 아니라 일반 국민들에게까지 널리 알려지게 되었다. 그리고 지난 10월에 한국신학연구소에서 변선환 학장 은퇴를 기념하기 위해 여러 학자들이 그가 제창한 "종교다원주의"를 주제로 『종교다원주의와 한국적 신학』이란 방대한 논문집을 출판함으로써,[9] 종교다원주의 논쟁은 앞으로도 계속해서 가열될 조짐을 보여주고 있다.

이미 잘 알려진 대로 종교다원주의 주창자들은 기독교의 유일성을 주장하는 "배타주의"(Exclusivism)나 혹은 기독교의 우월성을 주장하는 종교 "포용주의"(Inclusivism)[10]를 다 같이 서구 문화의 제국주의적 착

---

8) 예를 들면 "기독교 사상" 1991년도 12월호에 수록된 김지철, "한국문화신학에 대한 비판," (pp. 43-54), 박종천, "토착화 신학의 기독론적 쟁점," (pp. 55-65), 박근원/이종성/김경재/이정배/정현경, "복음과 문화 논쟁의 평가," (pp. 70-92). "기독교 사상" 1992년 1월호에 실린, 김경재, "종교다원론에 대한 교계의 열병을 보며: 종교다원론과 그리스도 고백," (pp. 181-187), "목회와 신학," 1992년도 7월호와 10월에 실린 특집 "한국신학사조의 긴급진단"; "종교다원주의와 예수의 유일성,"에 실린 여러 논문들, "신학지남" 제59권 1992년도 여름호에 실린 심창섭, "포스트모더니즘 현상 속의 민족신학과 종교다원주의에 대한 역사신학적 조명," (pp. 70-92) 등.

9) 『종교다원주의와 한국적 신학』에 실린 주요 논문들은 다음과 같다: 심상태, "변선환 박사의 타종교관 이해," (pp. 31-68), 김광식/김경재/서광선/심상태/심일섭/이정배, "변선환 박사 신학의 평가와 전망," (pp. 80-112), 김경재, "구원체험 유형과 해석학적 이해이론," (pp. 126-144), 김광식, "선교 개념의 발전에 대한 연구," (pp. 145-163), 홍정수, "종교신학의 두 기준," (pp. 164-185), 김성곤, "종교다원화 현상에 대한 세 가지 태도의 분석과 그 문제점," (pp. 186-203), 한인철, "존 캅의 다원주의 방법론 소고," (pp. 227-249), 심광섭, "존 힉의 신중심적 다원적 종교신학," (pp. 250-275).

10) 로마 카톨릭 교회에서 1965년 제2바티칸 회의를 통해 카토릭 신학자 K. Rahner, H. Küng이 제창하는 포용주의를 공식적으로 받아들임으로써 포용주

상에 기인한 것으로 보고 이를 단호히 거부한다. 다시 말하면 이들이 볼 때, 예수 혹은 교회 밖에는 구원이 없다고 보는 배타주의는 물론, 우주적인 그리스도의 활동은 기독교가 말하는 역사적 예수에게만 나타난 것이 아니라 다른 종교에도 나타나고 있기 때문에 다른 종교인들도 사실상 "익명의 그리스도인들"(anonyme Christen)로 불려질 수 있다고 보는 종교포괄주의도 어디까지나 기독교의 유일성이나 혹은 우월성을 바탕으로 발전해온 서구 문화의 산물이라는 것이다. 따라서 이들 종교다원주의 주창자들은 "종교다원주의"(the Religious Pluralism)라는 새로운 패러다임(Paradigm)을 설정하여 그리스도는 물론 하나님과 계시와 구원의 개념까지 전통적인 기독교의 가르침과는 전혀 다른 새로운 재해석을 감행한다. 그리하여 이들은 모든 종교가 사실상 동등한 신과 구원을 지향하고 있다는 주장 아래 기독교를 포함하여 모든 종교를 비규범화 혹은 상대화시킴으로써 사실상 종교해방과 탈기독교화를 추구한다.

종교다원주의 주창자들은 이러한 종교 해방이야말로 천동설에서 지동설에로의 전환에 해당하는 코페르니쿠스적 혁명이라고 부른다.[11] 따라서 종교다원주의에서 모든 종교는 다 같이 신(초월자)을 지향하고 있다고 보기 때문에 성경이 말하는 유일신 사상을 떠날 뿐만 아니라, 또한 모든 종교가 다 같이 추구하는 구원을 결국 책임적인 인간 실존의 자기 실현으로 보기 때문에,[12] 예수 그리스도를 통하여 죄와 사탄의 세력과 하나님의 심판으로부터 구원받아 하나님과의 올바른 관계의 회복

의는 우리 기독교 안에 널리 보급되어졌다.

11) John Hick, *God has many names*, p. 18; 심상래, "변선환 박사의 타종교관 이해," 『종교다원주의와 한국적 신학』, p. 46f; 홍정수, "종교신학의 두 기준," 『종교다원주의와 한국적 신학』, p. 167.

12) 예를 들면, 변선환 교수는 1982년 "불교와 기독교와 대화," "신학사상," 39 (1982, 겨울), p. 176에서 다음과 같이 말하고 있다: "우리는 기독교인이 된다는 것이 중요한 것이 아니다. 누구든지 삶의 현장에서 성실한 사람은 누구나 구원받을 수 있다. 불제자나 무신론자 등 누구나 할 것 없이 절대성을 추구하고 신의 절대성과 함께하면 비기독교인이건 누구나 구원받을 수 있다."

을 말하는 성경의 구속사적-종말론적인 구원사상으로부터 완전히 이탈한다. 하지만 이들은 종교다원주의에서 비로소 기독교 입장에서 타종교인들을 삼인칭(We/It)으로 보거나 혹은 이인칭(We/You)으로 보는 패러다임을 극복하고 타종교를 같은 일인칭(We=We)으로 볼 수 있는 참다운 대화의 기반이 마련되었다고 자부한다.[13] 종교다원주의를 한국교계에 도입하고 소개하는 일에 주도적인 역할을 하고 있는 변선환 교수는 "종교다원주의와 신학적 과제"라는 주제로 모인 1990년도 기독교학회 모임에서 종교다원주의와 그 역할에 관하여 다음과 같이 선언한다:

타종교가 선교의 대상이 아니라 대화의 주체로 등장하게 된 것은 윤성범과 유동식 님을 통해 토착화 선교가 제기된 지 20년 후 80년대에 들어서면서였다. 80년대 이후에 발전된 종교 신학은 종교다원주의 시대의 도래를 바라보면서 기독교와 타종교와의 만남을 신앙과 신앙, 주체와 주체와의 만남이라고 보게 되었다. 씨와 토양, 누룩과 반죽이라는 비유로 상징되었던 "주체와 객체"도식(토착화 신학)이 낡은 패러다임이 된 것이다. 종교 신학은 "선교"가 아니라 "대화"를 지향하여 나아가면서 하나님의 구원의 역사가 기독교회의 벽 속에만 폐쇄되어 있지 않다고 본다. 하나님은 오직 기독교인들의 기도만 들으시는 기독교인만의 하나님은 아니다. 종교간의 대화는 타종교를 통하여서 서로 다른 종교를 향하여 말씀하시는 하나님에게 보다 깊은 차원에서부터의 회개를 감행하도록 우리들 모두에게 촉구한다. 오늘날 살아계신 그리스도는 종교다원론의 시대 속에서 하나님이 주시는 엄청난 새로운 가능성 속에서 세계 종교 신봉자는 물론 계속 이데올로기 신봉자들로 근원적으로 변혁되고 회개하도록 부르신다. 종교는 마르크스가 보았듯이 단순한 "인민의 아편"이 아니라 "변혁의 누룩"이며, 바르트가 보았듯이 "불신앙"과 "악마"(diaboli)가 아니다. "복음에로의 준비"(preparatio evangelice)이며 "익명의 기독교"(라너)이다. 우리 신학자들은 종교다원주의라는

---

13) Cf. Alan Race, *Christian and Religious Pluralism: Patterns in the Christian Theology of Religions* (New York: Orbis Books, 1982).

시대의 징조를 바라보면서 배타주의뿐만 아니라 기독교 선교 변증을 꾀하였던 보편주의적인 포괄주의 패러다임까지도 벗어버리고 벌거벗은 열려진 양심을 가지고 다원주의 시대 속에서 일하시는 살아계신 하나님을 신뢰하며 새로운 신학 작업에 도전할 수 있는 새 시대의 신학자로 부름받고 있다. 우리들은 마치 한국 종교가 존재하지 않는 것처럼 종교적인 진공 지대에서 신학하도록 불려진 것이 아니라, 종교적, 정치적 다원주의 상황 속에 있는 한국의 역사적인 현장을 "신학의 장"(locus theologia)으로 삼고 신학하도록 부름받았다. 우리는 배타주의가 지배하던 요단강 중심의 유대 문화에서부터 포괄주의 패러다임의 이리소스 강과 티베르 강 중심의 희랍 로마문명을 거쳐서 다원주의를 상징하는 갠지스 강과 한강 중심의 태평양 문화시대에서 신학하고 있다. ex oriente(빛은 동양에서부터)라는 슬로건은 기독교 서구문화 한가운데서 소용돌이치는 "동양지향"(turning East, H. Cox)의 소리이다. 지금은 한국 신학자들이 자부심을 가지고 제3세계 신학자들 특히 아세아 종교해방신학자들과 손에 손잡고 한국의 종교해방신학 형성을 위해서 일하여야 할 때, 바로 추수할 때이다.[14]

변선환 교수를 위시하여 여러 종교다원주의 주창자들에 대하여 우리가 가질 수 있는 답변은 무엇인가? 이미 여러 국내의 학자들이 지적하고 있는 바와 같이 종교다원주의 주창자들은 그들이 아무리 선교적, 목회적 좋은 동기를 가졌다고 할지라도 사실상 성경을 신학의 근거와 틀로 삼는 것을 포기하고 기독교를 상대화시킴으로써 스스로 기독교 신학자됨을 포기하고 있다고 볼 수밖에 없다.[15] 그들이 더 이상 "기독교 신학", "기독교 선교"라는 말을 사용하지 않고 그대신 "종교 신학", "문화

---

14) 변선환, "신학의 과제로서의 한국종교," 『종교다원주의와 신학적 과제』, pp. 5-6.
15) 김지철, "바울의 십자가 신학과 종교다원주의," pp. 98-121; "한국 문화신학에 대한 비판," pp. 43-54; 전호진, "복음주의 관점에서 본 종교 다원주의," pp. 12-34; 김영환, "종교다원주의와 한국 토착화 신학," "목회와 신학," (1992/7), pp. 61-90.

신학", "한국 신학", "종교간의 대화"라는 말을 사용하여 탈기독교화를 부르짖고 있는 것을 보아서도 이 점을 부인하기 어렵다.[16] 그렇기 때문에 우리가 스스로 기독교 신학함을 거부하거나 포기하지 않는 이상 종교다원주의를 받아들일 수 없는 것은 자명한 일이다.

그럼에도 불구하고 세기의 전환기를 맞고 있는 우리는 그들의 주장처럼 이제 우리가 원하든 원치 않든 획일적이고 규범적인 패러다임으로써 종교와 문화, 자연과학 등 우리의 모든 세계를 설명하기 어려운 다원주의 시대에 살고 있는 것은 부정할 수 없는 사실이다. 더구나 우리는 이미 태어날 때부터 한국말을 모국어로 사용하면서 한국의 전통적인 문화와 제종교의 물을 먹고, 그 울타리 안에서 살아오고 있음도 부정할 수 없다. 그러므로 우리의 기독교 이해는 그 출발부터 사실상 소위 토착화 문제와 깊이 관련되어 있다고 볼 수밖에 없다. 왜냐하면 우리는 백지 상태에서 기독교 복음을 만난 것이 아니고 한국인으로서 만났기 때문이다. 그리고 우리가 살아 활동하고 있는 한 우리는 한국인인 사람들(타종교인들을 포함하여)을 만나 대화할 수밖에 없으며, 또한 그들에게 선교할 수밖에 없다. 그러므로 우리는 "배타주의"든, "포용주의"든, 혹은 "다원주의"든 혹은 그 밖의 다른 제4의 입장이든 어떤 패러다임을 가질 수밖에 없을 것이다. 그렇다면 우리는 이제 어떠한 패러다임을 가져야 할 것인가?

이 문제와 관련하여 필자는 한때 철저한 유대종교주의자였다가 다메섹 사건을 통하여 크리스천 선교사, 신학자, 목회자로 전환되어 기독교 복음을 전파하는 선교 현장에서 다시 자신의 전통적인 유대종교와 씨름할 수밖에 없었던 바울을 살펴봄으로써 종교다원주의가 제기한 문제들에 대한 우리의 입장을 설정해 보려고 한다. 특별히 이 문제와 관련하여 바울의 가장 초기 서신 중의 하나이며 동시에 바울 신학의 가장 좋

---

16) 유동식/변선환/안병무/서광선/박종천, "한국 토착화 신학 논쟁의 평가와 전망," "기독교 사상," 1991년 6, 7월호를 보라.

은 변증서로 알려진 갈라디아서에 나타나고 있는 크리스천 유대주의자들에 대한 바울의 답변을 살펴보고자 한다. 왜냐하면 바울은 갈라디아서에서 사실상 오늘날 종교다원주의가 우리에게 제기하고 있는 유사한 문제들과 씨름하고 있다고 볼 수 있기 때문이다.

이미 잘 알려진 바대로 갈라디아 교회의 문제는 바울이 갈라디아 지역에 선교하여 세운 교회에 예루살렘으로부터 온 크리스천 유대인 순회 전도인들이 찾아옴으로써 야기되었다.[17] 즉 본래 바울은 그의 다메섹 사건을 통하여 받은 복음, 곧 자신의 전통적인 유대종교의 구호인 "율법의 행위를 통한 의"(참조, 빌 3:6; 롬 9:30-31; 10:3)로써가 아닌 오직 예수 그리스도를 믿음으로 의로워지는 "이신득의"의 복음(탈유대적 구원관)을 전혀 복음을 알지 못하는 갈라디아 사람들에게 전파하였으며(1:8,11; 4:8,13), 그들은 그 복음에 인격적인 응답(믿음)을 함으로써 성령을 받았으며(3:2,5), 아브라함의 축복에 참여하게 되었으며, 하나님의 자녀가 되었다(3:26,29; 4:6-7). 그러나 바울의 부재중에 예루살렘으로부터 당시 팔레스틴 땅에 대두되고 있던 강한 유대민족주의와 전통적인 유대종교와 문화를 고수운동에 깊은 영향을 받고 있었다고 보여지는 유대주의자적 크리스천들이 와서 갈라디아 교인들에게 바울이 전파한 것과는 다른 복음을 전파하여 갈라디아 교인들을 혼란하게 하였다(1:6-7; 3:1).[18] 그들은 갈라디아 교인들이 예루살렘의 유대인 크리스

---

17) 갈라디아 교회를 혼란스럽게 한 자들의 주요 메시지는 갈라디아서 그 자체를 깊이 연구함으로써 재구성할 수 있다. 이 문제에 관하여는 다음의 문헌을 보라: J.L. Martyn, "A Law-observant Mission to Gentiles: the Background of Galatians," *MQR* 22 (1983), pp. 221-36; E.P. Sanders, *Paul, the Law and the Jewish People* (Philadelphia: Fortress Press, 1983), pp. 18-20; R.H. Gundry, "Grace, Work, and Staying Saved in Paul," *Biblica* 66 (1985), pp. 8ff; R.N. Longenecker, *Galatians* (WBC, Dallas: Word Books, 1990), pp. lxxxix-c; J.D.G. Dunn, "The Theology of Galatians," *Jesus, Paul and the Law* (Louisville: Westminster Press, 1990), pp. 242-264.

18) Cf. M. Hengel, "Christology and New Testament Chronology: A

천들처럼 유대나라의 메시야로 오신 예수에 대한 신앙과 함께 아브라함의 할례와 모세의 율법과 유대적 절기 등을 지키지 않는 한 유대인들처럼 의에 도달할 수도, 아브라함의 후손이 될 수도, 아브라함의 축복에 참여할 수도 없다고 가르쳤다. 다시 말해서 갈라디아 교인들이 유대화된 복음을 받아들여 예루살렘 교인들처럼 철저히 유대종교와 문화 안으로 재토착화되지 않는 한 유대인 크리스천들이 누리는 축복에서 제외될 수밖에 없다는 것이다. 이것은 사실상 바울이 전파한 복음의 충족성은 물론 그의 사도직의 정통성을 거부하는 행위였다. 이들은 자신들의 주장의 정당성을 위하여 당대의 유대 신학의 도움을 받아 다음과 같은 근거를 제시하였다.

첫째, 그들은 창세기 17:9-14, 25:6 등에 근거하여 아브라함이 의롭게 되고, 하나님의 약속을 받게 된 것은 할례를 받고 모세를 통하여 장차 주어질 그 율법을 미리 지켰기 때문이라고 주장하였다. 다시 말해서 아브라함에게 주어진 언약은 율법에 두고 있다는 것이다.

둘째, 모세를 통하여 주어진 율법, 곧 시내산 언약은 아브라함에게 주어진 언약의 구체화요, 완성이라는 것이다.

셋째, 유대인의 메시야로 오신 예수도 율법을 폐하려 온 것이 아니라 오히려 율법을 성취하기 오셨다는 것이다(참조 마 5:17).

넷째, 성령의 오심도 유대인들로 하여금 율법을 더 굳게 지키도록 하기 위함이라는 것이다.[19]

갈라디아 교회에 찾아온 유대주의자들은 이와 같은 근거를 제시하면서 아브라함과 이스라엘 백성과 메시야까지 지켰으며, 현재 예루살렘의 모든 유대 크리스천들이 지키고 있는 율법을 갈라디아 교인들이 지키지

Problem in the History of Earliest Christianity," *Between Jesus and Paul* (Philadelphia: Fortress Press, 1983), pp. 30-47.

19) See H.B. Betz, *Galatians* (Philadelphia: Fortress Press, 1979), pp. 139-140; Longenecker, *Galatians*, pp. 110-112; Martyn, "A Law-observant Mission," pp. 233-35.

않으면, 그래서 그들이 모세의 율법에 기초를 둔 유대 종교와 문화 안으로 토착화되지 않으면(참조 2:11-14; 4:10) 아브라함의 후손도, 언약의 백성도 될 수 없으며, 아브라함에게 주어진 축복도 누릴 수 없으며, 그 결과 예루살렘의 유대인 신자들과의 교제도 불가능하다고 하였다. 바로 이 때문에 갈라디아 교회는 혼란에 빠지게 되었다(갈 3:1-2; 4:9-11). 바로 이와 같은 갈라디아 교회의 혼란한 상황을 알았기 때문에 바울은 이 혼란에 대한 대책을 마련하지 않을 수 없었다. 즉 바울은 한편으로 유대주의자들의 주장에 미혹당한 교인들에게 복음의 진리를 재천명하여 그들을 일깨워 주어야 했으며, 유대주의자들 주장의 잘못과 허구성을 드러내어 더 이상 그들의 교훈에 미혹을 당하지 않도록 해야 했다. 또 한편으로는 복음과 율법, 크리스천들과 율법 및 유대종교와의 연관관계에 대한 올바른 해답을, 즉 율법과 유대종교 문화 속으로의 토착화 문제에 관한 올바른 해답을 제시하여야만 했다.

그렇다면 바울의 답변과 대책은 무엇인가? 바울은 1,2장에서 자신의 사도직과 자기가 전파한 복음의 신적 기원을 강하게 주장한다. 바울은 먼저 1장에서 자신이 본래 누구보다도 더 철저한 유대종교 옹호자였으며, 기독교 박해자였다는 사실과(1:13-14), 그러던 그가 다메섹 사건에서 하나님의 계시를 통하여 유대인, 이방인 할 것 없이 누구든지 예수 그리스도를 믿음으로 의로워지는 복음의 진리를 받았으며(1:15-17; 2:15-16), 또한 그 복음을 전파할 사도로 부름을 받았다는 사실을 천명한다(1:17).[20] 그리고 2장에 가서 자신의 사도직과 자신이 전파하는 복음에 관하여는 베드로, 야고보, 요한 등 예루살렘 교회 지도자들까지도 인정하였다는 것과(2:1-9), 그렇기 때문에 그는 안디옥 교회에서 베드로의 행동이 안디옥 교회를 유대종교 안으로 토착화시키는 빌미를 제공

---

20) 바울의 다메섹 사건의 체험과 그 의의에 관하여는 김세윤, *The Origin of Paul's Gospel* (Grand Rapids: Eerdmans, 1982), pp. 51-74; M. Hengel, *The Pre-Christian Paul* (Philadelphia: Fortress Press, 1991), pp. 63-69; 최갑종, 『바울연구 1』(서울: 기독교문서선교회, 1992), pp. 19-28를 보라.

하고, 결과적으로 복음의 진리가 훼손당할 수 있기 때문에 베드로를 책망까지 할 수밖에 없었다는 사실을 상기시킨다(2:11-15).[21]

3장, 4장에서 바울은 다메섹 사건을 통하여 받은 신적 계시, 곧 복음의 진리의 빛을 통하여 한편으로 율법의 행위를 주장하는 유대주의자들의 주장을 재평가하고 재해석함으로써 그들 주장의 허구성을 들추어내고, 또 한편으로는 율법의 행위와 관계없이 예수 그리스도를 믿음으로 이미 주어진 갈라디아 교인들의 현재적 축복의 위대성, 이른바 성령받음, 하나님의 자녀됨, 아브라함의 후손과 그 기업에 참여함 등을 재천명한다. 이 두 장에서 우리는 특히 율법과 자신의 전통적인 유대종교에 대한 바울의 재평가와 재해석의 방법을 만난다. 특이한 것은 바울 자신이 그의 반대자들이 사용하고 있는 동일한 유대종교의 경전인 구약성경을 통하여 자기 당대의 유대종교를 재평가하고 재해석하는 것이다.[22] 즉 다메섹 사건과 성령의 체험을 한 바울의 입장에서 볼 때 자기 당대 유대종교와 유대 신학자들의 아브라함과 모세의 율법해석은 구약성경 그 자체의 가르침과도 일치하는 것이 아니라 오히려 반대된다는 것이다.

유대주의자들은 당대의 유대신학을 따라 아브라함이 율법의 행위로 의로워졌다고 보았지만 바울이 구약성경을 통해서 발견한 것은 오히려 그 반대로 아브라함이 믿음으로 의로워졌으며(창 12:3), 유대주의자들은 이스라엘 백성이 모세에게 주어진 언약을 지킴으로써 시내산 언약에 참여한다고 보았지만, 바울이 볼 때는 하나님께서 모세를 통하여 이스라엘 백성에게 율법을 주신 것은 처음부터 그 율법을 지킴으로 이스라엘 백성이 되고 하나님의 언약 속에 들어가기 위한 것이 아니라(Not getting in), 오히려 그 반대로 하나님께서 주권적으로 출애굽 사건을

---

21) 이한수, "안디옥 사건과 바울의 이신칭의의 복음," "신학지남," 59권 (1992년 여름호), pp. 7-57: 최갑종, "바울과 베드로 그리고 안디옥 교회: 갈라디아서 2장 연구," 『바울연구 1』, pp. 29-54.

22) E.P. Sanders, *Paul, the Law and the Jewish People*, pp. 18ff.

통하여 이스라엘 백성을 구원하여 맺으신 그 언약에 계속 머물러 있기 위해서였다(But staying in). 이뿐만 아니라 바울 당대 유대인들은 구약의 본래 의도와는 달리 율법이 구원과 성화의 힘을 가진 것처럼 생각하였지만 바울이 볼 때 율법은 그들이 생각하는 것처럼 구원과 성화를 가져다주는 힘을 가지고 있기는 커녕 오히려 완전한 순종을 요구하는 그 율법을 완전하게 지키지 못하는 그 사실 때문에 인간을 죄의 노예가 되게 하여 마침내 인간을 율법의 저주와 사망으로 끌고 간다는 것이다.[23] 이렇게 함으로써 바울은 율법에 근거를 두고 절대화되었던 유대종교와 문화를 철저히 상대화시킨다.

그렇다면 바울은 유대종교와 문화, 곧 율법을 인간에게 아무런 도움을 줄 수 없는 부정적인 것으로만 보았는가? 그렇지는 않다. 바울은 갈라디아서 3장과 4장에서 비록 율법 그 자체가 유대인들에게 구원과 성화의 힘을 제공해주지는 못한다 할지라도 율법은 하나님의 구원역사에 있어서 마치 자기 당대 어린아이의 훈육을 그 어린아이가 성장할 때까지 잠정적으로만 책임을 지고 있는 몽학선생처럼 그리스도가 오실 때까지 인간을 통제하고 관리하고 그리하여 결국 그리스도에게로 향할 수 있는 방법을 제공해주는 긍정적 역할이 있음을 밝힌다(3:23-24). 다시 말해서 율법의 그 부정적 기능을 통하여 인간이 절망과 비참 속에 빠지게 될 때 그리스도의 구속의 필요성과 부유성이 더 드러나게 되어 비참과 절망 속에 빠져 있는 인간으로 하여금 결국 율법의 목표요, 최고 절정이요, 완전한 성취자이신 그리스도(참조 롬 8:3-14; 롬 10:4; 갈 3:13; 4:4-5)에게로 인도하는 구원역사적 역할을 한다는 것이다.[24]

그러나 바울은 여기서 멈추지 않는다. 다시 말해서 바울에게 있어서 율법은 인간을 비참과 절망 속으로 몰아넣는 그 부정적 기능을 통하여

---

23) R.B. Sloan, "Paul and the Law: Why the Law cannot save," *NovT* 33 (1991), p. 68f.
24) 최갑종, "바울과 율법: 바울의 율법관에 대한 연구,"『바울연구 1』, pp. 70-72.

종국적으로 약속과 믿음을 위한 방법을 마련하며 비참과 절망 속에 빠져 있는 인간을 그리스도에게로 인도하는 그 몽학선생의 역할을 밝혀주는 데에서 멈추지 않는다. 만일 그렇다면 그리스도가 온 이후로 율법은 이제 크리스천에게 아무런 의미도 없고, 따라서 율법은 낡은 유대교의 산물로서 배척되어야 마땅할 것이다. 그리고 율법에 기초를 두고 있는 모든 유대종교와 문화도 그리스도가 온 이후로는 기독교 교회 안에서 당연히 거부되어야 할 것이다. 오늘날의 언어적 표현을 빌어 말한다면 다메섹 사건 이후의 바울은 자신의 전통적인 유대종교와 문화에 대하여 철저히 배타주의적인 입장에 서야 할 것이다. 그러나 갈라디아서에 따르면 바울은 그렇지 않다.

이미 잘 알려져 있는 대로 바울은 갈라디아서 3-4장에서는 한편으로는 예수 그리스도에 대한 믿음과 율법의 행위, 약속과 율법, 이삭과 이스마엘 등의 반위관계를 통하여, 또 한편으로는 죄와 율법, 정죄와 율법, 진노와 율법 등 제휴관계를 통하여 율법의 권세로부터, 율법에 기초를 두고 있는 이 세상의 초등원리와 이 세상의 종교와 문화 등의 권세로부터 크리스천들을 철저히 해방시킨다(4:8-10; 5:1). 그러나 바울이 크리스천의 삶의 문제를 취급하는 갈라디아 5,6장에 가서는 그와는 정반대적으로 지금까지 그토록 그가 부정적 입장으로 대했던 그 율법을 크리스천들이 성령 안에서 성취하여야 할 "그리스도의 법"으로 새롭게 제시한다. 즉 5:14에서 바울은 이웃 사랑이 모세를 통하여 주어진 모든 율법을 성취하는 것이라고 말하며, 그리고 6:2에 가서 사랑의 가장 구체적인 표현인 서로의 짐을 짐으로써 "그리스도의 법"을 성취하라고 말하고 있다. 갈라디아서의 전후문맥을 볼 때 이미 여러 학자들이 지적하고 있는 바와 같이 바울이 말하는 "그리스도의 법"이 갈라디아서에서 말해지고 있는 동일한 "모세의 율법"을 가리키고 있음을 부정하기 어렵다.[25] 그러나 동일한 모세의 율법이라고 할지라도 바울이 모세의 율법

---

25) K. Snodgrass, "Spheres of Influence: A Possible Solution to the Problem of Paul and the Law," *JSNT* 32 (1988), p. 99f.; 홍인규, "The Law and Christian Etics in Galatians 5-6," *Neotestamentica* 20 (1992).

이라고 부르지 않고 오히려 "그리스도의 법"이라고 부름으로써 바울은 율법을 이미 자기 당대 유대인들이나 갈라디아 교회를 혼란하게 한 유대주의자들과는 전혀 다른 각도에서 보고 있다는 것을 보여준다.

다시 말해서 다메섹 사건 이후의 바울은 자기 당대 유대종교라는 해석학적 틀을 가지고 율법을 보는 것이 아니라 그가 다메섹 사건을 통하여 깨달은 그리스도 사건, 복음의 빛과 성령 체험의 빛을 통하여 본다. 자기 당대 유대신학에서는 모세의 율법을 언약백성에 가입하기 위해, 그리고 그 언약백성의 상태를 계속 유지하기 위해 반드시 지켜야 할 절대적인 규범으로 보았지만, 바울은 그리스도의 십자가 사건을 통해서 한편으로 율법이 이스라엘 백성을 도와주기는 커녕 오히려 완벽한 순종을 요구하는 율법의 절대적인 요구 때문에 이스라엘 백성을 저주와 절망으로 이끌어가는 율법의 무능력과 절망을 보았으며, 또 한편으로 예수 그리스도를 믿는 자들은 율법의 그와 같은 절대적인 요구로부터 해방되고 자유하였다는 것을 보았다. 그리스도께서 친히 율법 아래 나시고, 친히 우리를 대신하여 율법의 저주를 받으시고, 모든 율법의 요구를 충족시키시고, 우리를 율법의 저주와 요구로부터 구속하셨기 때문이다(1:4; 3:13; 4:4-5). 그리하여 바울이 볼 때 율법은 그리스도 사건을 통하여 이제 새로운 차원에 놓여지게 되었고, 새로운 의미를 가지게 되었다. 율법 그 자체가 바뀌어진 것이 아니고, 오히려 그리스도의 십자가 사건 전의 그 동일한 율법이 가졌던 차원과 의미가 그리스도 사건을 통하여 성취되고 완성됨으로써 이제 율법은 그리스도 안에서 성취된 율법으로서 그리스도 안에 있는 자들에게는 새로운 차원과 의미를 가지게 된 것이다. 정죄와 진노와 예속과 통제의 기능과 함께 바울 당대 유대종교의 문화와 민족의 정체성을 지켜주는 보루와 경계의 기능을 가졌던 그 율법이[26] 이제는 유대인 이방인 할 것 없이 모든 신자들에게 그리스

---

pp. 113-130; 최갑종, "바울과 율법," pp. 73-75.

26) Cf. J.D.G. Dunn, "The Incident at Antioch" (Gal. 2.11-18), *Jesus, Paul and the Law*, pp. 148-181.

도 안에서 그들에게 주어진 하나님의 은혜와 사랑을 표현하고 실천하는 규범으로 바뀌어졌다는 것이다.

그리스도 안에서 주어진 이와 같은 새로운 율법 이해의 가장 구체적인 예가 바로 갈라디아 3:28일 것이다. 왜냐하면 바울은 이 구절에서 그리스도 안에서 율법에 근거를 두고 있는 유대주의 신학에 의해 만들어졌던 유대인과 헬라인, 자유자와 종, 남녀의 경계, 곧 당대 사회의 모든 문제를 포괄하는 인종적, 정치적, 종교적 장벽과 가진 자와 못 가진 자와 배운 자와 배우지 못한 자 사이에 있는 사회적 신분상의 장벽 그리고 남녀 사이에 있는 성의 장벽이 그리스도 안에서 폐지가 되었다고 선언하기 때문이다. 바울은 여기서 예수 그리스도의 십자가와 부활의 종말론적인 사건을 통하여 율법은 이미 새로운 차원에 놓여지게 되었기 때문에 율법을 유대주의 신학에서 주창하는 이와 같은 종교적, 문화적 장벽을 만드는 도구로 더 이상 사용되는 것을 거부한다. 그런데 갈라디아 교회에 온 유대주의자들은 그리스도 사건 이후의 시대에서도 여전히 모세의 율법을 이와 같은 장벽을 만드는 수단으로 활용하려 했기 때문에 바울은 이를 끝까지 거부한 것이다. 왜냐하면 그것은 바로 그리스도 사건을 전면적으로 도전하고 무효화시키는 행위였기 때문이다. 그러나 그렇다고 해서 바울은 율법을 폐지하거나 거부하는 소위 반율법주의(Antinomism)에 서는 것이 아니라 오히려 율법을 모든 율법의 진정한 의미인 사랑을 실천하는 그리스도의 법으로 고양시킨다.[27] 그렇게 함으로써 바울은 사실상 자기 당대 유대종교와 문화를 그리스도 안에서 회복시키는 기반을 마련한다. 왜냐하면 그리스도께서 십자가 사건을 통하여 당시 사망과 저주 아래 있던 유대종교와 문화를 근본적으로 구속하고 재창조할 수 있는 근거를 마련하셨기 때문이다.

---

27) 홍인규, "The Law and Christian Etics in Galatians 5-6," *Neotestamentica* 20 (1992), pp. 113-130; 최갑종, "바울과 율법," pp. 73-75.

이와 같은 바울의 방법이 오늘 우리에게 주는 교훈은 무엇인가? 물론 누구든지 바울의 상황과 오늘 우리가 안고 있는 상황이 다르다고 말할 수 있을 것이다. 바울이 더불어 자랐고, 씨름했던 전통적인 유대종교와 문화는 우리 한국의 전통적인 종교와 문화와는 많은 괴리를 보여주고 있다는 점은 아무도 부인할 수 없다. 비록 바울 당대의 유대종교와 문화가 구약 그 자체의 가르침을 많이 벗어났다 할지라도 그럼에도 불구하고 유대종교의 하나님과 초대 기독교의 하나님과 유대종교의 성경과 초대 기독교의 성경은 근본적으로 동일할 뿐만 아니라 사실상 예수를 위시하여 12제자들, 바울 자신이 모두 유대인이었지만 우리는 유대인도 아니고 우리의 전통 종교의 하나님과 문화도 유대적 하나님이나 문화가 아니기 때문이다. 하지만 필자는 바울이 갈라디아서를 통하여 보여주고 있는 자신의 전통적인 유대신학과 율법에 대한 접근과 해석은 오늘 우리들에게 서구의 문화와 우리 주변의 동양 종교와 문화는 물론 우리의 전통적인 종교와 문화에 관하여 어떠한 자세를 취해야 할 것이가 하는 문제와 관련하여 분명히 좋은 지침을 보여주고 있다고 본다. 왜냐하면 바울과 우리 사이에는 차이점도 있지만 또한 유사한 점도 있기 때문이다. 즉 그가 다메섹 사건을 통하여 회심하기 전에 전통적인 유대인으로서 유대종교와 문화의 영향을 받으면서 성장해왔던 것처럼 우리 또한 본래 조상 대대로 한국인으로서 전통적인 한국 종교와 문화의 영향을 받으면서 성장해왔기 때문이다. 또한 전통적인 유대인이었던 바울이 다메섹 사건을 통하여 크리스천이 되었던 것처럼 우리 또한 전통적인 한국인으로 살아오다가 1세기 전에 서구 문화와 함께 들어온 복음을 통하여 크리스천이 되었기 때문이다.

필자가 바울에게 발견하는 것은, 바울의 입장이 "배타주의"나 "포괄주의" 혹은 "다원주의" 등 어느 한 범주에 국한시켜 다 설명할 수 없는 독특성을 보여주고 있다는 것이다. 왜냐하면 바울은 자신의 전통적인 종교와 문화를 완전히 거부하지도 않으며, 그렇다고 해서 그것을 그대로 포용하지도 혼합시키지도 않으며, 더구나 양자를 동등한 입장에서 절충시키거나 나란히 두고 있지도 않기 때문이다. 오히려 이미 우리가 살펴본 대로 바울은 다메섹 사건을 통하여 그가 발견한 복음, 곧 그리스도의 십자가의 죽음과 부활의 구원역사적-종말론적인 의미를 깨닫게 되었을 때 그는 이 복음의 빛에 의하여 율법에 그 기반을 두고 있는 자신의 전통적인 유대종교와 문화를 근본적으로 재검토하였다. 그 결과 그는 자기 당대의 배타적인 유대종교와 문화는 구약 그 자체의 가르침과도 일치하지 않은 점을 발견하였다. 예를 들면 자기 당대 유대신학에서 율법의 행위를 구원과 의와 영생을 위한 공로와 조건으로 삼은 것은 아브라함의 역사와 모세를 통하여 주어진 시내산 언약 그 자체에서 보여지고 있는 언약적 율법주의(Covenantal Nomism)[28]와도 일치하지 않는다는 점이다.

바울이 볼 때 자기 당대 유대종교가 하나님이 보내신 그리스도 예수를 십자가에 처형한 것은 율법에 의한 자신들의 낙관적인 의의 추구 때문에 예수 그리스도 안에 나타난 하나님의 의를 보지 못하였기 때문이다. 바울 자신도 한때 그랬던 것처럼(빌 3:6-9), 바울 당대의 유대인들은 낙관주의적인 유대신학에 매여 그들이 실제적으로 시내산 언약(율법)을 완전하게 지키지 못함으로 인해 오히려 저들이 그 율법에 의해 하나님의 저주와 심판 아래 있다는 사실을 깨닫지 못하였기 때문이다. 이뿐만 아니라 바로 저들의 낙관적인 사상 때문에 예수의 십자가의 죽음이 저들에게 걸림돌이 되었다(1:18). 즉 그들은 예수의 십자가 사건을 하나님께서 바로 율법의 저주와 심판 아래 있는 저들을 구속하기 위해 자기 아들이 저들을 대신하여 십자가에서 율법의 저주와 심판을 당하셨다는 사실을 모르고 예수는 그 자신의 잘못 때문에 하나님의 저주를 받은 것으로 보았던 것이다(3:13).[29] 그러나 바울의 입장에서는 그

---

28) E.P. Sanders가 1세기 당대의 유대사상을 "언약적 율법주의"로 재구성한 점은 문제가 있지만 그러나 구약의 본래 사상이 "언약적 율법주의"라는 점은 부인하기 어렵다. 이 문제에 관하여 E.P. Sanders, *Paul and Palestinian Judaism* (Philadelphia: Fortress Press, 1977), pp. 422: 최갑종, "바울과 율법,"과 거기에 수록된 문헌들을 보라.

29) Cf. D.J. Halperin, "Crucifixion, the Nahum Pesher and the

의 다메섹 사건을 통하여 한편으로 그 자신이 종전에 가졌던 낙관적인 유대종교와 문화에 대한 견해가 철저히 부정적인 견해로 전환되었을 뿐만 아니라, 또 다른 한편으로 예수의 십자가와 부활 사건이 유대종교와 문화 그 자체는 물론 모든 세상의 우상의 종교와 문화까지도 근본적으로 구원하는 위대한 종말론적인 사건임을 깨닫게 된 것이다(고후 5:17; 갈 3:28). 다시 말해서 바울은 그리스도 안에서 자신의 전통적인 종교와 문화를 포함하여 죄로 오염되어 왔던 온 세상의 종교와 문화의 절망만 본 것이 아니라(롬 1:18-3:20), 모든 종교와 문화의 회복과 구원의 기반을 동시에 보게 된 것이다(롬 3:21-31). 바울이 전세계 복음화를 위해 앞장설 수 있었던 것은 바로 이와 같은 십자가 사건에 대한 이해 때문이었다.

바로 이와 같은 바울의 그리스도 사건에 대한 신앙과 태도와 이해에서 우리는 우리의 전통적인 종교와 문화에 대한 재평가와 재해석을 할 수 있는 근거와 틀을 발견한다. 따라서 우리가 바울로부터 배울 수 있는 우리의 전통적인 종교와 문화에 관한 태도는 다음과 같아야 할 것이다.

첫째, 우리는 우리의 전통적인 종교와 문화에 대하여 처음부터 끝까지 배타주의 입장에 서는 오류에는 빠지지 말아야 할 것이다. 왜냐하면 배타주의는 우리 자신의 삶의 자리는 물론 인류 전체와 모든 세상의 종교와 문화를 새롭게 재창조할 수 있게 한 그리스도의 십자가와 부활 사건의 우주성과 포괄성의 의미를 약화시키거나 거부하는 위험이 있으며 그 결과, 그리스도의 우주적인 주권과 왕권을 제한하게 하기 때문이다.

둘째, 우리는 기독교 복음을 그대로 한국 종교와 문화에 토착화시키려 시도하거나, 혹은 그 반대로 한국 종교와 문화를 그대로 기독교 안으로 끌어들여 복음 자체를 혼합시키거나 변질시킬 위험을 갖고 있는 포용주의 입장에 서서도 안될 것이다. 왜냐하면 포용주의는 전통적인 종교와 문화에 깊이 내재되어 있는 죄의 심각성과 함께 그리스도를 통

Rabbinic Penalty of Strangulation," *JJS* 32 (1981), pp. 32-46.

한 구원의 절대적 필요성을 깊이 통찰하지 못하고 있기 때문이다(갈라디아 교회를 혼란스럽게 한 유대주의자들의 오류).[30]

셋째, 우리는 사실상 우리의 전통적인 종교와 문화를 통해 기독교를 재해석하거나 상대화시킴으로써 사실상 탈기독교를 부르짖는 종교다원주의 입장에 서서도 안될 것이다. 왜냐하면 종교다원주의는 모든 세상의 종교와 문화의 절망과 유일한 구원의 근거가 되는 그리스도 사건의 의미를 상대화하거나 거부하기 때문이다. 오히려 우리는 복음의 빛 곧 그리스도 사건을 해석학적 틀을 삼아 우리의 전통적인 종교와 문화를 재평가하고 재해석하도록 해야 할 것이다.

넷째, 우리는 1세기 전에 우리에게 전해진 기독교 복음이 비록 서구 문화권에 살던 선교사들에 의해 전해졌다고 할지라도 "현재의 한국 기독교 = 배척되어야 할 제국주의 서구 문화"라는 성급한 도식에 빠지지 말아야 할 것이다. 왜냐하면 이것은 서구의 선교사들이 우리 나라에 들어오기 전에 이미 우리말로 번역되어진 한글 성경이 있었다는 역사적 사실은 물론,[31] 지나간 100년 동안에 한국의 기독교는 이미 많은 점에서 한국적 기독교로 토착화되었다는 역사적 사실 자체를 거부하는 것이기 때문이다. 따라서 오늘 우리의 할 일은 마치 바울이 구약성경을 가지고 갈라디아 교회를 혼란스럽게 한 유대화된 기독교를 재검토한 것처럼 성경이 보여주는 순수한 복음을 회복하기 위해 올바른 주경신학에 근거를 두고 한국의 기독교 안에 숨어있는 서구 문화의 요소는 물론 한국의 전통적인 종교와 문화의 요소까지 철저히 검토하도록 해야 할 것이다.

다섯째, 우리는 그리스도의 십자가와 부활의 사건은 단순히 유대종교와 문화만을 새롭게 하고 구속한 것이 아니라 이 세상의 모든 종교와 문화를 다 같이 새롭게 하고 구속한 우주적이고 종말론적인 사건이라는 사실에 근거하여 우리의 전통적인 종교와 문화가 근본적으로 그리스도

---

30) Cf. 심창섭, "포스트모더니즘 현상 속의 민족신학과 종교다원주의에 대한 역사신학적 조명," pp. 88-92.
31) 민경배, "한국 장로교회사,"『이민 목회』, 이상현 편집 (1987), pp. 3-5.

의 사건의 영향 안에 있다는 사실을 깊이 인식해야 할 것이다. 다시 말해서 우리의 전통적인 종교와 문화가 어떠하든 그리스도의 종말론적인 사건 안에서 이미 재창조에로의 전환의 기반이 이루어졌기 때문에 그들은 이제 복음과 성령을 통하여 구체적으로 재창조가 이루어져야 한다는 것이다. 그렇기 때문에 우리의 전통적인 종교와 문화는 이제 우리에게 있어서 배척되거나 타도되거나 혹은 기독교와 혼합되어야 할 대상이 아니라 오히려 그리스도 사건에서 이미 주객이 해소되어진 구속의 공동체로 만나 성령 안에서 복음을 통하여 우리와 함께 구속되어져 가도록 해야 하는 것이다.

제4장

표준새번역 성경의 문제점:

로마서 3:25~27을 중심으로[1]

한 나라의 언어를 다른 나라의 언어로 번역한다는 것은 결코 쉬운 일이 아니다. 더구나 2000년 이전의 고대 히브리어와 헬라어로 기록된 성경을 우리말로 정확하게 옮긴다는 것은 더욱 그렇다. 우리말과 성경의 언어와는 어휘와 어순과 문장 구조도 다르고, 문화와 시대적 배경도 엄청나게 다르기 때문이다. 그럼에도 불구하고 성경은 인종과 성과 문화의 장벽을 초월하여 모든 시대의 사람이 자유롭게 읽고, 이해할 수 있도록 그들 시대의 언어로 새롭게 번역되지 않으면 안된다.

대한성서공회가 이와 같은 시대적 요청을 감안하여, 9년 3개월의 노력 끝에 한국 교회가 오랫동안 사용해왔던 개역판 성경을 대체할 표준새번역 성경을 최근에 출판한 것은 모든 기독교인들과 함께 경하할 만한 일이다. 표준새번역 성경과 개역 성경을 비교해 볼 때, 표준새번역 성경은 여러 면에서 돋보인다. 표준새번역 성경은 우리의 젊은 세대들이 잘 이해할 수 있도록 현대적 어휘와 가로쓰기를 선택하였으며, 성경

---

1) 이 글은 작년에 대한성서공회가 출판한 표준새번역 성경이 교계에 논란의 대상이 되고 있을 때, 준비하여 5월 초 "기독교 연합신문"을 통해 발표하였던 것이다. 별다른 수정없이 여기에 각주를 포함한 전문을 게재한다.

의 시적인 표현이나 인용문을 부각시켰으며, 성차별의 언어들을 완화시켰다. 그리고 여러 면으로 원문의 의미를 보다 선명하게 밝혔다. 그럼에도 불구하고 표준새번역 성경이 모든 면에서 완벽한 것만은 아니다. 필자가 확인한 바로는 개역판보다 오히려 원문에 충실하지 못한 부분이 적지 않다. 그 대표적인 실례가 로마서의 번역이 아닌가 싶다.

이미 잘 알려져 있는 바와 같이, 로마서는 신구약 성경 중에서 기독교 구원교리의 핵심을 밝혀주고 있는 너무나 중요한 부분이다. 따라서 로마서 번역이 치명적인 잘못을 지녔다면 이것은 쉽게 지나갈 수 있는 문제가 아니다. 필자가 최근에 표준새번역 성경과 그것의 본문이 된 헬라어 성경(UBS 3판)을 대조해본 결과, 여러 곳에서 오역과 불완전한 번역들이 발견되었다. 어떤 곳에서는 원문 성경에 없는 것이 추가되기도 하고, 또 어떤 곳에서는 원문을 빠뜨리고 번역하기도 하고, 또 다른 어떤 곳에서는 지나치게 의역을 하여 본문의 의미를 왜곡시키기도 하였다. 예를 들면, 로마서 4:1에는 "우리의 육에 따른 조상 아브라함" 중에 "육에 따른"(κατὰ σάρκα)이라는 말이 삭제되었으며, 5:10에 있는 "소데소메다 엔 테 조에 아우투"(σωθησόμεθα ἐν τῇ ζωῇ αὐτοῦ)는 전후문맥을 볼 때 분명히 "(부활하신) 그리스도의 생명으로 구원을 받으리라"고 번역되어야 함에도 불구하고, 바울의 사상이 전혀 아닌 "하나님의 생명으로 구원을 받으리라"로 번역하여, 바울의 중요한 신학사상을 곡해시키고 있다.

그러나 이러한 것은 그래도 사소한 것으로 간주하여 지나칠 수도 있을 것이다. 하지만 로마서 전체에서 가장 중요한 본문이며, 바울 신학과 기독교 구원교리의 절정을 보여주는 3:25-27이,[2] 개역 성경에도 찾

---

2) C.E.B. Cranfield, *The Epistle to the Romans I* (Edinburgh: T.& T. Clark, 1982), p. 199 ; U. Wilckens, *Der Brief an de Romer* (EKKNT; 2d ed.; Cologne: Benziger; Neukirchen-Vluyn Neukirchener Verlag, 1987), p. 199;. O. Kuss, *Der Romerbrief* (Regensburg: Friedrich Pustet, 1957), p. 110.

아볼 수 없는 치명적인 오역을 통해, 성경 본문의 의미를 완전히 곡해 시키고 있는 점은 그 어떤 이유와 설명으로도 용납될 수 없는 일이다. 그럼 표준새번역 성경과 개역 성경을 대조하여 문제의 심각성을 직접 확인해보자.

표준새번역 성경	개역 성경
25. 하나님께서 이 예수를 사람에게 속죄 제물로 주셨습니다. 누구든지 그 피를 받(믿)으면 속죄함을 받습니다. 하나님께서 이렇게 하신 것은, 사람들이 이제까지 지은 죄를 너그럽게 보아주심으로 자기의 의를 나타내시려는 것입니다.	25. 이 예수를 하나님이 그의 피로 인하여 믿음으로 말미암는 화목 제물로 세우셨으니 이는 하나님께서 길이 참으시는 중에 전에 지은 죄를 간과하심으로 자기의 의로우심을 나타내려 하심이니
26. 하나님께서 길이 참으시는 가운데, 지금 이때에 자기의 의를 나타내신 것은, 하나님께서는 의로우신 분이시라는 것과 예수를 믿는 사람은 누구나 의롭게 하여 주신다는 것을 나타내시려는 것입니다.	26. 곧 이때에 자기의 의로우심을 나타내사 자기도 의로우시며 또한 예수 믿는 자를 의롭다 하려 하심이니라.
27. 그렇다면 사람이 자랑할 것이 어디에 있습니까? 전혀 없습니다. 어떠한 법으로 의롭게 됩니까? 행위의 법으로 됩니까? 아닙니다. 믿음의 법으로 됩니다.	27. 그런즉 자랑할 데가 어디뇨 있을 수가 없느니라 무슨 법으로냐 행위로냐 아니라 오직 믿음의 법으로니라.

위의 양 본문의 대조에서 쉽게 확인해 볼 수 있는 바와 같이, 표준판은 길이와 내용에 있어서 개역판과는 현저한 차이를 보여준다(표준판은

226개의 낱말로, 개역판은 160개의 낱말로 구성되어 있다). 그럼 두 번역 본문 중 어느 것이 원문 성경에 충실한가? 필자가 직접 확인한 바로는 비록 개역판 번역이 모든 점에서 완벽한 것은 아니지만, 그럼에도 불구하고 다음의 사실에서 볼 수 있는 바와 같이 개역판이 여러 면에서 오히려 표준판보다 훨씬 더 원문에 충실하다:

첫째, 예수에 관한 설명에 있어서(25절) 표준판은 "하나님께서 이 예수를 사람에게 속죄제물로 주셨습니다"로, 개역판은 "이 예수를 하나님이 그의 피로 인하여…화목제물로 세우셨으니"로 번역하고 있다. 하지만 원문에는 "사람에게"라는 말도 없고, 동사 "프로에데토"(προεθετο, 단순과거,중간태)도 하나님께서 예수를 사람에게 속죄제물로 "주시는 것"을 가르키는 것이 아니고, 여러 저명한 주석가들과 사전들이 잘 지적하고 있는 것처럼,[3] 오히려 속죄제물로 제시된 예수의 희생적 죽음이 하나님 자신의 의를 나타내기 위한 공개적인 행위임을 강조하고 있기 때문에, 개역판 번역이 표준판보다 원문에 더 충실하다.

둘째, 예수의 십자가의 희생적 죽음을 설명하는 "히라스테리온"(ιλαστήριον) 문제와 관련하여(25절), 표준판은 개역판의 "화목제물"이라는 용어보다 "속죄제물"이라는 용어를 선택하여 원문에 충실한 것

---

3) A. Nygren, *Commentary on Romans* (Philadelphia: Fortress Press, 1972), p. 158; M. Black, *Romans* (Grand Rapids: Eerdmans, 1981), p. 68; C.K. Barrett, *The Epistle to the Romans* (New York: Harper & Row, 1957), p. 77; **E. Käsemann**, *Commentary on Romans*, ET (Grand Rapids: Eermans, 1980/82), p. 97; J. Murray, *The Epistle to the Romans* (Grand Rapids: Eerdmans, 1959-65), p. 117; Cranfield, *The Epistle to the Romans* I, p. 208; G.D.G. Dunn, *Romans 1-8* (WBC, Dallas: Word Books, 1988), p. 117; W. Bauer, W.F. Arndt & F.W. Gingrich, *A Greek-English Lexicon of the New Testament and Other Early Christian Literature* (Chicago: The University of Chicago Press, 1957/79), p. 722; *TDNT* III, 321; VIII, 166; Douglas Moo, *Romans 1-8*(Chicago: Moody Press, 1991), p. 232.

같다. 하지만 표준판은 속죄제물의 성격을 규정하는 "예수의 피로"(ἐν τῷ αὐτοῦ αἵματι)를 속죄제물과 연결시키지 않고, 원문 성경에는 전혀 찾아볼 수 없는 그 다음의 문장 "누구든지 그 피를 받(믿)으면 속죄함을 받습니다"에 연결을 시킴으로써, 오히려 개역판까지도 보존하고 있는, 예수의 희생적 죽음으로 이루어진 속죄제물의 성격과 의미를 약화시켜 버리고 있다. 하지만 필자가 확인한 모든 주석가들과 문법학자들은 원문에 일종의 강조형으로 나타나고 있는 "그의 피로"를 그 앞에 있는 "믿음으로"에 연결시키지 않고 오히려 "속죄제물"에 연결시키고 있다.[4]

셋째, 예수의 희생적 죽음은 "예수 그리스도에 대한 믿음을 통하여" (참조, 3:22, 26) 역사하게 된다는 사실을 가르키고 있는[5] 원문의 "디아 테스 피스테오스"(διὰ τῆς πίστεως)를 개역판은 원문을 직역하여 "믿음으로 말미암아"로 번역하고 있다. 반면에 표준판은 이를 그 뒤에 나오는 "그의 피"와 연결시켜, 금년 1월의 초판에서는 "누구든지 그 피를 받으면 속죄함을 받습니다"로, 3월의 초판 수정판에서는 "누구든지 그 피를 믿으면 속죄함을 받습니다"로 번역하고 있는데, 이것은 의역 정도가 아니라 문법적으로도 정당하지 않으며, 또한 바울을 위시하여 신약 저자들의 속죄 사상과도 일치하지 않는 오역이라고 간주될 수밖에 없다. 왜냐하면 신약의 그 어느 곳에서도 피가 믿음의 대상으로 제시되는 곳이 없기 때문이다.[6] 예수의 희생적 죽음을 가르키는 피는 믿음의 대상으로서가 아니라, 오히려 구속이나 속죄의 수단으로 제시되고 있을 뿐이다(롬 5:9; 엡 1:7; 2:13; 골 1:20; 행 20:28; 히 9:12; 13:12; 벧전 1:2, 19; 요일 1:7; 5:6; 계 1:5; 5:9; 7:14; 12:11). 바울에게 있

---

4) Black, Barrett, Bruce, **Käsemann**, Murray, Cranfield, Bruce, Goppelt, Dunn, *BDF* 219(3), Zerwick's *Biblical Greek* 117, Moule's *NT Greek* 78, *TDNT* I, 117; III, 321.

5) Cranfield, *Romans*, p. 210; Dunn, "Once More, ΠΙΣΤΙΣ ΧΡΙΣΤΟΥ," *SBL 1991 Seminar Papers*, p. 741.

6) Moo, *Romans 1-8*, p. 238.

어서는 그리스도의 피가 우리 믿음의 대상이 아니라, 오히려 우리의 속죄와 구원을 위해 십자가에 죽으시고 부활하신 예수 그리스도 자신이 우리의 믿음의 대상이다(롬 3:22,26; 4:24,25; 갈 2:16,20; 3:12; 빌 2:16; 엡 3:12). 주석가들이 한결같이 "그의 피"를 믿음과 연결시키지 않고 속죄제물과 연결시키는 것은 이 점 때문이다.[7]

넷째, 25절 하반절에서 "하나님의 의"와 연결되어 있는 원문의 "디아 텐 파레신"(διὰ τὴν πάρεσιν)을, 개역판은 "죄를 간과하심으로"로 번역하고, 원문상으로 26절 초두에 있는 "하나님께서 길이 참으시는 중에"를 25절 하반절과 연결시킨다. 반면에 표준판은 "디아 텐 파레신"을 "너그럽게 보아주심으로"로 번역하고, "하나님께서 길이 참으시는 중에"를 25절과 연결시키지 않고, 오히려 26절과 연결시킨다. 그리하여 표준판은 마치 하나님은 죄에 대한 심판없이도 죄를 용서해 주시는 분이라는 인상을 심어준다. 하지만 만일 하나님이 죄에 대한 심판없이도 죄를 용서해 주시는 분이시라면, 무엇 때문에 하나님께서 인간의 죄를 용서하기 위해 그의 아들의 희생적 죽음(25절 상반절)을 필요로 하셨겠는가![8] 그러나 "디아 텐 파레쉰"은 하나님께서 전에 지은 죄를 심판하지 않고 너그럽게 보아주거나 용서해 준다는 뜻(αφεσις)이 아니고, 오히려 심판을 잠정적으로 보류한 것을 가르킨다.[9] 그리고 전치사구 "하

---

7) *TDNT II*, 321; **Käsemann**, *Romans*, p. 101; , Dunn, *Romans*, p. 172.

8) Seifrid, *Justification by Faith: The Origin and Development of a Central Pauline Theme* (Leiden: E.J. Brill, 1992), p. 201.

9) Cranfield, *Romans*, p. 211; Barrett, *Romans*, p. 79; Dunn, *Romans*, p. 173-4. S.K. Williams, *Jesus's Death as a Saving Event: The Background and Origin of a Concept* (Missoula Mont: Scholars Press, 1975), pp. 19-34; L. Goppelt, *The Theology of the New Testament*, vol. 2 (Grand Rapids: Eerdmans, 1982), p. 95; G. Theissen, "Soteriological Symbolism in the Pauline Writings," *Social reality and the Early Christians* (Minneapolis: Fortress Press, 1992), p. 170; M.A. Seifrid, *Justification by Faith: The Origin and Development of a Central Pauline Theme* (Leiden: E.J. Brill, 1992).

나님께서 길이 참으시는 중에"는 문법적으로 뒤의 문장을 수식하기보다 오히려 그 앞의 문장을 수식한다.[10] 그래서 UBS 3판과 NA 26판 헬라어 성경은 각각 이 전치사구 뒤에 쉼표를 일부러 붙여, 25절 하반절을 수식하고 있다는 것을 밝혀주고 있는데, 표준판이 그 어떤 번역 성경이나 주석에서도 실례를 찾아볼 수 없는 이와 같은 오류를 범하고 있는지 의아스러울 따름이다.

필자가 보기에 이 부분을 번역한 번역자는 본문의 헬라어 구문법도, 바울의 논리적 전개 과정도 올바르게 파악하지 못한 것 같다. 왜냐하면 25-26절의 문법적 구조를 살펴보면, 본문은 하나님께서 그리스도 예수를 그의 피로 인한 속죄제물로 세우셨다는 주절과 이 주절의 직접적인 이유나 목적을 밝혀주는 두 개의 병행 목적 명사구("εἰς ἔνδειξιν τῆς δικαιοσύνης αὐτοῦ…", "πρὸς τὴν ἔνδειξιν τῆς δικαιοσύνης αὐτοῦ…")와 그 결과를 말하는 하나의 결과 부정사구("εἰς τὸ εἶναι αὐτὸν δίκαιον…")로 되어 있다.[11] 그리고 두 병행 목적 명사구절을 살펴보면 전자는 과거 문제와 관련된 하나님의 의를, 후자는 현재 문제와 관련된 하나님의 의를 각각 말하고 있다. 따라서 이 두 병행 명사구를 통해 제시되고 있는 "전에"(προγεγονότων 구문)와 "이제"(ἐν τῷ νῦν καιρῷ 구문)의 대조는 사실상 바울의 종말론의 주요한 표지인 약속과 성취, 구약과 신약이라는 구원역사적이며, 종말론적인 구조를 반

---

p.220; *BGD* 626; *TDNT II*, 204; *III*, 345 n25.

10) F.Bluss, A. Debrunner & R.W. Funck, *A Greek Grammar of the New Testament and Other Early Christian Literature* (Chicago: The University of Chicago Press, 1961/81) 474 5a; Murray, *Romans*, p. 119).

11) **Käsemann**, *Romans*, p. 99; B.F. Meyer, "The Pre-pauline Formula in Rom 3:24-26," *New Testament Studies* 29 (1983), pp. 201-4; P. Stuhlmacher, "Zur neueren Exegese von Rom 3:24-26," *Versohnung, Gesetz und Gerechtigkeit* (Gottingen: Vandemhoek & Ruprecht, 1981), pp. 117-35.

영하고 있음이 분명하다.[12] 그런데도 표준판의 역자는 이와 같은 본문의 문법적 구조나 바울 신학의 논리적 전개나 특징을 자세히 보지 못하였기 때문에, 바울의 사상적 흐름을 붙잡지 못하고 본문을 지나치게 일반화시키고 말았다.

다섯째로, 27절은 21-26절의 논리적 귀결, 곧 우리가 의롭게 되는 것이 율법의 행위와 관계없이, 다만 우리가 하나님께서 그의 아들의 피로 인한 속죄제물을 통하여 우리의 구세주와 의로 세우신 예수 그리스도를 믿을 때, 우리를 값없이 은혜로 의롭게 하시기 때문에, 우리 인간의 자랑이 있을 수가 없다는 논리적 귀결을 말하고 있다.[13] 다시 말하면 우리 인간의 자랑이 철저히 배제되는 근거는 어떠한 법으로나 인간의 행위에 있지 않고, 오히려 믿음의 법에 있다는 것이다. 개역판은 비록 완전하지는 않지만 그래도 이 점을 보여주고 있다. 하지만 표준판은 27절의 중심 주제가 "자랑의 문제"임을 알지 못하고 마치 바울이 여기서 26절과 28절의 주제인 믿음으로 의롭게 되는 것으로 생각하여, 원문에도 없는 "의롭게 됩니까?"라는 말을 삽입하고 있다. 그렇게 함으로써 표준판은 바울의 사상적 흐름에서 떠나고 있다. 하지만 27절에 나오는 귀결접속사 "운"(ουν)과 28절에 나오는 이유접속사 "갈"(γαρ)은 27절이 앞 문장의 귀결인 동시에 28절의 근거임을 분명히 보여주고 있다.[14] 이뿐만 아니라 27절의 주동사가 하나님의 행동을 간접적으로 표현할 때 사용하는 단순과거 수동태(일종의 신적 수동태) "엑스에크레이스데"(ἐξεκλείσθη)로 되어 있는 것은 하나님께서 율법이나 혹은 율법의 행

---

12), Cranfield, *Romans*, p. 212.
13) M.L. Reid, "A Rhetorical Analysis of Romans 1:15-5:21," *Perspectives in Religious Studies* 19 (1992), p. 268.
14) J. Lambrecht, "Why is Boasting Excluded? A Note on Rom 3:27 and 4:2," *Ephemeride theologicae Lovanienses* 61 (1985), pp. 356-69: H. Raisanen, "The Law of Faith and the Spirit," *Jesus, Paul and Torah: Collected Essays* (JSNT Supplement Series, Sheffield: JSOT Press, 1992), p. 62.

위가 아닌 그리스도 예수의 속죄적 죽음을 통해(24-25절) 성취된 오직 믿음의 법을 통해 인간의 자랑을 철저히 배제시키셨다는 사실을 강조하고 있다.[15]

이상에서 볼 수 있는 바와 같이 비록 표준판이 여러 면에서 장점을 가지고 있다고 하더라도, 오늘날 우리 교회가 개역판을 대체할 성경으로 받아들여야 할 만큼 완벽한 것이 아님이 분명하다. 오히려 어떤 부분에서는 개역판보다 원문의 의미를 곡해하고 있다. 로마서 3:25-27의 오역은 이 점을 부정할 수 없게 한다. 그렇다고 해서 우리가 대한성서공회가 오랫동안 수고해서 출판한 표준새번역을 철저히 외면하는 것도 지혜로운 처사는 아닐 것이다. 오히려 우리는 우리의 모든 지혜를 동원하여 표준새번역의 문제점을 찾아 개선하게 함으로써, 표준새번역이 모든 사람으로부터 사랑받고 신뢰받을 수 있는 성경이 되도록 힘써야 할 것이다. 이런 점에서 이제 대한성서공회도 표준판에 대한 학계와 교계에서 제시되는 문제점들을 겸허하게 검토하고 수용할 자세를 가질 수 있어야 할 것이다. 그리고 잘못된 번역이나 불완전한 번역들이 수정되어질 때까지 표준판의 보급을 일시 중단하여 한국 교회를 사랑하는 책임있는 모습을 보여주어야 할 것이다.[16] 끝으로 로마서 3:25-27을 수정하는 데 참고가 되도록 하기 위해 필자 자신의 번역을 첨부한다.

---

15) Friedrich, G., "Das Gesetz des Glaubens Rom. 3.27," *ThZ* 6 (1954), pp. 401-17; Snodgrass, K. "Spheres of Influence: A Possible Solution to the Problem of Paul and the Law," *JSNT* 32 (1988), pp. 93-113.

16) 이미 잘 알려져 있는 바와 같이, 작년에 교계와 학계에서 제기된 표준새번역 성경의 문제를 대한성서공회가 겸허하게 받아들여, 표준새번역 성경의 보급을 중단하고, 전면적인 개정에 착수하였다. 이것은 대단히 고무적인 것이다. 아무쪼록 대한성서공회는 다소 시간이 걸리더라도 금번에 새로 개정되는 표준판은 정식으로 출판하기 전에 교계와 학계의 충분한 검토와 평가의 여과과정을 가짐으로써 지난날의 과오를 되풀이하지 않기를 소망한다.

25. 하나님께서 그리스도 예수를 그의 피(혹은 그의 희생적 죽음)로 말미암아 그를 믿는 자를 위하여 속죄제물로 세우셨습니다. 이것은 하나님께서 길이 참으시는 가운데, 사람들이 지난날에 지었던 죄를 간과하신 일에 대하여 자신의 의를 드러내시기 위함이었을 뿐만 아니라.
26. 지금 이때에도 그 자신의 의를 드러내시기 위함이었습니다. 그리하여, 하나님은 그가 의로우신 분이시라는 것과 또한 그가 예수 믿는 자를 의롭게 하여 주시는 분이심을 나타내셨습니다.
27. 그러므로 사람이 자랑할 것이 어디에 있습니까? 하나님께서 사람의 자랑을 배제하셨습니다. 어떠한 법으로, 율법의 행위로 그렇게 하셨습니까? 아닙니다. 오직 믿음의 법으로 그렇게 하셨습니다.

부 록

두부

제1장

계시록 해석과 천년왕국:

前千年設에 대한 재평가

신약성경의 제일 마지막 부분을 차지하고 있는 요한계시록을 어떻게 이해할 것인가? 아마도 신구약성경 중에서 요한계시록만큼 해석하기 어렵고, 다양한 해석과 논쟁을 불러일으키고 있는 책은 없을 것이다.[1] 종교개혁자 칼빈이 신구약성경 중에서 유일하게 계시록에 관한 주석을 쓰지 않은 이유도 아마 이런 문제와 깊은 관련을 맺고 있을 것이다. 따라서 계시록에 관한 한 우리는 대단히 조심하고 또한 겸손해야 할 것이다. 그럼에도 불구하고 우리는 계시록은 닫혀져서는 안되고, 열려져야 하며, 읽혀져야 하고, 해석되어져야 하고 또한 교회에서 설교되어져야 한다고 믿는다(1:3).[2] 계시록이 하나님의 말씀인 성경의 한 부분이라는

---

[1] William A. Beardslee, "New Testament Apocalyptic in Recent Interpretation," *Interpretation* 25 (1971), 419-435; Adela Yarbro Collins, "Reading the Book of Revelation in the twentieth Century," *Interpretation* 40 (1986), 229-242; C.J. Hemer, *The Letters to the Seven Churches of Asia in Their Local Setting* (JSNT Suppl.; Sheiffield: JSOT Press, 1986); D.E. Aune, "The Apocalypse of John and Greco-Roman Revelatory Magic," *NTS* 33 (1987), 481-501; R. Bauckham, "Synoptic Parousia Parables and the Apocalypse," *NTS* 23 (1976/7), 162-176.

[2] Cf. Fred B. Craddock, "Preaching the Book of Revelation,"

이 단순한 사실에서뿐만 아니라, 오늘 우리 시대와 교회가 계시록에서 울려퍼지고 있는 중심적인 메시지를 절실히 필요로 하고 있기 때문이다.

그렇다면 오늘 우리는 계시록을 어떻게 해석하고, 이해하고, 설교할 것인가? 계시록의 핵심적인 메시지는 무엇이며, 우리는 그 핵심적인 메시지를 어떻게 발견할 것인가? 필자는 먼저 계시록 접근과 그 해석에 도움이 될 수 있는 몇 가지 유념사항을 먼저 제시하고, 그 다음에 계시록 해석에 있어서 결정적인 논란의 대상이 되고 있는 천년왕국 문제(계 20:1-6)를 살펴보도록 하겠다.

1. 계시록 접근과 해석에 관한 제언

(1) 계시록의 역사적 특성에 유념해야 한다

우리는 계시록을 포함하여 모든 신구약성경이 영감된 하나님의 말씀으로서 모든 시대의 사람들에게 신적인 권위를 가지고 있음을 믿는다. 동시에 우리는, 마치 하나님의 아들 예수 그리스도가 인간의 몸을 입고 우리의 역사 세계에 오신 것처럼, 하나님의 말씀인 모든 성경은 인간 저자를 통하여 인간의 언어와 역사와 문화와 종교와 사상의 세계를 수단으로 하여 주어졌다는 사실을 믿고 있다. 따라서 모든 성경은 초(超)역사 혹은 무(無)역사적, 무(無)문화적, 무(無)인간적이지 않고, 오히려 각각 고유한 역사적, 문화적 특성을 분명히 가지고 있다. 말하자면 요한계시록은, 마치 창세기와 이사야서가 각각 다른 시대의 저자와 독자와 배경과 문학적 양식을 가지고 있는 것처럼, 마태복음서와는 각각 다른 저자와 독자 및 시대적, 문화적 배경을 가지고 있다. 따라서 우리는, 한편으로 모든 성경이 모든 시대의 사람들에게 주어지는 하나님의 말씀임을 강조한다 하더라도, 또 다른 한편으로 모든 성경은 1차적으로 특수한 시대의 저자를 통하여 특수한 시대의 사람들에게 특수한 목적을

Interpretation 40 (1986), 270-282.

위하여 쓰여졌었다는 사실을 약화시켜서는 안된다.

계시록은 분명히 특정한 시대에 살았던 특정한 저자가 특정한 목적을 가지고, 특정한 시대 상황에서 특정한 문제들에 직면해 있던 사람들을 위해 썼다.[3] 이미 계시록 자체가, 계시록이 하나님의 말씀과 예수 그리스도의 증거를 인하여 밧모라 하는 섬에 유배되어 있던 역사적인 인물인 요한이 성령의 감동을 받아 밧모섬 인근지역에 위치하고 있던 당대의 소아시아 일곱 교회에게 보낸 역사적인 편지임을 강하게 증언하고 있다(계 1:1-9; 22:21). 만일 오늘날 대다수의 학자들이 그렇게 주장하고 있는 것처럼, 계시록이 A.D. 81-96년까지 로마 황제로 재임하였던 도미티안(Domitian)에 의해 밧모 섬에 유배되었던 사도 요한이, 로마 황제에 의해 극심한 핍박과 어려움에 빠져있던 소아시아의 일곱 교회에게 보냈던 역사적인 편지라고 한다면,[4] 우리는 계시록을 당시 저자와 독자들이 처해 있었던 역사적, 종교적, 사회적 정황을 떠나서, 초역사적으로나 혹은 지적인 호기심을 만족시키기 위해 접근하거나 해석하려고 시도해서는 안될 것이다. 오히려 우리는, 우리의 계시록 이해는 계시록 자체가 가지고 있는 이와 같은 역사적 특성에 관한 우리의 이해와 비례한다고 보아야 할 것이다. 따라서 설사 우리가 성경은 성경으로 해석해야 한다는 개혁주의 성경해석학의 원리를 인정한다 하더라도, 다니엘서를 위시하여 그 어떤 특수한 성경을 계시록 해석의 잣대로 사용해서는 안될 것이다.[5] 계시록은 일차적으로 계시록 자체적으로 해석되어

---

3) E. Eugene Boring, "The Theology of Revelation: 'The Lord Our God the Almighty Reigns'" *Interpretation* 40 (1986), 257-269.

4) Leon Morris, *Revelation* (Grand Rapids: Eerdmans, 1984), pp. 25-40; G. R. Beasley-Murray, *Revelation* (Grand Rapids: Eerdmans, 1981), pp. 32-38; A. A. Bell, "The Date of John's Apocalypse. The Evidence of Some Roman Historiens Reconsidered," *NTS* 25 (1978/9), 93-102.

5) 물론 필자는 계시록과 다니엘서는 서로 유사한 문학 형태에 속하며, 계시록의 저자가 다니엘서에 나타나는 유사한 상징들을 활용하고 있다는 사실을 부정하지는 않는다. 그럼에도 불구하고 우리는 다니엘서와 계시록의 저자와 독자

야 한다.[6]

(2) 계시록의 문학적 특성에 유념해야 한다

이미 언급한 바와 같이, 계시록은 밧모 섬에 유배되어 있던 사도 요한이 소아시아의 일곱 교회에게 보낸 편지의 형태로 주어졌다(1:1-3; 22:6 이하). 따라서 요한의 계시록은, 마치 바울서신이 사도 바울 자신의 대신하는 권위를 가지고 바울 자신의 교회에게 읽혀졌었던 것처럼,[7] 소아시아의 일곱 교회 안에서 사도 요한을 대신하는 권위있는 편지로 읽혀졌음이 분명하다.[8] 다시 말해서 계시록은 처음부터 신학적인 연구의 대상으로 쓰여진 어려운 연구논문의 형태로서가 아니라, 교회 회중들 앞에서 구두로 읽혀지도록, 그리고 듣는 청중들이 낭독되는 편지를 듣고 그 핵심적인 메시지를 쉽게 파악할 수 있도록 쓰여졌다고 보아야 할 것이다.[9] 물론 이 편지의 내용은 사도 요한 자신의 사적인 창작물은

와 시대적 상황 사이에 현저한 차이점이 있다는 사실을 잊지 않아야 한다. 비록 계시록 저자가 다니엘서의 상징들을 사용하고 있다고 할지라도, 그들은 기독론적고 종말론적인 관점에서 철저히 재해석되었다. 이 때문에 필자는 다니엘서를 계시록 해석의 잣대로 사용하는 다음과 같은 전천년설 주장자들에 대하여 반대의 입장을 가지고 있다: 예를 들면 한정건, 『종말론 강해』 "다니엘, 계시록 주해" (서울: 기독교문서선교회, 1992); Hal Lindsey, *The Late Great Planet Earth* (Grand Rapids: Zondervan, 1974); Charles C. Ryrie, *The Basis of the Premillennial Faith* (Neptune: Loizeaux Brothers, 1953).

6) Adela Yarbro Collins, *Crisis and Catharsis: The Power of the Apocalypse* (Philadelphia: Westminster, 1984), pp. 18-20.

7) R.W. Funk, "The Apotolic 'Parousia': Form and Significance" in *Christian History and Interpretation: Studies Presented to John Knox*, ed. W.R. Farmer, C.F.D. Moule, and R.R. Niebuhr (Cambridge: Cambridge University Press, 1967), pp. 249-68; L. Ann Jervis, "The Pauline Apostolic Parousias," *The Purpose of Romans: A Comparative Letter Structure Investigation* (JSNT Suppl. 55; Sheffield: JSOT Press, 1991), pp. 110-131.

8) G.R. Beasley-Murray, *Revelation* (NCBC: Grand Rapids: Eerdmans, 1981), pp. 12-14.

9) David L. Barr, "The Apocalypse of John as Oral Enachtment,"

아니다. 오히려 요한은 편지의 서두에서 이 편지의 내용과 관련하여, 그것을 "예수 그리스도의 계시"(1:1, 19; 4:1)로, "하나님의 말씀과 예수 그리스도의 증거"(1:2)로, 그리고 "예언의 말씀"(1:3)으로 부르고 있다. 즉 이 편지의 내용은 하나님께서 예수 그리스도에게 주신 것이며, 예수 그리스도께서 성령을 통하여 요한에게 속히 되어질 일들을 보여주신 것이라는 것이다. 따라서 우리는 사실상 계시록을 통해서 말씀하시고 행동하시는 주인공을 예수 그리스도 자신으로 보아야 할 것이다. 요한이 종종 편지에서 예수 그리스도를 일인칭으로 사용하고 있는 점과 "귀 있는 자는 성령이 교회들에게 하시는 말씀을 들을지어다"(2:7, 11, 17, 29; 3:6, 13, 22)라는 어구를 자주 사용하고 있는 점이 이를 뒷받침해 준다.

그러나 문제는 요한이, 자신이 직접 보고 경험한 일들을, 이미 구약의 선지자 시대부터 유대 사회에서 활용되어졌던 묵시문학적인 형태를 사용하여, 즉 용, 바벨론, 짐승 등과 같은 특수한 상징적 언어와 문학적인 표현들을 통하여 전달하고 있는 점이다.[10] 마치 어떤 시인이 자신이 경험하고 느낀 바를 독자들에게 전달하기 위하여, 저자와 독자들이 함께 만날 수 있는 특수한 시적인 문학형태를 활용하고 있는 것처럼, 요한도 예수 그리스도께서 성령을 통하여 그에게 보여주신 내용을 독자들에게 생생하게 전달하기 위하여, 저자와 독자들에게 다 같이 알려져 있던 묵시문학적 형태를 활용하고 있다. 따라서 우리가 계시록을 올바르게 해석하기 위하여는, 우리가 계시록 저자와 독자들이 서로 만나는 그 문학적 세계 속으로 들어가지 않으면 안된다. 말하자면 한 편의 시가 신문의 사회면이나 정치면의 한 기사처럼 이해될 수 없고 오히려 그 시가 의도하고 있는 문학적 형태에서 해석되어야 하는 것처럼, 계시록은 역사적 사실 보도의 관점에서가 아니라 오히려 계시록의 문학적 장르면에서 접근되고 해석되어야 한다.

Interpretation 40 (1986), 243-256.
  10) Beasley-Murray, *Revelation*, p. 21f.

최근의 적지 않은 신약학자들은 계시록의 문학형태가 주전 4세기 이후부터 주후 2세기까지 강대국 세력과 박해 아래 있었던 유대교와 초기 기독교 공동체에서, 역사에 나타날 "하나님의 구원과 심판," 즉 하나님께서 친히 역사에 개입하셔서 그의 택한 백성들을 압제자들의 손에서 구원하여 그들을 영원한 하나님의 나라로 인도하시는 반면에 하나님과 그의 백성들을 대적한 자들에게는 영원한 심판을 내리신다는 사실을 강조하기 위하여 널리 발달되었던 "묵시록"(Apocalypse)에 속한다는 사실을 거듭 확인하였다.[11] 이미 잘 알려져 있는 대로 묵시록은, 어떤 초월자가 인간 수납자를 통해 자신의 뜻을 전달하는 일종의 계시적 문학의 형태로서, 이것이 인간을 포함하여 지상세계의 모든 문제를 포함하고 있다는 점에 있어서는 역사적이며 예언적인 특성을, 그리고 인간과 전지상세계의 모든 문제는 동시에 초월자와 천상세계의 문제를 반영하고 있다는 점에 있어서 신적이며 종말론적인 특성을 각각 지니고 있다.[12] 이 점을 다시 요한계시록과 직접 관련시켜 말한다면, 천상에서 이루어지는 그리스도와 그의 사자들, 그리고 용과 짐승으로 표현되는 적그리스도와 그의 사자들과의 싸움이, 지상에서는 그리스도를 따르는 교회 성도들과 성도들을 핍박하는 로마 제국의 모습을 통해서 각각 반영되고 있다는 것이다. 만일 이것이 계시록의 특성이라고 한다면, 우리는 계시록에 나타나 있는 천상의 세계에 관한 묘사에서 지상의 세계를, 지상의 세계에 관한 묘사에서 천상의 세계를 바라볼 수 있어야 할 것이

---

11) Paul D. Hanson, "Apocalpse, Genre" and "Apocalypticism," *IDV, Supl.*, pp. 27-34; John J. Collins, ed., *Apocalypse: The Morphology of a Genre*, *Semeia* 14 (1979); D. Hellholm, "The Problem of Apocalyptic Genre and the Apocalpse of John," *Semeia* 36 (1986): 16-64; D. Hellholm, ed., *Apocalypticism in the Mediterranean World and the Near East* (**Tübingen**: Mohr, 1983); Yarbo Collins, "The Early Christian Apocalypses," *Semeia* 14 (1979), 61-121; Christopher Rowland, *The Open Heaven: A Study of Apocalyptic in Judaism and Christianity* (New York: Crossroad, 1982).

12) John J. Collins, "Introduction: Towards the Morphology of a Genre," *Semeia* 14 (1979), p. 9.

다. 묵시적 문학형태로서 계시록이 지니고 있는 이와 같은 두 특성은 우리로 하여금 계시록에 나타나 있는 수많은 상징적인 언어 형태를 마치 역사적이고 과학적인 사실 보도로 간주하고 해석해서는 안된다는 점을 다시 한번 일깨워 준다.

(3) 계시록의 핵심적인 메시지에 유념해야 한다

우리는 계시록을, 마치 우리가 복음서의 비유를 그 비유가 묘사하고 있는 세밀한 부분에 이르기까지 의미를 찾으려고 하는 알레고리적 관점이 아닌 하나의 중심적인 주제나 핵심적인 메시지를 찾으려는 관점에서 접근해야 하는 것처럼, 계시록의 모든 내용으로부터 오늘 우리 시대나 세계 역사와의 관련점을 찾으려는 현학적인 자세가 아닌,[13] 핵심적인 주제나 중심적인 메시지를 들으려는 자세에서 접근해야 한다. 계시록이 어떤 특정한 시대의 저자가, 어떤 특정한 시대의 상황에 살고 있는 독자들에게, 당대의 저자와 독자들에게 다 같이 익숙한 편지의 형식과 묵시문학적인 양식을 통하여 주어졌다는 사실과 독자들이 그것을 읽거나 들을 때, 저자가 자신들에게 무엇을 말하고 있는가를 쉽게 포착할 수 있었을 것이라는 점은, 계시록이 나무의 관점에서보다 오히려 숲의 관점에서 먼저 접근되어야 한다는 것을 우리에게 일깨워준다.

그렇다고 한다면, 계시록을 통해서 저자가 독자들에게 제시하고자 하는 핵심적인 메시지가 무엇인가? 계시록 1:9의 "나 요한은 너희 형제요 예수의 환난과 나라와 참음에 동참하는 자라"는 구절을 통하여, 우리는 당시 계시록 저자나 독자들이 신앙 때문에 핍박과 어려움에 직면해 있었다는 사실을 쉽게 짐작할 수 있다. 대부분의 학자들이 지적하고 있는 것처럼, 만일 당시 요한과 그의 독자들이 한편으로는 스스로 자신을 신격화시켜 제사를 요구한 로마 황제 도미티안과,[14] 또 다른 한편으로는

---

13) 예를 들면, 666의 숫자(13:8)의 역사적인 관련점은 무엇이며, 부상당한 짐승(13:3)은 역사적으로 누구를 가리키며, 열왕(17:12)은 누구를 가리키는가 하는 등의 문제.

14) 당시 도미티안 황제는 종종 "우리의 주와 하나님"(Dominus et Deus

기독교인과의 단절을 선언하고 유대교회당에서 크리스쳔들을 추방하였던 유대교로부터 오는 핍박과 고난 가운데 처해 있었다고 한다면, 우리는 그들이 다음과 같은 절실한 문제들에 직면하였을 것이라고 생각할 수 있다: "인간과 전세계 역사를 통치하시는 분은 과연 누구인가? 하나님인가 아니면 로마 황제인가? 부활하신 예수 그리스도는 지금 무엇을 하시는가? 하나님께서 역사의 주관자이시며, 주님께서 살아 역사하신다고 한다면, 왜 구원받은 하나님 나라의 백성들이 이 지상의 나라에서 고난과 핍박과 심지어 죽음까지 당해야만 하는가? 기독교인들을 박해하는 이교도 로마 황제와 그의 세력들의 진정한 정체(Identity)는 무엇인가?"

계시록 저자와 독자들은 다 같이, 자신들이 믿는 신앙과 그들이 살고 있는 현세상에서 당하는 감당하기 어려운 죽음의 위기와 핍박 사이에서 엄청난 갈등을 겪고 있었음이 분명하다. 계시록은 분명히 요한의 당대 독자들이 당하고 있는 절실한 현안의 문제들에 부응하기 위하여 쓰여졌음이 분명하다.[15] 계시록 저자는 로마제국 아래 살고 있던 당대 독자들이 네로 황제 이후 도미티안 황제에 이르기까지 당하고 있는 모든 지상의 핍박과 고난을 천상의 관점, 곧 보좌에 앉으신 어린양과 그의 백성들을 대적하는 사탄과의 관점에서 서술한다. 계시록 저자에 따르면, 역사의 진정한 주관자이신 하나님과 어린양이 일곱 인(6:1-8:5), 일곱 나팔(8:6-11:19), 일곱 대접(15-16장) 등의 병행적인 심판을 통하여 그들을 대적하는 사탄의 무리인 용과 짐승을 격파하고 승리하는 것은, 마치 일찍이 하나님께서 애굽에 대한 10가지 재앙을 통하여 이스라엘 백성을 바로와 그의 백성들로부터 구원해내신 것처럼, 지상에서 하나님의 백성들이 사탄과 짐승을 대변하는 로마제국의 세력으로부터 당하는 고난과 박해로부터의 궁극적인 승리와 그 확실성을 강조해주고 있다. 달리 말

---

noster)으로 호칭되었다.

15) Adela Yarbro Collins, "Reading the Book of Revelation in the Twentieth Century," *Interpretation* 40 (1986), 238-241.

하자면 적그리스도에 대한 그리스도의, 이 세상의 나라에 대한 하나님 나라의 궁극적인 승리를 보여준다.[16]

그러나 계시록에서 보좌에 앉으셔서 구원과 심판을 주관하시는 어린 양은, 이미 이 땅에 오셔서 그의 백성들을 위한 구원과 심판을 위해 죽임을 당했다가 다시 살아나신 분이시며, 장차 재림하실 분이시다. 어린 양의 죽음과 부활은 그의 백성들의 신분과 삶의 여정을 보여준다. 말하자면 기독교 신자들은 종말론적인 구원과 심판을 여전히 기다리고 있는 유대교 신자들과는 달리, 한편으로 이미 십자가에 죽으시고 부활하신 그리스도의 종말론적인 구속사건을 통하여, 이미 구원받은 하나님의 종말론적인 백성의 신분을 가지게 되었다. 그들은 이미 죄와 사탄의 세력으로부터 해방되었으며, 이미 하나님의 나라의 왕적인 신분과 제사장의 신분을 누리게 되었다(계 1:5-5: 5:9-11). 그러나 또 다른 한편으로, 그들은 아직 로마제국의 왕권이 미치는 이 세상에서 그리스도의 재림과 궁극적인 하나님 나라의 완성을 기다리며 살고 있다. 이 세상은 장차 하나님과 그리스도의 나라로 바뀌겠지만, 지금은 하나님과 그리스도와의 대립관계에 있다. 따라서 한편으로 하나님의 나라와, 또 다른 한편으로 이 세상의 나라에 살고 있는 신자에게 있어서 고난과 긴장은 피할 수 없는 것이다. 계시록에서 강조되고 있는 이 "이미"와 "아직"의 종말론이, "아직"만이 자리잡고 있는 유대교 묵시문학의 종말론과는 대조를 이루는 독특한 것이다.

계시록 저자에 따르면 하나님의 백성들에게 있어서는, 그들이 아무리 이 세상에서 환난을 당한다 할지라도, 영원한 하나님의 도성에 들어갈 수 있는 궁극적인 구원과 승리가 보장되어 있는 반면에, 하나님의 백성을 대적하는 자들에게는 영원한 파멸과 심판이 기다리고 있다. 계시록 저자는 효과적인 문학양식과 상징과 구성을 통하여, 충성스럽게 그리스

---

16) Morris, *Revelation*, pp. 20-21: Boring, "The Theology of Revelation," p. 260.

도를 따르는 신자들에게는 보장된 승리와 구원으로부터 오는 놀라운 위로와 용기를, 반면에 그리스도를 배반하거나 대적하는 모든 불신자들과 사탄의 세력에게는 심판의 경고와 아울러 회개를 각각 촉구하고 있다.[17] 말하자면 계시록의 수많은 상징과 병행법을 통해 제시되고 있는 구원사적이고 종말론적인 긴장과 싸움에서 울려퍼지는 핵심적인 메시지는 하나님의 나라와 그의 백성들은 어떤 자들이며(신분), 그들이 이 세상에서 어떻게 살아가야 할 것인가(삶)를 보여주는 데 있다.

만일 우리가 제안하고 있는 것처럼, 하나님의 나라, 하나님의 구원과 심판, 하나님의 백성들의 신분과 삶이 계시록의 중심적인 메시지라면, 계시록은 마땅히 모든 시대를 초월하여 모든 시대의 크리스천들과 사람들에게 선포되고 설교되어야 한다. 왜냐하면 이와 같은 계시록의 중심 주제는 복음서에 나타나 있는 예수님의 핵심적인 메시지는 물론, 신구약성경 전체의 중심 주제이기 때문이다.[18] 더욱이 오늘 우리 시대의 크리스천들은, 비록 주후 1세기 말엽의 크리스천들과 정확하게 동일한 역사적 정황에 있는 것은 아니지만, 그들이 직면했던 유사한 문제들을 경험하고 있다. 오늘 우리시대에 일어나고 있는 돈, 물질, 성, 정치세력, 이데올로기, 과학 등의 절대화와 우상화는 1세기 말엽의 크리스천들이 직면했던 로마 황제의 신격화 못지않게 적그리스도의 모습을 띠고 크리스천들을 위협해오고 있다. 사실상 오늘 우리는 그 어느 때보다도, 역사의 진정한 주관자는 누구이며, 역사의 궁극적인 목적은 무엇이며, 이 세상에서 다방면에 걸쳐서 일어나고 있는 우상화의 진정한 정체성은 무엇이며, 이 세상에서 구현되어야 할 크리스천들의 진정한 신분과 삶은 무엇인가 하는 문제들에 직면해 있다. 계시록은 이런 문제들에 대하여 일찍이 1세기 말엽의 크리스천들에게 그렇게 하였던 것처럼, 또한 오늘

---

17) Collins, *Crisis and Catharsis: The Power of the Apocalypse* (Philadelphia: Westminster, 1984), pp. 152-161; David Barr, "The Apocalypse as a Symbolic Transformation of the World," *Interpretation* 38 (1984), pp. 39-50.

18) Beasley-Murray, *Revelation*, pp. 44-48.

우리에게도 역사의 진정한 주관자는 하나님이시며, 역사의 구원과 심판을 수행하시는 분은 어린양 예수 그리스도이시며, 예수 그리스도는 인류 역사와 신자의 정체성에 대한 패러다임과 열쇠가 되며, 이 세상의 나라는 결국 하나님의 나라에 의해 정복된다는 사실을 분명하게 제시해 주고 있다. 우리가 계시록을 열고, 계시록을 읽고, 가르치고, 설교해야 하는 이유도 바로 이 점에 있다고 하겠다.[19]

2. 계시록의 종말론과 천년왕국

아마도 신구약성경 중에서 가장 해석하기 어렵고, 가장 논란이 많은 성경 본문 중의 하나는 계시록 20:1-6일 것이다. 그 동안 우리 국내의 신학자와 목회자들은 물론, 국외의 수많은 신학자와 목회자들은, 이 구절의 해석 문제와 관련하여 소위 "전천년설 신봉자"(premillennialist)와[20] "무천년설 신봉자"(amillennialist)로[21] 날카롭게 나뉘고 있다.

---

19) Chaddock, "Preacing the Book of Revelation," pp. 270-279.
20) 예를 들면, 박형룡, 『교의신학: 내세론』 VII (서울: 한국기독교교육원, 1983), 198-200; 박윤선, 『요한계시록』 (서울: 영음사, 1955/1989), 329-336; 이상근, 『요한계시록』 (서울: 총회교육부, 1963, 82), 224-233; 최홍석, "현대 교의학에서의 천년왕국과 종말," "신학지남," 234 (1992, 겨울), 30-48; 한정건, "시한부 종말론 이후의 천년왕국설을 재고찰한다," I,II "목회와 신학," 52 (1993/10), 110-121; 53 (1993/11), 110-125; Charles C. Ryrie, *The Basis of the Premillennial Faithn* (Neptune: Loizeaux Brothers, 1953), pp. 27-33; J.F. Walvoord, *The Revelation of Jesus Christ* (Chicago: Moody, 1966), 229-90; "The Theological Significance of Revelation 20:1-6," *Essays in Honor of J. Dwight Pentecost* (ed. S.D. Toussaint and C.H. Dyer; Chicago: Moody, 1986), 227-29; R.H. Mounce, *The Book of Revelation* (NICNT; Grand Rapids: Eerdmans, 1977), 351-360; G.E. Ladd, *A Commentary on the Revelation of John* (Grand Rapids: Eerdmans, 1951): 259-63.
21) 예를 들면, 김준삼, 『교의신학 III: 교회론, 내세론』 (서울: 도서출판 총신, 1988, 1993), 195-216; 최순직, 『조직신학: 기독신학교 종말론 강의안』, 16-22; 정훈택, "하나님의 나라와 천년," "신학지남," 231 (1992, 봄), 158-219; H. Bavinck, *Gereformeerde Dogmatiek* IV (Kampen: Kok, 1928-

초대교회 교부시대부터 Papias, Justin Martyr, Irenaeus, Turtullian 등 수많은 전천년설 주장자들은 신구약성경 중에서 오직 이 성경 본문에서만 나타나는 "천년"(τὰ Χιλια ἔτη, 2, 3, 4, 5, 6, 7)이란 말을 문자적으로 해석하여, 예수님께서 천년왕국 전에 재림하셔서 먼저 사탄을 천년 동안 가두고, 그 다음 부활한 성도들을 포함하여 지상의 살아있던 모든 성도들과 함께 지상(地上)에 자신의 천년왕국을 건설하였다가, 천년이 지났을 때 사탄의 세력과 마지막 전쟁을 벌여 사탄의 세력을 완전히 멸하고, 그 다음 죽은 불신자들이 부활하여 마지막 대심판이 거행되며, 그런 다음 영원한 신천신지가 이루어진다고 보고 있다. 반면에 Origen, Augustine 등 무천년설 주장자들은 이 본문에 나타나는 "천년"을 예수님의 초림으로부터 재림까지의 기간을 가리키는 일종의 상징적이고 영적인 숫자로 해석하여, 천년왕국을 예수님의 재림 후에 이 땅에 펼쳐질 왕국으로 보기보다, 오히려 예수님의 초림, 십자가와 부활, 승천 등을 통하여 죄와 사탄의 세력을 근본적으로 멸하시고, 만유의 "주"로서 높아지신 주님께서 재림하실 때까지 온 세상을 다스리는 구속사적이며 영적인 하나님의 나라로 보며, 예수님이 재림할 때, 사탄의 세력이 완전히 격파당하고, 신자와 불신자의 시간적 간격 없이 모든 죽은 자들이 일시에 부활하게 되며, 이어 대심판과 영원한 신천신지가 이루어진다고 보고 있다.

---

30), pp. 717-769; L. Berkhof, *Systematic Theology* (London: The Banner of Truth Trust, 1971), 708-719; Geerharddus Vos, "The Second Coming of Our Lord and Millennium," *Redemptive History and Biblical Interpretation* (ed. R.B. Gaffin, Jr.: Phillipsburg: Presbyterian and Reformed Pub., Co., 1980), 415-422; Leon Morris, *The Revelation of St. John* (Grand Rapids: Eerdmans, 1984), 233-238; A. A. Hoekema, 『개혁주의 종말론』 유호준 역 (서울: 기독교문서선교회, 1986), 303-321; D. Guthrie, *New Testament Theology* (London: IVP, 1981), 869-874; Vern S. Poythress, "Genre and Hermeneutics in Rev 20:1-6," *JETS* 36/1 (1993), 41-54; R.F. White, "Reexaming the Evidence for Recapitulation in Rev 20:1-10," *WTJ* 51 (1989), 319-44.

따라서 계시록에 대한 문자적 해석을 선호하는 전천년설 주장자들에 따르면, 신자들은 앞으로 주님의 재림으로 이루어질 지상의 천년왕국과 영원한 신천신지를 이중적으로 기다리고 있지만, 반면에 계시록에 대한 상징적 혹은 영적인 해석을 선호하는 무천년설 주장자들에 따르면, 신자들은 부활하신 그리스도와 함께 이미 이 땅에서 이루어져 가고 있는 하나님의 나라를 맛보면서, 또한 장차 주님의 재림으로 이루어질 영원한 신천신지를 아직 기다리고 있다.[22] 계시록의 이해와 해석에 있어서, 서로 날카롭게 대립되고 있는 이 두 가지 입장 중에서 어느 입장이 성경에 충실한 입장이라고 절대적인 단언할 수 있는 사람은 아무도 없을 것이다. 따라서 이 문제에 관한 한 우리 모두는 다시 한번 우리의 지식의 한계를 절감하고 겸손해야 한다. 하지만 필자는 예수님 당대의 유대교와 신약성경에 나타나 있는 종말론을 연구해오면서, 적어도 무천년설이 전천년설보다는 요한계시록과 예수님의 가르침과 사도들의 가르침에 더 충실하다는 것을 확신하게 되었다. 그래서 이제 계시록을 중심으로 하여, 왜 무천년설이 전천년설보다 더 신약성경에 충실한가를 살펴보고자 한다. 우리의 첫번째 그리고 결정적인 출발점은, 계시록 20:1-6의 본문이다. 과연 이 본문이 전천년설의 주장처럼 예수님의 재림 후 지상에 건설될 천년왕국을 지지하고 있는가?

(1) 계시록 20:1-6

"1. 또 내가 보매 천사가 무저갱 열쇠와 큰 쇠사슬을 그 손에 가지고 하늘로서 내려와서 2. 용을 잡으니 곧 옛 뱀이요 마귀요 사단이라 잡아 일천 년 동안 결박하여 3. 무저갱에 던져 잠그고 그 위에

---

22) 전천년설, 무천년설과 함께 예수님의 재림 전에 먼저 지상에 천년왕국이 건설되고, 그 후에 예수님의 재림이 있게 된다고 보는 "후천년설 신봉자"(postmillennialst)도 있으나(예를 들면, B.B. Warfield, "The Millennium and the Apocalpse," *Biblical Doctrines*, 1929, 643-64; L. Boettner, *The Millennium* (Philadelphia: Presbyterian and Reformed Pub. Co., 1957), 14-16; J.E. Adams, *The Time is at Hand*, 1970, 80-95) 최근에 와서 이 설을 지지하는 자는 거의 찾아보기 힘들다.

인봉하여 천년이 차도록 다시는 만국을 미혹하지 못하게 하였다가 그 후에는 반드시 잠깐 놓이리라.

4. 또 내가 보좌들을 보니 거기 앉은 자들이 있어 심판하는 권세를 받았더라 또 내가 보니 예수의 증거와 하나님의 말씀을 인하여 목베임을 받은 자의 영혼들과 또 짐승과 그의 우상에게 경배하지도 아니하고 이마와 손에 그의 표를 받지도 아니한 자들이 살아서 그리스도와 더불어 천년 동안 왕노릇하니 5. (그 나머지 죽은 자들은 그 천년이 차기까지 살지 못하더라) 이는 첫째 부활이라 6. 이 첫째 부활에 참예하는 자들은 복이 있고 거룩하도다 둘째 사망이 그들을 다스리는 권세가 없고 도리어 그들이 하나님과 그리스도의 제사장이 되어 천년 동안 그리스도로 더불어 왕노릇하리라."

(한글 개역판)

첫번째 제기되는 질문은 이 본문에 여러 번 나타나고 있는 "천년"이란 말을 문자적으로 해석해야 하는가, 아니면 상징적으로 해석해야 하는가 하는 문제이다. 이 문제는 결국 요한이 쓴 계시록의 문학양식을 우리가 어떻게 보아야 할 것인가, 즉 계시록을 역사세계에 일어날 모든 사건들에 관한 예언으로 보고, 계시록에 나타나있는 모든 언어들이 직접적으로 역사적 사건들과 관련성을 가지고 있다고 보아야 할 것인가 하는 문제를 다시 한번 불러일으킨다. 계시록의 문학적 장르와 관련하여, 우리는 그 어떤 성경 저자보다 유독히 계시록의 저자가 은유, 상징, 대구법 등의 문학적 양식을 많이 사용하고 있다는 점을 유념해야 한다. 따라서 우리는 계시록에서 자주 사용되고 있는 "일곱", "십사만 사천", "이십사", "열두", "육백육십육", "열" 등의 숫자들과, 그리고 "바벨론", "짐승", "어린양", "대접", "용", "나팔", "인" 등의 용어들이 비록 요한이 환상 중에 본 실제 숫자나 대상들을 가리킨다고 할지라도, 그들이 모두 상징적인 의미를 지니고 있을 가능성을 결코 배제할 수 없다.[23]

---

[23] 이 문제에 관한 자세한 논의를 위해서는 정훈택, "하나님의 나라와 천년," pp. 171-195를 보라.

예를 들면, 요한이 실제로 본 "일곱 대접이나 일곱 대접의 나팔"은 적 그리스도의 세력들에 대한 완전한 하나님의 심판을 상징하고 있으며, "십사만 사천"은 구원받은 모든 성도들을 총체적으로 가리키고 있으며, "용"이나 "짐승" 등은 적그리스도(Antichrist)인 사탄의 세력을 상징하고 있으며, "어린양"은 예수 그리스도를 상징하고 있다고 볼 수 있다. 만일 우리가 이 점을 부인할 수 없다고 한다면, 요한이 계시록 20:1-6 에서 여러 번 사용하고 있는 "천년"이란 숫자도 일종의 상징적인 숫자 일 가능성을 배제할 수는 없는 것이다. 이처럼 계시록 저자가 다른 곳에서와 마찬가지로 본문에서도 "천년"이란 숫자를 상징적인 의미로 사용하고 있다고 한다면 "천년"이란 용어 자체를 문자적으로 해석하고, 본문에도 나타나지 않는 "왕국"이란 말을 덧붙여 지상의 천년왕국을 주장할 수는 없는 것이다.[24] 오히려 "천년"이란 말이 이미 예수님 당대 이전부터 유대교 묵시문학에서 "도래할 메시야 왕국"("새 세계" 혹은 "오는 세상")을 가리키는 상징적인 용어로 사용되었다는 점은,[25] 문학 장르 상으로 볼 때 묵시문학적인 성격을 띠고 있는 계시록에서, "천년"이란 말이 문자적인 의미로보다 오히려 "새로운 시대", "메시야 시대" 혹은 "새로운 시기" 등을 뜻하는 상징적인 의미로 사용되었을 가능성을 더욱 짙게 한다.[26]

---

24) 전천년설 주장자들은 계시록 20:1-6을 문자적으로 해석해야 한다는 것을 강력하게 주장하고 있으나, 본문에 나타나 있는 "짐승", "뱀", "용", "쇠사슬" 등을 문자적으로 해석할 수는 없는 것이다. 실제 사탄이 영적인 존재라고 한다면 그 사탄을 어떻게 쇠사슬로 감금하는 것이 가능하겠는가?

25) 예를 들면, m. Abot 4:1; Exod. Rab. 24:4; Gen. Rab. 12:10; b. Sanh 97a-97b; Jub 23:27-20; I Enoch 10:4-11:2; 2 Baruch 29-30, 39-40, 70-74; R. Elizer, Midr. Ps. 90:4. 이 문제에 관한 자세한 논의를 위해서는 다음을 보라: 최갑종, 『예수님의 비유 연구』 (서울: 기독교문서선교회, 1993), 239-245; Lohse, *TDNT* IX, pp. 469-471; B. Wooten Synder, "How Millennial Is the Millennium? A Study in the Background of the 1000 years in Revelation 20," *EJ* (1991), 51-74.

26) Vern S. Poythress, "Genre and Heremeneutics in Rev 20:1-6," *JETS* 36/1 (1993), 451-54; Snyder, "How Millennial Is the Millennium? A Study in the Background of the 1000 Years in Revelation 20," p. 70.

두 번째 제기되는 질문은, 20:1-3에 나타나 있는, 만국을 미혹하지 못하도록 하기 위해 사단을 결박하여 천년 동안 무저갱에 던져 인봉한 사건이 예수님의 초림 때의 사역과 관련된 사건인가, 아니면 재림과 관련된 사건인가 하는 문제이다. 이미 잘 알려져 있는 바와 같이, 무천년설 주장자들은 복음서가 예수님의 사탄의 정복을 이미 말하고 있는 점에 근거하여(마 12:29; 눅 10:17-18; 요 12:31-32), 사탄의 결박을 예수님의 초림 때의 사역과 관련시키고 있는 반면에,[27] 전천년설 주장자들은 예수님의 재림 때의 사역과 관련시킨다.[28] 이 문제는 결국 20:1-6의 사건을 연대적으로 계시록 19:11 이하에 나타나 있는 마지막 대심판의 사건에 이어 나오는 것으로 보아야 할 것인가, 아니면 서로 분리시켜 보아야 할 사건인가 하는 문제를 불러일으킨다. 전천년설 주장자들은 한결같이 계시록 20:1-6이 19:11 이하의 사건과 연속적으로 연결되어 있는 사건으로 본다. 그러나 본문과 문맥을 주의깊게 살펴보면, 20:1-6이 19:11 이하와 연속적으로 연결되어 있다고 보기에는 여러 가지 난점이 있다. 예를 들어 19:15 이하에 따르면, 이미 재림하신 그리스도에 의해 "만국"(τὰ ἔθνη)이 정복을 당했다고 하였는데, 20:3에 따르면 아직 사탄의 미혹을 당할 수 있는 "만국"(τὰ ἔθνη)이 다시 등장하고 있으며, 19:19-21에 따르면 짐승과 그를 추종하는 모든 세력이 완전히 멸절되어졌는데, 20:7 이하에 보면 아직도 짐승과 그의 추종 세력이 남아 있다. 이와 같은 난점은 적어도 20:1-6의 사건이 연대적으로 계시록 19:11-21의 사건에 연결되어있지 않다는 가능성을 열어주고 있다.

이 문제를 해명하기 위해서는, 우선적으로 계시록의 진행과정이 인류 역사의 전진과정을 단계적으로 보여주는 정확한 청사진이 아니라는 점을 유념해야 한다. 우리는 계시록이 정확한 연대기적 순서로 구성되어 있다기보다 오히려 요한이 본 환상의 순서에 따라 서술되고 있다고 보

---

27) Hoekema, 『개혁주의 종말론』, pp. 310-311.
28) 한정건, "시한부 종말론 이후의 천년왕국설을 재고찰한다," I. pp. 110-121.

아야 할 것이다.[29] 이 때문에 계시록은 실제적으로 동일한 사건이 다른 전망 아래 중복되는 경우가 많다. 실례를 들면 우리는, 이미 여러 학자들이 주장하고 있는 것처럼 계시록에 나타나는 일곱 인의 심판(5장-8:5), 일곱 나팔의 심판(8:6-11:19), 일곱 대접의 심판(15장-16:21)을 각각 다른 심판으로 보기보다 오히려 인류역사에 대한 하나님의 최종적인 심판을 각각 다른 관점에서 본 것으로 규정할 수 있다.[30] 사실상 6:12-17의 최종적인 전쟁은 16:12-21에서, 19:11-21에서 그리고 다시 20:7-15에서 중복되고 있다.[31] 그래서 필자는 아래의 도식처럼 예수님의 재림 때의 사건을 언급하는 19:11-21은 20:1-6과 연결되기보다 오히려 동일한 사건을 언급하는 20:7-15과 연결되며, 반면에 20:1-6은 예수님의 초림 때의 사역과 연결되어 있다고 볼 수 있는 18:1-19:10과 연결된다고 보고 싶다.[32] 사실상 한편으로 18:1(A)과 20:1(A')이 다 같이 하나님의 사자(천사)가 하늘에서 내려오고 있는 것으로 시작하고 있다는 사실과, 또 다른 한편으로 19:11-21(B)과 20:7-15(B')이 동일하게 구약 에스겔 39장을 참조하여(예, "곡과 마곡") 마지막 대심판을 묘사하고 있는 점은, 이 부분이 서로 병행하고 있다는 것을 강하게 시사해 주고 있다.[33]

    18:1-19:10 ·············· 예수님의 초림 이후의 사역 − A
    19: 11-21 ·············· 예수님의 재림 이후의 사역 − B
    20: 1-6 ·············· 예수님의 초림 이후의 사역 − A'
    20: 7-15 ·············· 예수님의 재림 이후의 사역 − B'

---

29) R. Fowler White, "Reexaming the Evidence for Recapitulation in Rev 20:1-10," *WTJ* 51 (1989), 319-44. esp. 324; 정훈택, "하나님의 나라와 천년," p. 188 n. 24.

30) B.S. Childs, *The New Testament as Canon: An Introduction* (Philadelphia: Fortress, 1984), p. 510.

31) Cf. J.A. Hughes, "Revelation 20:4-6 and the Question of the Millennium," *WTJ* 35 (1973), pp. 282-283.

32) Cf. W. Hendriksen, *More than Conquerors* (Grand Rapids: Baker, 1939), pp. 221-23; White, *op. cit.*, 326-343.

33) Synder, *op. cit.*, pp. 71-72; White, *op. cit.*, 326-343.

세 번째 제기되는 문제는 누가, 어디서 그리스도와 함께 천년 동안 왕노릇하는가 하는 문제이다. 흔히 전천년설 주장자들은 20:4에 근거하여, 그리스도의 재림 이후 모든 죽은 성도들이 먼저 부활하여(첫째 부활) 당시 살아 있던 성도들과 함께 지상에서 그리스도와 함께 천년 동안 왕노릇하며, 불신자들은 천년이 지난 후에 부활하여(둘째 부활) 심판을 받는다고 주장하고 있다.[34] 그러나 4절 본문을 보다 자세히 살펴보면, 본문에는 천년왕국이 지상에 건설된다는 말도, 모든 성도들이 이 지상의 천년왕국에 참예한다는 말도 전혀 나타나지 않고 있다. 오히려 4절 본문은 그리스도와 함께 천년 동안 왕노릇하는 자들은 보좌에 앉은 자들이며, 이 보좌에 앉은 자들은 죽은 성도들 즉 "예수의 증거와 하나님의 말씀을 인하여 목베임을 받은 자의 영혼들"과 "짐승과 그의 우상에게 경배하지도 아니하고 이마와 손에 그의 표를 받지도 아니한 자들" (13:15 이하 참조)임을 지적해 주고 있다.[35] 그런데 계시록에서 47번 나타나는 "보좌"라는 말이 사탄의 보좌(2:13)와 짐승의 보좌(13:2; 16:10)를 제외하고는 모두 하늘에 있는 것으로 묘사되고 있는 점을 감안해볼 때,[36] 20:4의 보좌도 하늘에 있는 것으로 보아야 할 것이다. 그렇다고 한다면 순교자들이 그리스도와 함께 천년 동안 왕 노릇하는 곳도 지상이 아닌 하늘로 보아야 한다. 여하튼 본문 자체는 죽은 성도들을 제외한 그 밖의 살아있는 성도들에 관하여는 어떠한 언급을 하지 않고 있다.

문제는 본문의 단순과거형 "살아서"(ἔζησαν)라는 말과 "첫째 부활" (ἡ ἀνάστασις ἡ πρώτη)이라는 말을 어떻게 해석할 것인가 하는 것이다. 본문에서 "살아서"라는 말과 "첫째 부활"은 같은 의미로 사용되고 있고, 이 말이 5절의 "죽은 자들"과 서로 대조를 이루고 있다. 다시 말하자면 본문은 죽은 성도들의 영혼은 살아서(첫째 부활하여) 그리스

---

34) 한정건, "시한부 종말론 이후의 천년왕국설을 재조명한다," II. pp. 118-120.
35) D. Guthrie, *New Testament Theology*, p. 845.
36) Leon Morris, *Revelation*, p. 236.

도와 함께 하늘에서 천년 동안 왕 노릇하는 반면에, 그 밖의 죽은 자들은 천년이 차기까지 살지 못하고 있다는 것이다(20:5). 이리하여 이 구절은 언뜻 보기에 죽은 성도들이 예수님의 재림 때 육체적으로 부활하여 다시 사는 것을 뜻하는 것처럼 보인다. 그러나 보다 자세히 본문을 살펴보면, 단순과거형 "살아서"는 그 뒤에 잇따라 나오는 동일한 단순과거형 동사 "왕노릇하다"(ἐβασίλευσαν)라는 단어와 함께, 죽은 상태에서 다시 살아나는 행동의 변이(變移)를 가리키기보다, 오히려 한때 죽었던 자들이 이미 살아 난 상태에서 왕노릇하고 있는 자들의 상태를 가리키고 있다. 그리고 첫째 부활이 6절의 둘째 사망과 서로 병행을 이루고 있는데, 본문에서 둘째 사망이 육체적 죽음을 뜻하지 않고 영원한 하나님의 심판을 뜻하고 있는 점을 볼 때, 우리는 첫째 부활도 본문에서 육체적 부활로 보기보다 오히려 죽은 신자의 영혼들이(4절) 하나님의 보좌에서 이미 살아서 왕노릇하는 것을 뜻하고 있는 것으로 보아야 할 것이다.[37] 이뿐만 아니라 계시록 6:9-11에 보면, "하나님의 말씀과 저희의 가진 증거를 인하여 죽음을 당한 영혼들이" 이미 살아있는 것으로 제시되어 있다. 이와 같은 사실은 계시록 20:4의 "살아서"와 "첫째 부활"이란 말도 예수 그리스도와 함께 보좌에 앉아있는 순교자들의 특수한 신분과 모습을 가리키고 있는 것으로 보아야 할 것을 시사해주고 있다. 그리스도와 관계없는 그 밖의 죽은 자들을 영적으로 죽은 상태로 보고 있는 이유도 이 때문이다(20:5a; 엡 2: 2, 5). 더구나 성경 그 어느 곳에서도 두 부활 이론을 말하는 곳이 없으며, 오히려 신약성경이 단 한번의 예수님 재림과 모든 자들의 일시적인 부활과 영원한 심판과 그리고 영원한 신천신지를 말하고 있다는 사실은(예를 들면 마 25:31 이하; 막 13:27; 14:62; 눅 9:26; 요 5:29; 6:40; 행 2:20, 21; 고전 1:8; 3:13; 5:5; 빌 3:21; 살후 1:7-9; 딤후 1:18; 4:8; 히 9:27, 28; 벧전 5:4; 벧후 3:10-13),[38] 본문의 첫째 부활을 예수님의 재림 때 주

---

37) M.G. Kline, "The First Resurrection," *WTJ* 37 (1974-75), 366-75; Poythress, *op. cit.*, p. 53.

38) 전천년설 주장자들은 고린도전서 15:23 이하에 근거하여 신자와 불신자와의 부활 사이에 시간적인 간격이 있다고 주장하고 있으나(예를 들면 한정건

어질 육체적 부활로 보기는 어렵다는 것을 강력히 시사해주고 있다.[39] 요한계시록에서 "살아서"라는 말이 일반적으로 육체적 부활을 뜻하기보다 하나님의 살아계심과 관련하여 사용되고 있는 점도(4:9-10; 7:2; 10:6; 15:7) 이를 뒷받침해 주고 있다.

(2) 계시록 1:5-6; 5:9-10

"5. 또 충성된 증인으로 죽은 자들 가운데서 먼저 나시고 땅의 임금들의 머리가 되신 예수 그리스도로 말미암아 은혜와 평강이 너희에게 있기를 원하노라 우리를 사랑하사 그의 피로 우리 죄에서 우리를 해방하시고 6. 그 아버지 하나님을 위하여 우리를 나라와 제사장으로 삼으신 그에게 영광과 능력이 세세토록 있기를 원하노라 아멘"(계 1:5-6)

교수는 "시한부 종말론 이후의 천년왕국설을 재조명한다." II, pp. 119-120에서 신자의 생명의 부활과 불신자의 심판의 부활 사이에 천년왕국이 놓여 있다고 주장하고 있다). 고린도전서 15:23의 본문 자체는 그리스도와 신자와의 부활만을 언급할 뿐 불신자의 부활에 관하여는 전혀 언급하고 있지 않다. 24절의 "그 끝"(τὸ τέλος)이라는 말도 부활의 끝을 말하고 있는 것이 아니라 현세상을 포함하는 사건의 완성이나 종결을 가르킬 뿐이다. 만일 본문에서 신자의 부활 후에 별도로 불신자의 부활을 말하는 것을 의도하였다고 한다면, 그는 τὸ τέλος라는 말 대신에 οἱ λοιποι("그 남은 자들")라는 말을 사용하였을 것이다. 물론 우리가 여기서 바울이 불신자의 부활을 부인하고 있다는 사실을 주장하고 있는 것은 아니다. 다만 우리가 말하고자 하는 것은 바울이 여기서 시간적인 간격을 가진 3중적인 부활(그리스도/신자/불신자)을 말하고 있는 것은 아니라는 점이다. 오히려 바울은 고린도전서 15:50 이하에서 신자와 불신자의 부활이 동시에 이루어질 것을 시사하고 있다. 이 문제에 관한 자세한 논의를 위해서는 다음을 보라: Gordon D. Fee, *The First Epistle to the Corinthians* (NICNT: Grand Rapids: Eerdmans, 1987), pp. 753-754; H. Conzelmann, *I Corinthians* (Philadelphia: Fortress Press, 1981), pp. 270-271; G. Delling, *TDNT* 8: 49-59; H. Ridderbos, *Paul: An Outline of His Theology* (Grand Rapids: Eerdmans, 1975), pp. 556-558; D. Guthrie, *New Testament Theology*, p. 834.

39) G. Vos, "The Second Coming of our Lord and Millennium," p. 416; Guthrie, *New Testament Theology*, p. 844.

제1장 계시록 해석과 천년왕국

"9. 새 노래를 노래하여 가로되 책을 가지시고 그 인봉을 떼기에 합당하시도다 일찍 죽임을 당하사 각 족속과 방언과 백성과 나라 가운데서 사람들을 피로 사서 하나님께 드리시고 10. 저희로 우리 하나님 앞에서 나라와 제사장을 삼으셨으니 저희가 땅에서 왕노릇하리로다"(계 5:9-10)

이상에서 살펴본 바와 같이 계시록 20:1-6의 본문은 전천년설의 주장을 확고하게 뒷받침해 주지 않고 있다. 계시록 20:1-6의 본문을 전천년설에 따라 해석할 수 없다는 점은 이제 우리가 두 번째로 살펴보고자 하는 계시록 1:5-6과 5:9-10에서 더욱 분명하게 드러난다. 이미 잘 알려져 있는 바와 같이, 전천년설은 근본적으로 현세대를 메시야 왕국이나 혹은 하나님의 나라가 확장되어가고 있는 시대로 보기보다, 오히려 성도들이 고난과 핍박 가운데서 예수님의 재림을 통해 이루어지게 되는 천년왕국을 기다려야 하는 고난의 시대로 간주한다. 그래서 전천년설 주장자들은 신자들에게 현재의 고난 시대에서 장차 예수님의 재림과 함께 이루어질 찬란한 천년왕국을 기대하면서, 믿음을 지키는 자에게 영광스러운 천년왕국에 들어갈 수 있는 축복이 주어진다고 가르치고 있다. 따라서 전천년설의 근저(根抵)에는, 현세상을 근본적으로 사탄의 세력이 다스리며, 예수 그리스도는 현세상을 다스리는 현재의 왕이시라기보다 오히려 오실 미래의 왕이라는 사상이 더 강하게 자리잡고 있다. 이리하여 전천년설 주장자들은 하나님의 구원역사의 결정적인 전환점을 예수님의 메시야적 초림과 그의 십자가에서의 죽으심과 부활 등의 구속 사건에 두기보다, 오히려 지상의 천년왕국을 세우기 위해 다시 오시는 예수님의 재림 사건에 두고 있다. 이런 점에서 볼 때 전천년설과 예수님 당대의 유대교 종말론의 핵심을 차지하였던 메시야 왕국설 사이에는 부정할 수 없는 유사성이 있다.[40] 왜냐하면 예수님 당대 유대인들도 그

---

40) G. Vos, "The Second Coming of Our Lord and Millennium," p. 416: "The premillenarian theory has its preformation in a certain scheme of Jewish eschatology dating back as far as the New Testament period or even earlier"(전천년설 이론은 신약시대나 혹은 그 이

들의 나라가 강대국의 지배 아래 있는 현세대를 사탄의 세력 아래 있는 시대로 생각하였으며, 장차 메시야 왕국이 도래하면 이스라엘을 괴롭힌 모든 이방의 강대국 세력들이 오시는 메시야에 의해 격파를 당하고, 예루살렘을 중심으로 찬란한 메시야 왕국이 건설된다고 보았기 때문이다.[41]

그러나 우리가 계시록을 자세히 살펴보면, 비록 예수 그리스도께서 한편으로 장차 심판의 주님으로 오셔서 모든 사탄의 세력을 격멸하실 분임을 강조하고 있다고 할지라도, 또 다른 한편으로 예수님은 이미 이 세상을 통치하시는 왕이시라는 사실을 누누이 강조하고 있는 것과 마찬가지로(7:10; 11:15; 14:7,14ff; 15:4; 16:4ff; 19:6), 신자들도 한편으로 이 세상에서 장차 주님의 재림으로 이루어질 영원한 나라에서 왕적인 신분이 될 것임을 말하고 있다고 할지라도(계 22:5), 또 다른 한편으로 이미 이 세상에서 왕적인 신분이 되었다는 사실을 강조하고 있다는 사실을 발견한다. 이 점을 명백하게 보여주고 있는 구절이 바로 계시록 1:5-6과 5:9-10이다.

계시록 1:5 상반절에 보면, 요한은 일곱 교회에게 편지를 쓰면서 이미 예수 그리스도를 "땅 위의 왕들의 지배자"(ὁ ἄρχων τῶν βασιλέων)로 소개하고 있다(참조, 19:16). 그리고 5절 하반절과 6절 상반절에서 그 예수께서 "우리를 사랑하시고(현재시제), 자신의 피로써 우리의 죄로부터 우리를 해방시키셨으며(단순과거시제), 우리를 자신의

전의 시대에 나타났던 유대교 종말론의 어떤 도식에 그 뿌리를 두고 있다): R.L. Wilken, "Early Christian Chiliasm, Jewish Messianism and the Idea of the Holy Land," *HTR* 79 (1986), 298-307.

41) 최갑종, "예수님의 종말관과 무화과 나무 비유," pp. 239-245에 수록되어 있는 여러 유대 문헌과 참고 문헌을 참조하라. 재미있는 사실은 유대인들의 메시야 왕국에 관한 구약성경 본문들, 예를 들면 에스겔 36-40장, 이사야 45장, 60장, 65장이 또한 전천년설 주창자들의 중요한 성경적 본문들로 받아들여지고 있는 점이다.

아버지이신 하나님을 위하여 이미 '나라'(βασιλειαν)와 '제사장'(ἱερεις)으로 삼으셨다"(단순과거시제)라고 말하고 있다. 이 구절은 의심할 여지없이 십자가에 죽으시고 부활하신 예수 그리스도께서 이미 현재 모든 지상의 임금들을 통치하시는 만왕의 왕이시라는 사실과, 이 예수 그리스도의 십자가의 구속 사건을 통해 신자들도 이미 이 지상에서 아버지 하나님을 섬길 수 있는 하나님의 왕적인 나라와 제사장이 되었다는 점을 가르쳐주고 있다.[42]

똑같은 사상이 계시록 5:9과 10절에서 반복되고 있다. 5:9 하반절에서 요한은 어린양이신 예수 그리스도께서 자신의 죽음을 통하여 "각 족속과 방언과 백성과 나라 가운데서 사람들을 피로 사서 하나님께 드리셨다"(과거시제)라고 말한 다음, 바로 이어 10절에서 그 예수 그리스도께서 "저들을 우리 하나님 앞에서 '나라'(βασιλειαν)와 '제사장'(ἱερεις)으로 삼으셨으며(과거시제), 그래서 저희가 땅에서 '왕노릇하고 있도다'"(βασιλειαν)[43]라고 말하고 있다. 5:10의 과거형 시제가 말해주고 있듯이, 신자들은 예수님의 결정적인 십자가의 구속사건에 의해 저들이 이미 나라와 제사장이 되었으며, 그 결과 신자들은 현재 계속해서 이 땅에서 왕적인 신분을 누리고 있다는 사실을 강조하고 있다.[44]

---

42) Andrew J. Bandstra, "A Kingship and Priest": Inaugurated Eschatology in the Apocalypse," *CTJ* 27 (1992), pp. 14-15.

43) NA 26판 희랍어 성경은 "왕노릇할 것이다"라는 미래시제 βασιλευσουσιν를 보여주고 있는 사본을 본문으로 선택하고 있으나, 최근에 필자의 은사이며, 칼빈신학대학원 신약학 교수였던 A. Bandstra가 "A Kinship and Priest" Inaugurated Eschatology in the Apocalypse," *CTJ* 27 (1992), 1-25, esp. 18-24에서 강조하고 있는 것처럼, 본문 안에서 이미 신자들이 "왕적인 나라"가 되었다고 말하고 있기 때문에 신자들이 현재 왕으로서 다스리고 있다는 사실을 말하는 현재시제의 사본이 더 원형에 가깝다고 볼 수 있다.

44) M.E. Boring, *Revelation: Interpretation, A Bible Commentary for Teaching and Preaching* (Louisville: John Knox, 1989), pp. 108-115; Paul J. Achtemeier, "Revelation 5:1-14," *Interpretation* 40 (1986), 283-288.

그런데 구약 출애굽기 19:6에 보면, 일찍이 이스라엘 백성들을 가리켜, "너희는 나를 위하여 제사장의 나라와 거룩한 백성이 될 것이며"(미래)(ὑμεις εσεσθε μοι βασιλειαν ἱερατευμα και ἐθνος ἅγιον, LXX)라고 예언되고 있으며, 이 예언은 이사야 61:6의 "너희는 주의 제사장으로 불려질 것이다"(미래)(ὑμις ἱερεις κυριου κληθησεσθε, LXX)에서 반복되고 있다. 예수님 자신이 그의 첫 사역에서 이사야 61:1을 읽으신 다음, 그 예언이 자신에 의해 성취되었다는 것을 선언하고 있는 점을 감안해 볼 때(눅 4:16-21), 우리는 계시록 저자가 1:5과 5:10에서 단순과거형을 사용하여 강조하고자 하는 것은, 일찍이 출애굽기 19:6과 이사야 61:6에서 예언되었던 내용이 예수 그리스도에 의해 이미 신약의 성도들 안에서 성취되었다는 사상이라고 말할 수 있다. 베드로전서 저자도 2:5, 9에서 신약의 성도들을 가리켜 "거룩한 제사장", "택함을 받은 민족", "왕의 제사장"이란 말을 사용하여, 신약의 성도들 안에서 출애굽기 19:6과 이사야 61:6의 예언이 이미 성취되었다는 사실을 강하게 시사해 주고 있다.[45]

만일 베드로전서의 저자와 마찬가지로 계시록의 저자도 예수 그리스도 안에서 신약의 성도들이 이미 왕과 제사장이 되었다고 본다면, 신약의 성도들은 비록 그들이 한편으로 아직도 주님의 재림과 함께 영광스러운 몸으로 부활하여 완전한 왕과 제사장의 신분을 입을 영원한 천국을 기다리고 있다고 할지라도, 그들은 다른 한편으로 이미 이 땅에서 왕과 제사장의 신분이 된 성취의 시대에 살고 있다고 보았음이 분명하다. 예수 그리스도께서 이미 이 땅에 왕으로 오셨으며, 십자가의 죽음과 부활의 결정적인 구속사건을 통하여 높아지신 주님으로서(행 2:36; 빌 2:11; 골 1:18-23), 이 땅을 다스리고 있다고 한다면 십자가와 부활의 이 결정적인 구속사건과 오순절의 성령강림 사건을 통하여 예수 그리스도와 연합되어 있는 신약의 성도들이 이미 왕의 신분이 되었다고 하는 것은 너무나 당연하다.[46] 이처럼 계시록 저자가 십자가와 부활의

---

45) Schrenk, *TDNT* III, pp. 249-251.
46) Bandstra, "A Kingship and Priest," pp. 20-22.

구속사건을 통하여 이미 예수님이 만왕의 왕이 되셨으며(계 5:13; 12:10; 15:3), 신약의 성도들도 그리스도 예수 안에서 이미 성취의 시대, 이미 실현되고 있는 하나님의 나라 안에 참예하고 있는 왕과 제사장의 신분임을 말하고 있다고 한다면, 그가 구태여 유대교의 묵시문학적 배경을 가졌다고 볼 수 있는 그리스도의 재림과 함께 지상에 이루어질 부분적인 천년왕국을 말할 필요성은 사실상 없게 된다. 오직 남아 있게 되는 것은 주님의 재림과 함께 사탄의 세력의 완전한 정복과 성도들이 영원히 다스리게 될 신천신지일 뿐이다(계 22:5).

그런데 바로 이 점에서 문제가 되는 것은, 신약의 성도들이 과연 예수 그리스도께서 만왕의 왕으로서 이 세상을 통치하고 있으며, 현세상을 이미 하나님의 나라의 실현의 과정으로, 그리고 신약의 성도들을 하나님의 왕국에 참예한 자로 간주할 수 있겠는가 하는 것이다. 왜냐하면 우리는 여전히 사탄의 세력이 이 세상에서 활동하고 있으며, 여전히 신자들이 죄와 사탄의 유혹을 받고 있으며, 여전히 이 세상에서 고난을 받고 있다는 사실을 잘 알고 있기 때문이다. 다시 말하자면 요한의 공동체가 여전히 로마 황제의 핍박 가운데 있었으며, 초대교회 신자들이 로마 황제가 이 세상을 통치하고 있는 것을 눈으로 보고 있는 당시의 상황에서 어떻게 예수 그리스도가 이 세상의 왕이시며, 신자가 어떻게 이 세상에서 이미 왕과 제사장의 신분이 되었다고 말할 수 있겠는가 하는 것이다. 이 문제와 관련하여 필자는 여기서 두 가지 점을 지적하고 싶다.

첫째, 예수님의 하나님의 나라에 관한 메시지에서 분명히 나타나 있는 것처럼 예수님의 오심과 함께 이루어지고 있는 현재의 하나님의 나라는, 예수님 당대 유대인들이 기대한 것과 같은 물질적이고, 정치적이고, 세속적인 나라가 아니라 오히려 영적이며, 구속사적인 나라라는 점이다.[47] 복음서에 보면, 예수님은 자신이 유대 묵시문학에서 발달된 그

---

47) 최갑종, "죽음과 하나님의 나라," "목회와 신학," 11 (1992), PP. 61-67; 정훈택, "하나님의 나라와 교회," "신학지남," 233 (1992, 가을), PP. 164-212.

와 같은 이스라엘 민족 중심적이며, 정치적이고 세속적인 메시야가 아님을 누누히 암시하신 것과 같이(눅 17:20; 요 18:36 참조), 또한 자신이 선포하는 하나님의 나라도 당대 유대인들의 기대와는 전혀 다른 차원의 나라임을 분명히 말씀하셨다. 예를 들면 예수님 당대 유대인들은 이스라엘 나라의 정치적 회복, 메시야에 의한 이방나라의 정복, 예루살렘 성전의 회복, 흩어졌던 이스라엘 민족의 귀환 등을 하나님 나라의 도래의 구체적인 징표로 생각하였지만,[48] 예수님은 자신에 의해 "소경이 보며, 앉은뱅이가 걸으며, 문둥이가 깨끗함을 받으며, 귀머거리가 들으며, 죽은 자가 살아나며, 가난한 자에게 복음이 전파되며"(마 11:5; 눅 4:16-21), "성령을 힘입어 귀신을 쫓아내는 일"(마 12:28; 눅 11:20)을 자신이 일찍이 이사야 선지자가 예언한(사 35:5-6; 61:1) 메시야됨과 하나님 나라 도래의 징표가 된다는 사실을 선언하셨으며, 아직도 가시적인 하나님 나라의 도래를 기다리고 있는 유대인들을 향하여 "하나님의 나라는 볼 수 있게 임하는 것이 아니요 또 여기 있다 저기 있다고 못하리니 하나님의 나라는 너희 가운데 있느니라"(눅 17:20-21)고 말씀하셨다.

이처럼 하나님의 나라의 현재성은 유대인들이 기대한 가시적인 징표에서보다 오히려 더 근본적으로 예수님 자신이 구약에서 약속된 메시야이며, 그 메시야이신 예수님의 십자가의 죽으심과 부활하심과 성령의 오심 등의 종말론적인 구속사건에 기인하고 있다. 바로 이것이 복음서

---

48) E. Schürer, *The History of the Jewish People in the Age of Jesus Christ* 2, eds. G. Vermes, F. Miller and M. Black (Edinburgh: T. & T. Clark, 1979), pp. 392-547; J.H. Charlesworth, "From Jewish Messianology to Christian Christology," *Judaisms and Their Messiahs at the Turn of the Christian Era*, eds. J. Neusner, W.S. Green and E.S. Frerich (1987), pp. 225-264; Andrew Chester, "Jewish Messianic Expectations and Mediatorial Figures and Pauline Theology," *Paulus und das antike Judentum*, eds. M. Hengel and U. Heckel (**Tübingen**: Mohr, 1991), pp. 17-89; 최갑종, "예수님의 종말관과 무화과 나무 비유," 『예수님의 비유 연구』, pp. 239-245.

에서 말하는 하나님의 나라의 비밀이기도 하다.⁴⁹⁾ 따라서 참으로 우리는 예수님이 약속된 메시야이며, 구약의 약속이 예수님 안에서 성취되었으며, 예수님의 십자가와 부활이 하나님께서 자신의 구속사적인 통치를 회복하시는 인류 역사의 결정적인 종말론적인 사건이며, 성령의 오심이 종말론적인 약속의 성취이며, 높아지신 주님께서 이 세상을 통치하시며, 예수님과 성령에 의해 신자들은 이미 구원받아 하나님의 구속사적인 통치의 영역 아래 있다는 사실을 우리가 부인할 수 없다고 한다면(골 1:13; 빌 2:9-11), 우리는 또한 현재 이 땅에서 이미 부분적으로 실현되어가고 있는 하나님 나라의 현재성도 부인할 수 없는 것이다.⁵⁰⁾

둘째는, 부활 전의 낮아지신 상태의 예수님과 부활 후의 높아지신 예수님의 신분 사이에 분명히 구별이 있는 것처럼(롬 1:3-4; 빌 2:5-11), 그리스도의 재림 전 신자가 이 땅에서 누리게 되는 신분과 그리스도의 재림 후 부활하여 누리게 되는 신분 사이에 분명히 구별이 있다는 점을 유념하는 것이다. 예수님은 이미 이 땅에 오셨을 때 왕으로, 메시야의 신분으로 오셨다. 그럼에도 불구하고 예수님은 이 땅에서 온갖 마귀의 유혹과 슬픔과 아픔과 시련을 당했다. 하지만 이런 시련에도 불구하고 예수님은 단 한번도 자신의 왕적인 신분을 잃지 않았다. 오히려 예수님은 하나님의 나라의 도래를 선포하시며, 자신의 사역을 통하여 자신의 메시야됨과 하나님의 나라를 확장시켰다. 동시에 예수님은 자신의 부활, 승천 그리고 재림과 함께 자신이 인자의 영광을 가지고 회복시킬 영원한 하나님 나라의 완성을 기대하시고 또한 이를 선포하셨다. 예수님은 이미 자신이 왕이셨지만 또한 십자가의 죽음과 부활의 구속사건을 통하여 영원히 높아지실 자신의 영광스러운 왕적인 신분을 내다보셨다. 이와 같은 "이미"와 "아직"의 두 요소가 예수님의 승리저 생애와 사역

---

49) 최갑종, 『예수님의 비유 연구』, pp. 46-51.
50) 물론 그렇다고 우리가 여기서, 마치 후천년설 주장자들처럼, 일종의 발전적인 낙관론을 주장하고 있는 것은 아니다. 왜냐하면 신약성경은 그 어느 곳에서도 복음전파와 하나님의 나라 확장과 비례해서 사탄의 세력이 점차로 축소된다고 말하고 있지 않기 때문이다.

을 이끌어 가셨다.

바로 이와 같은 예수님의 삶이 또한 그분의 제자로서 이 세상을 살아가는 모든 신자들의 삶의 모델이 된다. 왜냐하면 우리 또한 예수님 안에서 "이미" 왕의 신분이 되었다고 할지라도, 우리는 "아직"도 예수님의 재림과 함께 이루어질 완전하고 영광스러운 왕의 신분을 계속 기다리고 있기 때문이다. 바로 이 때문에 사도 바울도 한편으로 신자를 가리켜 이미 그리스도 예수 안에서 "새로운 창조물이 된 자"(고후 5:17), "예수와 함께 살아서 하늘의 보좌에 앉게 된 자"(엡 2:6), "아버지께서 흑암의 권세에서 건져내사 그의 사랑하는 아들의 나라로 옮겨진 자"(골 1:13)로 말하고 있으면서, 또 다른 한편으로 "아직"도 "하나님의 영광의 자리에 참여할 소망을 가진 자"(롬 5:2; 8:18), "예수와 같은 영광스러운 몸을 입게 될 것을 기다리고 있는 자"(빌 3:21; 고후 5:1-2)라고 말하고 있다. 그렇다고 한다면 우리가 비록 예수님의 구속사적 사건과 그의 왕되심 안에서 왕의 신분이 되었다고 할지라도, 또한 부활 전의 예수님처럼 이 세상에서 사탄의 유혹과 고난과 핍박을 피할 수 없는 것이다. 그러나 우리가 영원히 우리의 왕되신 예수님 안에 있고, 우리 안에 그분의 임재이신 성령께서 내주해 있기 때문에 우리 또한 이 세상에서 왕적인 승리의 삶이 가능한 것이다.[51] 그런 다음 장차 예수님의 재림과 함께 우리는 영광스러운 몸으로 영원히 왕노릇하게 될 것이다.

3. 결어

우리는 이 글에서 먼저 계시록 해석에 있어서 몇 가지 해석학적 유념 사항을 살펴보고, 바로 이어 계시록 해석에 있어서 결정적인 논란의 대상이 되고 있는 천년왕국설 문제와 관련하여 소위 한국 보수교회 안에 깊이 뿌리를 내리고 있는 전천년설이 과연 계시록의 지지를 받을 수 있는가 하는 문제를 살펴보았다. 필자가 최종적으로 내릴 수 있는 결론은

---

51) G.B. Caird, *The Revelation of St. John* (New York: Harper & Row, 1966), p. 297: Bandstra, "A Kingship and Priest," pp. 23-25.

그렇지 않다는 것이다. 이 글에서 자세하게 다루지는 않았지만 복음서에 나타난 예수님의 종말론이나 바울의 종말론을 살펴보면, 전천년설이 얼마나 신약의 종말론과는 거리가 멀다는 것을 여실히 알 수가 있다.[52] 필자가 계시록 해석 문제와 관련하여, 전천년설을 반대하는 근본 이유는 두 가지이다. 첫째, 전천년설이 신약성경 그 자체의 확고한 지지를 결하고 있을 뿐만 아니라, 예수님의 재림에 지나치게 집착한 나머지 하나님의 구속사의 결정적인 종말론적 사건인 예수님의 성육(成肉)과 십자가의 죽으심과 부활 사건과 성령의 오심의 의미, 그리고 그 결정적인 구속사건에 근거를 둔 신자의 이 세상에서 이미 하나님의 나라의 백성으로서 누리는 새로운 존재와 신분과 삶의 의미를 약화시키기 때문이다. 둘째, 전천년설은 성경의 문자적 해석에 지나치게 집착함으로써, 계시록이 가지고 있는 역사적, 문학적 특성을 약화시키거나 외면하고, 그렇게 함으로써 계시록 해석에 있어서 계시록 본문 자체의 우위성이 훼손되고 있기 때문이다.

우리는, 비록 예수님의 재림이 하나님의 구원역사의 최종적인 목적과 완성으로서 아무리 중요하다고 할지라도, 재림 때문에 예수님의 성육, 십자가의 죽으심과 부활, 성령의 오심의 의미를 약화시켜서는 안된다. 왜냐하면 신약의 성도들은 예수님의 재림 사건에서 예수님의 성육과 십자가와 부활의 구속사건의 의미를 발견한 것이 아니라 오히려 그 반대로 예수님이 이미 오셨기 때문에 아직 이루어지지 않은 예수님의 재림을 기대하게 되었고, 예수님의 십자가의 죽으심과 부활에서 이미 종말론적인 심판과 부활이 이루어졌기 때문에 신자도 종말론적인 죽음과 부활을 맛보게 되었고, 앞으로 예수님의 재림을 통해 이루어질 영원한 심판과 몸의 부활을 기대할 수 있었기 때문이다. 필자는 한동안 한국 교

---

52) 복음서에 나타난 예수님의 종말관에 관하여는 필자의 "예수님의 종말관과 무화과나무 비유," 『예수님의 비유 연구』, pp. 245-275를, 바울의 종말론에 관하여는 "바울과 종말," 『바울 연구』 (서울: 기독교문서선교회, 1992), pp. 203-232; 정훈택, "기독론적 종말론: 신약의 종말론 연구," "신학지남," 234 (1992. 겨울), PP. 49-89를 보라.

회를 떠들썩하게 한 시한부종말론도 전통적인 한국 교회의 전천년설에 입각한 지나친 내세지향적 종말론의 부산물로 간주하고 싶다. 만일 우리가 계시록과 신약 전체가 가르치고 있는 예수님의 종말론적인 성육, 십자가와 부활의 구속사건, 성령의 오심으로 인한 "이미"의 천국과 예수님의 재림으로 완성되어질 "아직"의 천국 사이의 균형있는 종말론을 강조할 수만 있다면, 오늘 우리 한국 교회와 성도들의 삶이 이 세상의 나라를 하나님의 나라로 바꾸게 하는 하나님의 방편이 되지 않겠는가!

우리는 성경의 문자적 해석이 필요하며 중요하다고 할지라도, 특수한 성경 본문 자체는 일반적인 성경해석의 원리보다 더 중요하며 그에 선행한다고 본다. 다시 말해서 필자는 우리의 일반적인 성경해석의 원리가 특수한 성경 본문을 좌우하기보다, 오히려 특수한 성경 본문이 우리의 해석원리를 좌우해야 한다고 본다. 따라서 우리가 계시록을 접근할 때는, 계시록 자체가 지니고 있는 특수한 역사적, 문학적 특성에 따라 접근해야 할 것이다. 우리의 해석학적 원리가 아닌, 계시록 본문 자체가 우리의 진정한 왕이 될 때, 계시록의 보고(寶庫)를 볼 수 있는 문이 열리기 때문이다.

제2장

불트만의 『성서의 실존적 이해』에 대한 비평[1]

불트만(R.Bultmann 1884-1975)은 바르트(K.Barth), 브루너(E.Brunner) 틸리히(P. Tillich) 등과 함께 금세기가 낳은 가장 이름 있는 신학자 중의 한 사람으로 불려진다. 특히 신약학 분야에서 그의 명성은 "불트만을 통과하지 않고는 신약학을 할 수 없다"는 말이 있을 만큼 타의 추종을 불허하였다. 무엇이 불트만으로 하여금 이와 같이 세계적인 명성을 얻게 하였는가? 여기에 결정적인 역할을 한 것이 지금 소개하고자 하는바 소위 신학계에 '비신화화 논쟁'을 불러일으킨 그의 논문 『성서의 실존론적 이해』(1941년 처음 발표될 때의 제목은 〈Offenbarung und Heilsgeschen〉이었으나 1948년 *Kerygma und Mythos*에는 〈Neues Testament und Mythologie〉로 게재되었다. 이를 1969년 유동식 교수가 번역, 상기 제목으로 대한기독교서회에 의해 출판되었다)이다. 필자는 먼저 이 논문에 대한 간략한 내용 소개를 하고 이어 여기에 대한 개혁신학 입장에서의 비평을 가하려고 한다.

이 논문은 크게 두 부분으로 되어 있는데 앞 부분에서는 '신약성서의

---

1) 이 글은 저자가 군목 재임시(1977년도) 썼던 것으로서, 본래 고신대학교 부설 교회문제연구소가 발간한 『교회문제연구 제1집』(엠마오 출판사, 1987), pp. 205~221에 수록된 것인데 변경없이 여기에 다시 싣는다.

선언을 비신화화하는 과제'라는 제목하에 성경을 비신화화하지 않을 수 없는 저자 나름대로의 당위성을 밝히고, 뒷 부분에서는 '비신화화 개요'라는 제목하에 신약성경을 비신화화하는 구체적인 방법과 내용을 말한다.

1. 논문 요약

(1) 왜 신약성서는 비신화화되어야만 하는가?

불트만은 신약성서의 세계상을 위시한 전내용 그 자체가 모두 신화이며, 그 기원은 당시의 유대 묵시문학의 신화론과 영지주의(Gnosticism)의 구원 신화라고 전제한다. "…신약성서는 그 선교의 주제인 구원의 사건을 제시할 때 이러한 신화적 세계상을 전제한다. 각 주제의 기원은 당시 유대적 묵시문학의 신화론과 영지주의 구원 신화 안에서 쉽사리 찾아볼 수 있다"(p. 10).

이러한 한 신약의 케리그마는 인과관계를 기반으로 한 과학적 세계관을 갖고 있는 현대인들에게 도저히 믿을 수 없는 것이 될 것이기 때문에 참된 성서의 케리그마를 현대인들에게 이해할 수 있게끔 전달하기 위해서는 케리그마를 그 신화적 얼개로부터 벗겨내는 작업 즉 '비신화화'(Entmythologisierung) 작업을 하지 않을 수 없다는 것이다. 만일 이 작업을 하지 않고 신약성서를 그대로 믿도록 강요하면 성서의 세계관과 상치되는 과학적 세계관과 자율적 인간관을 갖고 있는 현대인들은 정신의 자기 분열과 지성의 희생(sacrificium intellectus)을 동반해야 한다는 것이다(pp. 12ff). 계속해서 불트만은 "…그러므로 만약 신약성서 케리그마의 진리가 보존되려면 이것을 비신화화하는 길밖에 없다"(p. 19)고 하면서 신화와 신약성서 그 자체가 이 비신화화를 요청하고 있다고 주장한다. 신화는 그 자체가 본래 인간이 스스로 자기 존재를 주인이 아니라는 세계에 있어서의 인간의 자기 이해(seinsverständnis)의 표현으로서 저 세상을 이 세상적인 것으로, 신을 인간적인 것으로 대상화한 것이기 때문에 인간학적으로, 보다 나은 말로 실존론적으로 해석되지 않으면 안된다는 것이다(ref. 불트만, 『예수 그리스도와 신화론』, 유동식 역, 신양사, 1959, pp.16-22). 뿐만 아니라 신약성서 전체에 흐르고 있는 일종의 신기한 모순(그리스도의 죽음이 어떤 때는 희생으로, 어떤 때는 우주적 사건으로 제시되고, 그리스도의 선재성과 동정녀 탄생의 불일치 등)이 이런 비신화화를 요구하고 있다는 것이다(pp. 20 ff; ref. 『예수 그리스도와 신화론』, p. 42f). 불트만은 19세기 자유주의 신학자들은 신약성서를 윤리적인 기준으로 비신화화함으로써 복음의 핵심적인 내용(종말론적 케리그마)까지 제거해 버렸다고 공박하면서 신약성서를 비신화화하되 케리그마의 진리를 상실하지 않을 수 있는 유일한 길은 오직 신약성서를 실존론적으로 해석하는 길밖에 없다고 단정한다.(p. 26)

그럼 신화론으로 표현된 성서를 신화론적 용어로 사고하지 않은 현대인들을 위해 케리그마의 진리를 회복시킬 수 있는 소위 실존론적 해석이란 어떤 것인가? 불트만은 이 문제를 그의 논문 뒷부분인 비신화화의 개요에서 밝히고 있다.

(2) 어떻게 신약성서를 비신화화할 수 있는가?(그 내용과 방법)

불트만은 신약성서의 중심 메시지는 근본적으로 인간으로부터 진실한 실존적 결단을 요청하는 인간의 자기 이해라 하면서 성서를 실존론적으로 다음과 같이 재해석한다.

"① 신앙을 떠난 인간 실존: 이것은 신약성서가 육을 따르는 생활, 죄의 생활, 자연인의 생활이라고 규정하는 것으로, 곧 인간이 가시적인 것이나 감각적인 것에 몰두하여 자기 안정성을 추구하는 것이다. 인간은 사실상 안정된 존재가 아닌데 안전성을 추구하면 실로 이것이 인간의 본래적인 참 삶을 잃는 길이며 그가 극복하기를 원했고 또한 그에게 안정을 주기를 희망했던 바로 그 영역의 노예가 되는 것이다. 인간이 자기 안전성을 추구하는 그것이 곧 죄이다.

② 신앙의 생활: 인간의 진정한 생활은 보이지 아니하고 촉감할 수 없는 실재 위에 기초한 생활이다. 이러한 생활이란 자기 스스로 만들어

낸 모든 안전성의 포기(즉 미객관화, 탈세계화)이며 이것이 바로 신약성서가 말하는 '영을 따르는 생활' 또는 '신앙의 생활'이다. 우리가 이 객관화할 수 있는 모든 세상의 안전성을 포기하고 하나님께 철저히 자기를 위임하여 자기를 미래를 향하여 개방하는 것이 바로 신앙이며 바로 그렇게 할 때, 그의 죄가 용서되며 과거로부터 해방되며 하나님을 통해 모든 것을 소유하게 된다. 이것이 곧 종말론적 실존이며 성서가 말하는 '새로운 피조물'이다"(pp. 28-34). 바로 여기서 불트만은 신앙에 있어서 모든 객관적 요소, 소위 그가 말하는 안전성을 철저히 거부하고 요한복음과 바울서신에 나타난 신앙의 현재적 성격을 그의 종말론적 실존에로 귀착시킨다.

그럼 신약성서가 말하는 이와 같은 신앙의 생활, 곧 종말론적 실존과 예수 그리스도의 사건과는 어떤 관계가 있는가? 그리스도 없이도 이 종말론적 실존은 가능한가?

불트만은 신약성서에 있어서 신앙이란 그리스도에 대한 신앙이라고 하면서 이 종말론적 신앙(새로운 자기 이해)은 역사의 한 결정적 사건인 그리스도 사건으로 말미암아 가능하게 되었다고 주장한다(p.35, 36). 그는 하이데거를 위시한 세속적인 실존 철학자들의 존재의 존재론적 구조에 대한 실존론적 분석은 신약성서의 인간관의 세속적, 철학적 서술에 불과하다고 하면서 인간은 본래적으로 하나님과의 관계 아래 있는 존재이므로 인간의 존재 분석에 있어서는 철학자들과 신약성서가 서로 일치한다고 본다. 즉 현대 철학은 루터와 키에르케고르에 의존하고 있기 때문에 신약성서의 도움 없이도 인간의 자기 분석은 가능하다는 것이다(ref.『예수 그리스도와 신화론』, pp.7ff). 양자의 차이점은 인간의 존재 분석에 있는 것이 아니라 그 해결책에 있다. 철학자들은 인간 스스로 자기의 본래적 모습에 도달할 수 있다고 주장하고 있는 반면에 신약성서는 철두철미 하나님의 사랑의 계시인 예수 그리스도 사건을 통해서만 가능하다고 주장한다. 불트만은 철학자들의 자율 그것이 곧 안정성의 추구요, 진정한 자기 위임의 생활을 불가능하게 하는 것이라고 본다(pp. 44ff).

그렇다고 할 때 여기서 다시 인간의 자기 이해, 종말론적 실존, 참된 신앙의 생활(불트만에게 있어서 이들은 동일한 의미를 지닌다)을 가능케 하는 예수 그리스도 사건이 근본적으로 신화적이냐, 아니냐 하는 문제가 제기된다. 이것마저도 비신화화되어야만 하는가?

불트만은 신약성서가 예수 그리스도의 사건을 신화적인 말로서 제시하고 있는 것은 의심할 여지가 없다고 한다(p. 51). 그렇다고 해서 불트만이 예수의 역사적 실재성을 부인하는 것은 아니다. 그가 말하는 것은 역사의 실재 인물인 나사렛 예수에 대한 신약성서의 모든 설명 그 자체가 모두 신화적이므로 이른바 신약성서의 케리그마적 그리스도 예수와 역사적 예수 사이에는 아무런 연속성을 찾을 수 없다는 것이다(ref. R.Bultmann, *Jesus and the Word*, 영역 Charles Scribner's Sons, 1934, p. 9). 뿐만 아니라 불트만에게 있어서 역사적 예수에 대한 지식은 하등 문제가 되지 않는다. 그에게 있어서 중요한 것은 역사적 예수의 독특한 신분이나 사역이 아니라 그를 통해서, 그 안에서 일어난 하나님의 행위 곧 종말론적 구원의 사건이다.

불트만은 예수 안에서 일어난 하나님의 행위는 눈으로 볼 수 있거나 객관적, 과학 증명이 전혀 불가능하며 오직 그것의 선포를 통해서만 지금 여기 개개인의 실존 안에서 일어나는 계속적인 사건이라고 본다. 이러한 논지는 그의 십자가와 부활에 대한 재해석에서 보다 구체적으로 제시되었다(ref.『예수 그리스도와 신화론』, pp. 88-89).

불트만은 나사렛 예수를 십자가를 못박음으로써 하나님은 이 세상의 힘에 지배당하는 타락한 우리 자신을 위해 한 종말론적 심판 행위를 수행하셨다고 본다. 즉 그것을 통해 하나님은 우리를 위한 십자가를 세우셨다는 것이다. 그리하여 불트만은 그리스도의 십자가를 믿는다는 것은 우리와 우리의 세계 밖에서 이루어진 하나의 신화적 과정, 또는 우리를 위하여 하나님께서 이루신 객관적 사건을 관찰하는 것을 의미하는 것이 아니다. 그것은 주관적으로 그리스도의 십자가를 믿는다는 것이며, 그리스도와 더불어 십자가에 달린다는 것을 의미한다. 구원의 사건으로서의 십자가는 한 신화적 인격 위에 일어난 고립된 사건이 아니라 하나의 '우주적 중요성을 지닌 사건이다' (p. 54)라고 하였다. 여기서 이 구원의 사건으로서의 그리스도의 십자가는(개인의 실존 안에서 재현된다는 점에서) 신화적 사건이 아니라, 예수께서 십자가에 달리신 과거의 역사적 사건 속에 기원하고 있는 영구한 역사적 사건이 된다(p.54).

그렇다면 그리스도의 부활은 어떤 것인가? 불트만은 부활이 순전히 신화적 사건으로서 자명한 의미를 가진 과거 역사의 사건은 아니라고 단정한다(p. 57). 그는 신약성서 안에 있는 부활의 이야기와 부활에 관한 모든 기사는 단적으로 십자가의 의미를 표현하려는 것에 지나지 않는다고 본다. 다시 말해서 십자가와 부활은 다 같이 세상에 대한 심판을 가져오는 것과 인간에게 진정한 생활의 가능성을 열어주는 종말론적인 우주적 사건으로서 인식 아닌 신앙의 대상이라는 것이다. "그러므로 부활은 십자가의 구원의 효능을 입증하기 위하여 내세운 신화론적 사건이 아니라, 십자가 그 자체의 의미와 마찬가지로 신앙의 대상이다. 실로 부활에 대한 신앙은 십자가의 구원의 효능에 대한 신앙과 똑같은 것이다…. 그리스도를 신앙한다는 것은 그리스도의 십자가로서의 십자가를 신앙하는 것이다. 십자가의 구원의 효능은 그것이 그리스도의 십자가라는 사실 때문에 생기는 것이 아니라 십자가가 구원의 효능을 가지고 있기 때문에 그리스도의 십자가이다"(p. 60). 바로 이 점에서 불트만은 그리스도의 인격과 사역의 유일성과 객관성을 모두 파괴시켜 버리고 복음의 핵심인 그리스도의 십자가와 부활을 한갓 개인의 실존적 경험으로 환원시켜 버린다. 이제 마지막으로 남아 있는 문제는 우리가 어떻게 십자가를 그리스도의 십자가로서 그리고 탁월한 종말론적 사건으로서 믿게 되었으며, 어떻게 십자가의 구원의 효능을 믿을 수 있는가 하는 것이다. 여기에 대한 유일한 해답으로서 불트만은 십자가가 언제나 부활과 더불어 선포되는 방법에 있다고 하면서 그리스도는 십자가에 죽으시고 부활한 자로 설교되는 선교의 말 속에서만 우리와 만난다고 주장한다(p. 61). 바로 이 선교의 말을 하나님의 말씀으로 받아들임에 있어서 인간은 자기 자신에 대한 바른 이해를 해명해 줄 수 있는 유일한 기회를 수락하느냐 또는 거절하느냐 하는 결단에 직면하게 된다는 것이다. 다시 말하면 이 선교의 말씀을 통해 인간은 자기 자신을 그리스도와 더불어 십자가에 죽고 그리스도와 더불어 다시 부활한 자로 이해하기를 원하느냐, 원치 않느냐 하는 결단에 놓이게 되고 여기에 대한 응답이 바로 부활절 신앙이라는 것이다. 이 응답을 통해 비로소 십자가와 부활은 종말론적 현재의 사실로 등장한다.

이렇게 하여 불트만은 자기의 비신화화야말로 신앙 자체를 인간이 만들어낸 과학적 세계관과 객관화된 지식 위에 세워진 모든 안전성으로부터 해방시키는 것이며, 이것은 바로 바울이나 루터가 율법의 행위없이 신앙만으로 의롭다 함을 입는 교리를 지식과 사상의 범위에다 철저히 적용하는 것과 동일한 것이라고 거듭 강조한다(ref. 『예수 그리스도와 진화론』).

2. 논문 비평

불트만의 논문에 대한 세부적인 비평에 앞서 그의 신학 방법론을 중심한 몇 가지 신학적 전제(안경)들을 살펴보는 것이 유익하리라 생각한다. 이 전제들에 대한 고찰은 그가 신약성경에 대한 비신화화를 제창하지 않을 수 없었던 논리적 귀결과정을 설명해 줄 것이다.

첫째, 그는 성경 접근에 있어서 철두철미 양식비평을 고수한다. 이 양식비평에 근거하여 그는 신약성경은 초대교회의 신앙적, 신학적 산물이므로 역사적 신빙성도 가질 수 없다는 것이다. 복음서에 나타난 예수의 언행과 교훈들은 실제적인 것이 아니고 초대교회의 필요(자기 이해)로 만들어낸 독창적 창작물에 불과하다는 것이다(불트만, 『공관복음 전승사』〈허혁 옮김, 대한기독교서회, 1971〉 p.461 : 『신약성서 신화』〈허혁 옮김, 한국성서연구소, 1976〉, p. 1). 그가 역사적 예수와 케리그마와 그리스도 사이의 불연속성을 그토록 강조한 것도(Bultmann, *Jesus and the Word*, 1934, p. 9; "최초의 교회의 '케리그마'와 역사적 예수," 『현대 역사적 예수 논구』, 전경연 편집, 1976, p.35) 이 방법의 결론에 근거해서이다.

둘째, 종교사학 방법을 채택하여 신약성서의 신앙의 표현들, 예를 들면 그리스도의 선재성, 하나님의 아들, 부활, 재림 등은 당시의 유대묵시론과 영지주의와 동양의 신비종교 등의 영향 아래 형성되었다고 주장한다(ref. 『성서의 실존론적 이해』, p. 10, 11).

셋째, 현대의 과학적 세계관을 성경 이해의 기준으로 삼아 인과론으로 설명할 수 없는 성경의 모든 초자연적 요소와 역사 내의 신의 개입을 부정한다(Ibid., p. 12, 13).

넷째, 실존주의 철학, 특히 딜타이(W.Dilthey), 크로체(B.Croce), 콜링우드(Collingwood)의 역사관과 키에르케고르(Kierkegaard)의 역설 이념과 하이데거(Heidegger)의 인간 존재 분석을 성경 이해의 가장 적절한 전이해(前理解, **Vorverständnis**)로 받아들인다(ref. 『성서의 실존론적 이해』, p. 38;『예수 그리스도와 신화론』, pp. 78ff; Bultmann, *Existence and Faith*, ed. and tr. S.Ogden, N.Y., 1961, p. 288; *Faith and Understanding*, ed. R.Fund & tr. L.P.Smith, N.Y., 1969. p. 31;『역사와 종말론』, 서남동 역, 대한기독교서회, 1977, pp. 148ff).

이제 우리가 불트만에게 묻고 싶은 것은 이상의 전제들이, 그러한 신학 방법론이 참으로 타당하느냐 하는 점이다. 그는 그 자신의 전제들에 대해 너무 무비판적이 아닌가?

만일 우리가 푸른 안경을 쓰고 사물을 보면 모두 푸르게 보일 것이다. 그러나 정작 사물이 푸르게 보이는 원인은 사물 자체에 있는 것이 아니라 푸른 안경에 있지 않은가?

불트만은 자신의 안경 자체에 대한 비판의 여지가 전혀 없는 것처럼 거기에 절대적 신뢰를 두는데 그것이 정당한가? 하지만 소위 그의 과격한 양식비평도 독일의 계몽주의와 이성주의에서 발아된 성경의 파괴적 비평의 유산이 아니며, 종교사학 방법도 모든 종교를 단순히 인간 정신 문화의 산물로 보는 진화론 개념에 입각해 있지 않은가? 그는 한 세대 전의 부우셋(Bousset), 라이센스타인(Reitzenstein) 등이 내세운 가설들을 근거로 하여 신약성경이 유대 묵시문학과 동양의 신비종교와 헬라의 영지주의 영향으로 형성되었다고 주장하고 있지만 오늘날 신약 시대사에 정통한 학자들 대다수가 전시대 종교사학파 가설들에 대해 대단히 회의적이지 않은가?(ref. R.M.Wilson, *The Gnostic Problem*, London, 1958, pp. 67,71)

또 그는 실존주의에 입각한 과학적 세계관 아래 성경의 초자연적 요소를 부인하고 있지만 현금의 과학 철학자들은 오히려 과학 자체가 상대적인 것이며, 사물을 설명하기 위한 하나의 가설이요, 모델이기 때문에 성경의 초자연적 요소를 심판할 자격을 갖지 못한다고 스스로 고백하고 있지 않으며, 딜타이, 크로체, 콜링우드의 실존주의적 역사관과 하이데거의 철학 사용에 대해서는 바르트, 틸리케(H.Thielicke)를 위시하여 그의 제자들까지 비판을 가하고 있지 않은가?(ref. 윌리엄 호던 저 『현대신학의 동향』, 김성환 역, 대한기독교서회, 1971, pp. 47-60)

이제 좀더 직접적인 문제에 들어가 보자.

리더보스(H.Ridderbos)가 지적하고 있는 것처럼 이 논문에 대한 불트만의 근본적인 동기는 신앙을 과학적 세계관으로부터, 케리그마를 역사로부터 구하려는 목회적인 열심에 있었음을 부인할 수 없다 (Ridderbos, *Bultmann*, Mordern Thinkers Series, 1960, pp. 27f). 다시 말해서 이 논문을 포함한 그의 모든 신학적 노력은 현대의 과학적 세계관과 강한 역사적 비평을 통하여 신약성서를 한갓 무가치하고 쓸모없는 고대 문서로 전락시키려 하거나, 파괴시키려는 데 있는 것이 아니라, 오히려 그러한 세계관과 역사적 비평으로부터 현대인들에게 필요하고 그들이 수납할 수 있는 신약성서의 중심 메시지를 살리고, 보존하기 위하여 주관과 객관, 사건과 의미(역사와 역사성)의 일치를 강조하는 실존주의 사상으로 신약성서 전체를 재해석하려는 웅대한 선교사적 목적에 있었음을 간과할 수 없다(ref. Robert C. Roberts, *Rudolf Bultmann Theology*: a crtitical interpretation, W.B.Eerdmans, 1976, pp. 323f).

그런데 참으로 그가 이 일에 성공을 거두었는가? 오히려 그는 신약성서를 비신화화시킴으로써 복음 그 자체를 훼손시켜 버리지 않았는가? 바르트가 하나님의 계시를 역사 비평에서 구제하기 위해 Geschichte의 영역으로 피난시킨 것처럼 그는 신앙의 자리를 현대 세계관과 과학으로부터 확보하기 위해 케리그마를 일반 역사로부터 분리하여 개체의 역사성 속에 있는 실존적 의미의 영역으로 끌어들였지만 바로 그렇게 함으로써 성경적 복음의 내용인 역사 내에서의 하나님의 모든 위대한 행위를 거부해 버리고 말지 않았는가? 그는 "영원한 것은 고통을 받을 수 없다"는 헬라 철학의 결론과 "영원한 진리는 상대의 세계에 들어올 수 없다"(ref. G.E.Lessing, *Theological writings*, London, 1956, pp.51-56; Hermann Diem, *Dogmatics*, p. 9)는 레싱 (G.E.Lessing)의 구호에 발맞춰 하나님을 모든 보편 역사에 개입할 수 없는 전적 타자로 몰아부쳤는데 이것은 완전히 이신론(Deism)적 신관이 아닌가?

그가 성경에 나타난 예수 그리스도의 인격과 사역의 유일성과 초자연적인 면을 모두 신화에 귀결시킬 수밖에 없었던 것도 결국 하나님은 결코 역사에 개입하거나 행위할 수 없다는 그의 잘못된 신관 때문이 아닌가?

이 모든 것은 성경 자체의 자기 주장과 얼마나 상반된 것인가? 불트만은 성경 자체의 자기 주장에 대해서는 조금도 경청하려고 하지 않는다. 그는 자기의 전체에 따라서 모든 것을 도매금으로 처리해 버린다. 그러나 성경은 불트만의 주장과는 달리 하나님은 참으로 세계의 창조주요, 역사의 주관자로서 역사를 친히 움직이시고 간섭하실 뿐 아니라, 역사를 통해 말씀하시고, 역사 안에 친히 찾아오셨다고 가르친다. 물론 우리는 성경에 나타난 하나님의 행위가 신인동형론(anthropomorphism)적으로 제시되어 있을 뿐 아니라(예를 들면 하나님 눈, 손 등) 부분적으로 성경이 기록될 그 당시의 세계관을 허용하고 있다(비교, 빌 2:10). 성경이 오늘날의 과학적 세계관이나 용어로 표현되어 있지 않음을 부정할 수는 없다. 이 점에서 성경은 확실히 해석을 요청하고 있다(Ridderbos, *Bultmann*, p. 29). 그러나 이러한 성경의 양상과 불트만이 말한 신화 개념과는 전적으로 다르다. 불트만은 성경에 나타난 모든 역사 내의 하나님의 행위를 신화로 귀착시켜 버린다. 그는 하나님의 행위의 장소는 오직 인간 실존의 영역에 한정되기 때문에 하나님의 행위를 객관적, 보편적 사건으로 표현하는 그 자체가 부당하다고 주장한다.(ref.『예수 그리스도와 신화론』, p. 100)

반면에 성경은 하나님의 행동사라 할 수 있을 만큼 역사 내의 하나님의 행동이 중심을 이루고 있다(특히 구약에 있어서). 성경은 이 행동이 우리의 시공간 안에서 일어난 객관적 사건임을 밝히는 데 조금도 주저

하지 않는다(예: 출애굽 사건에 대한 구약의 증거). 이처럼 성경은 하나님이 역사의 주(主)로서 역사에 친히 개입하시며 역사 안에서 역사를 통하여 그의 행위를 이끌어 가신다는 것을 강조한다. 예수 그리스도는 바로 이 역사에 찾아오신 하나님 자신이며, 예수 그리스도 사건은 역사에 있어서의 하나님의 행위의 절정이며 목표이다. 우리는 일반 세속사와 예수 그리스도를 목표로 이루어진 구속사를 서로 구분할 수는 있지만 서로 분리는 할 수 없다. 전자는 후자를 위해 봉사하고, 후자는 전자 안에서 전자를 통하여 일어나 전자를 이끌어 간다. 하나님은 이 양자의 지배자이시며, 예수 그리스도는 이 양자의 중심이다(ref. Schilder, *Heidelbergsche Catechismus*, 1939, vol.I, P.178; S.G.Greidanus, *Sola Scriptura*, 1970, pp. 122f).

이처럼 그리스도를 중심한 구속사는 우리의 시공간 안에서, 혈과 육을 가진 우리의 타락한 세계를 통하여 일어났기 때문에 거기에 대한 객관적 관찰과 서술이 가능한 것이다. 불트만은 서구 문화의 세속화 과정에서 기독교 신앙이 하나님 개념이 확보될 수 있는 유일한 방도는 칸트(I.Kant)가 과학과 종교의 영역을 서로 분리하여 과학은 객관적인 인식의 세계(현상 세계)에 종교는 윤리적 세계(물 자체)에 한정시킨 것처럼 기독교 신앙의 자리를 객관적 인식의 세계로부터 해방시켜 비인식의 세계인 실존의 영역에 두는 데 있다고 보고 비신화화 운동 즉 반객관화, 비역사화 작업을 시도하였지만 그렇게 함으로써 오히려 그는 헤어 나올 수 없는 이원론과 주관주의에 빠지지 않았는가? 또 그는 예수 그리스도를 한 평범한 유대인으로 보고 그 예수가 중요한 의미를 지니는 것은, 모든 사람에게 일어나고 모든 사람에게 미치는 하나님의 종말론적이고 우주적 차원의 구원행위가 그를 통해서 일어났다는 바로 그 점에 있다. "이것은 인식의 대상이 아니라 오직 신앙의 눈을 통해서만 알 수 있는 결단의 대상이다"고 하면서 예수 그리스도의 신인 양성(vere Deus, vere Homo)의 유일한 인격을 근본적으로 부정해 버리지만 성경은 오히려 이러한 그의 인격 때문에 그를 통해 하나님의 종말론적이고 우주적인 구원의 행위가 가능했고 또 그것이 우리의 신앙의 대상이 된다고 증거하고 있다. 만일 예수 그리스도가 참 하나님이시며 참 인간이 아니시라면 그는 우리의 구원자도 될 수 없고 그를 통한 하나님의 유일회적인 구원행위가 종말적이고(현재적) 우주적(보편적) 차원을 갖지도 못했을 것이다.

우리는 확실히 구속사와 세속사를 서로 분리할 수 없는 것처럼 역사적 예수와 그리스도를 서로 분리할 수 없다고 본다. 하나님은 구속사를 일반 역사 안에서 일반 역사를 통하여 그의 종말론적인 구원사건을 수행하셨다. 그러므로 이것은 어디까지나 우리의 시간과 장소에서 일어난 유일회적인 객관적 사건임을 부인할 수 없는 것이다. 바로 이것이 우리의 신앙의 대상과 내용이 된다(고전 15:2-4; 14-16). 신약성경은 분명히 예수 그리스도는 우리의 역사 안에서 성경대로 우리 죄를 위해 죽으시고 장사지낸 바 되었다가 성경대로 사흘 만에 다시 살아나셨으며(고전 15:3, 4), 바로 이것이 우리에게 구원을 가져다 주는 복음이요, 신앙의 대상(고전 15:1-4; 갈 1:6-12)임을 거듭 밝히고 있다. 바로 이 역사적 예수의 십자가의 죽음과 부활이 사도적 설교(케리그마)의 중심 주제였던 것이다(행 2:22-36; 3:12-26 참조).

불트만은 그의 논문에서 신앙의 근거로서 모든 역사적 사건을 부인하고 그 의미만을 붙잡고, 그 의미를 신앙의 대상으로 삼지만(ref.『성서의 실존론적 이해』, pp. 52, 54, 60) 우리는 구원의 사건(대상)과 그것을 믿는 우리 신앙을 구별해야 한다. 역사적인 그리스도 사건(유일회적인) 없이는 우리의 신앙도 있을 수 없다. 왜냐하면 우리의 신앙은 역사적 사실에 대한 신앙이기 때문이다. 거듭 말했지만 신앙의 의미는 바로 역사적 사건에서 발생한다. "그리스도께서 만일 다시 살지 못하셨으면 우리의 전파하는 것도 헛것이요 또 너희 믿음도 헛것이며"(고전 15:14).

마찬가지로 우리는 그리스도의 유일회적인 사건과 성령께서 그리스도와 신자를 연합시킴으로 그리스도 사역의 유익이 신자에게 미치는 실존적인 면과는 엄격히 서로 구분해야 한다. 우리는 그리스도의 십자가와 부활이 과거에 죽은 사건이 아니라 신자들의 매일매일의 체험 속에서 계속적으로 살아 있는 종말론적이고 우주적인 사건임을 믿는다. 그러나 신자들의 체험 안에서 일어나는 그리스도의 죽으심과 부활을 그리스도 자신의 유일회적인 역사적 죽음 및 부활과 동일시할 수는 없다 (ref. R.B.Gaffin, *Redempiton and Resurrection*, pp. 23-74)

불트만은 성경을 실존론적으로 해석하기 위해 성경에 나타난 복음의 한 면(실존적인 면)만을 너무 극대화시켜 그것을 통해 성경의 다른 모든 부분까지 해석하려 하는 월권을 범한다. 그러나 성경은 여러 부분에 걸쳐 복음의 양면성을 말하고 있다. 예를 들면 불트만은 그의 논문에서 부활을 취급하면서 로마서 6:1 이하와 고린도후서 5:17; 6:2 등을 근거로 삼아 마치 사도 바울이 구원의 현재적인 면만을 강조하고 있는 것처럼 주장하지만(pp. 59ff) 사도 바울은 성경의 다른 여러 곳에서(롬 5:9; 13:11; 딤후 4:18 등) 구원의 미래적인 면을 강조하고 있다. 마찬가지로 불트만은 사도 요한이 그의 복음서와 서신에서 영생의 현재적인 면만을 강조하고 있는 것처럼 주장하지만(ref. Butmann, 『예수 그리스도와 신화론』, 유동식 역, pp. 116ff; 이 책에서 그는 수평적 차원의 역사적 종말을 완전히 거부해 버린다), 사도 요한은 영생의 현재적인 면 못지않게 미래적인 면을 강조하고 있다(요 4:14; 6:27; 12:25, ref. Ladd, *A Theology of N.T.*, 1974, pp. 256ff). 그가 성경의 이 모든 미래적인 면을 간과하는 것은 보편사적이고 수평적인 역사의 종말을 전혀 인정하지 않고 오직 개인의 실존의 경험 안에서 이루어지는 수직적인 실존적 종말만을 인정하기 때문이 아닌가? 또 불트만은 그의 논문 "존재의 기독교적 해석" 부분에서(pp. 28ff) 실존주의 철학의 인간 존재 분석과 신약성경의 신앙론이 근본적으로 일치한다고 하면서 모든 신학과 기독론을 인간학의 범주로 귀착시켜 버린다(ref. Bultmann, 『신약성서 신학』, pp. 328ff).

물론 우리는 칼빈이 말한 대로(J.Calvin, 『기독교 강요』 1권 1:1) 하나님에 대한 지식과 인간 실존에 대한 지식과의 상호 연관성을 부정할 수 없다. 그러나 성경의 전강조점은 하나님의 빛에서 보는 인간이지, 인간의 빛에서 보는 하나님이 아니다. 성경은 단순히 인간 이해의 지식보다 예수 그리스도를 통해 이루어진 하나님의 놀라운 객관적 구속사에 초점을 맞춘다. 불트만은 이 세계에 대한 하나님의 행동, 하나님의 위대한 구속사에 대한 신앙, 그가 창조하시고 섭리하고 다스리시고,

예수 그리스도 안에서 구원하여 새 창조에로 이끄는 전우주에 대한 이 하나님의 행위하심을 위한 방을 주지 않는다. 그는 인간 실존 안에서 하나님의 말씀과의 만남이라는 구호 아래 하나님의 초월성과 주권성을 인간 실존 안에 한정시켜 버린다. 그리하여 불트만은 하나님을 위한 인간이 아니라(man as sub specie Dei) 인간을 위한 하나님이 되게 한다(God sub specie hominis). 그에게 있어서 하나님은 인간이 자기의 본래의 이해를 되찾기 위한 보조자에 불과하다(ref. Ridderbos, op.cit., p. 42).

요약한다면 성경에 나타난 하나님의 위대한 역사(magnalia Dei)라 부를 수 있는 모든 것은 불트만이 말하는 것처럼 인간의 새로운 자기 이해의 어떤 이차적 표현(신화론적)이 아니라 오히려 이 새로운 자기 이해가 하나님의 이 위대한 역사적 실재인 예수 그리스도의 십자가의 역사적 죽음과 부활에 그 기초를 두고 있는 것이다. 불트만은 구원과 신앙을 하나님을 떠난 인간이 예수 그리스도의 역사적 구속 사역을 통하여 하나님과 다시 화목되는 데 두는 것이 아니라 하이데거의 철학을 도입하여 인간이 비본래에서 본래의 모습으로 돌아가는 것, 즉 자기에 대한 자기의 해방에 귀착시키지만 성경은 어디까지나 구원과 신앙을 죄 인된 인간과 하나님과의 윤리적, 종교적 관계 아래서 취급하고 있다. 인간이 유일한 중보자이신 예수 그리스도의 구속 사역을 통하여 하나님과 윤리적으로 화목되지 않는다면 실존주의가 말하는 인간의 본래 모습 회복도 참으로 불가능하며 그래도 그것을 주장한다면 그것은 타락한 인간의 자율적 환상에 불과한 것이다.

3. 결어

불트만의 이 논문은 성숙화된 현대인들에게, 하나님 없이도 살아갈 수 있다고 자처하는 성인들에게, 모든 것이 객관화되어 가는 과학 세계에 있어서, 모든 것을 인과론으로 설명하려고 하는 현대 세계에 있어서 그래도 신약성경이, 기독교 신앙이 자기 자리를 지킬 수 있는 유일의 길은 성경을 비신화화하는(기독교 신앙을 반객관화, 비역사화, 탈세계화하는) 그 길밖에 없다는 목회적, 선교적 취지 아래 쓰여진 것만은 분명하다. 그러나 거듭 말하지만 그가 이 일에 성공을 거두었는가? 성경을 비신화화하고 재해석하여 현대인들에게 능력있고 살아있는 말씀이 되게 했는가? 오히려 불트만은 이 일로 인해 예수 그리스도를 중심한 하나님의 객관적 구속사건을 모두 부정해 버림으로써 기독교 진리를 옹호하기 위해 하이데거의 실존 철학을 도입했지만 그 결과는 양자가 서로 변증법적 긴장 관계에 머물게 됨으로써 결국 수단이 목적을, 악화가 양화를 구축하는 아이러니를 낳고 만 것이 아닌가?

여기서 우리는 기독교 철학을 내재 철학과 혼합하면 그 결과는 항상 기독교 복음의 근본을 훼손시키는 결과밖에 되지 않음을 알게 된다(예, 중세 스콜라 철학의 결과, ref. 도예벨트, 『과학의 세속화』, 박종철 역; *In the Twilight of Western Thought*, 1960, pp. 61ff 참조).

그러므로 참된 신학은 신앙과 생활의 모든 문제에 있어서 최고의 결정권을 하나님의 영감된 성문 계시인 성경에 두는 것과 마찬가지로 성경이 무엇인지 성경에 대해서 어떻게 접근하고, 어떻게 해석하는지에 대해서도 겸손히 성경 자체의 가르침을 받도록 해야 할 것이다. 다시 말해서 우리의 이성이나 철학이나 과학이나 전이해를 가지고 성경을 시험하거나 비평하거나 해석할 것이 아니라 오히려 우리의 모든 생각과 사상과 해석들이 항상 성경 자체의 도전과 심판을 받아야 하는 것이다.

참고 문헌

최근의 바울 연구(특히 갈라디아서, 유대교와 율법 문제 등)에
관련된 중요한 참고 문헌

외국 자료

Achtemeier, P.J. "An Elusive Unity: Paul, Acts, and the Early Church" (Acts 15; Gal 2:11-14) *CBQ* 48(1986), 1-26.

Arndt, W.F. "Galatians: A Declaration of Christian Liberty," *CTM* 27 (1956), 673-92.

Aus, R.D. "Three Pillars and Three Patriarchs: A Proposal concerning Gal 2:9," *ZNW* 70(1979), 252-261.

Baalsland, E. "Persecution: A Neglected Feature in the Letter to the Galatians," *ST* 38(1984), 135-50.

Baird, W. "Visions, Revelation, and Ministry: Reflections 2 Cor 12:1-5 and Gal 1:11-17," *JBL* 104(1985), 651-62.

Bandstra, A.J. "The law and Angels: Antiquities 15.136 and Galatians 3:19," *CTJ* 24(1989), 223-40.

Barclay, J.M.G. "Mirror-Reading a Polemical Letter: Galatians as a Test Case," *JSNT* 31(1987): 73-93.

―――, "Paul and the Law: Observations on Some Recent Debates," *Themelios* 12(1986-87): 5-15.

―――, *Obeying the Truth: A Study of Paul's Ethics in Galatians*

(Edinburgh: T. & T. Clark, 1988).
Barclay, W. *Flesh and Spirit: An Examination of Galatians 5:19-23* (Nashville, 1962; reprint, Grand Rapids, 1977).
Barrett, C.K. "Galatians as an 'Apologetic Letter'," *Interpretation 34* (1980): 414-417.
──, "Paul and the 'Pillar' Apostles," in *Studia Paulina*(J. de Zwaan FS), ed. J. N. Sevenster and W. C. van Unnik (Haarlem, 1953), 1-19.
──, *Freedom and Obligation: A Study to the Galatians* Philadelphia: Westminster Press, 1985.
──, "Galatians as an 'Apologetic Letter,' " *Interpretation* 34(1980), 414-417.
Barth, M. "Justification. From Text to Sermon on Galatians 2:11-21," *Interpretation* 22(1968), 147-157.
──, "The Kerygma of Galatians," *Interpretation* 21(1967), 131-46.
──, "Jews and Gentiles: The Social Character of Justification in Paul," *JES* 5(1968), 241-67.
Bauckham, R.J. "Barnabas in Galatians," *JSNT* 2(1979), 61-70.
Becker, J., *Paulus: Der Apostel der Volker*(Tübingen: J.C.B. Mohr, 1989), Eng. *Paul: Apostle: Apostle to the Gentiles* (Louisville: Westminster Pres, 1993).
Belleville, L.L. " 'Under Law' : Structural Analysis and the Pauline Concept of Law in Galatians 3:21-4:11," *JSNT* 26(1986), 53-78.
Beker, J.C. "Paul the Theologian: Major Motifs in Pauline Theology," *Int.* 43(1989), 352-65.
Berchman, R.M. "Galatians(1:1-5): Paul and Greco-Roman Rhetoric," in *Judaic and Christian Interpretation of the Texts: Contents and Contexts*, vol.3 of *New Perspectives on Ancient Judaism*, ed. J. Neusner and E.S. Frerichs, 1-15(Lanham: University of America, 1987).
BereVnyi, G. "Gal 2, 20: a Pre-Pauline or a Pauline Text?" *Biblica* 65

(1984), 490-537.

Berge, Paul.S. "Peter and Cephas and Paul: God's Apostolate and Mission in Galatians 23:7-9," *Word & World Supplement Series* 1 (1992), 127-137.

Betz, H.D. "The Literary Composition and Function of Paul's Letter to the Galatians," *NTS* 21(1975), 353-79.

──, "In Defense of the Spirit: Paul's Letter to the Galatians as a Document of Early Christian Apologetics," in *Aspects of Religious Propaganda in Judaism and Early Christianity*, ed. Elisabeth Schüssler Fiorenza(Notre Dame: University of Notre Dame Press, 1976), 99-114.

Bligh, J. *Galatians in Greek: A Structural Analysis of St. Paul's Epistle to the Galatians, With Notes on the Greek*. Detroit: University of Detroit Press, 1966.

Boers H. "We Who are by inheritance Jews; not from the Gentiles, Sinners," *JBL* iii/2(1992), 273-281.

Bornkamm, G. *Early Christian Experience*(London, 1969).

──, "The Revelation of Christ to Paul on the Damascus Road and Paul's Doctrine of Justification and Reconcilation. A Study in Galatians I," in *Reconciliation and Hope*(L. Morris FS), ed. R. Banks(Grand Rapids, 1974), 90-103.

Borgen, P. "Catalogues of Vices, the Apostolic Decree, and the Jerusalem Meeting," in *The Social World of Formative Christianity and Judaism: Essays in Tribute to H.C. Kee*, ed. J. Neusner et al.,(Philadelphia: Fortress Press, 1988), 126-41.

Böttger, P.C. "Paulus und Petrus in Antiochien: Zum Verständnis von Galater 2:11-21," *NTS* 37(1991), 77-100.

Braswell, J.P. " 'The Blessing of Abraham' versus 'The Curse of The Law' : Another Look at Gal 3:10-13," *WTJ* 53(1991), 73-91.

Brinsmead, B.H. *Galatians as Dialogical Response to Opponents*. SBLDS 65(Chicago: Scholars, 1982).

Brooten, B.J. "Paul and the Law: How Complete was the Departure?" ed. D.L. Migliore, *The 1989 Fredrick Neumann Symposium on the Theological Interpretation of Scripture*(PSB Supplementary Issue, 1990), 71-89.

Bruce, F. F. "The Conference in Jerusalem--Galatians 2:1-10," in *God Who is Rich in Mercy*(D. B. Knox FS), ed. P. T. O' Brien and D. G. Peterson(Homebush West, NSW, 1986), 195-212.

──── , "The Curse of the Law," in *Paul and Paulinism*(C. K. Barrett FS), ed. M. D. Hooker and S. G. Wilson(London, 1982), 27-36.

──── , "Galatian Problems. 2. North or South Galatians?" *BJRL* 52 (1969-70), 243-266.

──── , " 'Abraham Had Two Sons' : A Study in Pauline Her-meneutics," in *New Testament Studies*. FS. Ray Summers, ed. H.L. Drumwright and C. Vaugan(Waco, Tex.; Word, 1975), pp. 71-84.

──── , "The Spirit in the Letter to the Galatians," in *Essays on Apostolic Themes: Studies in Honor of Howard M. Ervin Presented to him by Colleagues and Friends on his Sixty- Fifth Birthday*, ed. Paul Elbert(Peabody: Hendrikson, 1985), 36-48.

Bryne, B. *Sons of God-Seed of Abraham: A Study of the Idea of Sonship of God of all Christians in Paul against the Jewish Background*(AnBib; Rome: Biblical Institute Press, 1979).

Callan, T. "Pauline Midrash: The Exegetical Background of Gal. 3:19b," *JBL* 99 (1980), 549-567.

Campbell, D.A. "The Meaning ΠΙΣΤΙΣ of ΝΟΜΟΣ and in Paul: A Linguistic and Structural Perspective," *JBL* iii/1(1992), 91-103.

Caneday, A. " 'Redeemed from the Curse of the Law' : The Use of Deut. 21:22-23 in Gal. 3:13," *TrinJ* 10(1989), 185-209.

Carson, D.A. "Pauline Inconsistency: Reflections on 1 Corinthians 9:19-23 and Galatians 2:11-14," *Churchman* 100(1986), 6-45.

Catchpole, D.R. "Paul, James and the Apostolic Decree," *NTS* 23(1976-

77), 428-444.
Chamblin, K. "Revelation and Tradition in the Pauline euangelion," *WTJ* 48(1986), 1-16.
Chilton, B.D. "Galatians 6:15: A Call to Freedom before God," *ExpT* 89 (1977-78), 311-313.
Cohn-Sherbok, D. "Paul and Rabbinic Exegesis," *SJT* 35(1982): 117-132.
──, "Some Reflections on James Dunn's 'The Incident at Antioch (Gal. 2.11-18),' " *JSNT* 18(1983), 68-74.
Cosgrove, C.H. "The Law has given Sarah No Children(Gal. 4:21-30)," *NovT* 29(1987), 219-235.
──, "Arguing like a Mere Human Being: Galatians 3:15-18 in Rhetorical Perspective," *NTS* 34(1988), 536-49.
──, *The Cross and the Spirit: A Study in the Argument and Theology of Galatians*. Macon, GA: Mercer University Press, 1989.
Craffert, P.F. "Paul's Damascus Experiences as Reflected in Galatians 1: Call or Conversion?" *Scriptura* 29(1989), 36-47.
Cranfield, C.E.B. "St. Paul and the Law," *SJT* 17(1964), 43-68.
──, "Giving a Dog a Bad Name: A Note on H. Räisänen's Paul and the Law," *JSNT* 38(1990), 77-85.
──, " 'The Works of the Law' in the Epistle to the Romans," *JSNT* 43(1991), 89-101.
Cronje, J.W., "The Stratagem of the Rhetorical Question in Galatians 4:9-10 as Means Towards Persuation," *Neotestamentica* 26 (2)(1992), 417-424.
Dahl, N.A., "Paul's Letter to the Galatians: Epistolary Genre, Content, and Structure," *SBL Paul Seminar Paper*, 1974.
──, *Studies in Paul: Theology for the Early Christian Mission*(Minneapolis: Augsburg, 1977).
Davies, W.D. *Paul and Rabbinic Judaism*. Philadelphia: Fortress Press, 1980.

―――, *Jewish and Pauline Studies*(Philadelphia: Fortress Press, 1984).

Donaldson, T.L. "The 'Curse of the Law' and the Inclusion of the Gentiles: Galatians 3.13-14," *NTS* 32(1986), 94-112.

―――, "Zealot and Convert: The Origin of Paul's Christ-Torah Antithesis," *CBQ* 51(1989), 655-682.

Drane, J.W. "Tradition, Law and Ethics in Pauline Theology," *NovT* 16 (1974), 167-78.

―――, *Paul: Libertine or Legalist?*(London: SPCK, 1975).

Du Toit, A.B. "Alienation and Re-Identification as Pragmatic Strategies in Galatians," *Neotestamentica* 26(2)(1992): 279-295.

Dunn, J.D.G. "The Incident at Antioch(Gal. 2.11-18)," *JSNT* 18(1983): 3-57.

―――, "The New Perspective on Paul," *BJRL* 65(1982-83), 95-122.

―――, "The Relationship between Paul and Jerusalem according to Galatians 1 and 2," *NTS* 28(1981-82), 461-478.

―――, "Works of the Law and the Curse of the Law," *NTS* 31(1984-85), 523-542.

―――, *Jesus, Paul and the Law: Studies in Mark and Galatians* (Louisville: Westminster Press, 1990).

―――, "The Theology of Galatians: The Issue of Covenantal Nomism," *Pauline Theology*, ed. J.M. Bassler(Minneapolis: Fortress Press, 1991), 124-46.

―――, "Once More, ΠΙΣΤΙΣ ΧΡΙΣΤΟΥ," in *Society for Biblical Literature Seminar Papers*(1991), 730-40.

―――, "What was the Issue between Paul and 'Those of the Circumcision' ?" in *Paulus und das antike Judentum/ Tübingen-Durham-Symposium im Gedenken an den 50. Todestag Adolf Schlatters*(19. Mai 1938), ed. M. Hengel und U. Heckel(Tübingen: Mohr, 1991), 295-317.

―――, "Yet Once More- 'The Works of the Law' : A Response," *JSNT* 46(1992), 99-117.

──, "Echoes of Intra-Jewish Polemic in Paul's Letter to the Galatians," *JBL* 112/3(1993), 459-477.

Ebeling, G. *The Truth of the Gospel: An Exposition of Galatians*, ET(Philadelphia: Fortress Press, 1985).

Farmer, W.R. "Galatians and the Second Century Development of the Regula Fidei," *SecCent* 4(1984), 143-70.

Flusser, D. " 'Durch des Gesetz dem Gesetz gestorben' (Gal 2,19)," *Judaica* 43(1987), 30-46.

Fredriksen, P. "Judaism, The Circumcision of Gentiles, and Apocalytic Hope: Another Look at Galatians 1 and 2," *JTS* 42(1991), 532-564.

Fuller, D.P. *Gospel and the Law: Contrast or Continuum?* (Grand Rapids: Eerdmans, 1988).

Fung, R.Y.K. "Justification, Sonship, and the Gift of the Spirit: Their Mutual Relationshipss as Seen in Galatians 3-4," *CGSTJ* 3 (July, 1987), 73-104.

Gager, J.G. "Some Notes on Paul's Conversion," *NTS* 27(1980-81), 697-704.

Gaston, L. *Paul and the Torah* (Vancouver: University of British Columbia Press, 1987).

Gaventa, B.R. "Galatians 1 and 2: Autobiography as Paradigm," *NovT* 28 (1986), 309-326.

──, "The Singularity of the Gospel: A Reading of Galatians," *Pauline Studies*, ed. J.M. Bassler(Minneapolis: Fortress Press, 1991), 147-59.

──, "The Maternity of Paul: An Exegetical Study of Galatians 4:19," Studies in Paul & John, *In Honor of J. Louis Martyn*, ed. R.T. Fortna and B.R. Gaventa(Nashville: Abingdon Press, 1990), 189-201.

Gordon, T.D. "The Problem at Galatia," *Interpretation* 41 (1987), 32-43.

———, "A Note on ΠΑΙΔΑΓΩΓΟΣ in Galatians 3.24-25," *NTS* 35 (1989), 150-154.

Grabe, P.J. "Paul's Assertion of Obedience as a Function of Persuasion," *Neotestamentica* 26(2)(1992), 351-357.

Gundry, R.H. "Grace, Works, and Staying Saved in Paul," *Biblica* 66 (1985), 1-38.

Hagner, D.A. "Paul and Judaism: The Jewish Matrix of Early Christianity Issues in the Current Debate," *BBR* 3(1993), 111-130.

Hahn, F. "Die Bedeutung des Apostelkonvents für die Einheit der Christenheit einst und jetzt(Acts 15; Gal 2)," in *Auf Wegen der Versöhnung: Beiträge zum ökumenischen Gespräch*, ed. P. Neuner and F. Wolfinger(Franfurt: J. Knecht. 1982), 15-44.

Hall, R.G. "The Rhetorical Outline for Galatians: A Recon-sideration," *CBQ* 106(1987), 277-87.

Hamerton-Kelly, R.G. "Sacred Violence and the Curse of the Law(Galatians 3.13): The Death of Christ as a Sacrificial Travesty," *NTS* 36(1990), 98-118.

———, "Sacred Violence and 'Works of the Law' : 'Is Christ then an Agent of Sin?' (Galatians 2:17)," *CBQ* (1990), 55-75.

Hansen, G.W. *Abraham in Galatians: Epistolary and Rhetorical Contexts*. JSNTSup 29(Sheffield: Sheffield Academic Press, 1989).

———, "Paul's Three-Dimensional Application of Genesis 15:6 in Galatians," *Trinity Theological Journal* 1(1989), 59-77.

Hanson, A.T. "The Origin of Paul's Use of παιδαγωγος for the Law," *JSNT* 34(1988), 71-76.

Harnish, W. "Einübung des neuen Seins: Paulinische Paränese am Beispiel des Galaterbriefs," *ZTK* 84(1987), 279-96.

Harrington, D.J. "Paul and Judaism: 5 Puzzles," *BR* April(1993), 19-25, 52.

Hawkins, J.G. *The Opponents of Paul in Galatia* (Ph.D. Dissertation, Yale University, 1971).

Hays, R.B. "Christology and Ethics in Galatians: The Law of Christ," *CBQ* 49(1987), 268-290.

──, *The Faith of Jesus Christ: An Investigation of the Narrative Substructure of Galatians 3:1-4:11*. SBLDS 56 (Chico: Scholars, 1983).

──, "ΠΙΣΤΙΣ and Pauline Christology: What is at Stake?" in *Society for Biblical Literature Seminar Papers* (1991), 714-29.

Hengel, M. *The Pre-Christian Paul*, ET(London: SCM Press, 1991).

Herron, R.W. "The Origin of the New Testament Apostolate," *WTJ* 45 (1983), 101-131.

Hester, J.D. "The Rhetorical Structure of Galatians 1:11-2:14," *JBL* 103 (1984), 223-233.

──, "The Use and Influence of Rhetoric in Galatians 2:1-14," *TZ* 42(1986), 386-408.

Hill, C.C. *Hellenists and Hebrews*(Mineapolis: Fortress Press, 1992).

Hill, D. "Salvation Proclaimed: IV. Galatians 3:10-14," *ExpT* 93 (1981-2), 196-200.

Hofius, O. "Gal 1:18: ιστορησαι Κηφαν" *ZNW* 75(1984), 73-85.

Holtz, T. "Der antiochenische Zwischenfall(Galater 2.11-14)," *NTS* 32(1986), 334-361.

Hong, In-Gyu, "The Perspective of Paul in Galatians," *Scriptura* 36 (1991), 1-16.

──, "The Law and Christian Ethics in Galatians 5-6," *Neotestamentica* 26(1)(1992), 113-130.

──, "Does Paul misrepresent the Jewish Law? The Law and Covenant in Gal. 3:1-14," *NovT* (1993),

──, *The Law in Galtians* (Shefield: JSOT Press, 1993).

Hooker, M.D. "Paul and 'Covenantal Nomism'," in *Paul and Paulinism* (C. K. Barrett FS), ed. M. D. Hooker and S. G. Wilson

(London, 1982), 47-56.

———, *Paul, Apostle to the Gentiles. St. Paul's Lecture*, 1989. London: London Diocesan Councial for Christian-Jewish Understanfing, 1989.

———, "Πιστις Χριστοῦ," *NTS* 35(1989), 321-42.

Houlden, J.L. "A Response to James D. G. Dunn," *JSNT* 18(1983): 58-67.

Howard, G. *Paul: Crisis in Galatia: A Study in Early Christian Theology.* SNTSMS 35(Cambridge: Cambridge University Press, 1979).

Hübner, H. *Law in Paul's Thought*, ET(Edinburgh: T. & T. Clark, 1984).

———, "Was heisst bei Paulus 'Werke des Gesetzes' ?" in *Glaubeund Eschatologie: FS für W.G. Kümmel zum 80. Geburstag*, ed. E. Grässer and Otto Merk(Tübingen: Mohr, 1985), 123-33.

Hultgren, A.J. "Paul's Pre-Christian Persecutions of the Church: Their Purpose, Locale and Nature," *JBL* 95(1957), 97-111.

———, "The Pistis Christou Formulation in Paul," *NovT* 22(1980), 248-63.

Hurtado, L.W. "The Jerusalem Collection and the Book of Galatians," *JSNT* 5(1979), 46-62.

Jewett, R. "The Agitators and the Galatian Congregation," *NTS* 17(1970-71), 198-211.

———, *A Chronology of Paul's Life*(Philadelphia: Fortress Press, 1979).

Johnson, H.W. "The Paradigm of Abraham in Galatians 3:6-9," *TYrinJ* 8 (1987), 179-99.

Keck, L.E. "Paul as Thinker," *Int.* 47/1(1993), 27-38.

Keeple, R.J. "An Analysis of Antiochene Exegesis of Galatians 4:24-26," *WTJ* 39(1977), 239-249.

Kertelge, K. "Gesetz und Freiheit im Galaterbrief," *NTS* 30(1984), 382-394.

──, "Freiheitsbotschaft und Libesgebot im Galaterbrief," in H. Merklein(ed.), *Neues Testament und Ethik: Für R. Schnackenburgh* (FreiburgL Herder, 1989), 326-37.

──, "The Assertion of Revealed Truth as Compelling Argument in Galatians 1:10-2:21," *Neotestamentica* 26(2)(1992), 339-349.

Kilpatrick, G.D." Peter, Jerusalem and Galatians 1:13-2:14," *NovT* 25 (1983), 318-326.

Kim, S.Y. *The Origin of Paul's Gospel* (Tübingen: J.C.B. Mohr, 2nd ed. 1984).

King, D.H. "Paul and the Tannim: A Study in Galatians," *WTJ* 45 (1983), 340-70.

Knox, John. "On the Meaning of Galatians 1:15," *JBL* 106(1987), 301-4.

Kruger, M.A. "Law and Promise in Galatians," *Neotestamentica* 26(2) (1992), 311-327.

Kümmel, W.G. " 'Individualgeschichte' und 'Weltgeschichte' in Gal. 2:15-21," in *Christ and Spirit in the New Testament* (C. F. D. Moule FS), ed. B. Lindars and S. S. Smalley (Cambridge, 1973), 157-173.

Ladd, G.E. "The Holy Spirit in Galatians," in *Current Issues in Biblical and Patristic Interpretation in Honor of M.C. Tenney*, ed. G.F. Hawthorne(Grand Rapids: Eerdmans, 1975), 211-16.

Lambrecht, J. "The Line of Thought in Gal. 2.14b-21," *NTS* 24(1977-78), 484-495.

──, "Gesetzesverständis bei Paulus," K. Kertelge(ed.), *Das Geset im Neuen Testament* (Freiburg: Herder, 1986), 88-127.

──, "Once Again Gal 2:17-18 and 3:21," *ETL* 63(1987), 148-53.

──, "Transgressor by Nullifying God's Grace. A Study of Gal 2,18-21," *Biblica* 72(1991), 217-236.

Lategan, B.C. "Is Paul Defending his Apostleship in Galatians? The Function of Galatians 1:11-12 and 2:19-20 in Development of

Paul's Argument," *NTS* 34(1988), 431-41.

―――, "Formulas in the Language of Paul: A Study of Prepositional Phrases in Galatians," *Neotestamentica* 25 (1991), 75-87.

―――, "The Argumentative Situation of Galatians," *Neotestamentica* 26(2)(1992), 257-277.

Lemmer, H.R. "Mnemonic Reference to the Spirit as a Persuasive Tool (Galatians 3:1-6 within the argument, 3:1-4:11)," *Neotestamentica* 26(2)(1992), 359-387.

Lohse, E. "St. Peter's Apostleship in the Judgement of St. Paul, the Apostle to the Gentiles: An exegetical Contribution to an Ecumenical Debate," *Gregorianum* 72/3(1991), 419-435.

Longenecker, R.N." The Pedagogical Nature of the Law in Galatians 3:19-4:7," *JETS* 25(1982), 53-361.

Longworth, A.V. " 'Faith' in Galatians. A Study of Galatians 2,16-3,29," *StudEv* 2(1964), 605-610.

Lührmann, D. "Gal 2:9 und die katholischen Briefe. Bemerkungen zum Kanon und zur regula fidei," *ZNW* 72(1981), 65-87.

Lull, D.J. " 'The Law was Our Pedagogue' : A Study in Galatians 3:19-25," *JBL* 105(1986), 481-498.

―――, *The Spirit in Galatia: Paul's Interpretation of 'Pneuma' as Divine Power* (SBLDS: Chico: Scholars Press, 1980).

Malan, F.S. "The Strategy of Two Opposing Covenants Galatians 4:21-5:1," *Neotestamentica* 26(2)(1992), 425-439.

Martens, E.A. "Embracing the Law: A Biblical Theological Perspective," *BBL* 2(1992), 1-28.

Martin, B.L. *Christ and the Law in Paul* (NovTSup; Leiden Brill, 1989).

Martyn, J.L. "Apocalyptic Antinomies in Paul's Letter to the Galatians," *NTS* 31(1985), 410-424.

―――, "A Law-Observant Mission to Gentiles: The Background of Galatians," *SJT* 38(1985), 307-324.

──, "Events in Galatia: Modified Covenantal Nominism Vesus God's Invasion of the Cosmos in the Singular Gospel: A Response to J.D.G. Dunn and B.R. Gaventa," in *Pauline Theology*, 160-79.

Matera, F.J. "The Culmination of Paul's Argument to the Galatians: Gal 5:1-6:17," *JSNT* 32(1988), 79-91.

Mohrlang, R. *Matthew and Paul: A Comparison of Ethical Perspectives* (SNTSMS: Cambridge: Cambridge University Press, 1984).

McLean, B.H. "Galatians 2.7-9 and the Recognition of Paul's Apostolic Status at the Jerusalem Conference: A Critique of G. Ludeman's Solution," *NTS* 37(1991), 67-76.

Moo, D. J. " 'Law,' 'Works of the Law,' and Legalism in Paul," *WTJ* 45 (1983): 73-100.

──, "Paul and the Law in the Last Ten Years," *SJT* 40(1987), 287-307.

Motyer, S. "The Relationship Between Paul's Gospel of 'All One in Christ Jesus' (Galatians 3:28) and the House Codes'," *Vox Evangelica* 19(1989), 33-48.

Orchard, J.B. "The Problem of Acts and Galatians," *CBQ* 7 (1945), 377-397.

──, "The Ellipsis between Galatians 2,3 and 2,4," *Biblica* 54 (1973), 469-481.

Patte, D. "Galatians: For Freedom Christ Has Set Us Free," in *Paul's Faith and the Power of the Gospel: A Structural Intoduction to the Pauline Letters* (Philadelphia: Fortress Press, 1983).

Paulsen, H. "Einheit und Freiheitn der Söhne Gottes-Gal 3:26-29," *ZNW* 71(1980), 74-95.

Pelser, G.M.M. "The Opoosition Faith and Works as Persuasive Device in Galatians(3:6-14)," *Neotestamentica* 26(2)(1992), 389-405.

Perlmuter H. &
Wuellner W. eds. *Paul the Jew: Jewish/ Christian Dialogue. Twentieth Anniversary Symposium* : Volume 60; Graduate Theological

Union & University of California-Berkeley 1992.

Pretorius, E.A. "The Opposition ΠΝΕΥΜΑ and ΣΑΡΞ as persuasive Summons (Galatians 5:13-6:10)," *Neotestamentica* 26(2)(1992), 441-459.

Räisänen, H. "Paul's Conversion and the Development of His View of the Law," *NTS* 33(1987), 404-419.

────, *Jesus, Paul and Torah: Collected Essays* (JSNT Supplement series 43: JSOT Press, 1992).

Reicke, Bo. "Paulus über Gesetz," *TZ* 41(1985), 237-57.

Richardson, P. "Pauline Inconsistency: I Corinthians 9:19-23 and Galatians 2:11-14," *NTS* 26(1979-80), 347-62.

Roberts, J.H. "Paul's Expression of Perplexity in Galatians 1:6: The Force of Emotive Argumentation," *Neotestamentica* 26(2) (1992), 329-337.

Russel, W. "Who Were Paul's Opponents in Galatia?" *BibSac* 147(1990), 329-50.

────, "Rhetorical Analysis of the Book of Galatians," *BS* 150 (1993), 341-58, 416-39.

Sampley, J.P. " 'Before God, I do not lie' (Gal. i. 20): Paul's Self-Defence in the Light of Roman Legal Praxis," *NTS* 23 (1976-77), 477-482.

Sanders, E.P. "On the Question of Fulfilling the Law in Paul and Rabbinic Judaism," *Donum Gentilicium*, FS.D.Daube, ed. E. Bammel, C.K. Barrett and W.D. Davies(Oxford: Oxford University Press, 1980), 103-26.

────, "Jewish Association with and Gentiles and Galatians 2:11-14," in *Studies in Paul & John*, 170-188.

────, *Paul and the Palestinian Judaism* (Philadelphia: Fortress Press, 1977).

────, *Paul, the Law and the Jewish People* (Philadelphia: Fortress Press, 1983).

Press, 1983).

―――, *Paul* (Oxford: Oxford University Press, 1991).

―――, *Judaism. Practice & Belief 63BCE-66CE* (London: SCM Press, 1992).

Schreiner, T.R. "Is Perfect Obedience to the Law Possible? A Re-examination of Galatians 3:10," *JETS* 27(1984), 151-160.

―――, "Paul and Perfect Obedience to the Law: An Evaluation of the View of E.P. Sanders," *WTJ* 47(1985), 245-78.

―――, "The Abolition and Fulfillment of the Law in Paul," *JSNT* 35(1989), 47-74.

―――, "'Works of Law' in Paul," *NovT* 33(1991), 217-244.

―――, "Paul's View of the Law in Romans 10:4-5," *WTJ* 55(1993), 113-35.

Seifrid, M.A. *Justification by Faith: The Origin and Development of a Central Pauline Theme*(Leiden: E.J. Brill, 1992).

―――, "The Subject of Rom 7:14-25," *NovT* 34(1992), 313-333.

Silva, M. "Betz and Bruce on Galatians," *WTJ* 45(1983), 371-385.

Sloan, R.B. "Paul and the Law: Why the Law cannot Save," *NovT* 33 (1991), 35-59.

Smit, J. "The Letter of Paul to the Galatians: A Deliberative Speech," *NTS* 35(1989), 1-26.

Snyman, A.H. "Modes of Persasion in Galatians 6:7-10," *Neotestamentica* 26(2)(1992), 475-484.

Stanley, C.D. "'Under a Curse': A Fresh Reading of Galatians 3:10-14," *NTS* 36(1990), 481-511.

Stein, R.H. "The Relationship of Galatians 2:1-10 and Acts 15:1-35: Two Neglected Arguments," *JETS* 17(1974), 239-42.

Stoll, K. "Galater 3,26-29: Eine biblische Meditation," in *Frau und Mann, befrendet in Christus*, ed. F. Hauschildt(Hannover: Lutherisches Verlagshaus, 1988), 9-21.

Strelan, J.G. "Burden-Bearing and the Law of Christ: A Re-examination of Galatians 6:2," *JBL* 94(1975), 266-76.

Suhl, A. "Der Galaterbrief-Situation und Argumentation," *ANRW* 2.25.4(1987): 3067-134.

―――, "Die Galter und der Geist: Kritische Erwägungen zur Situation in Galatien," in *Jesu Rede von Gott und ihre Nachgeschichte im frühen Christentum: Beitäge zur Verkündigung Jesu und zum Kerygma der Kirche; Fesrscrift für Willi Marxsen zum 70. Geburstag*, ed. Dietrich-Alex Koch, Gerhard Sellin, and Andreas Lindemann(Gütersloh: G. Mohn, 1989), 267-96.

Taylor, G.M. "The Function of Πιστις Χsιστοῦ in Galatians," *JBL* 85 (1966), 58-76.

Taylor, N. *Paul, Antioch and Jerusalem: A Study in Relationships and Authority in Earliest Christianity* (JSNT Supplement Series 66; Shefield: JSOT Press, 1992).

Thileman, F. *From Plight to Solution: A Jewish Framework for Understanding Paul's View of the Law in Galatians and Romans*, SuppNovT 61(Leiden: Brill, 1989).

Tolmie, D.F. "The Persuasive Force of Pauline Metaphor(Gal 3:23-26)," *Neotestamentica* 26(2)(1992), 297-309.

Tomson, P.J. *Paul and the Jewish Law: Halakha in the Letters of the Apostle to the Gentiles* (Van Gorcum: Assen/Maastricht: Minneapolis: Fortress Press, 1990).

Verseput, D.J. "Paul's Gentile Mission and the Jewish Christian Community: A Study of the Narrative in Galatians 1 and 2," *NTS* 39(1993), 36-58.

Walker, W.O. "Why Paul went Jerusalem: The Interpretation of Galatians 2:1-5," *CBQ* 54(1992), 503-510.

Wallace, D.B. "Galatians 3:19-20: A crux interpretum for Paul's View of the Law," *WTJ* 52(1990), 225-45.

Walter Bo, R. *Paul's Use of Σαρξ and Πνευμα in Galatians 5-6 in Light of the Argument of Galatians* (Ph. D. Dissertation,

Westminster Theological Seminary, 1991).
Watson, F. *Paul, Judaism and the Gentiles*, SNTSMS 56(Cambridge: Cambridge University, 1989).
Weima, J.A.D. "The Function of the Law in Relation to Sin: An Evaluation of the View of H. Räisänen," *NovT* 32(1990), 219-35.
Wessels, G.F. "The call to Responsible Freedom in Paul's Persuasive Strategy Galatians 5:13-6:10," *Neotestamentica* 26(2) (1992), 461-474.
Westerholm, S. "Letter and Spirit: The Foundation of Pauline Ethics," *NTS* 30 (1984), 229-48.
——, "On Fulfilling the Whole Law(Gal. 5.14)," *SEA* 51-52 (1986-1987), 229-37.
——, *Israel's Law and the Church's Faith: Paul and his Recent Interpreters* (Grand Rapids: Eerdmans, 1988).
Wilckens, U. "Statements on the Development of Paul's View of the Law," in *Paul and Paulinism* (C. K. Barrett FS), ed. M. D. Hooker and S. G. Wilson(London, 1982), 17-26.
Wilcox, M., "'Upon the Tree'—Deut 21:22-23 in the New Testament," *JBL* 96(1977), 85-99.
Williams, S.K. "The Hearing of Faith: AKOH ΠΙΣΤΕΩΣ in Galatians 3," *NTS* 35 (1989), 82-93.
——, "Justification and the Spirit in Galatians," *JSNT* 29 (1987), 91-100.
——, "Promise in Galatians: A Reading of Paul's Reading of Scripture," *JBL* 107(1988), 709-710.
——, "Again pistis Christou," *CBQ* 49(1987): 431-47.
Winger, J.M. *By What Law? The Meaning of Nomos in the Letters of Paul*. SBLDS 128. Atlanta: Scholars Press, 1992.
Witherington, B. "Rite and Rights for Women—Galatians 3:28," *NTS* 27 (1980-81), 593-604.

Wright, N.T. *The Climax of the Covenant: Christ and the Law in Pauline Theology* (Edinburgh: T. & T. Clark, 1991).
Yates, R. "Saint Paul and the Law in Galatians," *ITQ* 51(1985), 105-24.
Young, N. H., "Paidagogos: The Social Setting of a Pauline Metaphor," *NovT* 29(1987), 150-176.
Ziesler, J.A. *Pauline Christianity*, revised ed.(Oxford: Oxford University Press, 1991).

국내 자료

김세윤, 『예수와 바울』(서울: 도서출판 참말, 1993).
서중석, "갈라디아서," 『제13회 연세대학교 연합 신학대학원 목회자 신학 세미나 강의집』(연세대, 1993), 217-247.
이동원, 『이렇게 자유하라』(서울: 나침반사, 1989).
이한수, 『바울신학 연구』(서울: 총신대학 출판부, 1993).
전경연, 『원시 기독교와 바울』(서울: 대한기독교출판사, 1991).
최갑종, 『바울연구 I』(서울: 기독교문서선교회, 1992, 93).
황현숙, "바울과 유대교," "기독교 사상," 361(89년 1월호), 156-167.
아란 콜, 『갈라디아서』(서울: 기독교문서선교회, 1990).
데이빗 B. 브론슨, "바울, 갈라디아서, 예루살렘," "기독교 사상," 367(89년 7월호), 236-247.
F.F. 브루스, 『바울』(서울: 크리스챤 다이제스트, 1992).
———, 『바울과 예수』(서울: 아가페 출판사, 1988).
———, 『바울 곁의 사람들』(서울: 기독지혜사, 1993).
그레샴 메이천, 『바울의 신학』(서울: 명문당, 1987).
군터 클라인, "바울 연구에 있어서의 격렬한 논쟁의 한 중심," "개혁사상," 봄호(1990), 165-188.
권터 보른캄, 『바울』(서울: 이화여자대학 출판부, 1987).
G.E. 래드, 『신약신학』(서울: 대한기독교출판사, 1991).
헤르만 리델보스, 『갈라디아서』(서울: 생명의 말씀사, 1988).
———, 『바울 신학』(서울: 개혁주의 신행협회, 1991).

──── ,『바울과 예수』(서울: 한국 로고스 연구원, 1988).
H.D. 벳츠,『갈라디아서』(서울: 한국신학연구소, 1987).
J. 크리스챤 베커,『사도 바울』(서울: 한국신학연구소, 1991).
존 드레인,『바울』(서울: 두란노 서원, 1989).
제임스 A. 보이스,『갈라디아서』(서울: 기독지혜사, 1989).
존 스토트,『갈라디아서 강해』(서울: 아가페 출판사, 1989).
레온하르트 코펠트,『신약신학』(서울: 크리스챤 다이제스트, 1992).
메릴 C. 테니,『갈라디아서 해석』(서울: 기독교문서선교회, 1991).
M. 헹겔『고대의 역사 기술과 사도행전』"복음주의 신학총서" 32권(서울: 한신대학출판부, 1990).
로버트 E. 피키릴리,『사도 바울』(서울: 도서출판 솔로몬, 1993).
리처드 N. 롱거네커,『바울의 선교 메세지』(서울: 대한기독교서회, 1992).
데오도르 H. 에프,『육과 영의 싸움』(서울: 바울서신사, 1991).
V.P. 퍼니쉬,『바울의 신학과 윤리』(서울: 대한기독교출판사, 1987).
윌리암 헨드릭슨,『갈라디아서』(서울: 아가페 출판사, 1985).

● 저자 소개

<최 갑 종>
· 고신대, 고신대학원 졸업
· 미국 개혁신학대학원 졸업
· 미국 칼빈신학대학원 과정 수료
· 미국 프린스턴신학대학원 졸업
· 미국 덴버대학교 대학원과 아일립신학대학원 졸업(Ph.D.)
· 현재 기독신학대학원대학교(방배동) 신약학 교수

· 저서: 『1세기 문맥에서 본 주기도문 연구』
　　　　(서울 성광문화사, 1985, 1992)
　　　　『예수·교회·성령』(서울: 기독교문서선교회, 1992)
　　　　『바울연구 I』(서울: 기독교문서선교회, 1993)
　　　　『예수님의 비유 연구』(서울: 기독교문서선교회, 1993)
　　　　『바울연구 II』(서울: 기독교문서선교회, 1997)
· 편역서: 『최근의 예수 연구』(서울: 기독교문서선교회, 1994)

성령과 율법

저　자	최　갑　종
초판발행	1994년 9월 5일
재판발행	1997년 4월 20일
발 행 인	朴　英　鎬
발 행 처	기독교 문서 선교회
주　　소 /	서울시 서초구 방배동 983-2
전　　화 /	586-8761~3
	FAX 523-0131
온 라 인 /	국민은행 043-01-0379-646(보통)
	조흥은행 350-04-070050(보통)
	우 체 국 012815-0025556
등　　록	1980년 1월 18일 제 16~25호

값 8,500원 〈낙장·파본은 교환해 드립니다〉

ISBN 89-341-0478-3　　03230